中国·武汉

高级财务会计

Advanced Financial Accounting

主编 ◎ 邓九生　李利华

图书在版编目(CIP)数据

高级财务会计/邓九生,李利华主编. —武汉:华中科技大学出版社,2022.7
ISBN 978-7-5680-8544-1

Ⅰ.①高… Ⅱ.①邓… ②李… Ⅲ.①财务会计 Ⅳ.①F234.4

中国版本图书馆 CIP 数据核字(2022)第 119219 号

高级财务会计   邓九生 李利华 主编
Gaoji Caiwu Kuaiji

策划编辑：袁 冲
责任编辑：刘姝甜
封面设计：孢 子
责任监印：朱 玢
出版发行：华中科技大学出版社(中国·武汉) 电话：(027)81321913
     武汉市东湖新技术开发区华工科技园 邮编：430223
录 排：武汉创易图文工作室
印 刷：武汉开心印印刷有限公司
开 本：787mm×1092mm 1/16
印 张：20.25
字 数：528 千字
版 次：2022 年 7 月第 1 版第 1 次印刷
定 价：59.00 元

本书若有印装质量问题,请向出版社营销中心调换
全国免费服务热线：400-6679-118 竭诚为您服务
版权所有 侵权必究

前言

关于高级财务会计的构成内容,社会各界至今看法不一,但以会计目标为核心、以特殊会计事项对会计假设的背离为起点构建高级财务会计理论体系无疑是一种正确的选择。阎达五教授认为客观经济环境的变化造成的会计假设松动是高级会计学的形成基础,罗飞教授还将高级财务会计定名为企业特种会计。由此,一方面,凡属于会计假设、会计原则、会计程序方法有显著"松动"后形成的业务,都应归属于高级财务会计的内容;另一方面,随着客观经济环境的快速发展,一些与高级财务会计业务有关的国内外会计准则,包括国际企业会计准则、我国企业会计准则和美国企业会计准则,都在不断完善,内容日益丰富、深入。基于以上两方面情况和高级财务会计的教学目的,本书首先希望将高级财务会计中应用面较广泛的内容介绍给读者,其次也希望将其中一些较复杂的、较特殊的会计理论观点、方法向读者阐述。

本书特点是:

1. 体现了准则制度新规定。自 2014 年以来,财政部先后发布了公允价值计量(2014 年修订)、财务报表列报(2014 年修订)、合并财务报表(2014 年修订)、在其他主体中权益的披露(财会〔2014〕16 号)、金融工具确认和计量(2017 年修订)、金融资产转移(2017 年修订)、套期会计(2017 年修订)、金融工具列报(2017 年修订)、租赁(2018 年修订)及债务重组(2019 年修订)的相关规定。除此以外,财政部还先后发布了企业会计准则解释第 6 号至第 13 号,内容分别涉及企业合并、合并财务报表、股份支付、金融工具确认和计量、金融工具列报、公允价值计量等方面的具体会计处理方法的解释说明。对于企业破产清算,财政部也于 2016 年发布了正式的会计处理规定。本书紧扣这些新规范进行了知识介绍,体现了最新的准则和解释要求。

2. 内容丰富深入。随着经济环境的不断发展变化,一些经济业务变得日益复杂,这使得相关会计内容日益丰富复杂,特别是合并财务报表、衍生金融工具会计、租赁等。为此,本着系统深入阐述这些内容的原则,本书将合并财务报表分为基本方法、内部交易和复杂控股关系下的合并财务报表三章进行介绍,将衍生金融工具分为常规会计业务和套期保值业务两章介绍,将租赁的篇幅适当进行了扩充。另外还对个别较难的特殊业务,如金融资产转移,开辟了专门章节进行阐述。

3. 章节结构和逻辑体系完整。特殊性和专题性是高级财务会计与中级财务会计及基础会计的主要区别,因此本书既按特殊性构建了 12 章与特殊业务、特殊呈报、特殊财务状况有关的知识内容,又按专题性安排了各章节之间的逻辑顺序,结构和逻辑体系完整,讲解深入,有利于读者较全面、较深入地掌握高级财务会计知识。

本书适于高等院校会计学专业高年级学生、会计学硕士生或会计专业学位研究生(MPAcc)、工商管理硕士(MBA)学习。在职财会人员在业余专业进修提高时也可使用本书。

本书主要由中国地质大学(武汉)经济管理学院副教授邓九生博士负责编写,中国地质大学

(武汉)经济管理学院高级讲师李利华老师也参与了本书的重要编写工作,中国地质大学(武汉)经济管理学院高级讲师叶新宇老师也参与了本书的撰写。其中邓九生副教授负责撰写了第一章、第四章至第九章,高级讲师李利华负责撰写了第十章至第十二章,高级讲师叶新宇负责撰写了第二章、第三章。全书由邓九生副教授进行审阅及定稿。

  由于编者水平有限和时间限制,加之内容复杂,本书可能存在不当之处,敬请专家和读者批评和指正。相关建议可发送至邓九生副教授邮箱 Dengjs@cug.edu.cn,也可以联系 QQ109899087。

  本书配有教学课件,欢迎教师和学生使用。

编者

2022 年 5 月 18 日

于中国地质大学(武汉)经济管理学院

目录

第一章	企业合并	1
第一节	企业合并概述	2
第二节	企业合并的会计处理	6

第二章　合并财务报表的基本方法　24
　第一节　合并财务报表编制的基本理论　25
　第二节　合并范围的确定　31
　第三节　同一控制下合并财务报表的编制　38
　第四节　非同一控制下合并报表的编制　50
　第五节　合并现金流量表的编制　60

第三章　内部交易事项与其他特殊情况　69
　第一节　内部商品交易的合并处理　70
　第二节　内部固定资产交易的合并处理　78
　第三节　内部债权债务的合并处理　84
　第四节　子公司超额亏损情况下的合并处理　88

第四章　复杂控股关系下的合并财务报表　94
　第一节　复杂控股关系概述　95
　第二节　间接持股　96
　第三节　相互持股　106
　第四节　反向收购　117

第五章　租赁　127
　第一节　租赁的识别、分拆与合并　128
　第二节　承租人会计　135
　第三节　出租人会计　146
　第四节　特殊租赁业务的会计处理　153

第六章　股份支付　164
　第一节　股份支付概述　165
　第二节　股份支付的会计处理　170

第七章　衍生金融工具会计:常规业务　184
　第一节　金融工具概述　185

| 第二节 | 衍生金融工具常规业务会计处理 | 192 |

第八章 衍生金融工具会计:套期保值业务 211
- 第一节 套期会计概述 212
- 第二节 公允价值套期 220
- 第三节 现金流量套期与境外经营净投资套期 224
- 第四节 套期会计的一些特殊问题 229

第九章 金融资产转移 236
- 第一节 金融资产转移概述 237
- 第二节 金融资产终止确认的判断 239
- 第三节 金融资产转移的会计处理 243

第十章 外币业务 253
- 第一节 外币业务概述 254
- 第二节 汇率和汇兑损益 256
- 第三节 外币交易的会计处理 259
- 第四节 外币财务报表折算 266

第十一章 中期财务报告和分部报告 275
- 第一节 中期财务报告 276
- 第二节 分部报告 285

第十二章 企业债务重组与破产清算 296
- 第一节 债务重组 297
- 第二节 企业破产清算会计 304

第一章
企业合并

GAOJI CAIWU KUAIJI

【导读】

本章阐述了企业合并含义及判断、企业合并类型，重点阐述了我国同一控制下的企业合并和非同一控制下的企业合并的会计处理方法。学习时注意是否构成业务将决定一项交易或事项是否会是企业合并，注意总体上掌握企业合并的账务处理思路，对于同一控制下的企业合并注意把握以账面价值为计量基础、而非同一控制下的企业合并则以公允价值为计量基础的特点；另外还要注意商誉的计算方法、或有对价对合并成本的影响等。

【学习重点】

企业合并含义及判断、我国同一控制下的企业合并和非同一控制下的企业合并的会计处理方法。

【学习难点】

是否构成业务的判断、分步实现企业合并的账务处理、合并商誉的计算。

第一节　企业合并概述

一、企业合并的含义

2001年6月，美国财务会计准则委员会（Financial Accounting Standards Board，FASB）颁布了第141号公告《企业合并》，该公告指出：当一个主体取得了构成一项业务的净资产，或者取得了一个或几个其他主体的权益并取得了对后者的控制时，就发生了企业合并。

2018年8月，国际会计准则理事会（International Accounting Standards Board，IASB）对第3号国际财务报告准则《企业合并》进行了修订，规定企业合并是购买者获得一个或多个业务控制权的交易或其他事项。这里的"业务"由投入和加工处理过程构成，该过程有能力通过应用投入的资源形成产出。因此，投入、加工处理过程和产出是构成业务的三要素。在国际会计准则中，企业合并准则不适用于同一控制下的企业合并、合营安排以及不构成业务的资产或资产组的购买情况。

我国企业会计准则规定企业合并是将两个或两个以上单独的企业（主体）合并形成一个报告主体的交易或事项。从会计角度，交易是否构成企业合并，进而是否能够按照企业合并准则进行会计处理，主要应关注两个方面：

1. 被购买方是否构成业务

企业合并本质上是一种购买行为，但其不同于单项资产的购买，而是一组有内在联系、为了某一既定的生产经营目的存在的多项资产组合或是多项资产、负债构成的净资产的购买。企业合并的结果通常是一个企业取得了对一个或多个业务的控制权。如果一个企业取得了对另一个或多个企业的控制权，而被购买方（被合并方）并不构成业务，则该交易或事项不形成企业合并。

在我国企业会计准则中，业务是指企业内部某些生产经营活动或资产负债的组合，该组合具有投入、加工处理过程和产出能力，能够独立计算其成本费用或所产生的收入。要构成业务不需要有关资产、负债的组合一定构成一个企业,或是具有某一具体法律形式;企业的分公司、独立的生产车间,不具有独立法人资格的分部等也会构成业务。对一组资产或资产、负债的组合是否构成业务,要看在正常市场条件下,从一定的商业常识和行业惯例等出发,有关资产或资产、负债的组合能否被作为有内在关联度的生产经营目的整合起来使用,而不是看其在出售方如何经营,也不是看购买方在购入该部分资产或资产、负债组合后准备如何使用。

2.交易发生前后是否涉及对标的业务控制权的转移

是否形成企业合并,除要判断取得的资产或资产、负债组合是否构成业务外,还要看有关交易或事项发生前后,是否引起报告主体的变化。报告主体的变化产生于控制权的变化。在交易事项发生后,投资方拥有对被投资方的权力,通过参与被投资方的相关活动享有可变回报,且有能力运用对被投资方的权力影响其回报金额的,投资方对被投资方具有控制,形成母子公司关系,则涉及控制权的转移,该交易事项发生后,子公司需要纳入母公司合并财务报表的范围中,从合并财务报告角度形成报告主体的变化;交易事项发生以后,一方能够控制另一方的全部净资产,被合并的企业在合并后失去其法人资格,也涉及控制权及报告主体的变化,形成企业合并。

二、企业合并的分类

(一)按企业合并方式分类

企业合并可按合并方式加以分类。最常见的是按照法律形式和合并所涉及的行业加以分类。

1.按照法律形式,企业合并可分为控股合并、吸收合并和新设合并

控股合并(acquisition of controlling interests),是指合并方(或购买方,下同)通过企业合并交易或事项取得对被合并方(或被购买方,下同)的控制权,企业合并后能够通过所取得的股权等主导被合并方的生产经营决策并自被合并方的生产经营活动中获益,被合并方在企业合并后仍维持其独立法人资格继续经营。在这种情况下,被合并方应当纳入合并方合并报表的编制范围,从合并报表角度,形成了报告主体的变化。

吸收合并(merger),也称兼并,是指两家或多家企业合并成为一家企业。在这种情况下,合并方取得被合并方全部净资产,并将有关资产、负债并入合并方自身生产经营活动中。企业合并完成后,注销被合并方的法人资格,在继后期间,合并方应将合并中取得的资产、负债作为本企业的资产、负债核算。

新设合并(consolidation),也称创立合并,是指创建新企业的合并。在这种情况下,参与合并各方在企业合并后法人资格均被注销,重新注册成立一家新的企业,由新注册成立的企业持有参与合并各企业的资产、负债在新的基础上经营。

2.按合并所涉及的行业,企业合并可分为横向合并、纵向合并和混合合并

横向合并(horizontal integration),也称水平式合并,是指生产工艺、产品、劳务相同或相近的企业间合并,例如,德国奔驰汽车公司和美国克莱斯勒汽车公司进行的合并、牡丹钢铁公司与紫兰钢铁厂的合并等。横向合并的目的在于实现规模效益、提高市场占有率或进行优势互补,实现协同效应。

纵向合并(vertical integration),也称垂直式合并,是指生产工艺、产品、劳务不相同或相近,但具有前后联系的企业间合并。参与合并的企业,其产品相互配套或有一定内在联系,如汽车制造企业合并橡胶轮胎厂或零配件厂、钢铁制造企业合并铁矿石厂等。纵向合并又可以进一步分为向前合并和向后合并。前者是指企业向其生产的后续工序方向合并,后者是指企业向其产品的前道工序方向合并。

混合合并(conglomeration),也称多种经营合并,是指生产工艺、产品、劳务没有内在联系的企业间合并。混合合并又可分三种形态:一是产品扩张型,即拓宽企业的生产线,如美孚石油公司合并沃德公司,沃德公司经营零售业务,这种合并被认为是美孚的汽油产品零售营销经验的扩展;二是市场扩张型;三是纯粹的混合合并,其目的是向多种经营方向发展。

(二)按企业合并的类型划分

我国的企业合并准则中将企业合并按照一定的标准划分为两大基本类型:同一控制下的企业合并和非同一控制下的企业合并。企业合并类型划分不同,所遵循的会计处理原则也不同。参与合并的企业在合并前后均受同一方或相同的多方最终控制且该控制并非暂时性的,为同一控制下的企业合并。参与合并的各方在合并前后不受同一方或相同的多方最终控制的,为非同一控制下的企业合并。

三、业务的判断

对于取得的资产、负债组合是否构成业务,应当由企业结合情况进行判断。

(一)构成业务的要素

根据我国企业准则的规定,涉及构成业务的合并应当比照企业合并准则规定处理。合并方在合并中取得的生产经营活动或资产的组合(以下简称组合)构成业务,通常应当具有下列三个要素:

(1)投入,指原材料、人工、必要的生产技术等无形资产以及构成产出能力的机器设备等其他长期资产的投入。

(2)加工处理过程,指具有一定的管理能力、运营过程,能够组织投入形成产出能力的系统、标准、协议、惯例或规则。

(3)产出,包括为客户提供的产品或服务,为投资者或债权人提供的股利或利息等投资收益,以及企业日常活动产生的其他收益。

(二)构成业务的判断条件

合并方在合并中取得的组合应当至少同时具有一项投入和一项实质性加工处理过程,且二者相结合对产出能力有显著贡献,该组合才构成业务。合并方在合并中取得的组合有实际产出并不是判断其构成业务的必要条件。企业应当分下列情况判断加工处理过程是否是实质性的:

1.该组合在合并日并无产出的

同时满足下列条件的加工处理过程应判断为是实质性的:一是该加工处理过程对投入转化为产出至关重要;二是具备执行该过程所需要的技能、知识或经验的有组织的员工,且具备必要的材料、权利、其他经济资源等投入,如技术、研究和开发项目、房地产或矿区权益等。

2.该组合在合并日有产出的

满足下列条件之一的加工处理过程应判断为是实质性的:一是该加工处理过程对持续产出至关重要,且具备执行该过程所需要的技能、知识或经验的有组织的员工;二是该加工处理过程对产出能力有显著贡献,且该过程是独有、稀缺或难以取代的。

(三)判断非同一控制下企业合并中取得的组合是否构成业务,也可选择采用集中度测试

集中度测试是非同一控制下企业合并的购买方判断取得的组合是否构成一项业务的一种简化判断方式。在进行集中度测试时,如果购买方取得的总资产的公允价值几乎相当于其中某一单独可辨认资产或一组类似可辨认资产的公允价值,则该组合通过集中度测试,应判断为不构成业务,且购买方无须按照上述构成业务的判断条件进行判断;如果该组合未通过集中度测试,购买方仍须按照上述构成业务的判断条件进行判断。

购买方应当按下列规定进行集中度测试:

(1)计算确定取得的总资产公允价值。取得的总资产不包括现金及现金等价物、递延所得税资产以及由递延所得税负债影响形成的商誉。购买方通常可以通过下列公式之一计算确定取得的总资产公允价值:

公式一:总资产的公允价值=合并中取得的非现金资产的公允价值+(购买方支付的对价+购买日被购买方少数股东权益的公允价值+购买日前持有被购买方权益的公允价值-合并中取得的被购买方可辨认净资产的公允价值)-递延所得税资产-由递延所得税负债影响形成的商誉。

公式二:总资产的公允价值=购买方支付的对价+购买日被购买方少数股东权益的公允价值+购买日前持有被购买方权益的公允价值+取得负债的公允价值(不包括递延所得税负债)-取得的现金及现金等价物-递延所得税资产-由递延所得税负债影响形成的商誉。

(2)关于单独可辨认资产。单独可辨认资产是企业合并中作为一项单独可辨认资产予以确认和计量的一项资产或资产组。

(3)关于一组类似资产。企业在评估一组类似资产时,应当考虑其中每项单独可辨认资产的性质及其与管理产出相关的风险等。下列情形通常不能作为一组类似资产:一是有形资产和无形资产;二是不同类型的有形资产,如存货和机器设备;三是不同类别的可辨认无形资产;四是金融资产和非金融资产;五是不同类别的金融资产,如应收款项和权益工具投资;六是同一类别但风险特征存在重大差别的可辨认资产等。

【例题1-1】 甲公司是一家建筑装饰企业,通过签订资产收购协议,从第三方乙公司收购了与吊装、过磅业务相关的资产,包括应收账款、机器设备、在建工程及相关的订单处理系统和经营管理系统。另外乙公司相关的业务人员也全部转入甲公司,并重新签订了劳动合同。乙公司具有吊装、过磅业务相关的产出能力。购入的吊装、过磅业务相关资产的账面价值为3 000万元。根据相关资产评估报告,上述资产按成本法的评估值为2 600万元,而按收益法的评估值为6 500万元。甲、乙双方达成协议,按收益法的评估值6 500万元作为交易价格,评估增值为3 500万元。

【分析】 在本例中,从法律形式来看,该交易采取收购资产组合的方式。但实质重于形式,甲公司的购买对象,到底是一个资产组合,还是一项业务,则需要综合判断。首先,该资产组合包括吊装、过磅业务相关的实物资产以及业务人员,满足"投入"要素;其次,该资产组合包括订单处理系统和经营管理系统,满足"处理过程"要求;最后,从相关信息来看,购买的资产组合也具有吊装、过磅业务相关的产出能力。这些因素综合起来,甲公司收购的该资产组合满足"业务"的定义,应当按照企业合并准则来进行会计处理。

【例题1-2】 甲公司购买了16套商住两用房,每套均用于对外出租。所支付对价的公允价值正好等于所取得16套商住两用房公允价值之和。所取得每套商住两用房包括土地使用权和建筑物及其装修。每套商住两用房具有不同的建筑面积和室内设计。16套商住两用房坐落在相同的区域,且其租户类别类似。所取得商住两用房在所处市场中与房地产运营相关的风险并无显著差别。另外,该转让未包含员工、其他资产或其他过程和活动。

【分析】 为了简化判断成本,甲公司选择采用集中度测试,主要分析如下:①建筑物及装修附属于土地使用权,且无法在不发生重大成本的情况下进行拆除,因此,每套商住两用房均为单项可辨认资产。②16套商住两用房的资产组合属于一组类似可辨认资产,因为这些商住两用房在性质及其与管理和创造产出相关的风险上不存在显著的差异,原因在于每套商住两用房的类型和客户类别没有显著不同。③所支付对价的公允价值正好等于所取得的16套商住两用房公允价值之和,因此,所取得总资产全部的公允价值集中在一组类似可辨认资产上。

综合上述分析,甲公司认为,所取得16套商住两用房资产组合不构成业务,按资产购买进行会计处理。

四、企业合并中支付对价的方式

合并方(购买方)取得被合并方控制权的形式包括:①转移现金资产、现金等价物或其他资产(包括构成业务的净资产);②承担债务;③发行权益性证券;④上述多种类型对价的组合。

第二节 企业合并的会计处理

一、企业合并会计处理的基本思路

企业合并有关的会计处理主要涉及两个方面的内容:一是合并日合并方如何对企业合并事项或交易进行确认与计量;二是合并日是否需要以及如何编制合并财务报表。有关合并日如何编制合并财务报表的内容将在第二章阐述。

无论是同一控制下的企业合并还是非同一控制下的企业合并,两类企业合并的结果都包括不形成母子公司关系和形成母子公司关系两种情况;两类合并的实施一般都需要合并方支付合并对价;两类企业合并的进行都可能发生合并费用。那么,各类企业合并业务中的这些相关内容应该如何进行确认与计量,必然是企业合并会计首先需要解决的问题。在合并日,合并方对企业合并进行确认与计量的会计处理基本思路如表1-1所示。

表1-1 企业合并会计处理的基本思路

吸收合并、新设合并		控股合并	
借：有关资产账户 贷：有关负债账户	[取得的净资产]	借：长期股权投资 贷：银行存款	[取得的股权]
银行存款 库存商品等 应付债券 股本	[支付的合并对价]	库存商品等 应付债券 股本	[支付的合并对价]
银行存款等	[支付的合并费用]	银行存款等	[支付的合并费用]

二、同一控制下的企业合并的会计处理

(一)基本会计处理要求

在我国,同一控制下的企业合并的会计处理方法本质上采用的是权益结合法,其基本特征是各个参与合并公司的资产及负债以账面价值计入存续公司账簿中,合并过程中并不产生商誉,被合并公司的留存收益和当年的盈利全部并入存续公司。权益结合法在美国最早于20世纪40年代用于公用事业部门,2001年6月美国发布的141号公报又废除了权益结合法的使用。国际会计准则 IFRS 3 也只要求企业合并(business combinations)采用购买法。

根据我国《企业会计准则第20号——企业合并》(以下简称企业合并准则),同一控制下企业合并的相关会计处理要求如下:

(1)合并方与合并日。在合并日取得对其他参与合并企业控制权的一方为合并方,参与合并的其他企业为被合并方。合并日,是指合并方实际取得对被合并方控制权的日期。

(2)计量基础。合并方在企业合并中取得的资产和负债,应当按照合并日在被合并方的账面价值计量。合并取得的净资产账面价值与支付的合并对价账面价值(或发行股份面值总额)的差额,应当调整资本公积;资本公积不足冲减的,调整留存收益。如果被合并方采用的会计政策与合并方不一致,合并方在合并日应当按照本企业会计政策对被合并方的财务报表相关项目进行调整,在此基础上按照上述规定进行确认。

(3)直接费用与间接费用。为企业合并发行的债券或承担其他债务支付的手续费、佣金等,应当计入所发行债券及其他债务的初始计量金额。企业合并中发行权益性证券发生的手续费、佣金等费用,应当抵减权益性证券溢价收入,溢价收入不足冲减的,冲减留存收益。

(4)合并报表。企业合并形成母子公司关系的,母公司应当编制合并日的合并资产负债表、合并利润表和合并现金流量表。合并资产负债表中被合并方的各项资产、负债,应当按其账面价值计量。因被合并方采用的会计政策与合并方不一致,按照企业合并准则规定进行调整的,应当以调整后的账面价值计量。

合并利润表应当包括参与合并各方自合并当期期初至合并日所发生的收入、费用和利润。被合并方在合并前实现的净利润,应当在合并利润表中单列项目反映。合并现金流量表应当包括参与合并各方自合并当期期初至合并日的现金流量。编制合并财务报表时,参与合并各方的

内部交易等,应当按照《企业会计准则第33号——合并财务报表》处理。

另外,在同一控制下企业合并中还可能涉及或有对价情况。在此情况下确认长期股权投资初始投资成本时,应按《企业会计准则第13号——或有事项》的规定,判断是否应就或有对价确认预计负债或者确认资产,以及应确认的金额;确认预计负债或资产的,该预计负债或资产金额与后续或有对价结算金额的差额不影响当期损益,而应当调整资本公积(资本溢价或股本溢价),资本公积(资本溢价或股本溢价)不足冲减的,调整留存收益。

(二)一次性投资实现同一控制下企业合并的账务处理

在同一控制下,一次性投资实现企业合并是指合并方通过一次性投资即获得被合并方控制权的企业合并。其账务处理分以下几种情况进行:

1. 吸收合并和新设合并

在吸收合并情况下,由于合并后被合并方不存在,因此其相关资产负债应按账面价值计入合并方企业账簿中;而在新设合并中,合并双方都被注销法人资格,因此双方的资产负债均应按账面价值计入存续企业账簿中。在此情况下,不涉及"长期股权投资"的确认与计量问题。账务处理的基本模式如下:

(1)取得净资产和支付对价的处理:

借:有关资产账户	[取得的被合并方资产账面价值]	A
资本公积	[借差,在$(A-B)<C+D+E+F$时]	G
贷:有关负债账户	[取得的被合并方负债账面价值]	B
银行存款、库存商品等	[支付的合并对价账面价值]	C
应付债券	[发行债券的面值-手续费、佣金]	D
股本	[发行证券的面值总额]	E
银行存款	[实际发生与发行证券或债务相关的手续费、佣金等]	F
资本公积	[贷差,在$(A-B)>C+D+E+F$时]	G

注:如果需要借记"资本公积"科目,则以合并方"资本公积"科目的股本溢价贷方余额为限,不足部分冲减合并方"留存收益"账面余额。

(2)支付与企业合并相关的评估、审计、咨询费用等直接费用的处理:

借:管理费用
　　贷:银行存款等

2. 控股合并

在控股合并情况下,由于合并后被合并方仍存在,其相关资产负债不应计入合并方(母公司)企业账簿中,在此情况下,将涉及"长期股权投资"的确认与计量问题。账务处理的基本模式如下:

(1)取得股权投资和支付对价的处理:

借:长期股权投资	[按享有被合并方净资产账面价值份额]	A
资本公积	[借差,在$A<B+C+D+E$时]	F
贷:银行存款、库存商品等	[支付的合并对价账面价值]	B
应付债券	[发行债券的面值-手续费、佣金]	C
股本	[发行证券的面值总额]	D

| 银行存款 | [实际发生与发行证券或债务相关的手续费、佣金等] | E |
| 资本公积 | [贷差,在 A＞B＋C＋D＋E 时] | F |

注:如果需要借记"资本公积"科目,则以合并方"资本公积"科目的股本溢价贷方余额为限,不足部分冲减合并方"留存收益"账面余额。

(2)支付与企业合并相关的评估、审计、咨询费用等直接费用的处理:

借:管理费用
  贷:银行存款等

3. 举例

(1)以发行股票和债券作为合并对价的吸收合并。

【例题 1-3】 M 公司和 N 公司均为 A 公司的子公司,表 1-2、表 1-3 分别是 M 公司和 N 公司 20×0 年 12 月 31 日的资产负债表(简表)。20×1 年 1 月初,假设 M 公司通过发行每股面值为 1 元的普通股 100 万股、发行债券(面值为 80 万元)对 N 公司进行吸收合并。因发行股票产生的佣金、手续费等间接费用为 2 万元,因发行债券产生的佣金、手续费等间接费用为 1.6 万元,支付的与企业合并相关的评估、审计、咨询费用共 3 万元。假定在 M 公司合并 N 公司之前,N 公司在最终控制方合并财务报表中所有者权益账面价值等于 200 万元,固定资产原值 598 万元,累计折旧 200 万元。

表 1-2   M 公司资产负债表

单位:万元

资产(年末数)		负债和所有者权益(年末数)	
流动资产		流动负债	
货币资金	160	短期借款	40
应收票据及应收账款	9	应付票据及应付账款	28
存货	55	其他应付款	25
非流动资产		非流动负债	
固定资产	450	长期借款	266
无形资产	12	所有者权益	
		股本	260
		资本公积	45
		留存收益	22
资产总计	686	负债和所有者权益总计	686

表 1-3   N 公司资产负债表

单位:万元

资产(年末数)		负债和所有者权益(年末数)	
流动资产		流动负债	
货币资金	120	短期借款	17
应收票据及应收账款	30	应付票据及应付账款	59

续表

资产(年末数)		负债和所有者权益(年末数)	
存货	52	其他应付款	20
非流动资产		非流动负债	
固定资产	398	长期借款	304
无形资产		所有者权益	
		股本	120
		资本公积	18
		留存收益	62
资产总计	600	负债和所有者权益总计	600

要求:根据上述资料进行M公司吸收合并N公司的双方账务处理。

账务处理(简化)如下:

①N公司注销:

借:短期借款　　　　　　　　　　　　　　　　　　　　170 000
　　应付票据及应付账款　　　　　　　　　　　　　　　590 000
　　其他应付款　　　　　　　　　　　　　　　　　　　200 000
　　长期借款　　　　　　　　　　　　　　　　　　　3 040 000
　　累计折旧　　　　　　　　　　　　　　　　　　　2 000 000
　　股本　　　　　　　　　　　　　　　　　　　　　1 200 000
　　资本公积　　　　　　　　　　　　　　　　　　　　180 000
　　留存收益　　　　　　　　　　　　　　　　　　　　620 000
　贷:货币资金　　　　　　　　　　　　　　　　　　1 200 000
　　　应收票据及应收账款　　　　　　　　　　　　　　300 000
　　　存货　　　　　　　　　　　　　　　　　　　　　520 000
　　　固定资产　　　　　　　　　　　　　　　　　　5 980 000

②M公司取得净资产:

借:货币资金　　　　　　　　　　　　　　　　　　　1 200 000
　　应收票据及应收账款　　　　　　　　　　　　　　　300 000
　　存货　　　　　　　　　　　　　　　　　　　　　　520 000
　　固定资产　　　　　　　　　　　　　　　　　　　5 980 000
　贷:短期借款　　　　　　　　　　　　　　　　　　　170 000
　　　应付票据及应付账款　　　　　　　　　　　　　　590 000
　　　其他应付款　　　　　　　　　　　　　　　　　　200 000
　　　长期借款　　　　　　　　　　　　　　　　　　3 040 000
　　　累计折旧　　　　　　　　　　　　　　　　　　2 000 000
　　　股本　　　　　　　　　　　　　　　　　　　　1 000 000
　　　应付债券　　　　　　　　　　　　　　　　　　　784 000

银行存款	36 000
资本公积	180 000

③M公司支付直接费用：

借：管理费用	30 000
贷：银行存款	30 000

(2)以支付资产方式作为合并对价的控股合并。

【例题1-4】 M公司和N公司均为A公司的子公司，20×1年1月初，假设M公司用账面价值为150万元、公允价值为180万元的库存商品取得了N公司80%的股份。其他资料同例题1-3。则合并日M公司的账务处理如下：

借：长期股权投资	1 600 000
贷：库存商品	1 500 000
资本公积	100 000
借：管理费用	30 000
贷：银行存款	30 000

(3)以发行股票、债券方式作为合并对价的控股合并。

【例题1-5】 M公司和N公司均为A公司的子公司，假设20×1年1月初，M公司取得了N公司80%的股份，控股合并了N公司。其他资料同例题1-3。则合并日M公司的账务处理如下：

借：长期股权投资	1 600 000
资本公积	220 000
贷：股本	1 000 000
应付债券	784 000
银行存款	36 000
借：管理费用	30 000
贷：银行存款	30 000

(三)分次性投资实现同一控制下企业合并的账务处理

通过多次股权投资实现的同一控制下的企业合并，合并日确认企业合并的账务处理思路是：

1.分步实现的控股合并

(1)按持股比例计算的合并日应享有被合并方所有者权益账面价值的份额作为该项股权投资的初始投资成本。这里的被合并方账面所有者权益，是指被合并方的所有者权益相对于最终控制方而言的账面价值。

(2)合并日长期股权投资初始投资成本与达到合并前的原股权投资账面价值加上合并日进一步取得股份而新支付对价的账面价值之和的差额，调整资本公积(股本溢价或资本溢价)；如需要冲减资本公积，资本公积不足冲减的冲减留存收益。

2. 分步实现的吸收合并

如果通过多次投资分步实现同一控制下的吸收合并,按照上述同一控制下吸收合并相同的方法进行处理。

3. 合并日之前持有的被合并方股权涉及其他综合收益

合并日之前持有的被合并方股权因采用权益法核算而涉及其他综合收益的,暂不进行会计处理,直至处置该项投资时采用与被投资单位直接处置相关资产或负债相同的基础进行会计处理;因采用权益法核算而确认的被投资单位净资产中除净损益、其他综合收益和利润分配以外的所有者权益其他变动,暂不进行会计处理,直至处置该项投资时转入当期损益。合并日之前持有的被合并方股权分类为以公允价值计量的金融资产而确认的其他综合收益,在合并日也暂不进行会计处理,直至处置该投资时再转入当期的投资收益。

【例题1-6】 M公司和N公司均为A公司的子公司,假设20×1年1月初,M公司以银行存款3 600万元取得了N公司30%的股份,当日N公司可辨认净资产账面价值为12 000万元,公允价值为15 000万元。取得投资后,M公司派人参与N公司的生产经营决策,对该投资采用权益法核算。20×1年N公司全年实现利润2 200万元,M公司确认投资收益660万元(假定本例中投资时被投资方可辨认净资产公允价值与账面价值之差对权益法下投资收益的确定没有产生影响)。在此期间N公司未宣告发放现金股利。20×2年1月,M公司支付5 000万元又取得了N公司30%的股份,从而拥有N公司60%的表决权资本实现了与N公司的合并。合并日N公司可辨认净资产账面价值为20 500万元,公允价值为22 000万元。假定:N公司净资产公允价值高于账面价值的差额属于固定资产的评估增值;合并日N公司在最终控制方A公司合并财务报表中的所有者权益账面价值为13 500万元。不考虑相关税费及其他会计处理。

要求:根据上述资料,进行M公司的有关会计处理。

(1)与个别报表有关的确认与计量:

①20×1年1月初取得股权投资时:

借:长期股权投资——投资成本　　　　　　　36 000 000
　　贷:银行存款　　　　　　　　　　　　　　　　　　36 000 000

②20×1年确认投资收益:

借:长期股权投资——损益调整　　　　　　　 6 600 000
　　贷:投资收益　　　　　　　　　　　　　　　　　　 6 600 000

③20×2年1月追加投资时:

借:长期股权投资　　　　　　　　　　　　　50 000 000
　　贷:银行存款　　　　　　　　　　　　　　　　　　50 000 000

④将股权投资由权益法调整为成本法:

借:长期股权投资　　　　　　　　　　　　　42 600 000
　　贷:长期股权投资——投资成本　　　　　　　　　　36 000 000
　　　　长期股权投资——损益调整　　　　　　　　　　 6 600 000

⑤调整长期股权投资账面价值:

合并日,M公司按享有的份额计算长期股权投资=20 500万元×60%=12 300万元。

合并日,M公司长期股权投资账面价值=(3 600+660+5 000)万元=9 260万元。

资本公积＝(12 300－9 260)万元＝3 040 万元。
借：长期股权投资　　　　　　　　　　　　　　　　30 400 000
　　贷：资本公积　　　　　　　　　　　　　　　　　　　30 400 000
(2)与合并日合并报表有关的抵销分录(略)。

(四)同一控制下企业合并的信息披露

企业合并发生当期的期末,合并方应当在附注中披露与同一控制下企业合并有关的下列信息:
(1)参与合并企业的基本情况。
(2)属于同一控制下企业合并的判断依据。
(3)合并日的确定依据。
(4)以支付现金、转让非现金资产以及承担债务作为合并对价的,所支付对价在合并日的账面价值;以发行权益性证券作为合并对价的,合并中发行权益性证券的数量及定价原则,以及参与合并各方交换有表决权股份的比例。
(5)被合并方的资产、负债在上一会计期间资产负债表日及合并日的账面价值;被合并方自合并当期期初至合并日的收入、净利润、现金流量等情况。
(6)合并合同或协议约定将承担被合并方或有负债的情况。
(7)被合并方采用的会计政策与合并方不一致所做调整情况的说明。
(8)合并后已处置或准备处置被合并方资产、负债的账面价值、处置价格等。

三、非同一控制下的企业合并的会计处理

(一)基本会计处理要求

在我国,非同一控制下的企业合并的会计处理方法类似于购买法,购买法也称"购买会计",是把企业合并看作购买方购入被购买方净资产的一项交易,按公允价值记录并入的资产和负债,同时把合并成本超过可辨认净资产公允价值的部分确认为商誉。在购买法下,被合并方的留存收益不能全部并入,只有合并后的留存收益才能并入合并方的财务报表。

根据我国企业合并准则,非同一控制下企业合并的相关会计处理要求有:

1.确定购买方和被购买方

在购买日取得对其他参与合并企业控制权的一方为购买方,参与合并的其他企业为被购买方。在判断购买方时,应考虑所有相关的事实和情况,特别是企业合并后参与合并的各方的相对投票权、合并后主体的管理机构及高层管理人员的构成、权益互换的条款等。

在某些情况下,可能存在难以确定企业合并中的购买方的情况。在这种情况下,往往可以结合一些迹象判断购买方的存在。在具体判断时,可以考虑以下相关因素:
(1)以支付现金、转让非现金资产或承担负债的方式进行企业合并,一般以支付现金、转让非现金资产或承担负债的一方为购买方。
(2)考虑参与合并各方的股东在合并后主体的相对投票权,其中股东在合并后主体具有相对较高的投票比例的一方一般为购买方。
(3)如果合并导致参与合并一方的管理层能够主导合并后主体的生产经营政策的制定,其管理层能够实施主导作用的一方一般为购买方。

(4)参与合并一方的公允价值远远大于另一方,公允价值较大的一方很可能为购买方。

(5)如果企业合并是通过用有表决权的股份换取另一方的现金及其他资产实现的,则付出现金或其他资产的一方很可能为购买方。

(6)通过权益互换实现的企业合并,发行权益性证券的一方通常为购买方。但如果有证据表明发行权益性证券的一方,其生产经营决策在合并后被参与合并的另一方控制,则其应为被购买方,参与合并的另一方为购买方。该类合并通常称为反向购买。

2.确定购买日

购买日,是指购买方实际取得对被购买方控制权的日期。

企业合并涉及合并方案的设计、有关方面的谈判、董事会和股东大会决议、确定资产评估基准日、政府有关部门审批、办理产权交割手续等,往往耗时较长,如何确定购买日,既涉及财务会计的基本理论问题,又关乎主并企业各方利益。确定购买日的基本原则是控制权转移的时点,在实务中,判断控制权是否转移的条件包括:

(1)企业合并合同或协议已获股东大会通过;

(2)企业合并事项需要经过国家有关主管部门审批的,也获得批准;

(3)参与合并各方已办理必要的财产权转移手续;

(4)合并方或购买方已支付了合并价款的大部分(一般应超过50%),并且有能力、有计划支付剩余款项;

(5)合并方或购买方实际上已经控制了被合并方或被购买方的财务和经营政策,并享有相应的利益、承担相应的风险。

3.确定合并成本

(1)一次交换交易实现的企业合并,合并成本为购买方在购买日为取得对被购买方的控制权而付出的资产、发生或承担的负债以及发行的权益性证券的公允价值。

(2)通过多次交易分步实现非同一控制下企业合并的,应当区分个别财务报表和合并财务报表确定合并成本:

①在个别财务报表中,应当以购买日之前所持被购买方的股权投资的账面价值与购买日新增投资成本之和,作为该项投资的初始投资成本。

②在合并财务报表中,对于购买日之前持有的被购买方的股权,应当按照该股权在购买日的公允价值进行重新计量。购买日之前持有的被购买方的股权于购买日的公允价值,与购买日新购入股权所支付对价的公允价值之和,为合并财务报表中的合并成本。

购买方为企业合并发生的审计、法律服务、评估咨询等中介费用以及其他相关管理费用,应当于发生时计入当期损益;购买方作为合并对价发行的权益性证券或债务性证券的交易费用,应当计入权益性证券或债务性证券的初始确认金额。

4.计量可辨认净资产价值

被购买方可辨认净资产公允价值,是指合并中取得的被购买方可辨认资产的公允价值减去负债及或有负债公允价值后的余额。被购买方各项可辨认资产、负债及或有负债,符合下列条件的,应当单独予以确认:

(1)合并中取得的被购买方除无形资产以外的其他各项资产(不仅限于被购买方原已确认的资产),其所带来的经济利益很可能流入企业且公允价值能够可靠地计量的,应当单独予以确认并按照公允价值计量。合并中取得的无形资产,其公允价值能够可靠地计量的,应当单独确认为无形资产并按照公允价值计量。

(2)合并中取得的被购买方除或有负债以外的其他各项负债,履行有关的义务很可能导致经济利益流出企业且公允价值能够可靠地计量的,应当单独予以确认并按照公允价值计量。

(3)合并中取得的被购买方或有负债,其公允价值能够可靠地计量的,应当单独确认为负债并按照公允价值计量。

5. 分配合并成本

(1)购买方对合并成本大于合并中取得的被购买方可辨认净资产公允价值份额的差额,应当确认为商誉。初始确认后的商誉,应当以其成本扣除累计减值准备后的金额计量。商誉的减值应当按照《企业会计准则第8号——资产减值》处理。

(2)购买方对合并成本小于合并中取得的被购买方可辨认净资产公允价值份额的差额,应当首先对取得的被购买方各项可辨认资产、负债及或有负债的公允价值以及合并成本的计量进行复核,经复核后合并成本仍小于合并中取得的被购买方可辨认净资产公允价值份额的,其差额应当计入当期损益。

6. 或有对价

按我国《企业会计准则第13号——或有事项》的规定,在非同一控制下,购买方应当将合并协议约定的或有对价作为企业合并转移对价的一部分,按照其在购买日的公允价值计入企业合并成本。或有对价符合权益工具和金融负债定义的,购买方应当将支付或有对价义务确认为一项权益或负债;符合资产定义并满足资产确认条件的,购买方应当将符合合并协议条件的、可收回的部分已支付对价的权利确认为一项资产。购买日后12个月内出现对购买日已存在情况的新的或进一步证据需要调整或有对价的,应当予以确认并对原计入合并商誉的金额进行调整;其他情况下应当区分情况处理:①或有对价为权益性质的,不进行会计处理;②或有对价为资产或负债性质的,如果属于金融工具,应当按以公允价值计量且其变动计入当期损益进行会计处理,不得指定为以公允价值计量且其变动计入其他综合收益的金融资产。

7. 商誉的计算

商誉是合并成本超过所获得被购买方可辨认净资产的公允价值的差额。若合并成本小于被购买方可辨认净资产的公允价值,即形成"负商誉",这在国际会计准则中称为廉价购买利得,计入当期损益,在我国记入"营业外收入"科目。商誉的计算有两种方法:一是部分商誉法,即只计算购买方(母公司)的商誉,又称控制性权益的商誉;二是全部商誉法,即计算被购买企业整体的商誉。我国现行企业会计准则采用部分商誉法,而国际会计准则采用全部商誉法。

8. 递延所得税的处理

在非同一控制下的企业合并按税法规定做免税合并处理的情况下,合并方要注意三个与递延所得税有关的问题:

(1)按照会计准则确认的合并商誉,其计税基础为零,由此产生了合并商誉账面价值大于计税基础的应纳税暂时性差异。根据会计准则的规定,该暂时性差异的未来纳税影响不应予以确认,即不确认与该商誉的暂时性差异有关的递延所得税负债。

(2)按照会计准则规定将取得的被购买方可辨认净资产按公允价值进行初始计量,但其计税基础却等于原计税基础,由此导致的暂时性差异的纳税影响要予以确认,并调整合并商誉。

(3)在企业合并中,购买方取得被购买方的可抵扣暂时性差异,在购买日不符合递延所得税资产确认条件的,不应予以确认。购买日后12个月内,如取得新的或进一步的信息表明购买日的相关情况已经存在,预期被购买方在购买日可抵扣暂时性差异带来的经济利益能够实现的,应当确认相关的递延所得税资产,同时减少商誉,商誉不足冲减的,差额部分确认为当期损益;除上述情况以外,确认与企业合并相关的递延所得税资产,应当计入当期损益。

(二)一次性投资实现非同一控制下企业合并的账务处理

在非同一控制下一次性投资实现企业合并的账务处理分以下几种情况进行:

1. 吸收合并和新设合并

在吸收合并情况下,由于合并后被合并方不存在,因此其相关资产负债应按公允价值计入合并方企业账簿中;而在新设合并中,合并双方都被注销法人资格,因此双方的资产负债均应按公允价值计入存续企业账簿中。在此情况下,不涉及"长期股权投资"的确认与计量问题。账务处理的基本模式如下:

(1)取得净资产和支付对价的处理:

借:有关资产账户	[取得的被合并方资产公允价值]	A
商誉	[(A−B)<C+D+E+F+G]	L
贷:有关负债账户	[取得的被合并方负债公允价值]	B
银行存款、主营业务收入等	[支付的合并对价的公允价值]	C
应付债券——面值	[发行债券的面值]	D
应付债券——利息调整	[发行债券的溢价−手续费、佣金]	
固定资产清理 无形资产等 资产处置损益等	[支付的合并对价的公允价值]	E
股本	[发行证券的面值总额]	F
资本公积	[发行证券溢价−手续费、佣金]	
银行存款	[实际发生与发行证券或债务相关的手续费、佣金等]	G
营业外收入	[(A−B)>C+D+E+F+G]	L

(2)支付与企业合并相关的评估、审计、咨询费用等直接费用的处理:

借:管理费用
　　贷:银行存款等

2. 控股合并

在控股合并情况下,由于合并后被合并方仍存在,其相关资产负债不应计入合并方(母公司)企业账簿中,在此情况下,将涉及"长期股权投资"的确认与计量问题。账务处理的基本模式如下:

(1)取得长期股权投资和支付对价的处理:

借:长期股权投资	[A=B+C+D+E+F]	A
贷:银行存款、主营业务收入等	[支付的合并对价的公允价值]	B
应付债券——面值	[发行债券的面值]	C
应付债券——利息调整	[发行债券的溢价−手续费、佣金]	

固定资产清理　　　　　　　　⎫
无形资产等　　　　　　　　　⎬　　［支付的合并对价的公允价值］　　　　　　D
资产处置损益等　　　　　　　⎭
股本　　　　　　　　　　　　　　　［发行证券的面值总额］
资本公积　　　　　　　　　　　　　［发行证券溢价－手续费、佣金］　　　　　E
银行存款　　　　　　　　　　　　　［实际发生与发行证券或债务相关的
　　　　　　　　　　　　　　　　　　手续费、佣金等］　　　　　　　　　　F

(2)支付与企业合并相关的评估、审计、咨询费用等直接费用的处理：
借：管理费用
　　贷：银行存款等

3. 举例

【例题1-7】 20×1年12月31日，甲公司以每股5.5元价格购买乙公司90万股股票，合计495万元，乙公司股本每股面值1元，流通在外的股票有120万股。当日，乙公司净资产经评估的公允价值为620万元，甲公司购入乙公司75%股权，少数股东持股25%。购买日前一天少数股东持有的股票市价为每股5.6元。要求按部分商誉法和全部商誉法分别计算商誉。

①按部分商誉法计算的商誉：

商誉＝495万元－620万元×75%＝30万元。

②按全部商誉法计算的商誉：

商誉＝(495＋120×25%×5.6)万元－620万元＝43万元。

【例题1-8】 假设20×1年12月31日，M公司吸收合并N公司，N公司丧失法人资格。两家公司的会计处理原则、会计年度均相同。M公司用300万股每股面值1元的股份(每股市价为2元)，换取N公司股东持有的每股面值1元的150万股股份(换股比率为0.5∶1，即M公司每1股换取N公司0.5股)。此外，M公司还发生了与合并业务相关的费用：股份登记发行费12万元，其他与权益性证券无关的合并费用9万元。合并前，N公司经确认的资产、负债及所有者权益的账面价值及各项资产、负债经独立评估机构评估的公允价值如表1-4所示。

表1-4　N公司资产、负债和所有者权益资料表

单位：万元

项　目	账面价值	公允价值	项　目	账面价值	公允价值
银行存款	17	17	短期借款	35	35
应收账款(净)	56	53	应付账款	49	49
存货	82	92	长期借款	130	115
长期股权投资	79	90	股本	150	—
固定资产(净)	310	350	资本公积	180	
无形资产	36	34	留存收益	36	
资产总计	580	636	负债和所有者权益总计	580	

要求:根据上述资料进行 M 公司在购买日的账务处理。

①M 公司将投资成本分摊到可辨认资产、负债,余额记为商誉:

借:银行存款　　　　　　　　　　　　　　　　　　170 000
　　应收账款(净)　　　　　　　　　　　　　　　　530 000
　　存货　　　　　　　　　　　　　　　　　　　　920 000
　　长期股权投资　　　　　　　　　　　　　　　　900 000
　　固定资产(净)　　　　　　　　　　　　　　　3 500 000
　　无形资产　　　　　　　　　　　　　　　　　　340 000
　　商誉　　　　　　　　　　　　　　　　　　　1 630 000
　　贷:短期借款　　　　　　　　　　　　　　　　　350 000
　　　　应付账款　　　　　　　　　　　　　　　　　490 000
　　　　长期借款　　　　　　　　　　　　　　　　1 150 000
　　　　股本　　　　　　　　　　　　　　　　　　3 000 000
　　　　资本公积　　　　　　　　　　　　　　　　3 000 000

②M 公司记录合并费用:

借:管理费用　　　　　　　　　　　　　　　　　　90 000
　　资本公积　　　　　　　　　　　　　　　　　　120 000
　　贷:银行存款　　　　　　　　　　　　　　　　　210 000

【例题 1-9】　设 M 公司和 N 公司为非同一控制下的两个企业,20×1 年 12 月 31 日,M 公司用账面价值为 630 万元、公允价值为 680 万元的库存商品和 350 万元的银行存款实施与 N 公司的合并。合并日 N 公司的净资产账面价值资料如表 1-5 所示,假定在购买日除固定资产评估增值 100 万元以外,其他资产、负债的公允价值与账面价值相同。

表 1-5　N 公司资产、负债和所有者权益资料表

单位:万元

项　目	账面价值	公允价值	项　目	账面价值	公允价值
原材料等	230	230	应付账款等	430	430
固定资产	1 000	1 100	股本	500	—
			资本公积	120	—
			盈余公积	60	—
			未分配利润	120	—

要求:根据上述资料,按吸收合并和控股合并两种情况分别进行购买日 M 公司的账务处理。

购买日 M 公司的账务处理如表 1-6 所示。

表1-6 购买日M公司的账务处理

吸收合并		控股合并	
借:原材料等	2 300 000	借:长期股权投资	10 300 000
固定资产	11 000 000	贷:银行存款	3 500 000
商誉	1 300 000	主营业务收入	6 800 000
贷:应付账款等	4 300 000	借:主营业务成本	6 300 000
银行存款	3 500 000	贷:库存商品	6 300 000
主营业务收入	6 800 000		
借:主营业务成本	6 300 000		
贷:库存商品	6 300 000		

【例题1-10】 设M公司和N公司为非同一控制下的两个企业,20×1年7月31日,M公司控股合并N公司。根据协议M公司先支付1 100万元的价款,以后3年的平均利润若达到120万元,则M公司还需向N公司的原股东支付60万元。N公司过去的年利润在110万元至130万元之间。因此,按正常情况M公司很可能在未来向N公司原股东支付额外的60万元。又假定购买日N公司的可辨认净资产的公允价值为1 100万元。则购买日M公司的账务处理如下:

借:长期股权投资　　　　　　　　　　　　　　　　　　　　11 600 000
　　贷:银行存款　　　　　　　　　　　　　　　　　　　　　　11 000 000
　　　　预计负债　　　　　　　　　　　　　　　　　　　　　　　　600 000

(三)分步投资实现非同一控制下企业合并的账务处理

在非同一控制下分步实现企业合并的账务处理应分个别财务报表和合并财务报表分别进行处理:

1.个别财务报表

在个别财务报表中,购买方应当以购买日之前所持被购买方的股权投资的账面价值与购买日新增投资成本之和,作为该项投资的初始投资成本;购买日之前持有的被购买方的股权涉及其他综合收益的,应当在处置该项投资时将与其相关的其他综合收益(例如,指定为以公允价值计量且其变动计入其他综合收益的非交易性权益工具投资)转入当期投资收益,并按以下原则进行会计处理:

(1)购买日之前持有的被购买方的股权投资,保持其账面价值不变,其中,购买日前持有的股权投资作为长期股权投资并采用成本法核算的,为成本法核算下至购买日应有的账面价值;购买日前持有的股权投资作为长期股权投资并采用权益法核算的,为权益法核算下至购买日应有的账面价值;购买日前持有的股权投资作为金融资产并按公允价值计量的,为至购买日的账面价值。

(2)追加的投资,按购买日支付对价的公允价值计量,并确认长期股权投资。购买方应当以购买日之前所持有被购买方的股权投资的账面价值与购买日新增投资成本之和,作为该项投资的初始投资成本。

(3)购买方对于购买日之前持有的被购买方的股权投资涉及其他综合收益的,例如,购买方原持有的股权投资按照权益法核算时,被购买方持有的可供出售金融资产公允价值变动确认的其他综合收益,购买方按持股比例计算应享有的份额并确认为其他综合收益的部分,不予处理。待购买方出售被购买方股权时,再按出售股权相对应的其他综合收益转入当期损益。

2. 合并财务报表

在合并财务报表中,购买方对于购买日之前持有的被购买方的股权,应当按照该股权在购买日的公允价值进行重新计量,并按下列原则处理:

(1)购买方对于购买日之前持有的被购买方的股权,按该股权在购买日的公允价值进行重新计量,公允价值与其账面价值之间的差额计入当期投资收益。

(2)购买日之前持有的被购买方的股权于购买日的公允价值,与购买日新购入股权所支付对价的公允价值之和,为合并财务报表的合并成本。

(3)在按上述方法计算的合并成本基础上,比较购买日被购买方可辨认净资产公允价值的份额,确定购买日应予以确认的商誉,或者应计入发生当期损益的金额。

(4)购买方对于购买日之前持有的被购买方的股权涉及其他综合收益的,与其他相关的其他综合收益应当转为购买日所属当期的投资。

【例题1-11】 20×1年1月1日,M公司以9 000万元取得N公司10%的股份,取得投资时N公司净资产的公允价值为9 500万元。假定该项投资不存在活跃市场,公允价值无法可靠地计量。因未以任何方式参与N公司的生产经营决策,M公司对持有的该投资采用成本法核算。20×2年1月1日,M公司另支付55 000万元又取得N公司50%的股份,能够对N公司实施控制。购买日N公司可辨认净资产公允价值为100 000万元,M公司之前所取得的10%股权于购买日的公允价值为9 500万元。N公司自20×1年1月1日M公司取得投资时至20×2年1月1日M公司再购买50%股份之前实现的留存收益为3 200万元,未进行利润分配。则在购买日M公司的账务处理如下:

①M公司在个别财务报表中的处理:

借:长期股权投资　　　　　　　　　　　　　　　　550 000 000
　　贷:银行存款　　　　　　　　　　　　　　　　　　　　550 000 000

初始投资成本=9 000万元+55 000万元=64 000万元。

②M公司在合并财务报表中的处理:

计算应计入当期损益的金额=9 500万元-9 000万元=500万元。

借:长期股权投资　　　　　　　　　　　　　　　　5 000 000
　　贷:投资收益　　　　　　　　　　　　　　　　　　　　5 000 000

计算合并成本=9 500万元+55 000万元=64 500万元。

计算商誉=64 500万元-100 000万元×60%=4 500万元。

在合并财务报表中的抵销分录:

借:N公司所有者权益　　　　　　　　　　　　　　1 000 000 000
　　商誉　　　　　　　　　　　　　　　　　　　　　45 000 000
　　贷:长期股权投资　　　　　　　　　　　　　　　　　　645 000 000
　　　　少数股东权益　　　　　　　　　　　　　　　　　　400 000 000

【例题 1-12】 假定例题 1-11 中的 M 公司将对 N 公司投资长期股权投资,分类为以公允价值计量且其变动计入其他综合收益的金融资产,且 20×1 年 12 月 31 日该投资的公允价值为 9 600 万元。其他资料不变。

要求:根据上述资料进行 M 公司与个别财务报表有关的会计处理。

①20×1 年 1 月 1 日,M 公司第一次投资时:

借:其他权益工具投资——成本　　　　　　　　　　　90 000 000
　　贷:银行存款　　　　　　　　　　　　　　　　　　　　90 000 000

②20×1 年 12 月 31 日:

借:其他权益工具投资——公允价值变动　　　　　　 6 000 000
　　贷:其他综合收益　　　　　　　　　　　　　　　　　　 6 000 000

③追加投资时:

借:长期股权投资　　　　　　　　　　　　　　　　550 000 000
　　贷:银行存款　　　　　　　　　　　　　　　　　　　 550 000 000

④将此前持有的投资转换为长期股权投资:

借:长期股权投资　　　　　　　　　　　　　　　　 91 000 000
　　贷:其他权益工具投资——公允价值变动　　　　　　 1 000 000
　　　　其他权益工具投资——成本　　　　　　　　　　 90 000 000

⑤将原累积的其他综合收益进行重分类(假定按 10% 提取盈余公积):

借:其他综合收益　　　　　　　　　　　　　　　　　 6 000 000
　　贷:盈余公积　　　　　　　　　　　　　　　　　　　　　 600 000
　　　　利润分配——未分配利润　　　　　　　　　　　 5 400 000

(四)非同一控制下的企业合并的信息披露

非同一控制下的企业合并,购买方应当在合并报表中披露下列有关信息:

(1)参与合并企业的基本情况。
(2)购买日的确定依据。
(3)合并成本的构成及其账面价值、公允价值及公允价值的确定方法。
(4)被购买方各项可辨认资产、负债在上一会计期间资产负债表日及购买日的账面价值和公允价值。
(5)合并合同或协议约定将承担被购买方或有负债的情况。
(6)被购买方自购买日起至报告期期末的收入、净利润和现金流量等情况。
(7)商誉的金额及其确定方法。
(8)因合并成本小于合并中取得的被购买方可辨认净资产公允价值的份额计入当期损益的金额。
(9)合并后已处置或准备处置被购买方资产、负债的账面价值、处置价格等。

 复习思考题

1.什么是企业合并?如何确定购买方和购买日?

2.什么是同一控制下的企业合并？什么是非同一控制下的企业合并？
3.在购买法下,如何分配合并成本？
4.在购买法下,什么情况会出现商誉？商誉的计算方法有哪些？
5.或有对价的出现,会对合并成本有何影响？

练习一

一、目的:练习企业合并类型的判断及相应的账务处理。

二、资料：

A、B公司分别为P公司控制下的两家子公司。A公司于2007年3月10日自母公司P公司处取得B公司100%的股权,并取得了B公司的控制权。合并后B公司仍维持其独立法人资格继续经营。为进行该项企业合并,A公司发行了4 800万股本公司普通股(每股面值1元)作为对价。假定A、B公司采用的会计政策相同。合并日,A公司及B公司的所有者权益构成如表1-7所示。

表1-7 A公司与B公司所有者权益构成情况

单位:万元

A公司		B公司	
项目	金额	项目	金额
股本	9 000	股本	1 500
资本公积	2 500	资本公积	500
盈余公积	2 000	盈余公积	1 000
未分配利润	5 000	未分配利润	2 000
合计	18 500	合计	5 000

三、要求：

(1)判断这是何种类型的企业合并,并说明理由;
(2)根据所判断的企业合并类型,进一步判断合并方和确定合并日;
(3)根据所判断的企业合并类型,帮助合并方进行合并日的账务处理。

练习二

一、目的:练习同一控制下的企业吸收合并的账务处理。

二、资料：

20×1年1月1日,甲公司以银行存款7 000万元、库存商品3 000万元(公允价值为4 500万元)和固定资产4 200万元(公允价值为7 500万元)吸收合并了集团旗下的乙公司。乙公司具体数据如表1-8所示。

表1-8 乙公司账面价值与公允价值一览表

单位:万元

项目	账面价值	公允价值	项目	账面价值	公允价值
存货	6 000	7 800	长期借款	6 500	6 500
固定资产	5 100	10 200	股本	1 000	
无形资产	4 500	5 100	资本公积	2 500	
			盈余公积	2 800	
			未分配利润	2 800	
合计	15 600	23 100	合计	15 600	

三、要求:根据上述资料,帮助甲公司进行合并日的账务处理。

练习三

一、目的:练习非同一控制下企业控股合并的账务处理。

二、资料:

20×1年6月,甲公司与乙公司的控股股东M公司签订协议,约定以发行甲公司股份为对价购买M公司持有的乙公司60%的股权。协议同时约定:基准日为20×1年6月30日,以该基准日经评估的乙公司股权价值为基础,甲公司以9.5元/股的价格发行本公司股份作为对价。乙公司全部权益(100%)于20×1年6月30日的公允价值为19亿元,甲公司向M公司发行1.5亿股,交易完成后,M公司持有股份占甲公司全部发行在外普通股股份的8%。上述协议分别经交易各方内部决策机构批准并于20×1年9月30日经监管机构核准。

甲公司20×1年9月30日向M公司发行1.5亿股,当日甲公司股票收盘价为10元/股(公允价值);交易各方于当日办理了乙公司的股权过户登记手续,甲公司对乙公司董事会进行改组。改组后乙公司董事会由7名董事组成,其中甲公司派出5名,对乙公司实施控制;当日乙公司可辨认净资产公允价值为20亿元;有关可辨认资产、负债的公允价值与账面价值相同。乙公司20×1年9月30日账面所有者权益构成为:实收资本45 000万元、资本公积60 000万元、盈余公积25 000元、未分配利润62 700万元。

该项交易中,甲公司以银行存款支付法律、评估等中介费用1 500万元。协议约定,M公司承诺本次交易完成后的20×2年、20×3年、20×4年3个会计年度乙公司实现的净利润分别不低于10 000万元、11 000万元、18 000万元。乙公司实现的净利润低于上述承诺利润的,M公司将按照出售股权比例,以现金对甲公司进行补偿。各年度利润补偿单独核算,且已经支付的补偿不予退还。

20×1年9月30日,甲公司认为乙公司在20×2年至20×4年期间基本能够实现承诺利润,发生业绩补偿的可能性较小。20×2年乙公司实际实现净利润6 000万元,但乙公司估计未实现承诺利润是暂时性的;经测试该时点商誉未发生减值。20×3年2月15日,甲公司收到M公司业绩补偿款2 800万元。

三、要求:

(1)根据所提供资料,确定本次企业合并中购买日是什么时间,并说明理由;

(2)计算企业合并中产生的商誉;

(3)帮助甲公司进行购买日的账务处理;

(4)帮助甲公司根据业绩补偿承诺情况进行账务处理,并说明理由。

第二章
合并财务报表的基本方法

GAOJI CAIWU KUAIJI

第二章
合并财务报表的基本方法

【导读】

本章阐述了合并财务报表的定义、合并财务报表的基本理论、合并财务报表的合并范围的界定规则、合并财务报表的编制程序等基本问题;阐述了同一控制下和非同一控制下合并财务报表编制的基本方法。由于与内部现金流动有关的抵销处理只影响到合并现金流量表项目,因此本章还对合并现金流量表的一般编制方法进行了专门的阐述。学习时注意结合合并财务报表的基本理论理解合并财务报表编制的基本方法。

【学习重点】

合并范围的确定、合并差额的处理、合并日的合并财务报表的编制、合并日后的合并财务报表的编制。

【学习难点】

合并范围的确定、购买日后合并财务报表的编制。

本章内容主要涉及《企业会计准则第 33 号——合并财务报表》,该准则是借鉴《国际会计准则第 27 号——合并报表与个别报表》(IAS 27: *Consolidated and Separate Financial Statements*)制定而成的。后者被国际会计准则理事会 2011 年 5 月发布的《国际财务报告准则第 10 号——合并财务报表》(IFRS 10: *Consolidated Financial Statements*)取代。财政部 2014 年 2 月发布的《企业会计准则第 33 号——合并财务报表》(修订)反映了国际准则 2006 年以来的相应变化。

第一节 合并财务报表编制的基本理论

一、合并财务报表的定义

准则所称合并财务报表(consolidated financial statements),又称合并会计报表、合并报表,是指反映企业集团(包括母公司及其全部子公司)的整体财务状况、经营成果和现金流量的财务报表。母公司(parent company),是指控制一个或一个以上主体(含企业、被投资单位中可分割的部分,以及企业所控制的结构化主体等,下同)的主体。子公司,是指被母公司控制的主体。

准则规定,母公司应当编制合并财务报表。合并财务报表至少应当包括下列组成部分:①合并资产负债表;②合并利润表;③合并现金流量表;④合并所有者权益(或股东权益,下同)变动表;⑤附注。企业集团中期期末编制合并财务报表的,至少应当包括合并资产负债表、合并利润表、合并现金流量表和附注。

二、合并财务报表合并理论的发展与类别

合并财务报表理论随着新的经济业务活动的出现而出现,合并财务报表的实践遥遥领先于其理论构建,第一份典型的合并会计报表是美国钢铁公司于 1901 年编制的。

然而,在美国的证券市场上,合并财务报表的编报长期缺乏统一的规范。经过半个世纪的实践之后,美国的公共会计师行业才推出合并报表的首份编制规则,这就是美国注册会计师协会麾下的会计程序委员会 1959 年 8 月公布的《会计研究公报第 51 号——合并财务报表》

(Accounting Research Bulletin No.51:Consolidated Financial Statements)。

第二次世界大战以后,西方发达国家出现了企业合并浪潮,世界各国开始重视合并报表的编制。企业合并的理论及合并业务处理方法的研究逐渐在实务中发展成为一种模式,在不同国家之间却存在着巨大差异。为了协调世界各国编制合并报表,国际会计准则委员会(IASC)早在1976年6月就发布了《国际会计准则第3号——合并财务报表》(IAS 3),提出了合并报表编报要求。1989年,经过全面修改,IASC发布了《国际会计准则第27号——合并财务报表及对子公司投资会计》(IAS 27)。2003年12月,国际会计准则理事会(IASB,前身为IASC)对IAS 27进行修改,准则名称重新改为《国际会计准则第27号——合并财务报表与个别报表》,我国2007年开始实施的合并报表准则基于此准则制定。

2008年6月,IASB对IAS 27的修改主要涉及失去对子公司控制及非控制权益等方面。2011年5月,IFRS(国际财务报告准则)第10号发布,取代了IAS 27中除了有关披露以外的内容,对有关披露的内容则单独发布了IFRS 12进行规定。随后,IFRS 10进行了两次修订,分别是在2012年6月和2012年10月。第一次修订主要是关于首次执行IFRS 10时的过渡性指南,第二次修订主要是关于投资性主体,对于IFRS 10有实质性意义,我国新合并报表准则借鉴了第二次修订的IFRS 10。

合并报表在理论上存在着争议,在实践中也存在不少问题。有些学者认为,合并报表主要对母公司的股东和潜在投资者具有一定参考价值,但对合并各方的债权人和子公司的少数股东只有限的用途。虽然会计准则标榜自身是为投资者服务的,但证券分析师却常常猛烈抨击合并报表。他们质疑,对于多元化经营的控股企业来说,如果其跨行业集团的合并报表包罗万象,不能用于比较分析、行业分析,那它究竟有什么用途呢?或许分部报告更实用一些。

理论争议的焦点是少数股东权益(minority interest),又称非控制权益(non-controlling interest),应该如何归类和表达,这是长期困扰会计师的难题,也是合并报表相关理论流派的关注重点。

非控制权益只在合并报表的编制过程中出现,并非来源于母公司或子公司的经营交易或事项,从来不在母公司和子公司的个别会计报表中出现。因此,它的编制过程缺乏直接的证据予以约束。

关于非控制权益不同的归类和表达,产生了不同的合并理论,目前四种关于合并报表的理论主张并行,谁也无法在理论上证明自己的相对正确性。

(一)母公司理论

1.母公司理论理念

母公司理论(parent company theory,parent company concept),又译作"母公司观",认为合并报表主要是为母公司的股东和债权人服务的,主要是为了展示母公司股东所拥有的资产、负债和净资产,只不过是母公司的个别会计报表的扩充。该理论不仅与实体理论有所差异,而且认为比例合并的思路是不恰当的,其反对比例合并的做法的理由是,母公司控股股东虽然对子公司(包括其资产和负债)具有整体上的控制能力,但并不直接拥有子公司的资产和负债。

母公司理论忽视了少数股东权益,合并报表的编制以"拥有"(ownership)而非"控制"(control)作为合并的基础。

母公司理论依据了重要性原则,并假定任何报表都不能满足所有使用者的一切要求,只能满足其主要利益主体的主要需要。该理论认为,在企业集团中,只要满足了母公司股东这一主要使用者对会计信息的主要要求,其他利益主体(包括少数股东)对会计信息的基本要求也会得到大体上的满足。

2.母公司理论合并报表的合并范围

以法定控制为基础,以持有多数股权或表决权作为是否将某一被投资企业纳入合并范围的依据,或者通过一家公司处于另一家公司法定支配下的控制协议来确定合并报表的合并范围。

3.母公司理论合并处理方法:按母公司本身的股东利益来考虑

(1)子公司资产和负债的公允价值与账面价值之差,只按母公司股东的股权比例对合并报表资产和负债项目进行公允价值调整,即:并购的市价成本只由母公司所拥有资产负债分摊,而少数股东权益仅以账面价值反映在合并报表中。

(2)合并商誉属于母公司利益,与少数股权无关。

(3)合并资产负债表的股东权益部分仅限于母公司股东的权益,少数股东权益(非控股股东权益)被视为特殊的负债,作为独立项目列示在负债部分和股东权益部分之间。

(4)少数股东享有的损益,在合并利润表上,作为合并收益的一个减项,即合并净利润中不包括少数股东所持有的净利润份额(实质:将合并主体中的少数股东作为债权人看待)。

(5)集团内部销售收入的抵销,要考虑顺销和逆销。顺流交易全额抵销,逆流交易按照比例抵销,少数股东股权相对应的份额则视为实际销售。

4.母公司理论优点

(1)母公司理论依据了重要性原则,满足母公司的股东和债权人对合并报表信息的需求。

(2)母公司理论继承了所有者理论的合理内核,吸收了经济实体理论的合理外延,在合并报表编制的实务方面可操作性更强,在实务中广为采用。

5.母公司理论缺点

母公司理论并没有独立、逻辑一致的理论基础,而仅仅是所有者理论和经济实体理论的折中。

(1)忽略少数股东利益,混淆了合并整体中股东权益和债权人权益,没有透过母子公司的法律关系公正地从合并整体的角度去揭示整个集团的财务信息。

(2)同一项目双重标准:子公司净资产中属于母公司权益部分按购并日的实际支付价格(公允价值),少数股权的权益部分则仍按账面价值(历史成本),违背了一致性原则。

(3)不符合负债和费用会计要素的定义:将少数股权股东的权益作为负债,少数股权的收益作为费用。

(二)实体理论

1.实体理论的理念

实体理论即经济实体理论(Economic Entity Theory),又译作实体理论、主体观,主张合并报表要反映企业集团整体上的资产和负债。

实体理论认为子公司虽然为母公司所购买,但是其本身依旧是一个不可分割的整体;认为合并报表是企业集团各成员企业构成的经济联合体的财务报表,编制合并报表是为整个经济体服务的,即:子公司的资产和负债要100%进入合并报表,而不仅仅是把母公司所拥有的份额列入合并报表。

实体理论倡导合并报表反映整个企业集团(即"主体")而不仅仅是母公司的相关信息,平等地对待控股股东和少数股东。

实体理论强调的是集团中所有成员企业构成的经济实体,它对构成企业集团的持有多数股权的股东和拥有少数股权的股东一视同仁、同等对待,认为只要是企业集团成员股东,无论是拥有多数股权,还是拥有少数股权,都是共同组成的经济实体的股东。

因报表上反映出来的资产和负债总额包含了属于少数股东的部分,应在合并资产负债表的股东权益部分专门列示"少数股东权益"。在合并利润表中,少数股东损益也视为合并主体净收益分配给少数股东的部分。

实体理论更加符合合并报表编制的目的与要求,但当子公司存在少数股权时,能否以母公司取得子公司股份的成本推断并计价属于少数股东的净资产、计算少数股东利润,在学术界存在着不同的看法。

2. 实体理论的发展

实体理论的发展主要由美国学者哈特菲尔德和他的学生穆尼茨率先提出和论证。哈特菲尔德在其享有盛誉的《会计学:原理与问题》(1927年)一书中倡导,无论控制股东是否完全控制,商誉都应该100%予以确认(完全商誉)。

1942年,穆尼茨在《采用实体理论编制合并报表》一文中发展了这一观点,提出:在存在少数股东的情况下,如果仅仅按照控股股东的持股比例确认商誉,将会使得商誉取决于控股股东的持股比例,而不是取决于被购买企业的盈利能力。

莫里斯·穆尼茨《合并报表的实体理论》,于1944年出版。

密歇根大学的佩顿(W. A. Paton)的看法:应将商誉分摊给少数股东,即按照扣除了分摊给少数股东的商誉份额之后的余额来列报商誉(合并报表的商誉只是反映控制股东的)。

3. 实体理论合并范围

以控制为基础予以确定。

4. 实体理论合并处理方法

(1)子公司的资产、负债调整为公允价值,按照持股比例下推给"控股股东"和"非控股股东",即子公司资产、负债公允价值与账面价值之间的差额100%在合并报表中进行调整,从而计算子公司净资产公允价值。

少数股东权益=子公司净公允价值×持股比例。

商誉或负商誉:按子公司净资产全部公允价值确定,属于全体股东,等于"控股股东的投资代价÷控股股东持股比例-子公司净公允价值"。

(2)少数股东权益:按比例计算的归属于少数股东的净公允价值份额,视为股东权益的一部分,在合并资产负债表中股东权益部分列示和反映。

(3)少数股东损益视为合并净收益分配给少数股东的部分。

(4)内部销售收入,全部予以抵销处理。

5. 实体理论优点

(1)将合并主体中的少数股东和控股股东同等看待,其财务合并的是母公司所控制的资源,而不是母公司所拥有的资源。合并方法与控制的经济实质相吻合,承认企业并购过程中母公司通过产权控制而产生财务杠杆效应的客观事实。

(2)有利于从整体上把握企业集团经营活动的情况,相对来说更能够满足企业集团内部管理人员对财务信息的需要。

(3)经济实体理论下编制合并报表,不需对子公司资产负债进行人为分割,克服了比例合并法的弊端。

6.实体理论的应用

德国主要采用实体理论。我国会计准则并未强调对某些特殊交易基于母子公司个别报表的视角和合并报表的视角分别进行调整,并未完全体现将合并主体作为一个经济主体的"实体理论"。2014年《企业会计准则第33号——合并财务报表》强调"站在企业集团角度对特殊交易事项予以调整",完善了合并报表的"实体理论"。

(三)所有权理论

所有权理论(proprietary theory),有的译作"业主观",与按照比例合并法(pro rata consolidation,proportionate consolidation)系同义语。

所有权理论把子公司的资产和负债视为母公司自身的资产和负债,把子公司的收入和费用视为母公司的收入和费用,主张按照比例合并法编制合并报表,即:母公司直接按照其持股比例把它对子公司的资产(或负债)的理论上的分享额(或分担额)记入合并报表。

所有权理论强调编制合并报表的企业对另一企业的经济活动和财务决策具有重大影响的所有权。

所有权理论认为,母公司理论和实体理论都不能解决隶属于两个或两个以上企业集团的企业的合并报表编制问题(共同控制),根据母公司理论和实体理论,对共同控制企业,都很难确定该企业的财务报表由哪一投资企业合并。共同控制的这种情况下,既没有单一的母公司,也没有少数股权的股东;既不存在法定支配权,也不存在单一经济主体。为了弥补母公司理论和实体理论的不足,有的国家在编制合并报表时,就提出了所有权理论,以期解决共同控制下的合并报表的编制问题。

所有权理论合并范围:解决隶属于两个或两个以上企业集团的公司合并报表的编制问题。

所有权理论认为,母子公司之间的关系是拥有与被拥有的关系,编制合并报表的目的,是向母公司的股东报告其拥有的资源。根据这一观点,当母公司合并报表时,应按母公司实际拥有的股权比例,合并子公司的资产、负债、所有者权益和损益。

1.所有权理论的主要处理方法

(1)母子公司的交易及未实现损益,按母子公司的持股比例抵销;

(2)因收购兼并而形成的资产、负债变动及商誉,按母公司持股比例摊销;

(3)合并报表上不会出现"少数股东权益"和"少数股东损益"项目。

2.所有权理论优缺点

所有权理论优点是简便易行,缺点是:

(1)人为地将子公司的资产、负债、收入、费用等划分为两部分,缺乏现实经济意义。

(2)对子公司的净资产采用了两种计量属性;不适用于揭示被视为一个合并报表整体的企业集团的整个实体的经济状况,通常用于揭示合资企业的财务状况。

(3)过分强调对子公司的拥有权,违背了控制的经济实质。

所有权合并理论一般是与其他合并理论结合使用的。我国有关企业会计准则规定:合营与联营的,要求采用权益法核算,不允许采用比例合并的方法。

(四)母公司扩展理论

母公司扩展理论(parent company extension theory),有的书上译作"修正的母公司理论",亦称当代理论,既不是母公司理论,也不是实体理论,某些部分采用母公司理论的观点,某些部分采用实体理论的观点。

该理论认为,合并报表反映的是将整个公司集团作为一个经济实体来看待时的财务状况和经营成果。在此理论下,公司集团的财务报表对所有事项的处理必须一致。这一理论适用于那些隶属于几个集团或只是部分属于一个集团的公司企业。采用该理论,既没有形成单一的母公司,也不存在少数股权;既不存在法定支配权,也不存在单一的经济主体,仅强调能对经营和财务决策产生"重大影响"的可能性的所有权。这一理论要求在合并报表中母公司所取得的全部资产与负债和少数股权的比例股份都要按照公允价值来反映,这一点与实体理论是一致的。其不同点在于对商誉的处理。"修正的母公司理论"认为,商誉是母公司所取得的无形资产,其价值只应是母公司所支付的价款,绝不应由少数股权承担商誉。

就合并理论来说,母公司扩展理论是少数股东会计处理的依据,至于多数股东,采用母公司理论与实体理论并无差别。

子公司的资产、负债及商誉的确定采用母公司理论;母子公司未实现的利润采用实体理论。法国的法律和惯例是同时以母公司理论和所有权理论为基础的。

在英、美国家中,所有权理论作为标准惯例与母公司扩展理论结合使用。

(五)我国合并理论的发展

(1)1995年财政部印发《合并会计报表暂行规定》,规范企业集团编报合并会计报表。

(2)2006年《企业会计准则第33号——合并财务报表》发布。

(3)2014年修订《企业会计准则第33号——合并财务报表》。

总体而言,我国《企业会计准则第33号——合并财务报表》所依据的合并报表理论是以实体理论为主、母公司理论为辅的综合理论,例如,少数股东损益和少数股东权益分别在合并净利润和合并股东权益之中列示,依据的是实体理论;而合并商誉按照母公司持股比例计算,合并每股收益也是以归属于母公司的净利润为基数计算的,所依据的则是母公司理论。

(六)关于合并报表的理论争鸣

迄今为止,我国关于合并报表的理论研究仍然不够充分。

1. 企业集团不是从事经营活动的民事主体

国家工商行政管理局1998年4月发布的《企业集团登记管理暂行规定》明确指出"企业集团不具有企业法人资格",经核准的企业集团名称可以在宣传和广告中使用,但不得以企业集团名义订立经济合同,从事经营活动。

2. 会计要素之概念不适用于企业集团

第一,资产和负债的概念不适用于企业集团。财产权利(资产)和债务(负债)是就民事主体而言的,而"企业集团"并非民事主体。

第二,收入和费用的概念不适用于企业集团。企业集团并非法律意义上的独立经营主体。

第三,所得税的概念不适用于企业集团。所得税这一概念仅仅对于持有税务登记证的经营主体而言才有意义,而企业集团并不是纳税人。

3.合并报表有悖于会计原理和立法理念

合并报表不是会计程序的产物,而是在缺乏法律证据的情况下,在若干份会计报表的基础上编制的金融分析报表。

独立的会计主体一定是法律主体,而法律主体一定是独立的会计主体。企业集团既非法律主体,也非会计主体。

第二节 合并范围的确定

合并财务报表的合并范围应当以控制为基础予以确定。控制(control),是指投资方拥有对被投资方的权力,通过参与被投资方的相关活动而享有可变回报,并且有能力运用对被投资方的权力影响其回报金额。

母公司应当将其全部子公司(包括母公司所控制的单独主体)纳入合并财务报表的合并范围。

以下简要介绍《企业会计准则第33号——合并财务报表》(2014年修订)关于如何判断是否对被投资方构成控制的规定。

一、控制的基本要素

控制的定义包含控制的三项基本要素:①投资方拥有对被投资方的权力。②投资方通过参与被投资方的相关活动而享有可变回报。③投资方有能力运用对被投资方的权力影响其回报金额。

当且仅当投资方满足上述三项基本要素(即权力、可变回报、权力与回报的关联)时,投资方才被视为控制了被投资方。

1. 权力

控制的第一项要素是投资方拥有对被投资方的权力。权力,是指赋予投资方主导被投资方相关活动的现时能力(current ability)的现实权利(existing rights)。

对控制的判断应当侧重于评价投资方是否具备主导被投资方相关活动的现时能力。只要具备这种现时能力,那么投资方无论是否实施该控制权,均构成对被投资者的权力。

如果两个或两个以上的投资方分别享有单方面主导被投资方的某些不同的相关活动的现实权利,那么,能够主导对被投资方的回报产生最重大影响的活动的一方拥有对被投资方的权力。

2. 可变回报

控制的第二项要素是投资方通过涉入被投资方而承担或有权获得可变回报。可变回报是指可能随着被投资方业绩而变化的回报,可以仅仅是正回报,仅仅是负回报,或者同时包括正回报和负回报。投资方自被投资方取得的回报可能会随着被投资方业绩而变动的,视为享有可变回报。

3. 权力与回报的关联

控制的第三项(也就是最后一项)要素是,投资方必须要有能力使用权力来影响因涉入被投资方而获得的可变回报。

二、投资方对控制的判断

投资方在判断能否控制被投资方时,具体判断如下:

(一)被投资方的设立目的和设计

当判断对被投资方的控制时,投资方应考虑被投资方的设立目的及设计,以明确哪些是相关活动,相关活动的决策机制是什么,谁拥有现时能力主导这些活动,以及谁从这些活动中获得可变回报。

(二)判断通过涉入被投资方的活动享有的是否为可变回报

1. 可变回报的定义

享有控制权的投资方,通过参与被投资方相关活动,享有的是可变回报。可变回报,是不固定且可能随着被投资方业绩而变化的回报,可以仅是正回报,仅是负回报,或者同时包括正回报和负回报。

2. 可变回报的形式

投资方在评价其享有被投资方的回报是否可变以及可变的程度时,需基于合同安排的实质,而不是法律形式。可变回报的形式主要包括:

(1)股利、被投资方经济利益的其他分配、投资方对被投资方的投资的价值变动。从被投资方获取股利是投资方的可变回报的通常表现形式。

(2)因向被投资方的资产或负债提供服务而得到的报酬、因提供信用支持或流动性支持收取的费用或承担的损失、被投资方清算时在其剩余净资产中所享有的权益、税务利益、因参与被投资方而获得的未来流动性。

(3)其他利益持有方无法得到的回报。

(三)判断投资方是否对被投资方拥有权力并能够运用此权力影响回报金额

1. 权力的定义

投资方能够主导被投资方的相关活动,称投资方对被投资方享有"权力"。在判断投资方是否对被投资方拥有权力时,应注意以下几点:权力只表明投资方主导被投资方相关活动的现时能力,并不要求投资方实际行使其权力。权力通常表现为表决权,但有时也可能表现为其他合同安排。

2. 相关活动

1)识别相关活动

相关活动是指对被投资方的回报产生重大影响的活动。判断相关活动时,应关注的是那些对被投资方的回报具有重大影响的活动,而不是对被投资方回报影响甚微或没有影响的行政活动。

2)分析相关活动的决策机制

就相关活动做出的决策包括但不限于:对被投资方的经营、融资等活动做出决策,包括编制预算;任命被投资方的关键管理人员或服务提供商,并决定其报酬,以及终止该关键管理人员的劳务关系或终止与服务提供商的业务关系。

3)两个或两个以上投资方能够分别单方面主导被投资方的不同相关活动时,如何判断哪一方拥有权力

当两个或两个以上投资方能够分别单方面主导被投资方的不同相关活动时,能够主导对被投资方回报产生最重大影响的活动的一方拥有对被投资方的权力。

3. "权力"是一种实质性权利

权力源于权利。在判断投资方是否拥有对被投资方的权力时,应区分投资方及其他方享有的权利是实质性权利还是保护性权利,仅实质性权利才应当被考虑。

(1)实质性权利。实质性权利是指持有人在对相关活动进行决策时,有实际能力行使的可执行权利。通常情况下,实质性权利应当是当前可执行的权利,但某些情况下,目前不可行使的权利也可能是实质性权利,如某些潜在表决权。

(2)保护性权利。保护性权利旨在保护持有这些权利的当事方的权益,而不赋予当事方对这些权利所涉及的主体的权力。仅持有保护性权利的投资方不能对被投资方实施控制,也不能阻止其他方对被投资方实施控制。

保护性权利通常仅适用于被投资方的活动发生根本性改变或某些特殊例外的情况,但并非所有在例外情况下行使的权利或在不确定事项发生时才行使的权利都是保护性权利。

4. 权力的持有人应为主要责任人

权力是为自己行使的(行使人为主要责任人),而不是代其他方行使的(行使人为代理人)。

当存在多个主要责任人时,每个主要责任人需评估其是否拥有对被投资方的权力。根据具体情况,以下四项因素的相对重要性程度可能存在差异。

(1)决策者对被投资方的决策权范围。在评估决策权范围时,应考虑相关协议或法规允许决策者决策的活动,以及决策者对这些活动进行决策时的自主程度。

(2)其他方享有的实质性权利。

其他方持有实质性罢免权或其他权利可能显示决策者是代理人。如果存在多于一方拥有这样的权利(且不存在单独一方能不经其他方同意即可罢免决策者的情况),那么这些权利本身不足以得出决策者是主要代表其他方且为了其他方利益进行决策的结论。在罢免决策者时需要联合一致行使罢免权的各方的数量越多,决策者的其他经济利益(即薪酬和其他利益)的量级和可变动性越大,则其他方所持有的权利在评价决策者是否是代理人时的权重就越小。

(3)决策者的薪酬水平。相对于被投资方活动的预期回报,决策者享有的薪酬的量级和可变动性越大,决策者越可能是主要责任人。

(4)决策者因持有被投资方的其他权益而承担可变回报的风险。

在评估其是否为代理人时,应考虑决策者因该权益所面临的可变回报的风险。持有被投资方其他权益表明该决策者可能是主要责任人。

5. 权力的一般来源

表决权是指对被投资单位经营计划、投资方案、年度财务预算方案和决算方案、利润分配方案和弥补亏损方案、内部管理机构的设置、聘任或解聘公司经理及其报酬、公司的基本管理制度等事项进行表决而持有的权利。

(1)通过直接或间接拥有半数以上表决权而拥有权力。当被投资方的相关活动由持有半数以上表决权的投资方表决决定,或者主导相关活动的权力机构的多数成员由持有半数以上表决

权的投资方指派,而且权力机构的决策由多数成员主导时,持有半数以上表决权的投资方拥有对被投资方的权力。

(2)持有被投资方半数以上表决权但并无权力。确定持有半数以上表决权的投资方是否拥有权力,关键在于该投资方是否拥有主导被投资方相关活动的现时能力。在被投资方相关活动被政府、法院、管理人、接管人、清算人或监管人等其他方主导时,投资方无法凭借其拥有的表决权主导被投资方的相关活动,因此,投资方此时即使持有被投资方过半数的表决权,也不拥有对被投资方的权力。

如果投资方虽然持有被投资方半数以上表决权,但这些表决权并不是实质性权利,则投资方并不拥有对被投资方的权力;当其他方拥有现实权利使其可以主导被投资方的相关活动,且该其他方不是投资方的代理人时,投资方不拥有对被投资方的权力;当投资方所拥有的表决权并非实质性权利时,即使持有多数表决权,投资方也不拥有对被投资方的权力。

半数以上表决权通过,只是做出决策的通常做法。有些情况下,根据相关章程、协议或其他法律文件,主导相关活动的决策所要求的表决权比例会高于持有半数以上表决权的一方所持有的表决权比例。例如,被投资方的公司章程规定,与相关活动有关的决策必须由出席会议的投资方所持2/3以上的表决权通过。这种情况下,持有半数以上但不足2/3表决权的投资方,虽然表决权比例超过半数,但该表决权本身不足以赋予投资方权力,此时应结合其他因素进行进一步的分析与判断。

(3)直接或间接结合,也只拥有半数或半数以下表决权,但仍然可以通过表决权判断拥有权力。

持有半数或半数以下表决权的投资方(或者虽持有半数以上表决权,但仅凭自身表决权比例仍不足以主导被投资方相关活动的投资方),应综合考虑下列事实和情况,以判断其持有的表决权与相关事实和情况相结合是否可以赋予投资方对于被投资方的权力:

①考虑投资方持有的表决权相对于其他投资方持有的表决权份额的大小,以及其他投资方持有表决权的分散程度。与其他方持有的表决权比例相比,投资方持有的表决权比例越高,越有可能有现时能力主导被投资方相关活动。为否决投资方而需要联合一致的行动方越多,投资方越有可能有现时能力主导被投资方相关活动。

②考虑与其他表决权持有人的协议。投资方自己拥有的表决权不足,但通过与其他表决权持有人的协议可以控制足以主导被投资方相关活动的表决权,从而拥有被投资方的权力。

③其他合同安排产生的权利。投资方可能通过将拥有的表决权和其他决策权相结合的方式使其目前有能力主导被投资方的相关活动。但是,在不存在其他权利时,仅仅是被投资方对投资方的经济依赖不会导致投资方对被投资方拥有权力。

④如果结合表决权和上述第①至③项所列因素,仍不足以判断投资方能否控制被投资方,则还需要考虑是否存在其他事实或情况,能够证明投资方拥有主导被投资方相关活动的现时能力。

投资方所持有的被投资方表决权比例越低,否决投资方所提关于相关活动的议案所需一致行动的其他投资者数量越少,投资方为了证明其拥有主导被投资方权力的权利,就需要在更大程度上证明存在这些"其他事实或情况"。

对于被投资方的相关活动通过表决权进行决策,而投资方持有的表决权比例不超过半数的情况,如果投资方在综合考虑了所有相关情况和事实后仍不能确定投资方是否拥有对被投资的权力,则投资方不控制被投资方。

6.权力来自表决权以外的其他权利

在某些情况下,某些主体的投资方对其拥有的权力并非源自表决权,而是被投资方的相关活动由一项或多项合同安排决定,例如证券化产品、资产支持融资工具、部分投资基金等结构化主体。

结构化主体,是指在确定其控制方时没有将表决权或类似权利作为决定因素而设计的主体。通常情况下,结构化主体在合同约定的范围内开展业务活动,表决权或类似权利仅与行政性管理事务相关。结构化主体通常具有下列特征中的多项或全部:

(1)业务活动范围受限。通常情况下,结构化主体在合同约定的范围内开展业务活动,业务活动范围受到了限制。

(2)有具体明确的目的,而且目的比较单一。结构化主体通常是为了特殊目的而设立的主体。

(3)股本(如有)不足以支撑其业务活动,必须依靠其他次级财务支持。次级财务支持是指承受结构化主体部分或全部预计损失的可变收益,其中的"次级"代表受偿顺序在后。股本本身就是一种次级财务支持,其他次级财务支持包括次级债权、对承担损失做出的承诺或担保义务等。通常情况下,结构化主体的股本占资产规模的份额较小,甚至没有股本。当股本很少或没有股本,不足以支撑结构化主体的业务活动时,通常需要依靠其他次级财务支持来为结构化主体注入资金,支撑结构化主体的业务活动。

(4)通过向投资者发行不同等级的证券(如分级产品)等金融工具进行融资,证券的等级不同,信用风险及其他风险的集中程度也不同。

7.权力与回报之间的联系

投资方必须不仅拥有对被投资方的权力和因涉入被投资方而承担或有权获得可变回报,而且要有能力使用权力来影响因涉入被投资方而获得的投资方回报。只有当投资方不仅拥有对被投资方的权力、通过参与被投资方的相关活动而享有可变回报,并且有能力运用对被投资方的权力来影响其回报的金额时,投资方才控制被投资方。

三、纳入合并范围的特殊情况

投资方通常应当对是否控制被投资方整体进行判断。但在少数情况下,如果有确凿证据表明同时满足下列条件并且符合相关法律法规规定的,投资方应当将被投资方的一部分视为被投资方可分割的部分,进而判断是否控制该部分(可分割部分):

(1)该部分的资产是偿付该部分负债或该部分其他利益方的唯一来源,不能用于偿还该部分以外的被投资方的其他负债;

(2)除与该部分相关的各方外,其他方不享有与该部分资产相关的权利,也不享有与该部分资产剩余现金流量相关的权利。

实质上该部分的所有资产、负债及其他相关权益均与被投资方的剩余部分相隔离,即:该部分的资产产生的回报不能由该部分以外的被投资方其他部分享有,该部分的负债也不能用该部分以外的被投资方资产偿还。

如果被投资方的一部分资产和负债及其他相关权益满足上述条件,构成可分割部分,则投资方应当基于控制的判断标准确定其是否能控制该可分割部分,考虑该可分割部分的相关活动及其决策机制,投资方是否目前有能力主导可分割部分的相关活动并据以从中取得可变回报。如果投资方控制可分割部分,则应将其进行合并。

四、合并范围的豁免

(一)豁免规定

母公司应当将其全部子公司(包括母公司所控制的被投资单位可分割部分、结构化主体)纳入合并范围。但是,如果母公司是投资性主体,则只应将那些为投资性主体的投资活动提供相关服务的子公司纳入合并范围,其他子公司不应予以合并,母公司对其他子公司的投资应当按照公允价值计量且其变动计入当期损益。

一个投资性主体的母公司如果其本身不是投资性主体,则应当将其控制的全部主体,包括投资性主体以及通过投资性主体间接控制的主体,纳入合并财务报表范围。

(二)投资性主体的定义

当母公司同时满足以下三个条件时,该母公司属于投资性主体:

(1)该公司以向投资方提供投资管理服务为目的,从一个或多个投资者处获取资金。这是一个投资性主体与其他主体的显著区别。

(2)该公司的唯一经营目的,是通过资本增值、投资收益或两者兼有而让投资者获得回报。投资性主体的经营目的一般可能通过其设立目的、投资管理方式、投资期限、投资退出战略等体现出来。

(3)该公司按照公允价值对几乎所有投资的业绩进行计量和评价。

(三)投资性主体的特征

投资性主体通常应当符合下列四个特征:①拥有一个以上投资;②拥有一个以上投资者;③投资者不是该主体的关联方;④该主体的所有者权益以股权或类似权益存在。上述特征仅仅是投资性主体的常见特征,当主体不完全具备上述四个特征时,需要审慎评估,判断是否有确凿证据证明虽然缺少其中一个或几个特征,但该主体仍然符合投资性主体的定义。

(四)因投资性主体的转换引起的合并范围的变化

当母公司由非投资性主体转变为投资性主体时,除仅将为其投资活动提供相关服务的子公司纳入合并财务报表范围编制合并财务报表外,企业自转变日起对其他子公司不应予以合并,其会计处理参照部分处置子公司股权但不丧失控制权的处理原则处理如下:

终止确认与其他子公司相关资产(包括商誉)及负债的账面价值,以及其他子公司相关少数股东权益(包括属于少数股东的其他综合收益)的账面价值;并按照对该子公司的投资在转变日的公允价值确认一项以公允价值计量且其变动计入当期损益的金融资产,同时将对该子公司的投资在转变日的公允价值作为处置价款,其与当日合并财务报表中该子公司净资产(资产、负债及相关商誉之和,扣除少数股东权益)的账面价值之间的差额,调整资本公积(资本溢价或股本溢价),资本公积不足冲减的,调整留存收益。

当母公司由投资性主体转变为非投资性主体时,应将原未纳入合并财务报表范围的子公司于转变日纳入合并财务报表范围,将转变日视为购买日,原未纳入合并财务报表范围的子公司于转变日的公允价值视为购买的交易对价,按照非同一控制下企业合并的会计处理方法进行会计处理。

五、合并财务报表的编制程序

(一)编制原则

(1)以个别报表为基础原则。一方面,以个别报表为基础是真实性原则的要求;另一方面,以个别报表为基础也解释了为什么在合并日后的各期编报合并财务报表时需要在合并财务报表工作底稿中对"未分配利润(期初)"项目进行抵销。

(2)一体性原则。这一原则决定了在编制合并财务报表时对集团内部交易和事项要予以抵销。

(3)重要性原则。根据这一原则,对合并财务报表项目可进行适当的取舍,对集团内部交易和事项可根据需要决定是否全部予以抵销。

(二)基础工作

(1)统一会计政策。母公司应当统一子公司所采用的会计政策,使子公司采用的会计政策与母公司的会计政策保持一致。如果母子公司会计政策不一致,则应当按母公司会计政策对子公司会计报表进行必要的调整,或者要求子公司按照母公司的会计政策另行编报财务报表。

(2)统一会计期间。如果子公司会计期间与母公司不一致,则应当按母公司的会计期间对子公司财务报表进行必要的调整。

(3)对子公司以外币表示的财务报表进行折算。对母公司和子公司的财务报表进行合并,其前提必须是母子公司个别财务报表所采用的货币计量单位一致。外币业务比较多的企业应该遵循外币折算准则有关选择记账本位币的相关规定,在符合准则规定的基础上,确定是否采用某一种外币作为记账本位币。在将境外经营纳入合并范围时,应该按照外币折算准则的相关规定进行处理。

(4)备齐相关资料,如:子公司相应期间的财务报表;采用的与母公司不一致的会计政策及其影响金额;与母公司不一致的会计期间说明;与母公司、其他子公司之间发生的所有内部交易的相关资料;所有者权益变动的有关资料;编制合并财务报表需要的其他有关资料。

(三)编制步骤

(1)开设合并工作底稿,见表2-1。

表2-1 合并财务报表工作底稿

单位:元

项目	个别报表		合计数	调整与抵销分录		合并数
	母公司	子公司		借	贷	
资产负债表项目:						
……						
利润表项目:						
……						
所有者权益变动表中的有关利润分配项目:						
……						

(2)将母公司和纳入合并范围的子公司个别报表资料抄入合并财务报表工作底稿中的"个别报表"大栏中的具体栏目,并加计合计数。

(3)根据有关资料,编制调整与抵销分录,并登记在合并财务报表工作底稿"调整与抵销分录"栏中。为了清楚起见,也可分别设置"调整分录"栏和"抵销分录"栏。在我国,为了满足传统会计习惯,常需要编制调整分录将对子公司的"长期股权投资"由成本法核算结果调整为权益法核算的结果,但如果不这样调整,也会得到相同的合并结果。而对于抵销分录,按内部交易类别可将其分为以下四大类:①与内部股权投资有关的抵销处理;②与内部债权、债务有关的抵销处理;③与内部存货交易、固定资产交易、无形资产交易等内部资产交易有关的抵销处理;④与内部现金流动有关的抵销处理。

(4)根据"合计数"栏与"调整与抵销分录"栏资料,计算各项目的合并数。合并数的具体计算方法是:

①资产类项目,其合并金额根据该项目加总的金额,加上该项目调整分录与抵销分录有关的借方发生额,减去该项目调整分录与抵销分录有关的贷方发生额计算确定。

②负债类和所有者权益类项目,其合并金额根据该项目加总的金额,减去该项目调整分录与抵销分录有关的借方发生额,加上该项目调整分录与抵销分录有关的贷方发生额计算确定。

③有关收入、收益、利得类项目,其合并金额根据该项目加总的金额,减去该项目调整分录与抵销分录的借方发生额,加上该项目调整分录与抵销分录的贷方发生额计算确定。

④有关成本费用、损失类项目和有关利润分配的项目,其合并金额根据该项目加总的金额,加上该项目调整分录与抵销分录的借方发生额,减去该项目调整分录与抵销分录的贷方发生额计算确定。

⑤"专项储备"和"一般风险准备"项目由于既不属于实收资本(或股本)、资本公积,也与留存收益、未分配利润不同,在长期股权投资与子公司所有者权益相互抵销后,应当按归属于母公司所有者的份额予以恢复。

(5)填列合并财务报表。根据合并工作底稿中计算出的资产、负债、所有者权益、收入、成本费用类以及现金流量表中各项目的合并金额,填列生成正式的合并财务报表。合并所有者权益变动表也可以根据合并资产负债表和合并利润表进行编制。

第三节 同一控制下合并财务报表的编制

一、合并日合并财务报表的编制

在同一控制下,如果不存在与母公司会计政策和会计期间不一致的情况,则不需要对该子公司的个别财务报表进行调整,只需要抵销内部交易对合并财务报表的影响即可。

母公司在合并日应当编制合并日的合并资产负债表、合并利润表、合并现金流量表等合并财务报表。在编制合并日资产负债表时,只需将对子公司的长期股权投资与子公司所有者权益中母公司所拥有的份额抵销,子公司所有者权益中不属于母公司的份额在合并财务报表中作为"少数股东权益"处理。在合并工作底稿中编制的抵销分录为:借记"实收资本"、"资本公积"、"其他综合收益"、"盈余公积"和"未分配利润"项目,贷记"长期股权投资"和"少数股东权益"项目。

同一控制下企业合并按一体化存续原则,在合并财务报表上,对被合并方在企业合并前实现的留存收益中归属于合并方的部分,应自合并方资本公积(资本溢价或股本溢价)转入留存收益;借记"资本公积"项目,贷记"盈余公积""未分配利润"项目。

二、合并日后合并财务报表的编制

同一控制下合并日后合并财务报表编制有关会计业务内容主要有:将长期股权投资按权益法进行调整;抵销长期股权投资和子公司所有者权益项目;内部股权投资收益与子公司利润分配抵销;集团内部交易或事项抵销(见第三章);根据合并数编制形成合并财务报表。

(一)将长期股权投资按权益法进行调整

在将长期股权投资由成本法核算结果调整为权益法核算结果时,应当自取得对子公司长期股权投资的年度起,逐年按照子公司当年实现的净利润中属于母公司享有的份额,调整增加对子公司长期股权投资的金额,并调整增加当年投资收益;对于子公司当期分派的现金股利或宣告分派的股利中母公司享有的份额,则调整冲减长期股权投资的账面价值,同时调整减少投资收益。之所以要按子公司分派或宣告分派的现金股利调整减少投资收益,是因为在成本法核算情况下,母公司在当期财务报表中已按子公司分派或宣告分派的现金股利确认了投资收益。

在取得子公司长期股权投资的第二年,将成本法核算的结果调整为权益法核算的结果时,在调整计算第一年年末权益法核算的对子公司长期股权投资的金额的基础上,按第二年子公司实现的净利润中母公司所拥有的份额,调增长期股权投资的金额;按子公司分派或宣告分派的现金股利中母公司所拥有的份额,调减长期股权投资的金额。以后年度的调整,则比照上述做法进行处理。

至于子公司除净损益以外所有者权益的其他变动,在按照权益法对成本法核算的结果进行调整时,应当根据子公司本期除损益以外的所有者权益的其他变动而计入资本公积或其他综合收益的金额中所享有的金额,对长期股权投资的金额进行调整。在以后年度将成本法核算的结果调整为权益法核算的结果时,也必须考虑这一因素对长期股权投资的金额进行调整。

本期合并财务报表中,期初"所有者权益"各项目的金额应与上期合并财务报表中的期末"所有者权益"对应项目的金额一致,对于上期编制调整抵销分录时涉及利润表项目及"未分配利润"项目,在本期编制合并财务报表调整抵销分录时均应用"未分配利润——年初"或"年初未分配利润"项目代替。

调整分录的具体编制如下:
(1)调整被投资单位以前年度盈利(被投资单位亏损,做相反调整分录):
借:长期股权投资
　　贷:未分配利润——年初
(2)调整被投资单位本年盈利(被投资单位亏损,做相反调整分录):
借:长期股权投资
　　贷:投资收益
(3)调整被投资单位以前年度分派现金股利:
借:未分配利润——年初
　　贷:长期股权投资

(4)调整被投资单位当年分派现金股利:
借:投资收益
　　贷:长期股权投资
(5)调整子公司以前年度其他综合收益变动或所有者权益的其他变动(假定增加,若减少做相反调整分录):
借:长期股权投资
　　贷:其他综合收益(资本公积)——年初
(6)调整子公司本年其他综合收益变动或所有者权益的其他变动(假定增加,若减少做相反调整分录):
借:长期股权投资
　　贷:其他综合收益(资本公积)

(二)合并抵销处理

1. 母公司长期股权投资与子公司所有者权益的抵销

借:实收资本　　　　　　　　　　[子公司期末数]
　　资本公积　　　　　　　　　　[子公司期末数]
　　其他综合收益　　　　　　　　[子公司期末数]
　　盈余公积　　　　　　　　　　[子公司期末数]
　　未分配利润——年末　　　　　[子公司期末数]
　贷:长期股权投资　　　　　　　[母公司按权益法调整后的账面价值]
　　　少数股东权益　　　　　　　[子公司期末所有者权益×少数股东持股比例]

在合并财务报表中,子公司少数股东分担的当期亏损超过了少数股东在该子公司期初所有者权益中所享有的份额的(即发生超额亏损),其余额仍应当冲减少数股东权益,即少数股东权益可以出现负数。

2. 内部股权投资收益与子公司利润分配的抵销

由于合并所有者权益变动表中的本年利润分配项目是站在整个企业集团的角度,反映对母公司股东和子公司的少数股东的利润分配情况的,因此,子公司的个别所有者权益变动表中本年利润分配各项目的金额,包括提取盈余公积、对所有者(或股东)的分配和期末未分配利润的金额都必须予以抵销。

借:投资收益　　　　　　　　　　[子公司的净利润×母公司持股比例]
　　少数股东损益　　　　　　　　[子公司的净利润×少数股东持股比例]
　　未分配利润——年初　　　　　[子公司期初数]
　贷:提取盈余公积　　　　　　　[子公司本期计提的金额]
　　　向股东分配利润　　　　　　[子公司本期分配的股利]
　　　未分配利润——年末　　　　[子公司期末数]

同时,被合并方在合并前实现的留存收益中归属于合并方的部分,自"资本公积"转入"盈余公积"和"未分配利润"。

借:资本公积
　　贷:盈余公积
　　　　未分配利润

第二章 合并财务报表的基本方法

【例题 2-1】 甲公司 20×2 年 1 月 1 日以 28 600 万元的价格取得 A 公司 80% 股权，A 公司净资产的公允价值为 35 000 万元。甲公司与 A 公司为同一控制下的企业。A 公司采用的会计政策与甲公司一致。A 公司 20×2 年 1 月 1 日股东权益总额为 32 000 万元，其中股本为 20 000 万元，资本公积为 8 000 万元，盈余公积为 1 200 万元，未分配利润为 2 800 万元。合并后甲公司在 A 公司股东权益中所拥有的份额为 25 600 万元。假定不考虑留存收益恢复因素。

(1)取得子公司股权时：

借：长期股权投资——A 公司　　　　　　　　　256 000 000
　　资本公积　　　　　　　　　　　　　　　　　 30 000 000
　　贷：银行存款　　　　　　　　　　　　　　　　　　　286 000 000

(2)编制合并日合并资产负债表时，应当进行如下抵销处理：

借：股本　　　　　　　　　　　　　　　　　　200 000 000
　　资本公积　　　　　　　　　　　　　　　　　80 000 000
　　盈余公积　　　　　　　　　　　　　　　　　12 000 000
　　未分配利润　　　　　　　　　　　　　　　　28 000 000
　　贷：长期股权投资　　　　　　　　　　　　　　　　　256 000 000
　　　　少数股东权益　　　　　　　　　　　　　　　　　 64 000 000

合并日抵销后，合并报表中对子公司长期股权投资的金额为 0，所有者权益只剩母公司的所有者权益；增加了少数股东权益 6 400 万元。其合并日的合并工作底稿见表 2-2。

表 2-2　合并工作底稿(简易)

(合并日)　　　　　　　　　　　　　　　　　　　　　　　　单位：万元

项　目	母公司	子公司	合计数	调整分录		抵销分录		少数股东权益	合并数
				借方	贷方	借方	贷方		
资产负债表项目									
货币资金	8 000	4 000	12 000						12 000
应收账款	6 800	4 120	10 920						10 920
存货	31 000	20 000	51 000						51 000
长期股权投资	25 600	0	25 600				25 600		0
固定资产	80 600	28 280	108 880						108 880
无形资产	4 000	1 600	5 600						5 600
商誉	0	0	0						0
资产合计	156 000	58 000	214 000				25 600		188 400
应付账款	18 000	4 200	22 200						22 200
长期借款	68 000	21 800	89 800						89 800
负债合计	86 000	26 000	112 000						112 000
股本	40 000	20 000	60 000			20 000			40 000
资本公积	10 000	8 000	18 000			8 000			10 000
盈余公积	11 000	1 200	12 200			1 200			11 000

续表

项　　目	母公司	子公司	合计数	调整分录 借方	调整分录 贷方	抵销分录 借方	抵销分录 贷方	少数股东权益	合并数
未分配利润	9 000	2 800	11 800			2 800			9 000
归属于母公司股东权益合计	70 000	32 000	102 000			32 000			70 000
少数股东权益								6 400	6 400
负债和股东权益合计	156 000	58 000	214 000			32 000		6 400	188 400
其他项目(略)									

注:负债和股东权益合计=(214 000−32 000+6 400)万元=188 400 万元。

如果 A 公司 20×2 年全年实现净利润 10 500 万元,经公司董事会提议并经股东会批准,20×2 年提取盈余公积 2 000 万元,向股东宣告分派并支付现金股利 4 500 万元。A 公司 20×2 年 12 月 31 日,股东权益总额为 38 000 万元,其中股本为 20 000 万元,资本公积为 8 000 万元,盈余公积为 3 200 万元,未分配利润为 6 800 万元。将成本法核算的结果调整为权益法核算结果的相关的调整分录如下:

借:长期股权投资　　(105 000 000×80%)　　84 000 000
　　贷:投资收益　　　　　　　　　　　　　　　　　　84 000 000
借:投资收益　　　　(45 000 000×80%)　　 36 000 000
　　贷:长期股权投资　　　　　　　　　　　　　　　　36 000 000

经过调整后,甲公司对 A 公司长期股权投资的金额为 30 400(=25 600+8 400−3 600)万元;A 公司股东权益总额为 38 000 万元,甲公司拥有 80%的股权,即在子公司股东权益中拥有 30 400 万元,其余 20%则属于少数股东权益。

(3)长期股权投资与子公司所有者权益抵销。

借:股本　　　　　　　　　　　　　　　　　200 000 000
　　资本公积　　　　　　　　　　　　　　　　80 000 000
　　盈余公积　　　　　　　　　　　　　　　　32 000 000
　　未分配利润——年末　　　　　　　　　　　68 000 000
　　贷:长期股权投资　　　　　　　　　　　　　304 000 000
　　　　少数股东权益　　　　　　　　　　　　　76 000 000

(4)将对子公司的投资收益与子公司利润分配相抵销。

借:投资收益　　　　　　　　　　　　　　　 84 000 000
　　少数股东损益　　　　　　　　　　　　　　21 000 000
　　未分配利润——年初　　　　　　　　　　　28 000 000
　　贷:提取盈余公积　　　　　　　　　　　　　20 000 000
　　　　向股东分配利润　　　　　　　　　　　　45 000 000
　　　　未分配利润——年末　　　　　　　　　　68 000 000

其20×2年的合并工作底稿见表2-3。

表2-3 合并工作底稿(简易)

(20×2年度) 单位:万元

项　　目	母公司	子公司	合计数	调整分录 借方	调整分录 贷方	抵销分录 借方	抵销分录 贷方	少数股东权益	合并数
资产负债表项目									
货币资金	5 700	6 500	12 200						12 200
应收账款	8 500	5 100	13 600						13 600
存货	37 000	18 000	55 000						55 000
长期股权投资	40 000	0	40 000	8 400	3 600		30 400		14 400
固定资产	82 800	47 600	130 400						130 400
无形资产	6 000	1 800	7 800						7 800
商誉	0	0	0						0
资产合计	180 000	79 000	259 000	8 400	3 600		30 400		233 400
应付账款	18 000	5 200	23 200						23 200
长期借款	76 000	35 800	111 800						111 800
负债合计	94 000	41 000	135 000						135 000
股本	40 000	20 000	60 000			20 000			40 000
资本公积	10 000	8 000	18 000			8 000			10 000
盈余公积	18 000	3 200	21 200			3 200			18 000
未分配利润(计算见后面)									22 800
归属于母公司股东权益合计									90 800
少数股东权益								7 600	7 600
负债和股东权益合计	180 000	79 000	259 000						233 400
利润表项目									
营业收入	150 000	94 800	244 800						244 800
营业成本	96 000	73 000	169 000						169 000
税金及附加	1 800	1 000	2 800						2 800

续表

项 目	母公司	子公司	合计数	调整分录 借方	调整分录 贷方	抵销分录 借方	抵销分录 贷方	少数股东权益	合并数
销售费用	5 200	3 400	8 600						8 600
管理费用	6 600	4 200	10 800						10 800
财务费用	1 200	800	2 000						2 000
投资收益	9 800	200	10 000	3 600	8 400	8 400			6 400
营业外收入	1 600	2 400	4 000						4 000
营业外支出	2 600	1 000	3 600						3 600
所得税费用	12 000	3 500	15 500						15 500
净利润	36 000	10 500	46 500	3 600	8 400	8 400			42 900
归属于母公司股东的净利润									40 800
少数股东损益								2 100	2 100
综合收益总额	36 000	10 500	46 500	3 600	8 400	8 400			42 900
归属于母公司股东的综合收益									40 800
归属于少数股东的综合收益								2 100	2 100
股东权益变动表项目									
年初未分配利润	9 000	2 800	11 800			2 800			9 000
提取盈余公积	7 000	2 000	9 000				2 000		7 000
对股东的分配	20 000	4 500	24 500				4 500		20 000
年末未分配利润	18 000	6 800	24 800	3 600	8 400	6 800 18 000	6 800 13 300	2 100	22 800
现金流量表项目(略)									

注:年末未分配利润=(24 800+8 400-3 600+13 300-18 000-2 100)万元=22 800 万元。

(三)根据合并工作底稿合并数编制合并财务报表

若为例题 2-1 编制合并报表,各合并报表(列示部分信息)分别见表 2-4、表 2-5、表 2-6。

第二章 合并财务报表的基本方法

表 2-4 合并资产负债表

会合 01 表

(_____年___月___日)

单位:万元

资产	期末余额	年初余额	负债和所有者权益（或股东权益）	期末余额	年初余额
流动资产：			流动负债：		
货币资金	12 200		短期借款		
交易性金融资产			交易性金融负债		
衍生金融资产			衍生金融负债		
应收票据			应付票据		
应收账款	13 600		应付账款	23 200	
应收款项融资			预收款项		
预付款项			应付职工薪酬		
其他应收款			应交税费		
存货	55 000		其他应付款		
合同资产			合同负债		
持有待售资产			持有待售负债		
一年内到期的非流动资产			一年内到期的非流动负债		
其他流动资产			其他流动负债		
流动资产合计	80 800		流动负债合计	23 200	
非流动资产：			非流动负债：		
债权投资			长期借款	111 800	
其他债权投资			应付债券		
长期应收款			其中:优先股		
长期股权投资	14 400		永续债		
其他权益工具投资			租赁负债		
其他非流动金融资产			长期应付款		
投资性房地产			预计负债		
固定资产	130 400		递延收益		
在建工程			递延所得税负债		
生产性生物资产			其他非流动负债		
油气资产			非流动负债合计	111 800	
使用权资产			负债合计	135 000	
无形资产	7 800		股东权益：		

续表

资产	期末余额	年初余额	负债和所有者权益（或股东权益）	期末余额	年初余额
开发支出			股本	40 000	
商誉			其他权益工具		
长期待摊费用			其中：优先股		
递延所得税资产			永续债		
其他非流动资产			资本公积	10 000	
非流动资产合计	152 600		减：库存股		
			其他综合收益		
			专项储备		
			盈余公积	18 000	
			未分配利润	22 800	
			归属于母公司所有者权益（或股东权益）合计	90 800	
			少数股东权益	7 600	
			股东权益合计	98 400	
资产总计	233 400		负债和股东权益总计	233 400	

注：表中金融企业专用项目省略。

表 2-5　合并利润表

会合 02 表

（_____年度）

单位：万元

项　　目	本期金额	上期金额（略）
一、营业总收入	244 800	
其中：营业收入	244 800	
二、营业总成本	186 800	
其中：营业成本	169 000	
税金及附加	2 800	
销售费用	8 600	
管理费用	10 800	
研发费用		
财务费用	2 000	
其中：利息费用		
利息收入		
加：其他收益		

续表

项　　目	本期金额	上期金额(略)
投资收益(损失以"－"号填列)	6 400	
其中:对联营企业和合营企业的投资收益		
以摊余成本计量的金融资产终止确认收益(损失以"－"号填列)		
净敞口套期收益(损失以"－"号填列)		
公允价值变动收益(损失以"－"号填列)		
信用减值损失(损失以"－"号填列)		
资产减值损失(损失以"－"号填列)		
资产处置收益(损失以"－"号填列)		
三、营业利润(亏损以"－"号填列)	58 000	
加:营业外收入	4 000	
减:营业外支出	3 600	
四、利润总额(亏损总额以"－"号填列)	58 400	
减:所得税费用	15 500	
五、净利润(净亏损以"－"号填列)	42 900	
(一)按经营持续性分类		
1.持续经营净利润(净亏损以"－"号填列)	42 900	
2.终止经营净利润(净亏损以"－"号填列)		
(二)按所有权归属分类		
1.归属于母公司股东的净利润(净亏损以"－"号填列)	40 800	
2.少数股东损益(净亏损以"－"号填列)	2 100	
六、其他综合收益税后净额		
(一)归属于母公司所有者的其他综合收益的税后净额		
1.不能重分类进损益的其他综合收益		
(1)重新计量设定受益计划变动额		
(2)权益法下不能转损益的其他综合收益		
(3)其他权益工具投资公允价值变动		
(4)企业自身信用风险公允价值变动		
2.将重分类进损益的其他综合收益		
(1)权益法下可转损益的其他综合收益		
(2)其他债权投资公允价值变动		

续表

项 目	本期金额	上期金额(略)
(3)金融资产重分类计入其他综合收益的金额		
(4)其他债权投资信用减值准备		
(5)现金流量套期储备		
(6)外币财务报表折算差额		
(二)归属于少数股东的其他综合收益的税后净额		
七、综合收益总额	42 900	
(一)归属于母公司所有者的综合收益总额	40 800	
(二)归属于少数股东的综合收益总额	2 100	
八、每股收益		
(一)基本每股收益		
(二)稀释每股收益		

注:表中金融企业专用项目省略。

表2-6 合并所有者权益变动表

(_____年度)

会合04表
单位:万元

项 目	本 年 金 额								上年金额
	归属于母公司所有者权益						少数股东权益	所有者权益合计	略
	实收资本(或股本)	其他权益工具	资本公积	减:库存股	其他综合收益	盈余公积	未分配利润			
一、上年年末余额	40 000		10 000			11 000	9 000	6 400	76 400	
加:会计政策变更										
前期差错更正										
其他										
二、本年年初余额	40 000		10 000			11 000	9 000	6 400	76 400	
三、本年增减变动金额							40 800	2 100	42 900	
(一)综合收益总额							40 800	2 100	42 900	
(二)所有者投入和减少资本										
1.所有者投入的普通股										

续表

项 目	本 年 金 额									上年金额
	归属于母公司所有者权益							少数股东权益	所有者权益合计	略
	实收资本（或股本）	其他权益工具	资本公积	减:库存股	其他综合收益	盈余公积	未分配利润			
2.其他权益工具持有者投入资本										
3.股份支付计入所有者权益的金额										
4.其他										
(三)利润分配						7 000	−27 000	900	20 900	
1.提取盈余公积						7 000	−7 000			
2.对所有者(或股东)的分配							−20 000	900	20 900	
3.其他										
(四)所有者权益内部结转										
1.资本公积转增资本（或股本）										
2.盈余公积转增资本（或股本）										
3.盈余公积弥补亏损										
4.设定受益计划变动额结转留存收益										
5.其他综合收益结转留存收益										
6.其他										
四、本年年末余额	40 000		10 000			18 000	22 800	7 600	98 400	

注:表中金融企业专用项目省略。

第四节 非同一控制下合并报表的编制

一、非同一控制下取得子公司购买日合并财务报表的编制

母公司合并成本大于取得的子公司可辨认净资产公允价值份额的差额,作为合并商誉在合并资产负债表中列示。

(一)按公允价值对非同一控制下取得子公司的财务报表进行调整

在免税合并的情况下,非同一控制下控股合并中取得的被购买方可辨认资产、负债的购买日公允价值不同于其以原始取得成本为基础确定的计税基础的,都会由此在购买方合并报表层面产生账面价值与计税基础之间的暂时性差异,需要在购买方的合并财务报表层面确认递延所得税资产或负债,并相应调整商誉或者负商誉。以固定资产为例,假定其公允价值大于账面价值,调整分录如下:

借:固定资产——原价(调增固定资产价值)
　　贷:资本公积
　　　　递延所得税负债

(二)母公司长期股权投资与子公司所有者权益抵销处理

在子公司为全资子公司的情况下,母公司对子公司长期股权投资的金额和子公司所有者权益各项目的金额应当全额抵销。子公司所有者权益中不属于母公司的份额,在合并财务报表中作为"少数股东权益"处理。在合并工作底稿中编制的抵销分录为:借记"实收资本"、"资本公积"、"其他综合收益"、"盈余公积"和"未分配利润"项目,贷记"长期股权投资"和"少数股东权益"项目。

二、非同一控制下取得子公司购买日后合并财务报表的编制

非同一控制下合并日后合并财务报表编制有关会计业务内容主要有:对子公司个别财务报表项目按公允价值进行调整;将长期股权投资按权益法进行调整;抵销长期股权投资和子公司所有者权益项目,并确认计量商誉;内部股权投资收益与子公司利润分配抵销;集团内部交易或事项抵销(见第三章);根据合并数编制形成合并财务报表。

(一)对子公司个别财务报表进行调整

对于非同一控制下企业合并中取得的子公司,应当根据母公司在购买日设置的备查簿中登记的该子公司有关可辨认资产、负债的公允价值,对子公司的个别财务报表进行调整。

以固定资产为例,假定固定资产公允价值大于账面价值,在免税合并情况下的调整分录为:

(1)投资当年编制合并财务报表:

借:固定资产——原价(调增固定资产价值)
　　贷:资本公积

递延所得税负债
借:管理费用(当年按公允价值应补提折旧)
　　贷:固定资产——累计折旧
借:递延所得税负债
　　贷:所得税费用
(2)以后年度连续编制合并财务报表:
借:固定资产——原价(调增固定资产价值)
　　贷:资本公积
　　　　递延所得税负债
借:未分配利润——年初
　　　递延所得税负债
　　贷:固定资产——累计折旧
借:管理费用(当年应补提折旧)
　　贷:固定资产——累计折旧
借:递延所得税负债
　　贷:所得税费用

如果公允价值小于账面价值应确认递延所得税资产,如果不考虑所得税因素的影响,则不确认递延所得税。是否考虑所得税影响可辨认净资产的公允价值和商誉的金额。

(二)长期股权投资由成本法调整为权益法

在合并工作底稿中,按权益法对子公司的长期股权投资进行调整。在确认应享有子公司净损益的份额时,应当以子公司各项可辨认资产、负债及或有负债等在购买日的公允价值为基础,对该子公司的净利润进行调整后确认。

(三)抵销分录

1. 母公司长期股权投资与子公司所有者权益的抵销

借:股本　　　　　　　　[子公司期末数]
　　资本公积　　　　　　[子公司调整后的期末数]
　　其他综合收益　　　　[子公司期末数]
　　盈余公积　　　　　　[子公司期末数]
　　未分配利润——年末　[子公司调整后的期末数]
　　商誉　　　　　　　　[合并成本大于可辨认净资产公允价值份额]
　　贷:长期股权投资　　　[母公司按权益法调整后的账面价值]
　　　　少数股东权益　　　[子公司调整后期末所有者权益合计×少数股东持股比例]
　　　　盈余公积和未分配利润[合并成本小于可辨认净资产公允价值份额]

2. 内部股权投资收益与子公司利润分配的抵销

借:投资收益　　　　　　[子公司调整后的净利润×母公司持股比例]
　　少数股东损益　　　　[子公司调整后的净利润×少数股东持股比例]
　　未分配利润——年初　[子公司期初数]

贷:提取盈余公积	[子公司本期计提的金额]
向股东分配利润	[子公司本期分配的股利]
未分配利润——年末	[子公司调整后期末数]

【例题2-2】 乙公司2019年1月1日以定向增发公司普通股票的方式,购买取得B公司70%的股权。乙公司定向增发普通股股票10 000万股(每股面值为1元),乙公司普通股股票市场价格每股为2.95元。乙公司并购B公司属于非同一控制下的企业合并,假定不考虑所得税影响。B公司在购买日股东权益账面价值总额为32 000万元,其中股本为20 000万元,资本公积为8 000万元,盈余公积为1 200万元,未分配利润为2 800万元。B公司购买日应收账款账面价值为3 920万元,公允价值为3 820万元;存货的账面价值为20 000万元,公允价值为21 100万元;固定资产账面价值为18 000万元,公允价值为21 000万元。购买日股东权益公允价值总额为36 000万元。

乙公司合并成本=2.95元/股×10 000万股=29 500万元。

乙公司在B公司可辨认净资产公允价值的份额=36 000万元×70%=25 200万元。

合并商誉=(29 500-25 200)万元=4 300万元。

乙公司将购买取得B公司70%股权作为长期股权投资入账,其账务处理如下:

借:长期股权投资——B公司	295 000 000
贷:股本	100 000 000
资本公积	195 000 000

将B公司资产和负债的评估增值或减值分别调增或调减相关资产和负债项目的金额,因假定不考虑所得税因素的影响,调整分录如下:

借:存货	11 000 000
固定资产——原价	30 000 000
贷:应收账款	1 000 000
资本公积	40 000 000

根据资产和负债的公允价值对B公司财务报表进行调整后,其股东权益总额为36 000万元,乙公司在其中所拥有的份额为25 200万元。乙公司对B公司长期股权投资的金额为29 500万元,超过25 200万元的金额4 300万元则为合并商誉。少数股权投资权益则为10 800万元(=36 000万元×30%)。乙公司将长期股权投资与其在B公司所有者权益中拥有的份额抵销时,其抵销分录如下:

借:股本		200 000 000
资本公积	(80 000 000+40 000 000)	120 000 000
盈余公积		12 000 000
未分配利润		28 000 000
商誉		43 000 000
贷:长期股权投资		295 000 000
少数股东权益		108 000 000

其2019年合并工作底稿见表2-7。

表 2-7 合并工作底稿(简易)

（购买日）   单位：万元

项目	母公司	子公司	合计数	调整分录 借方	调整分录 贷方	抵销分录 借方	抵销分录 贷方	少数股东权益	合并数
资产负债表项目									
货币资金	8 000	4 000	12 000						12 000
应收账款	6 800	4 120	10 920		100				10 820
存货	31 000	20 000	51 000	1 100					52 100
长期股权投资	61 500	0	61 500				29 500		32 000
固定资产	74 200	28 280	102 480	3 000					105 480
无形资产	4 000	1 600	5 600						5 600
商誉	0	0	0			4 300			4 300
资产合计	185 500	58 000	243 500	4 100	100	4 300	29 500		222 300
应付账款	18 000	4 200	22 200						22 200
长期借款	68 000	21 800	89 800						89 800
负债合计	86 000	26 000	112 000						112 000
股本	50 000	20 000	70 000			20 000			50 000
资本公积	29 500	8 000	37 500		4 000	12 000			29 500
盈余公积	11 000	1 200	12 200			1 200			11 000
未分配利润	9 000	2 800	11 800			2 800			9 000
归属于母公司股东权益合计	99 500	32 000	131 500		4 000	36 000			99 500
少数股东权益								10 800	10 800
负债和股东权益合计	185 500	58 000	243 500		4 000	36 000		10 800	222 300
其他项目(略)									

注：负债和股东权益合计＝(243 500＋4 000－36 000＋10 800)万元＝222 300 万元。

B公司 2019 年全年实现净利润 10 500 万元，B公司当年提取盈余公积 2 000 万元，向股东分派并支付现金股利 4 500 万元。B公司 2019 年 12 月 31 日股东权益账面价值总额为 38 000 万元，其中股本为 20 000 万元，资本公积为 8 000 万元、盈余公积为 3 200 万元、未分配利润为 6 800 万元。截至 2019 年 12 月 31 日，应收账款按购买日评估确认的金额收回，评估确认的坏账已核销；购买日发生评估增值的存货，当年已全部实现对外销售；购买日固定资产原价评估增值系公司用办公楼增值，该办公楼采用的折旧方法为年限平均法，该办公楼剩余折旧年限为 20 年，假定该办公楼评估增值在未来 20 年内平均摊销。

(1)乙公司 2019 年年末编制合并财务报表时相关项目计算如下：

B公司本年净利润＝10 500 万元＋[100(因购买日应收账款公允价值减值的实现而调减资

产减值损失)－1 100(因购买日存货公允价值增值的实现而调增营业成本)－150(因固定资产公允价值增值计算的折旧而调增管理费用)]万元＝9 350 万元。

B 公司本年年末未分配利润＝[2 800(年初)＋9 350－2 000(提取盈余公积)－4 500(分派股利)]万元＝5 650 万元。

乙公司本年投资 B 公司的投资收益＝9 350 万元×70%＝6 545 万元。

乙公司本年年末对 B 公司的长期股权投资＝[29 500＋6 545－4 500(分派股利)×70%]万元＝32 895 万元。

少数股东损益＝9 350 万元×30%＝2 805 万元。

少数股东权益的年末余额＝(10 800＋2 805－4 500×30%)万元＝12 255 万元。

(2)乙公司 2019 年编制合并财务报表时,应当进行如下调整抵销处理:

①按公允价值对 B 公司财务报表项目进行调整。根据购买日 B 公司资产和负债的公允价值与账面价值之间的差额,调整 B 公司相关公允价值变动的资产和负债项目及资本公积项目。在合并工作底稿中,其调整分录如下:

借:存货	11 000 000
固定资产——原价	30 000 000
贷:应收账款	1 000 000
资本公积	40 000 000

因购买日 B 公司资产和负债的公允价值与账面价值之间的差额对 B 公司本年净利润的影响,调整 B 公司年初未分配利润及相关项目。之所以进行这一调整,是因为子公司个别财务报表是按其资产、负债的原账面价值为基础编制的,其当期计算的净利润也是其按资产、负债的原账面价值为基础计算的结果,而公允价值与原账面价值存在差额的资产或负债,在经营过程中因使用、销售或偿付而实现其公允价值,其实现的公允价值对子公司当期净利润的影响需要在净利润计算中予以反映。在合并工作底稿中其调整分录如下:

借:应收账款——坏账准备	1 000 000
贷:信用减值损失	1 000 000
借:营业成本	11 000 000
贷:存货	11 000 000
借:管理费用	1 500 000
贷:固定资产——累计折旧	1 500 000

②按照权益法对乙公司财务报表项目进行调整。一方面,因购买日 B 公司资产和负债的公允价值与原账面价值之间的差额对 B 公司本年净利润的影响,以及乙公司对 B 公司长期股权投资权益法核算的影响,需要对乙公司对 B 公司长期股权投资及相关项目进行调整;另一方面,乙公司对 B 公司的长期股权投资采用成本法进行核算,需要对成本法核算的结果按权益法核算的要求对长期股权投资及相关项目进行调整,在合并工作底稿中其调整分录如下:

借:长期股权投资	65 450 000
贷:投资收益	65 450 000
借:投资收益	31 500 000
贷:长期股权投资	31 500 000

③长期股权投资与所有者权益抵销。

将乙公司对B公司的长期股权投资与其在B公司股东权益中拥有的份额予以抵销。在合并工作底稿中,其抵销分录如下:

借:股本   200 000 000
    资本公积   120 000 000
    盈余公积   32 000 000
    未分配利润——年末   56 500 000
    商誉   43 000 000
  贷:长期股权投资   328 950 000
      少数股东权益   122 550 000

④投资收益与子公司利润分配等项目抵销。

将乙公司对B公司投资收益与B公司本年利润分配有关项目的金额予以抵销。在合并工作底稿中,其抵销分录如下:

借:投资收益   65 450 000
    少数股东损益   28 050 000
    未分配利润——年初   28 000 000
  贷:提取盈余公积   20 000 000
      向股东分配利润   45 000 000
      未分配利润——年末   56 500 000

其2019年合并工作底稿见表2-8。

表2-8 合并工作底稿(简易)

(2019年度)   单位:万元

项目	母公司	子公司	合计数	调整分录		抵销分录		少数股东权益	合并数
				借方	贷方	借方	贷方		
资产负债表项目									
货币资金	5 700	6 500	12 200						12 200
应收账款	8 500	5 100	13 600	100	100				13 600
存货	37 000	18 000	55 000	1 100	1 100				55 000
长期股权投资	69 500	0	69 500	6 545	3 150		32 895		40 000
固定资产	82 800	47 600	130 400	3 000	150				133 250
无形资产	6 000	1 800	7 800						7 800
商誉	0	0	0			4 300			4 300
资产合计	209 500	79 000	288 500	10 745	4 500	4 300	32 895		266 150
应付账款	18 000	5 200	23 200						23 200
长期借款	76 000	35 800	111 800						111 800
负债合计	94 000	41 000	135 000						135 000
股本	50 000	20 000	70 000			20 000			50 000
资本公积	29 500	8 000	37 500		4 000	12 000			29 500

续表

项　目	母公司	子公司	合计数	调整分录 借方	调整分录 贷方	抵销分录 借方	抵销分录 贷方	少数股东权益	合并数
盈余公积	18 000	3 200	21 200			3 200			18 000
未分配利润（计算见后面）									21 395
归属于母公司股东权益合计									118 895
少数股东权益								12 255	12 255
负债和股东权益合计	209 500	79 000	288 500						266 150
利润表项目									
营业收入	150 000	94 800	244 800						244 800
营业成本	96 000	73 000	169 000	1 100					170 100
税金及附加	1 800	1 000	2 800						2 800
销售费用	5 200	3 400	8 600						8 600
管理费用	6 000	3 900	9 900	150					10 050
财务费用	1 200	800	2 000						2 000
信用减值损失	600	300	900		100				800
投资收益	9 800	200	10 000						6 850
其中 B 公司	3 150			3 150		6 545	6 545		0
营业外收入	1 600	2 400	4 000						4 000
营业外支出	2 600	1 000	3 600						3 600
所得税费用	12 000	3 500	15 500						15 500
净利润	36 000	10 500	46 500	4 300	6 545	6 545			42 200
归属于母公司股东的净利润									39 395
少数股东损益									2 805
综合收益总额	36 000	10 500	46 500	4 300	6 545	6 545			42 200
归属于母公司股东的综合收益									39 395
归属于少数股东的综合收益								2 805	2 805
股东权益变动表项目									

续表

项目	母公司	子公司	合计数	调整分录		抵销分录		少数股东权益	合并数
				借方	贷方	借方	贷方		
年初未分配利润	9 000	2 800	11 800			2 800			9 000
提取盈余公积	7 000	2 000	9 000				2 000		7 000
对股东的分配	20 000	4 500	24 500				4 500		20 000
年末未分配利润	18 000	6 800	24 800	4 300	6 545	5 650 14 995	5 650 12 150	2 805	21 395
现金流量表项目（略）									

注：年末未分配利润＝(24 800＋6 545－4 300＋12 150－14 995－2 805)万元＝21 395 万元。

B 公司 2020 年全年实现净利润 12 000 万元，B 公司当年提取盈余公积 2 400 万元，向股东分配现金股利 6 000 万元。股利款项已经支付。B 公司 2020 年 12 月 31 日股东权益总额为 44 000 万元，其中股本为 20 000 万元，资本公积为 8 000 万元，盈余公积为 5 600 万元，未分配利润为 10 400 万元。

(1) 乙公司编制 2020 年度合并财务报表时相关项目计算如下：

B 公司本年净利润＝[12 000－150(固定资产公允价值增值计算的折旧)]万元＝11 850 万元。

B 公司本年年初未分配利润＝[6 800＋100(上年实现的购买日应收账款公允价值减值)－1 100(上年实现的购买日存货公允价值增值)－150(固定资产公允价值增值计算的折旧)]万元＝5 650 万元。

B 公司本年年末未分配利润＝[5 650＋11 850－2 400(提取盈余公积)－6 000(分派股利)]万元＝9 100 万元。

乙公司本年投资 B 公司的投资收益＝11 850 万元×70％＝8 295 万元。

乙公司本年年末对 B 公司的长期股权投资＝[32 895(上年年末长期股权投资余额)＋8 295－6 000(分配股利)×70％]万元＝36 990 万元。

少数股东损益＝11 850 万元×30％＝3 555 万元。

少数股东权益的年末余额＝(12 255＋3 555－6 000×30％)万元＝14 010 万元。

(2) 乙公司 2020 年编制合并财务报表时，应当调整抵销处理如下：

①按公允价值对 B 公司财务报表项目进行调整。因购买日 B 公司资产和负债的公允价值与账面价值之间的差额，调整 B 公司年初未分配利润及相关项目。其调整分录如下：

借：存货　　　　　　　　　　　　　　　　　　　11 000 000
　　固定资产——原价　　　　　　　　　　　　　30 000 000
　贷：应收账款　　　　　　　　　　　　　　　　　　　1 000 000
　　　资本公积　　　　　　　　　　　　　　　　　　　40 000 000
借：应收账款——坏账准备　　　　　　　　　　　1 000 000
　贷：未分配利润——年初　　　　　　　　　　　　　　1 000 000

借:未分配利润——年初	11 000 000	
贷:存货		11 000 000
借:未分配利润——年初	1 500 000	
贷:固定资产——累计折旧		1 500 000
借:管理费用	1 500 000	
贷:固定资产——累计折旧		1 500 000

②按照权益法对乙公司财务报表项目进行调整。因购买日B公司资产和负债的公允价值与原账面价值之间的差额对B公司上年净利润的影响及对乙公司对B公司长期股权投资权益法核算的影响,调整分录如下:

借:长期股权投资	65 450 000	
贷:未分配利润——年初		65 450 000
借:未分配利润——年初	31 500 000	
借:长期股权投资		31 500 000

将乙公司对B公司长期股权投资由成本法核算的结果调整为权益法核算的结果,即根据调整后B公司本年实现净利润以及本年分派现金股利中所拥有的份额,调整本年乙公司对B公司投资收益。其调整分录如下:

借:长期股权投资	82 950 000	
贷:投资收益		82 950 000
借:投资收益	42 000 000	
贷:长期股权投资		42 000 000

③长期股权投资与子公司所有者权益抵销。将乙公司对B公司的长期股权投资与其在B公司所有者权益中拥有的份额予以抵销。其抵销分录如下:

借:股本	200 000 000	
资本公积	120 000 000	
盈余公积	56 000 000	
未分配利润——年末	91 000 000	
商誉	43 000 000	
贷:长期股权投资		369 900 000
少数股东权益		140 100 000

④投资收益与子公司利润分配等项目抵销。将乙公司对B公司投资收益与B公司本年利润分配有关项目的金额予以抵销。其抵销分录如下:

借:投资收益	82 950 000	
少数股东损益	35 550 000	
未分配利润——年初	56 500 000	
贷:提取盈余公积		24 000 000
向股东分配利润		60 000 000
未分配利润——年末		91 000 000

将上述调整抵销分录登记在合并工作底稿中,如表2-9所示。

表 2-9　合并工作底稿(简易)

(2020 年度)　　　　　　　　　　　　　　　　　　　　　　　　　　　　　　　单位：万元

项　　目	母公司	子公司	合计数	调整分录 借方	调整分录 贷方	抵销分录 借方	抵销分录 贷方	少数股东权益	合并数
资产负债表项目：									
货币资金	8 900	9 400	18 300						18 300
应收账款	9 000	5 300	14 300						14 300
存货	37 900	23 000	60 900						60 900
长期股权投资	69 500	0	69 500	6 545＋8 295	3 150＋4 200			36 990	40 000
固定资产	87 200	49 700	136 900	3 000	150＋150				139 600
无形资产	5 000	1 600	6 600						6 600
商誉	0	0	0			4 300			4 300
资产合计	217 500	89 000	306 500	17 840	7 650	4 300		36 990	284 000
应付账款	14 800	5 300	20 100						20 100
长期借款	77 200	39 700	116 900						116 900
负债合计	92 000	45 000	137 000						137 000
股本	50 000	20 000	70 000			20 000			50 000
资本公积	29 500	8 000	37 500		4 000	12 000			29 500
盈余公积	24 000	5 600	29 600			5 600			24 000
未分配利润 (计算见后面)									29 490
归属于母公司股东权益合计									132 990
少数股东权益								14 010	14 010
负债和股东权益合计	217 500	89 000	306 500						284 000
利润表项目：									
营业收入	180 000	117 000	297 000						297 000
营业成本	135 000	89 300	224 300						224 300
税金及附加	2 800	1 900	4 700						4 700
销售费用	5 800	4 700	10 500						10 500
管理费用	6 900	4 400	11 300	150					11 450
财务费用	2 000	1 200	3 200						3 200
资产减值损失	1 000	100	1 100						1 100

续表

项 目	母公司	子公司	合计数	调整分录 借方	调整分录 贷方	抵销分录 借方	抵销分录 贷方	少数股东权益	合并数
投资收益	11 000	1 300	12 300	4 200	8 295	8 295			8 100
营业外收入	3 700	1 100	4 800						4 800
营业外支出	1 200	1 800	3 000						3 000
所得税费用	10 000	4 000	14 000						14 000
净利润	30 000	12 000	42 000	4 350	8 295	8 295			37 650
归属于母公司股东的净利润									34 095
少数股东损益								3 555	3 555
综合收益总额	30 000	12 000	42 000	4 350	8 295	8 295			37 650
归属于母公司股东的综合收益									34 095
归属于少数股东的综合收益								3 555	3 555
股东权益变动表项目：									
年初未分配利润	18 000	6 800	24 800	1 100	100	5 650			21 395
提取盈余公积	6 000	2 400	8 400				2 400		6 000
对股东的分配	20 000	6 000	26 000					6 000	20 000
年末未分配利润	22 000	10 400	32 400	8 750	14 940	9 100 23 045	9 100 17 500	3 555	29 490
现金流量表项目（略）									

注：年末未分配利润＝（32 400＋14 940－8 750＋17 500－23 045－3 555）万元＝29 490 万元。

第五节 合并现金流量表的编制

一、合并现金流量表主表部分的编制

合并现金流量表是由母公司编制的反映企业集团整体报告期内现金流入、现金流出数量及其增减变动情况的合并报表。从理论上讲，合并现金流量表有两种编制方法：一种方法是根据合并资产负债表、合并利润表和合并所有者权益变动表及其他有关资料，按个别现金流量表的编制方法编制；另一种方法是根据集团内部成员企业的个别现金流量表，通过抵销成员企业之间的现金流入和现金流出,采用合并财务报表的一般编制程序编制。此处介绍第二种方法下合并现金流量表主表部分的编制。

1. 抵销分录的特点和规律

按母、子公司个别现金流量表编制合并现金流量表时,同合并资产负债表、合并利润表及合并所有者权益变动表的编制程序一样,也要在工作底稿中编制抵销分录。合并现金流量表抵销分录的特点是:抵销分录借、贷方项目均是现金流量表项目,不涉及其他报表项目,因为这里的抵销分录解决的是成员企业之间现金注入与现金流出的抵销。因此合并现金流量表的工作底稿可以单独开设。

抵销分录的规律是:

第一,借方抵销有关付现项目,贷方抵销有关收现项目。

第二,在对经营活动现金流量的抵销分录中,一方经营活动现金流入与另一方经营活动现金流出相抵销。但个别情况下可能要求一方经营活动现金流入(或流出)与另一方投资活动(或筹资活动)现金流出(或流入)相抵销。

第三,在对投资活动或筹资活动现金流量的抵销分录中,一般情况下集团内一方的投资业务涉及另一方的筹资业务,所以抵销分录的借、贷方分别是投资活动现金流出(或流入)、筹资活动现金流入(或流出)。但在个别情况下,可能要求另一方投资活动现金流入与另一方的投资活动现金流出相抵销。

2. 编制合并现金流量表主表部分时需要抵销的项目及其抵销分录

(1)成员企业间现销业务、赊销业务本期货款(不含增值税)收付的抵销:

借:经营活动现金流量——购买商品、接受劳务支付的现金
　　贷:经营活动现金流量——销售商品、提供劳务收到的现金

如果上述业务交易双方中一方涉及经营活动而另一方涉及非经营活动,则抵销分录为:

借:经营活动现金流量——购买商品、接受劳务支付的现金
　　贷:投资活动现金流量——处置固定资产、无形资产和其他长期资产收到的现金净额

或

借:投资活动现金流量——购建固定资产、无形资产和其他长期资产支付的现金
　　贷:经营活动现金流量——销售商品、提供劳务收到的现金

(2)成员企业间其他与经营活动有关的现金收付(如罚款、捐赠)的抵销:

借:经营活动现金流量——支付其他与经营活动有关的现金
　　贷:经营活动现金流量——收到其他与经营活动有关的现金

(3)成员企业间筹资本金与投资成本的现金收付的抵销:

借:投资活动现金流量——投资支付的现金
　　贷:筹资活动现金流量——吸收投资收到的现金

(4)成员企业间投资收益与筹资费用的现金收付的抵销:

借:筹资活动现金流量——分配股利、利润或偿付利息支付的现金
　　贷:投资活动现金流量——取得投资收益收到的现金

(5)收回投资收现与增加投资付现、收回投资收现与减少筹资付现的抵销。

现金流量表中的企业收回投资主要指出售、转让或到期收回现金等价物以外的投资。如果是出售或转让投资给集团内其他成员企业,则后者为之付出的现金属于投资活动付现,前者因

此收到的现金属于投资活动收现。这时抵销分录为：

借：投资活动现金流量——投资支付的现金
　　贷：投资活动现金流量——收回投资收到的现金

如果企业到期收回投资，对方单位一般是筹资方。双方均是集团内部成员企业时，抵销分录为：

借：筹资活动现金流量——偿还债务支付的现金

或

借：筹资活动现金流量——支付的其他与筹资活动有关的现金
　　贷：投资活动现金流量——收回投资收到的现金

（6）固定资产、无形资产、其他资产交易双方现金收付的抵销。

固定资产、无形资产、其他资产交易的双方均为集团内部成员企业时，相关的现金流入与现金流出属于投资活动现金流动，抵销分录为：

借：投资活动现金流量——购建固定资产、无形资产和其他长期资产支付的现金
　　贷：投资活动现金流量——处置固定资产、无形资产和其他长期资产收到的现金净额

二、合并现金流量表补充资料部分的编制

对不同项目分别根据个别现金流量表和合并资产负债表、合并利润表及有关资料编制补充资料部分，这是由补充资料部分本身的特殊性决定的。

1. 补充资料1的编制

补充资料1是间接法下经营活动现金流量的揭示。其编制方法如下：

（1）"净利润"合并数：根据合并利润表中"净利润"项目数字填列。

（2）"计提的资产损失准备"合并数：根据成员企业个别现金流量表中本项目之和扣除内部应收款项及内部交易的资产按未实现利润计提损失准备数的差额填列。

（3）"计提的固定资产折旧"合并数：根据成员企业个别现金流量表中本项目之和扣除内部交易固定资产上当年按未实现利润多提的折旧数的差额填列。

（4）"无形资产摊销"合并数：根据成员企业个别现金流量表中本项目之和扣除内部交易无形资产上当年按未实现利润多提的摊销数的差额填列。

（5）"固定资产报废损失""固定资产处置净损失""固定资产盘亏损失"各项目，分别根据成员企业个别现金流量表中相应项目数之和填列。

（6）"投资收益""财务费用"合并数：根据合并利润表相应项目数字填列即可，因为合并利润表中这两个项目各自的合并数中已经抵销了成员企业之间的投资收益和财务费用。

（7）"递延所得税资产（或负债）"合并数：根据合并资产负债表"递延所得税资产""递延所得税负债"项目的"期末余额"与"上年年末余额"之差分析填列。

（8）"与经营活动有关的非现金流动资产的增减变动"各项目的合并数：根据合并资产负债表中各项目合并数的"上年年末余额"与"期末余额"之差扣除其中与经营活动无关的变动数后填列。

（9）"与经营活动有关的流动负债的增减变动"各项目的合并数：根据合并资产负债表中各项目合并数的"上年年末余额"与"期末余额"之差扣除其中与经营活动无关的变动数后填列。

2.补充资料2的编制

补充资料2是有关不涉及现金的投资、筹资活动的内容,所以,这里不存在对现金流动的抵销问题。合并现金流量表这一部分的编制方法是:根据企业个别现金流量表的相应部分加总后抵销其中发生在成员企业之间的投资筹资活动。

3.补充资料3的编制

补充资料3是反映现金净增加情况的。合并现金流量表这一部分项目可以根据合并资产负债表"货币资金"项目及有关成员企业"交易性金融资产"等项目在报告期的变动情况分析填列。

复习思考题

1.母公司理论合并处理方法的基本要点有哪些?
2.实体理论合并处理方法的基本要点有哪些?
3.所有权理论合并处理方法的基本要点有哪些?
4.控制的基本要素有哪些?
5.企业的相关活动主要有哪些?
6.在判断能否控制被投资方时,投资方应怎样判断?
7.纳入合并范围的特殊情况有哪些?
8.合并财务报表的编制程序是怎样的?
9.合并现金流量表主表部分的抵销分录的特点及规律是什么?

分析简答题

一、A股份有限公司(以下简称A公司)是一家从事饮料生产的上市公司,自2017年1月1日起开始执行财政部发布的新企业会计准则体系。

1.2019年1月1日,A公司与下列公司的关系及有关情况如下:

(1)甲公司。A公司拥有甲公司65%的有表决权股份。

(2)乙公司。A公司拥有乙公司49%的有表决权股份。乙公司董事会由9名成员组成,其中7名由A公司委派,其余2名由其他股东委派。乙公司章程规定,董事会的任何决议必须至少有一名其他股东委派董事同意方可生效实施。

(3)丙公司。丙公司系境内上市公司,A公司拥有丙公司36%的有表决权股份,是丙公司的第一大股东。第二大股东和第三大股东分别拥有丙公司20%、18%的有决权股份。A公司与丙公司的其他股东之间不存在关联方关系。

(4)丁公司。A公司拥有丁公司70%的有表决权股份。但由于丁公司的经营管理不善,丁公司自2017年以来一直亏损。截至2019年12月31日,丁公司净资产为负数;A公司决定于2020年对丁公司进行自行清算。

2.按照公司长期发展战略规划,为优化产业结构,全面提升自身综合实力,A公司在2019年进行了以下并购:

(1)为取得稳定的持续的发展,2019年8月,A公司斥资10 000万元购买了生产水果的B

股份有限公司(以下简称B公司)100%股份,使其成为A公司的全资子公司。合并前两者无关联方关系。A公司的会计师对合并中取得的资产和负债,按照合并日在B公司的账面价值计量。合并方取得的净资产账面价值与支付的合并对价账面价值的差额,调整资本公积;不足冲减的部分,调整留存收益。

(2)2019年3月1日,A公司通过定向发行股票方式取得C房地产公司60%的股权,筹集资金10亿元,其中需要支付给券商0.2亿元。在购买日,C房地产公司可辨认净资产的公允价值为15亿元。为进行该并购,发生会计、审计服务等相关直接费用0.1亿元。2019年5月1日,相关的股权划转手续办理完毕,合并前两者无关联方关系。因此,A公司确认商誉为1.1亿元。

假定:资料1中所述的A公司与其他公司的关系及有关情况,除资料2所述之外,在2019年度未发生其他变动;除资料1、2所述外,不考虑其他因素。

要求:

(1)根据资料1,分析、判断A公司在编制2019年度合并财务报表时是否应当将甲、乙、丙、丁公司纳入合并范围,并分别说明理由。

(2)根据资料2,分析、判断A公司收购B公司合并类型,并说明理由。

(3)根据资料2,分析、判断A公司收购B公司的处理是否正确,说明理由,并分析非同一控制下的企业合并中取得资产和负债的入账价值如何确定。

(4)根据资料2,分析、判断A公司对C房地产公司的购买日是哪一天,并说明理由。

(5)根据资料2,分析、判断A公司取得C房地产公司60%的股权计算的商誉是否正确,说明理由。

二、甲股份有限公司(以下简称甲公司)是一家从事能源化工生产的公司,S集团公司拥有甲公司72%的有表决权股份。甲公司分别在上海证券交易所和香港联交所上市,自2017年1月1日起开始执行财政部发布的新企业会计准则。

1.2017年1月1日,甲公司与下列公司的关系及有关情况如下:

(1)A公司。A公司的主营业务为制造合成纤维、树脂及塑料、中间石化产品及石油产品,注册资本为72亿元。甲公司拥有A公司80%的有表决权股份。

(2)B公司。B公司系财务公司,主要负责甲公司及其子公司内部资金结算、资金的筹措和运用等业务,注册资本为34亿元。甲公司拥有B公司70%的有表决权股份。

(3)C公司。C公司的注册资本为10亿元,甲公司对C公司的出资比例为50%,C公司所在地的国有资产经营公司对C公司的出资比例为50%。C公司所在地国有资产经营公司委托甲公司全权负责C公司日常的生产经营和财务管理,仅按出资比例分享C公司的利润或承担相应的亏损。

(4)D公司。D公司的主营业务为生产和销售聚酯切片及聚酯纤维,注册资本为40亿元。甲公司拥有D公司42%的有表决权股份。D公司董事会由9名成员组成,其中5名由甲公司委派,其余4名由其他股东委派。D公司章程规定,该公司财务及生产经营的重大决策应由董事会成员5人以上(含5人)同意方可实施。

(5)E公司。E公司系境内上市公司,主营业务为石油开发和化工产品销售,注册资本为3亿元。甲公司拥有E公司26%的有表决权股份,是E公司的第一大股东。第二大股东和第三大股东分别拥有E公司20%、18%的有表决权股份。甲公司与E公司的其他股东之间不存在关联方关系。

(6)F公司。F公司系中外合资公司,注册资本为88亿元,甲公司对F公司的出资比例为50%。F公司董事会由10名成员组成,甲公司与外方投资者各委派5名。F公司章程规定,公司财务及生产经营的重大决策应由董事会2/3以上的董事同意方可实施,公司日常生产经营管理由甲公司负责。

(7)G公司。甲公司拥有G公司83%的有表决权股份。因G公司的生产工艺落后,难以与其他生产类似产品的企业竞争,G公司自2015年以来一直亏损。

截至2017年12月31日,G公司净资产为负数;甲公司决定于2018年对G公司进行技术改造。

(8)H公司。H公司系境外公司,主营业务为原油及石油产品贸易,注册资本为2 000万美元。A公司拥有H公司70%的有表决权股份。

(9)J公司。J公司的注册资本为2亿元。甲公司拥有J公司40%的有表决权股份,B公司拥有J公司30%的有表决权股份。

2.按照公司发展战略规划,为进一步完善公司的产业链,优化产业结构,全面提升核心竞争力和综合实力,甲公司在2017年进行了以下资本运作:

(1)2017年5月,甲公司增发12亿股A股股票,每股面值为1元,发行价为每股5元。甲公司以增发新股筹集的资金购买乙公司全部股权,实施对乙公司的吸收合并。乙公司为S集团公司的全资子公司。2017年3月31日,乙公司资产的账面价值为100亿元,负债的账面价值为60亿元;国内评估机构以2017年3月31日为评估基准日对乙公司进行评估所确定的资产的价值为110亿元,负债的价值为60亿元。

甲公司与S集团公司签订的收购合同中规定,收购乙公司的价款为56亿元。2017年5月31日,甲公司向S集团公司支付了购买乙公司的价款56亿元,并于2017年7月1日办理完毕吸收合并乙公司的全部手续。

(2)2017年7月,为拓展境外销售渠道,甲公司与境外丙公司签订合同,以6 000万美元购买丙公司全资子公司丁公司的全部股权,使丁公司成为甲公司的全资子公司。丁公司主要从事原油、成品油的储运、中转业务。2017年6月30日,丁公司资产的账面价值为20 000万美元,负债的账面价值为15 000万美元;丁公司资产的公允价值为20 500万美元,负债的公允价值为15 000万美元。

2017年8月20日,甲公司向丙公司支付了收购价款6 000万美元,当日美元对人民币汇率为1:6.67。2017年9月15日,甲公司办理完毕丁公司股权转让手续。

S集团公司与丙公司不存在关联方关系。假定:资料1中所述的甲公司与其他公司的关系及有关情况,除资料2所述之外,2017年度未发生其他变动;除资料1、2所述外,不考虑其他因素。

要求:

(1)根据资料1,分析、判断甲公司在编制2017年度合并财务报表时是否应当将A、B、C、D、E、F、G、H、J公司纳入合并范围,并分别说明理由。

(2)根据资料2,分析、判断甲公司收购乙公司属于同一控制下的企业合并还是非同一控制下的企业合并,并说明理由。

(3)根据资料2,确定甲公司吸收合并乙公司的合并日,以及合并日所取得乙公司资产和负债入账价值的确定原则,并说明甲公司所取得的乙公司净资产账面价值与其支付的收购价款之间差额的处理方法。

(4)根据资料2,分析、判断甲公司收购丁公司属于同一控制下的企业合并还是非同一控制下的企业合并,并说明理由。

(5)根据资料2,说明甲公司在编制2017年度合并利润表和合并现金流量表时如何确定对丁公司的合并范围。

三、长江股份有限公司(以下简称长江公司)是一家从事饮料生产的上市公司。该公司2018年和2019年的有关投资情况如下:

1. 长江公司2018年1月1日以3 000万元的价格购入A公司30%的股份,另支付相关税费15万元。购入时A公司可辨认净资产的公允价值为9 000万元(假定A公司各项可辨认资产、负债的公允价值与账面价值相等)。在长江公司投资A公司前,两者不存在任何关联关系,长江公司在取得该项投资后对A公司生产经营决策具有重大影响。

2. A公司2018年实现净利润600万元,其他所有者权益增加400万元。

3. 2019年4月1日,长江公司又以4 000万元的价格购入A公司30%的股份,另支付相关费用20万元,至此长江公司对A公司持有的表决权资本达到60%,取得了对A公司生产经营决策的控制权。购买日,A公司可辨认净资产的公允价值为10 000万元。长江公司在购买日仅编制了合并资产负债表。

4. 2019年末,长江公司在编制合并财务报表时,将A公司纳入了合并范围,并编制了合并资产负债表、合并利润表、合并现金流量表和合并所有者权益变动表。在编制合并资产负债表时,考虑到新增加了子公司,长江公司调整了合并资产负债表的年初数,并将A公司在2019年全年的收入、费用、利润以及现金流量纳入了合并范围。

要求:

(1)分析、判断长江公司在购买日编制的合并财务报表是否正确,并说明理由。

(2)分析、判断长江公司在2019年年末资产负债表日将A公司纳入合并范围是否正确,并说明理由。

(3)分析、判断长江公司在年末资产负债表日编制的合并财务报表是否正确,并说明理由。

练习一

一、目的:练习合并当年编制合并报表时的调整抵销处理。

二、资料:

甲公司2021年1月1日以定向增发公司普通股票的方式,购买取得A公司70%的股权。甲公司定向增发普通股股票10 000万股(每股面值为1元),甲公司普通股股票市场价格每股为2.95元。甲公司并购A公司属于非同一控制下的企业合并,假定不考虑所得税、甲公司增发该普通股股票所发生的审计以及发行等相关的费用。A公司在购买日股东权益总额为32 000万元,其中股本为20 000万元,资本公积为8 000万元,盈余公积为1 200万元,未分配利润为2 800万元。A公司购买日应收账款账面价值为3 920万元,公允价值为3 820万元;存货的账面价值为20 000万元,公允价值为21 100万元;固定资产账面价值为18 000万元,公允价值为21 000万元。购买日股东权益公允价值总额为36 000万元。

A公司2021年12月31日股东权益总额为38 000万元,其中股本为20 000万元,资本公积为8 000万元,盈余公积为3 200万元,未分配利润为6 800万元。A公司2021年全年实现净利润10 500万元,A公司当年提取盈余公积2 000万元,向股东分配现金股利4 500万元。

截至2021年12月31日,应收账款按购买日确认的金额收回,确认的坏账已核销;购买日存货公允价值增值部分,当年已全部实现对外销售;购买日固定资产原价公允价值增加系公司用办公楼增值。该办公楼采用的折旧方法为年限平均法,该办公楼剩余折旧年限为20年,假定该办公楼评估增值在未来20年内平均摊销。

三、要求:完成甲公司2021年编制合并财务报表时的有关调整抵销处理。

练习二

一、目的:练习合并日后连续编制合并报表时的调整抵销处理。

二、资料:

甲公司20×1年1月1日以定向增发公司普通股票的方式,购买取得A公司70%的股权,定向增发普通股股票10 000万股(每股面值为1元),甲公司普通股股票市场价格每股为2.95元。甲公司并购A公司属于非同一控制下的企业合并,假定不考虑所得税、甲公司增发该普通股股票所发生的审计以及发行等相关的费用。A公司在购买日股东权益总额为32 000万元,其中股本为20 000万元,资本公积为8 000万元,盈余公积为1 200万元,未分配利润为2 800万元。A公司购买日应收账款账面价值为3 920万元,公允价值为3 820万元;存货的账面价值为20 000万元,公允价值为21 100万元;固定资产账面价值为18 000万元,公允价值为21 000万元。购买日股东权益公允价值总额为36 000万元。

A公司20×1年12月31日股东权益总额为38 000万元,其中股本为20 000万元,资本公积为8 000万元,盈余公积为3 200万元,未分配利润为6 800万元。A公司20×1年全年实现净利润10 500万元,A公司当年提取盈余公积2 000万元,向股东分配现金股利4 500万元。

截至20×1年12月31日,应收账款按购买日确认的金额收回,确认的坏账已核销;购买日存货公允价值增值部分,当年已全部实现对外销售;购买日固定资产原价公允价值增加系公司用办公楼增值。该办公楼采用的折旧方法为年限平均法,该办公楼剩余折旧年限为20年,该办公楼评估增值在未来20年内平均摊销。

A公司20×2年12月31日股东权益总额为44 000万元,其中股本为20 000万元,资本公积为8 000万元,盈余公积为5 600万元,未分配利润为10 400万元。A公司20×2年全年实现净利润12 000万元,A公司当年提取盈余公积2 400万元,向股东分配现金股利6 000万元。

三、要求:编制甲公司20×2年度合并财务报表,完成有关调整抵销处理。

练习三

一、目的:练习合并会计分录的编制、商誉的计算及合并资产负债表的编制。

二、资料:

2021年6月30日,P公司向S公司的股东定向增发1 000万股普通股(每股面值为1元,市价为8.75元),取得了S公司70%的股权。当日,P公司、S公司资产、负债情况如表2-10所示。

表 2-10　资产负债表(简表)

(2021年6月30日)　　　　　　　　　　　　　　　　　　　　　　　单位:万元

项　　目	P公司 账面价值	S公司 账面价值	S公司 公允价值	差额
资产:				
货币资金	4 312.50	450	450	0
存货	6 200	255	450	195
应收账款	3 000	2 000	2 000	0
长期股权投资	5 000	2 150	3 800	1 650
固定资产原值	10 000	4 000	5 500	
减:累计折旧	3 000	1 000	0	
固定资产净值	7 000	3 000	5 500	2 500
无形资产	4 500	500	1 500	1 000
商誉	0	0	0	
资产总计	30 012.50	8 355	13 700	5 345
负债和所有者权益:				
短期借款	2 500	2 250	2 250	0
应付账款	3 750	300	300	0
其他负债	375	300	300	0
负债合计	6 625	2 850	2 850	0
实收资本(股本)	7 500	2 500		
资本公积	5 000	1 500		
盈余公积	5 000	500		
未分配利润	5 887.50	1 005		
所有者权益合计	23 387.50	5 505	10 850	5 345
负债和所有者权益总计	30 012.50	8 355		

三、要求:

(1)确认 P 公司取得长期股权投资的会计处理。

(2)计算确定商誉。

(3)编制合并抵销分录。

(4)编制合并资产负债表。

第三章
内部交易事项与其他特殊情况

GAOJI CAIWU KUAIJI

【导读】

本章阐述了内部存货交易、内部固定资产交易、内部债券交易的抵销处理。其中存货和固定资产等内部交易的合并抵销处理方法类似。学习时应注意内部未实现利润的抵销及其对期初未分配利润的影响,对于固定资产的内部交易还要注意多提折旧数额的抵销问题。另外,本章还介绍了有关子公司超额亏损等特殊情况下的合并处理。

【学习重点】

内部存货交易、内部固定资产交易、内部债券交易的调整抵销处理。

【学习难点】

内部固定资产交易的调整抵销处理。

企业合并准则规定,企业集团成员之间销售商品、提供劳务或以其他方式形成的存货、固定资产、工程物资、在建工程、无形资产等所包含的未实现内部销售损益应当抵销。对存货、固定资产、工程物资、在建工程和无形资产等计提的资产减值准备与未实现内部销售损益相关的部分也应当抵销。

第一节 内部商品交易的合并处理

一、当期内部销售收入和内部销售成本的抵销处理

内部销售收入是指企业集团内部母公司与子公司、子公司相互之间(以下称成员企业)发生的购销活动所产生的销售收入。内部销售成本是指企业集团内部母公司与子公司、子公司相互之间发生的内部销售商品的销售成本。

1. 购买企业内部购进的商品当期全部实现销售时的抵销处理

在购买企业内部购进的商品当期全部实现销售的情况下,对于销售企业来说,销售给其他成员企业与销售给集团外部企业的会计处理相同,即在本期确认销售收入、结转销售成本、计算损益,并在其个别利润表中反映;对于购买企业来说,一方面要确认销售收入,另一方面要结转销售内部购进商品的成本,在其个别利润表中分别作为营业收入和营业成本反映,并确认损益。也就是说,对于同一购销业务,销售企业和购买企业的个别利润表都进行了反映。但从企业集团整体的角度来看,这一购销业务只是实现了一次销售,其销售收入只是购买企业销售该产品的销售收入,其销售成本只是销售企业销售该商品的成本,销售企业销售该商品的收入属于内部销售收入,相应地,购买企业销售该商品的销售成本则属于内部销售成本。因此,在编制合并财务报表时,就必须将重复反映的内部销售收入与内部销售成本予以抵销。

【例题 3-1】 甲公司拥有 A 公司 60％的股权,系 A 公司的母公司。甲公司本期个别利润表的营业收入中有 3 000 万元系向 A 公司销售产品取得的销售收入,该产品销售成本为 2 400 万元。A 公司在本期将该产品全部售出,其销售收入为 4 000 万元,销售成本为 3 000 万元,并分别在其个别利润表中列示。对此,编制合并财务报表、将内部销售收入和内部销售成本予以抵销时,应编制以下抵销分录:

借:营业收入　　　　　　　　　　　　　　　　　　　　　30 000 000

    贷：营业成本　　　　　　　　　　　　　　　　　　　　　　　　　30 000 000

2. 购买企业内部购进的商品当期未实现对外销售时的抵销处理

在内部购进的商品未实现对外销售的情况下，从销售企业的角度来说，同样是按照一般的销售业务确认销售收入，结转销售成本，并在其利润表中列示；从购买企业的角度来说，则以支付的购货价款作为存货成本入账，并在其个别资产负债表中作为资产列示。这样，购买企业的个别资产负债表中存货的价值中就包含有销售企业实现的销售毛利。销售企业由于内部购销业务实现的销售毛利，属于未实现内部销售损益。

存货价值中包含的未实现内部销售损益是由于企业集团内部商品购销活动所引起的。在内部购销活动中，销售企业将集团内部销售收入进行确认并计算销售利润，而购买企业则是以支付购货的价款作为其成本入账。在本期内未实现对外销售而形成期末存货时，其存货价值中也相应地包括两部分内容：一部分为真正的存货成本（即销售企业销售该商品的成本）；另一部分为销售企业的销售毛利（即其销售收入减去销售成本的差额）。期末存货价值中包括的这部分销售毛利，从企业集团整体的角度来看，并不是真正实现的利润，因为从企业集团整体来看，集团内部企业之间的商品购销活动实际上相当于一个企业内部物资调拨活动，既不会实现利润，也不会增加商品的价值。正是从这一角度来说，将期末存货价值中包括的这个销售企业作为利润确认的部分，称之为未实现内部销售损益。如果合并财务报表将母公司与子公司财务报表中的存货简单相加，则虚增存货成本，因此，在编制合并资产负债表时，应将存货价值中包含的未实现内部销售损益予以抵销。

【例题3-2】 甲公司系A公司的母公司。甲公司本期个别利润表的营业收入中有2 000万元系向A公司销售商品实现的收入，其商品成本为1 600万元，销售毛利率为20%。A公司本期从甲公司购入的商品在本期未实现销售，期末存货中包含有价值2 000万元的从甲公司购进的商品，该存货中包含的未实现内部销售损益为400万元。不考虑所得税因素的影响。编制合并利润表时，将内部销售收入、内部销售成本及存货价值中包含的未实现内部销售损益予以抵销时，其抵销分录为：

　　借：营业收入　　　　　　　　　　　　　　　　　　　　　　　　20 000 000
　　　　贷：营业成本　　　　　　　　　　　　　　　　　　　　　　　16 000 000
　　　　　　存货　　（20 000 000×20%）　　　　　　　　　　　　　　4 000 000

3. 购买企业内部购进的商品当期部分实现对外销售时的抵销处理

在内部购进的商品部分实现对外销售、部分形成期末存货的情况下，可以将内部购买的商品分解为两部分来理解：一部分商品为当期购进并全部实现对外销售；另一部分商品为当期购进但未实现对外销售而形成期末存货。

【例题3-3】 甲公司系A公司的母公司。甲公司本期个别利润表的营业收入中有5 000万元系向A公司销售产品取得的销售收入，该产品销售成本为3 500万元，销售毛利率为30%。A公司在本期将该批内部购进商品的60%实现销售，其销售收入为3 750万元，销售成本为3 000万元，销售毛利率为20%，并列示于其个别利润表中；该批商品的另外40%则形成A公司期末存货，即期末存货价值为2 000万元，列示于A公司的个别资产负债表之中。不考虑所得税因素的影响。在编制合并财务报表时，其抵销处理如下：

借:营业收入		50 000 000	
贷:营业成本	（50 000 000－6 000 000）		44 000 000
存货	（50 000 000×40%×30%）		6 000 000

4.当期购买企业内部购进的商品作为固定资产使用时的抵销处理

在集团内成员企业将自身的产品销售给其他成员企业作为固定资产使用的情况下，对于销售企业来说，是作为普通商品销售并进行会计处理的，即在销售时确认收入、结转成本和计算损益，并以此在其个别财务报表中列示；对于购买企业来说，则以购买价格（在此不考虑安装及运输费用）作为固定资产原值记账，该固定资产入账价值中既包含销售企业生产该产品的成本，也包含销售企业由于该产品销售所体现的销售利润。购买企业虽然以支付给销售企业的购买价格作为固定资产原价入账，但从整个企业集团来说，只能以销售企业生产该产品的成本作为固定资产原价在合并财务报表中反映。因此，编制合并利润表时，应将销售企业由于该固定资产交易所实现的销售收入、结转的销售成本予以抵销，并将内部交易形成的固定资产原价中包含的未实现内部销售损益予以抵销。

【例题3-4】母公司个别利润表的营业收入中有600万元系向子公司销售其生产的设备所取得的收入，该设备生产成本为500万元。子公司个别资产负债表的固定资产原价中包含有该设备的原价，该设备系年末购入并投入使用的，本期未计提折旧，该固定资产原价中包含有100万元未实现内部销售损益。在编制合并财务报表时，需要将母公司相应的销售收入和销售成本予以抵销，并将该固定资产原价中包含的未实现内部销售损益予以抵销。不考虑所得税因素的影响。其抵销分录如下：

借:营业收入	6 000 000	
贷:营业成本		5 000 000
固定资产——原价		1 000 000

二、连续编制合并财务报表时内部销售商品的合并处理

连续编制合并财务报表时，不仅涉及上期抵销事项对本期期初未分配利润的影响，而且涉及对本期交易事项进行抵销时如何考虑上期抵销事项对本期的影响。对于上期编制调整和抵销分录时涉及利润表中的项目及所有者权益变动表"未分配利润"的项目，在本期编制合并财务报表调整分录和抵销分录时均应用"未分配利润——年初"项目代替。

在连续编制合并财务报表的情况下，首先必须将上期抵销的存货价值中包含的未实现内部销售损益对本期期初未分配利润的影响予以抵销，调整本期期初未分配利润的数额；然后再对本期内部购进存货进行合并处理。其具体合并处理程序和方法如下：

（1）将上期抵销的存货价值中包含的未实现内部销售损益对本期期初未分配利润的影响进行抵销，即按照上期内部购进存货价值中包含的未实现内部销售损益的数额，借记"未分配利润——年初"项目，贷记"营业成本"项目。这一抵销分录可以理解为，上期内部购进的存货中包含的未实现内部销售损益在本期视同实现利润，将上期未实现内部销售损益转为本期实现利润，冲减当期的合并销售成本。

（2）上期内部购进存货如果本期未售，可以按上期内部购进存货价值中包含的未实现内部

销售损益的数额,借记"未分配利润——年初"项目,贷记"存货"项目。

(3)对于本期发生内部购销活动的,将内部销售收入、内部销售成本予以抵销,即按照销售企业内部销售收入的数额,借记"营业收入"项目,贷记"营业成本"项目。

(4)将期末内部购进存货价值中包含的未实现内部销售损益予以抵销。对于期末内部购买形成的存货(包括上期结转形成的本期存货),应按照购买企业期末内部购入存货价值中包含的未实现内部销售损益的数额,借记"营业成本"项目,贷记"存货"项目。

【例题3-5】 承接例题3-3。本期甲公司个别财务报表中向A公司销售商品取得的销售收入为6 000万元,销售成本为4 200万元,甲公司本期销售毛利率与上期相同,为30%。A公司个别财务报表中从甲公司购进商品本期实现的对外销售收入为5 625万元,销售成本为4 500万元,销售毛利率为20%;期末内部购进形成的存货为3 500万元(期初存货2 000万元+本期购进存货6 000万元-本期销售成本4 500万元),存货价值中包含的未实现内部销售损益为1 050万元。不考虑所得税因素的影响。编制合并财务报表时应进行以下合并处理:

(1)调整期初未分配利润的数额。

借:未分配利润——年初　　　　　　　　　　　　6 000 000
　　贷:营业成本　　　　　　　　　　　　　　　　　　　　6 000 000

(2)抵销本期内部销售收入。

借:营业收入　　　　　　　　　　　　　　　　60 000 000
　　贷:营业成本　　　　　　　　　　　　　　　　　　　60 000 000

(3)抵销期末存货价值中包含的未实现内部销售损益。

借:营业成本　　　　　　　　　　　　　　　　10 500 000
　　贷:存货　　　　　　　　　　　　　　　　　　　　　10 500 000

三、存货跌价准备的合并处理

1.初次编制合并财务报表时存货跌价准备的合并处理

根据现行企业会计准则的规定,采用成本与可变现净值孰低法进行期末计价的范围既包括从企业集团外部购进形成的存货,也包括从企业集团内部购进形成的期末存货。当企业本期计提的存货跌价准备中包括对内部销售形成的存货计提的跌价准备时,涉及如何将对购进的存货计提的跌价准备进行抵销的问题。

若某一商品在企业集团内某一成员企业计提跌价准备,企业集团也同样必须计提跌价准备。某一商品计提跌价准备的金额,从单一企业的角度来说,为该商品可变现净值低于取得成本的差额;而从企业集团的角度来说,则是该商品可变现净值与企业集团范围内取得该商品成本的差额。

某一商品的可变现净值,无论对于企业集团还是对于持有该商品的企业来说,基本上都是一致的。从商品的取得成本的角度来说,持有内部购进商品的企业,该商品的取得成本包括销售企业所实现的利润,而对于企业集团整体来说,则是指从外部购买该商品的成本或生产这一产品的生产成本。编制合并财务报表时,计提存货跌价准备应当是将该商品的可变现净值与从企业集团购买的取得成本进行比较确定计提金额。

对内部销售形成的存货计提跌价准备的合并处理,从购买企业的角度来看有两种情况。

第一种情况是,购买企业本期期末内部购进存货的可变现净值低于其取得成本,但高于销售企业销售成本。

对合并财务报表来说,随着内部购进存货包含的未实现内部销售损益的抵销,该存货在合并财务报表中列示的成本为抵销未实现内部销售损益后的成本,当该存货的可变现净值低于购买企业的取得成本但高于该存货在合并财务报表中的成本时,不需要计提存货跌价准备,个别财务报表中列的相应的存货跌价准备也应予以抵销。进行合并处理时,应当按照购买企业本期存货跌价准备的金额,借记"存货"项目,贷记"资产减值损失"项目。

【例题3-6】 甲公司系A公司的母公司,甲公司本期向A公司销售商品2 000万元,其销售成本为1 400万元;A公司购进的该商品当期全部未实现对外销售而形成期末存货。A公司期末对存货进行检查时发现,该商品已经部分陈旧,其可变现净值已降至1 840万元。为此,A公司期末对该存货计提存货跌价准备160万元,并在其个别财务报表中列示。本例中,该存货的可变现净值降至1 840万元,高于抵销未实现内部销售损益后的金额(1 400万元)。不考虑所得税因素的影响。在编制本期合并财务报表时,应进行以下合并处理:

(1)将内部销售收入与销售成本抵销。

借:营业收入　　　　　　　　　　　　　　　　　20 000 000
　　贷:营业成本　　　　　　　　　　　　　　　　　　20 000 000

(2)将内部销售形成的存货价值中包含的未实现内部销售损益抵销。

借:营业成本　　　　　　　　　　　　　　　　　 6 000 000
　　贷:存货　　　　　　　　　　　　　　　　　　　　 6 000 000

(3)将本期计提的存货跌价准备抵销。

借:存货——跌价准备　　　　　　　　　　　　　 1 600 000
　　贷:资产减值损失　　　　　　　　　　　　　　　　 1 600 000

第二种情况是,购买企业本期期末内部购进存货的可变现净值既低于该存货的取得成本,也低于销售企业的该存货的取得成本。

购买企业在个别财务报表中确认的存货跌价准备的金额,既包括购买企业该商品取得成本高于销售企业销售成本(即取得成本)的差额(即抵销的未实现内部销售损益),也包括销售企业销售成本高于该商品可变现净值的差额。但从合并财务报表的角度来说,随着内部购进存货价值中包含的未实现内部销售损益的抵销,在合并财务报表中列示的该存货的成本为抵销未实现内部销售损益后的成本。相对于购买企业,该存货的取得成本高于销售企业销售该存货成本的差额部分计提的跌价准备,已因未实现内部销售损益的抵销而抵销,故在编制合并财务报表时,也须将这部分金额予以抵销;而相对于销售企业,对销售该存货成本高于该存货可变现净值的部分,无论对于购买企业来说,还是对于整个企业集团来说,都是必须计提存货跌价准备的,必须在合并财务报表中予以反映。进行抵销处理时,应当按购买企业本期计提的存货跌价准备中内部购进商品取得成本高于销售企业取得成本的数额,借记"存货"项目,贷记"资产减值损失"项目。

【例题3-7】 甲公司为A公司的母公司。甲公司本期向A公司销售商品2 000万元,其销售成本为1 400万元,并以此在其个别利润表中列示。A公司购进的该商品当期全部未实现对外销售而形成期末存货;期末对存货进行检查时,A公司发现该存货已经部分陈旧,其可变现净值降至1 320万元。为此,A公司期末对该存货计提存货跌价准备680万元。在本例中,该存货的可变现净值降至1 320万元,低于抵销未实现内部销售损益后的金额(1 400万元)。在A公司本期计提的存货跌价准备680万元中,600万元是相对于A公司取得成本(2 000万元)高于甲公司销售该商品的销售成本(1 400万元)部分计提的,另外80万元则是相对于甲公司销售该商品的销售成本(1 400万元)高于其可变现净值(1 320万元)的部分计提的。此时,对于A公司的计提存货跌价准备中相当于抵销的未实现内部销售损益的数额600万元部分,从整个企业集团的角度来说,该商品的取得成本为1 400万元,在可变现净值高于这一金额的情况下,不需要计提存货跌价准备,故必须将其予以抵销;而对于另外的80万元,从整个企业集团的角度来说,则是必须计提的存货跌价准备,不需要进行抵销处理。不考虑所得税因素的影响。在编制本期合并财务报表时,应进行以下抵销处理:

(1)将内部销售收入与内部销售成本抵销。

借:营业收入　　　　　　　　　　　　　　　　20 000 000
　贷:营业成本　　　　　　　　　　　　　　　　　　　　20 000 000

(2)将内部销售形成的存货价值中包含的未实现内部销售损益抵销。

借:营业成本　　　　　　　　　　　　　　　　 6 000 000
　贷:存货　　　　　　　　　　　　　　　　　　　　　　 6 000 000

(3)将本期计提的存货跌价准备抵销。

借:存货——跌价准备　　　　　　　　　　　　 6 000 000
　贷:资产减值损失　　　　　　　　　　　　　　　　　　 6 000 000

2. 连续编制合并财务报表时存货跌价准备的合并处理

首先,将上期资产减值损失中抵销的存货跌价准备对本期期初未分配利润的影响予以抵销,即按上期资产减值损失项目中抵销的存货跌价准备的数额,借记"存货"(本期未售)或"营业成本"(本期已售)项目,贷记"未分配利润——年初"项目。

其次,对于本期对内部购入存货在个别财务报表中补提(或冲销)的存货跌价准备的数额也应予以抵销,借记(或贷记)"存货"项目,贷记(或借记)"资产减值损失"项目。

对于抵销存货跌价准备的数额,应当分不同情况进行处理:当本期内部购入存货的可变现净值低于持有该存货企业的取得成本但高于销售企业对该存货的取得成本时,其抵销的存货跌价准备的金额为本期存货跌价准备的增加额;当本期内部购入存货的可变现净值低于销售企业对该存货的取得成本时,其抵销的存货跌价准备的金额为本期期末存货中包含的未实现内部销售损益的金额减去期初内部购入存货计提的存货跌价准备的金额后的余额。

【例题 3-8】 承例题3-6,甲公司与A公司之间本期未发生内部销售。期末存货系上期内部销售结存的存货。A公司本期期末对存货清查时,该内部购进存货的可变现净值为1 200万元,A公司期末存货跌价准备的余额为800万元。该内部购进存货的可变现净值由上期期末的1 840万元降至1 200万元,既低于A公司从甲公司购买时的取得成本,也低于抵销未实现内部销售损益后的金额(即甲公司销售该商品的成本1 400万元)。A公司本期期末存货跌价准备的余额为800万元,从计提时间来看,既包括上期期末计提结存的存货跌价准备160万元,又包括本期期末计提的存货跌价准备640万元。从整个企业集团的角度来说,本期期末计提的存货跌价准备为200万元。本期应抵销存货跌价准备440万元。不考虑所得税因素的影响。甲公司在编制本期合并财务报表时,应进行以下合并处理:

借:未分配利润——年初　　　　　　　　　　　　6 000 000
　　贷:存货　　　　　　　　　　　　　　　　　　　　　　6 000 000
借:存货——跌价准备　　　　　　　　　　　　　1 600 000
　　贷:未分配利润——年初　　　　　　　　　　　　　　　1 600 000
借:存货——跌价准备　（6 000 000－1 600 000）　4 400 000
　　贷:资产减值损失　　　　　　　　　　　　　　　　　　4 400 000

【例题3-9】 承接例题3-6。甲公司上期向A公司销售商品2 000万元,其销售成本为1 400万元;A公司购进的该商品当期未实现对外销售而全部形成期末存货。A公司期末对存货进行检查时发现,该存货已经部分陈旧,其可变现净值降至1 840万元,A公司期末对该存货计提存货跌价准备160万元。在编制上期合并财务报表时,已将该存货跌价准备予以抵销。甲公司本期向A公司销售商品3 000万元,甲公司销售该商品的销售成本为2 100万元。A公司本期对外销售内部购进商品实现的销售收入为4 000万元,销售成本为3 200万元,其中:上期从甲公司购进商品本期全部售出,销售收入为2 500万元,销售成本为2 000万元;本期从甲公司购进商品销售40%,销售收入为1 500万元,销售成本为1 200万元,另60%形成期末存货,其取得成本为1 800万元,期末其可变现净值为1 620万元,A公司本期期末对该内部购进形成的存货计提存货跌价准备180万元。从整个企业集团的角度来说,本期期末不计提存货跌价准备。本期应抵销存货跌价准备180万元。不考虑所得税因素的影响。应进行以下合并处理:

借:未分配利润——年初　　　　　　　　　　　　6 000 000
　　贷:营业成本　　　　　　　　　　　　　　　　　　　　6 000 000
借:营业成本　　　　　　　　　　　　　　　　　1 600 000
　　贷:未分配利润——年初　　　　　　　　　　　　　　　1 600 000
借:营业收入　　　　　　　　　　　　　　　　　30 000 000
　　贷:营业成本　　　　　　　　　　　　　　　　　　　　30 000 000
借:营业成本　　（18 000 000－12 600 000）　　5 400 000
　　贷:存货　　　　　　　　　　　　　　　　　　　　　　5 400 000
借:存货——跌价准备　　　　　　　　　　　　　1 800 000
　　贷:资产减值损失　　　　　　　　　　　　　　　　　　1 800 000

四、内部交易存货相关所得税会计的合并抵销处理

由于所得税是以独立的法人实体为对象计征的,对于纳入合并财务报表范围的各成员企业内部交易的存货,在个别报表层面,其账面价值与计税基础是一致的,不存在暂时性差异,不涉及确认递延所得税资产或递延所得税负债的问题。但在编制合并财务报表时,随着内部交易存货价值未实现损益的抵销,该存货在合并资产负债表中的报告价值被调低了,由此导致在合并资产负债表中所列示的存货价值(即从合并报表角度看的账面价值)与持有该存货的企业计税

基础不一致,存在着暂时性差异。对于这一暂时性差异,在合并财务报表中应确认为递延所得税资产(高价出售)或递延所得税负债(低价出售)。

【例题3-10】 甲公司持有A公司80%的股权,系A公司的母公司。甲公司利润表列示的营业收入中有5 000万元系当年向A公司销售产品所取得的销售收入,该产品销售成本为4 000万元,毛利率为20%。A公司将该批内部购进商品的60%实现对外销售(其销售收入为3 750万元,销售成本为3 000万元),并列示于其利润表中;该批商品的另外40%则形成A公司期末存货,即期末存货价值为2 000万元,列示于其资产负债表中。甲公司和A公司适用的企业所得税税率均为25%。

甲公司在编制合并财务报表时,其合并抵销处理如下:

(1)将内部销售收入与内部销售成本及存货价值中包含的未实现内部销售利润抵销,其抵销分录如下:

借:营业收入　　　　　　　　　　　　　　　　　　50 000 000
　贷:营业成本　　　　　　　　　　　　　　　　　　　　46 000 000
　　存货　(50 000 000×40%×20%)　　　　　　　　　4 000 000

(2)确认与因编制合并财务报表导致的存货账面价值与其计税基础之间的暂时性差异相关的递延所得税资产。合并时的抵销分录如下:

借:递延所得税资产　(4 000 000×25%)　　　　　　1 000 000
　贷:所得税费用　　　　　　　　　　　　　　　　　　　1 000 000

五、逆流交易的合并处理

企业集团中母子公司之间的内部交易包括顺流交易和逆流交易。顺流交易是指母公司向子公司销售资产的交易,反之则是逆流交易。因为少数股东只在子公司的净收益中拥有其权益,所以发生顺流交易时,母公司的净收益包括了内部存货交易所产生的期末存货中的未实现利润,但子公司的净收益不受影响;发生逆流交易时,子公司的净收益包括了内部交易所产生的期末资产的未实现利润,但母公司的净收益不受影响。因此,如果子公司的净收益包括了未实现利润,将会影响少数股东权益的计算。

母公司向子公司出售资产所发生的未实现内部交易损益,应当全额抵销"归属于母公司所有者的净利润"。子公司向母公司出售资产所发生的未实现内部交易损益,应当按照母公司对该子公司的分配比例在"归属于母公司所有者的净利润"和"少数股东损益"之间分配抵销,即少数股东需要分担逆流交易中子公司销售给母公司的未实现利润,目的是完全消除内部交易未实现损益对合并报表层面所显示的财务状况和经营成果的影响。

子公司之间出售资产所发生的未实现内部交易损益,应当按照母公司对出售方子公司的持股比例在"归属于母公司所有者的净利润"和"少数股东损益"之间分配抵销。少数股东权益对应资产负债表,少数股东损益对应利润表。如果抵销未实现内部交易损益,使子公司的净利润增加,就会增加少数股东权益和少数股东损益的金额,借记"少数股东损益",贷记"少数股东权益"。如果抵销未实现内部交易损益,使子公司的净利润减少,就会减少少数股东权益和少数股东损益的金额,借记"少数股东权益",贷记"少数股东损益"。

【例题 3-11】 甲公司持有 B 公司 70% 的股份,为 B 公司的母公司。B 公司销售商品给甲公司,售价为 300 万元,成本为 200 万元,甲公司购入后售出了 40%,期末剩余 60%。两家公司适用的企业所得税税率均为 25%。B 公司销售商品给甲公司,甲公司应做以下抵销处理:

借:营业收入	3 000 000
贷:营业成本	2 400 000
存货　（1 000 000×60%）	600 000
借:递延所得税资产　（600 000×25%）	150 000
贷:所得税费用	150 000
借:少数股东权益　（600 000×(1−25%)×30%）	135 000
贷:少数股东损益	135 000

【例题 3-12】 A 公司和 B 公司为甲公司控制下的两个子公司。甲公司持有 A 公司 80% 的股份,持有 B 公司 70% 的股份。A 公司销售商品给 B 公司,售价为 500 万元,成本为 400 万元,B 公司购入后售出了 70%,期末剩余 30%。公司适用的企业所得税税率均为 25%。A 公司销售商品给 B 公司,甲公司应做以下抵销处理:

借:营业收入	5 000 000
贷:营业成本	4 700 000
存货　（1 000 000×30%）	300 000
借:递延所得税资产　（300 000×25%）	75 000
贷:所得税费用	75 000
借:少数股东权益　（300 000×(1−25%)×20%）	45 000
贷:少数股东损益	45 000

第二节　内部固定资产交易的合并处理

一、内部固定资产交易概述

内部固定资产交易是指企业集团内部发生的与固定资产有关的购销业务。根据销售企业销售的是产品还是固定资产,可以将企业集团内部固定资产交易划分为两种类型:①企业集团内部企业将自身使用的固定资产变卖给企业集团内的其他企业作为固定资产使用;②企业集团内部企业将自身生产的产品销售给企业集团内的其他企业作为固定资产使用。此外,还有另一类型的内部固定资产交易,即企业集团内部企业将自身使用的固定资产变卖给企业集团内的其他企业作为普通商品销售。这种类型的固定资产交易属于固定资产的内部处置,在企业集团内部发生的情况极少,一般情况下发生的数量也不大。

严格来说,内部固定资产交易属于内部商品交易,其在编制合并财务报表时的抵销处理与一般内部商品交易的抵销处理有相同之处。但由于固定资产取得并投入使用后,往往要跨越若干个会计期间,并且在使用过程中通过计提折旧其价值会转移到产品生产成本或各会计期间费用中去,因而其抵销处理也有特殊性;由于其跨越若干会计期间,涉及使用该固定资产期间编制合并财务报表的期初未分配利润的调整问题;由于固定资产需要计提折旧,涉及每一次计提折旧中包含的未实现内部销售损益的抵销问题,也涉及每期累计折旧中包含的未实现内部销售损益的抵销问题。相对来说,内部固定资产交易的抵销处理,要比一般的内部商品交易的抵销处理复杂得多。为了便于理解,本节将财务报表中的"固定资产"项目,细化为"固定资产原价"、"累计折旧"以及"固定资产净值"三个项目,来介绍内部固定资产相关的合并抵销处理。

二、内部固定资产交易当期的合并处理

(一)内部固定资产交易但当期未计提折旧的抵销处理

1. 企业集团内部固定资产变卖交易的抵销处理

在合并工作底稿中编制抵销分录时,应当按照该内部交易固定资产的转让价格与其原账面价值之间的差额进行抵销处理。该内部交易固定资产的转让价格高于其原账面价值,借记"资产处置收益"项目,贷记"固定资产原价"项目。如果该内部交易固定资产的转让价格低于其原账面价值,则按其差额,借记"固定资产原价"项目,贷记"资产处置收益"项目。

【例题3-13】 A公司和B公司为甲公司控制下的两个全资子公司。A公司年末将其账面价值为1 280万元的某厂房,以1 500万元的价格变卖给B公司作为固定资产使用。A公司因该内部固定资产交易实现收益220万元,并列示于其个别利润表中。B公司以1 500万元的金额将该厂房作为固定资产的原价入账,并列示于其个别资产负债表中。编制合并财务报表时,甲公司必须将因该固定资产交易实现的收益与固定资产原价中包含的未实现内部销售损益的数额予以抵销。其抵销分录如下:

借:资产处置收益　　　　　　　　　　　　　　　　　2 200 000
　　贷:固定资产原价　　　　　　　　　　　　　　　　　　　　2 200 000

2. 企业集团内部产品销售给其他企业作为固定资产的抵销处理

在合并工作底稿中编制抵销分录将其抵销时,应当借记"营业收入"项目,贷记"营业成本"项目和"固定资产原价"项目。其中,借记"营业收入"项目的金额,为销售企业销售该产品的销售收入;贷记"营业成本"项目的数额为销售企业销售该产品结转的销售成本;贷记"固定资产原价"项目的数额为销售企业销售该产品的销售收入与销售成本之间的差额,即该内部交易所形成的固定资产原价中包含的未实现内部销售损益的数额。

【例题3-14】 A公司和B公司为甲公司控制下的两个全资子公司。A公司年末将自己生产的产品销售给B公司作为固定资产使用,A公司销售该产品的销售收入为1 680万元,销售成本为1 200万元,B公司以1 680万元的价格作为该固定资产的原价。此时,与内部商品交易的抵销处理相似,甲公司应将A公司该产品的销售收入1 680万元及其销售成本1 200万元,以及B公司固定资产包含的未实现内部销售损益480(=1 680-1 200)万元予以抵销。相关的抵销处理如下:

借:营业收入　　　　　　　　　　　　　　　　　　16 800 000
　　贷:营业成本　　　　　　　　　　　　　　　　　　　　　12 000 000
　　　　固定资产原价　　　　　　　　　　　　　　　　　　　4 800 000

(二)内部固定资产交易且当期计提折旧的合并处理

在发生内部固定资产交易且当期计提折旧的情况下,要编制合并财务报表,除应抵销内部交易固定资产中未实现利润外,还应抵销因交易固定资产中未实现利润而多计提的折旧额。具体合并抵销处理如下:

(1)抵销内部交易固定资产中未实现利润。将内部交易固定资产相关的销售收入、销售成本以及其原价中包含的未实现内部销售损益予以抵销,即:按销售企业由于该固定资产交易所实现的销售收入,借记"营业收入"项目;按照其销售成本,贷记"营业成本"项目,按照该内部交易固定资产的销售收入与销售成本之间的差额(即原价中包含的未实现内部销售损益的数额),贷记"固定资产原价"项目。

(2)抵销当期多计提的折旧费用和累计折旧。由于内部交易固定资产包含未实现利润,在当期对固定资产计提折旧,一方面增加了企业折旧费用,另一方面也多形成了累计折旧,因此在进行合并报表抵销处理时,应按当期多计提的数额,借记"累计折旧"项目,贷记"管理费用"等项目(假定内部交易固定资产均作为管理用固定资产使用)。

如果低价出售固定资产,在对因内部交易固定资产少计提的折旧进行抵销处理时,抵销分录相反。

三、内部交易固定资产取得后至处置前期间的合并处理

在内部交易固定资产取得后至处置前的会计期间,具体抵销程序如下:

(1)将内部交易固定资产原价中包含的未实现内部销售损益抵销,并调整期初未分配利润,即按照固定资产原价中包含的未实现内部销售损益的数额,借记"未分配利润——年初"项目,贷记"固定资产原价"项目。

(2)将以前会计期间内部交易固定资产多计提的累计折旧抵销,并调整期初未分配利润,即按照以前会计期间抵销该内部交易固定资产因包含未实现内部销售损益而多计提的累计折旧额,借记"累计折旧"项目,贷记"未分配利润——年初"项目。

(3)将当期由于该内部交易固定资产包含未实现内部销售损益而多计提的折旧费用予以抵销,并调整本期计提的累计折旧额,即按照本期该内部交易的固定资产多计提的折旧额,借记"累计折旧"项目,贷记"管理费用"等项目。

【例题3-15】 A公司和B公司为甲公司控制下的两个全资子公司。A公司于2×21年1月1日将自己生产的产品销售给B公司作为固定资产使用,A公司销售该产品的销售收入为1 680万元,销售成本为1 200万元。B公司以1 680万元的价格作为该固定资产的原价入账。B公司购买的该固定资产用于公司的行政管理,该固定资产属于不需要安装的固定资产,当月投入使用,其折旧年限为4年,预计净残值为0。为简化合并处理,假定该内部交易固定资产在交易当年按12个月计提折旧。甲公司2×21—2×23年应当进行以下抵销处理:

(1)将该内部交易固定资产相关的销售收入与销售成本及原价中包含的未实现内部销售损益予以抵销。本例中,A公司因该内部交易确认销售收入1 680万元,结转销售成本1 200万元;B公司该固定资产的原价为1 680万元,其中包含的未实现内部销售损益为480(=1 680-1 200)万元。在合并工作底稿中应进行以下抵销处理:

借:营业收入　　　　　　　　　　　　　　　16 800 000

贷:营业成本	12 000 000
固定资产原价	4 800 000

将当年计提的折旧和累计折旧中包含的未实现内部销售损益予以抵销。该固定资产在B公司按4年的折旧年限计提折旧,每年计提折旧420万元,其中每年计提的折旧和累计折旧中均包含未实现内部销售损益的摊销额120(＝480÷4)万元。

借:累计折旧	1 200 000
贷:管理费用	1 200 000

(2)B公司2×22年的个别资产负债表中,该内部交易固定资产原价为1 680万元,累计折旧为840万元,该固定资产净值为840万元。该内部交易固定资产2×22年计提折旧420万元。甲公司编制2×22年度合并财务报表时,应当进行以下抵销处理:

借:未分配利润——年初	4 800 000
贷:固定资产原价	4 800 000
借:累计折旧	1 200 000
贷:未分配利润——年初	1 200 000
借:累计折旧	1 200 000
贷:管理费用	1 200 000

(3)B公司2×23年的个别资产负债表中,该内部交易固定资产原价为1 680万元,累计折旧为1 260万元,该固定资产净值为420万元。该内部交易固定资产2×23年计提折旧420万元。甲公司编制2×23年度合并财务报表时,应当进行以下抵销处理:

借:未分配利润——年初	4 800 000
贷:固定资产原价	4 800 000
借:累计折旧	2 400 000
贷:未分配利润——年初	2 400 000
借:累计折旧	1 200 000
贷:管理费用	1 200 000

四、内部交易固定资产清理期间的合并处理

对于销售企业来说,因该内部交易固定资产实现的利润,作为期初未分配利润的一部分结转到以后的会计期间,直到购买企业对该内部交易固定资产进行清理为止。对于购买企业来说,对内部交易固定资产进行清理,在这一会计期间其个别财务报表中表现为固定资产原价和累计折旧的减少;该固定资产清理收入减去该固定资产净值以及有关清理费用后的余额,则在其个别利润表中以"营业外收入(或营业外支出)"项目列示。固定资产清理时可能出现三种情况,即期满清理、超期清理和提前清理。编制合并财务报表时,应当根据具体情况进行合并处理。

1. 内部交易固定资产使用期限届满进行清理的会计期间的合并处理

在内部交易固定资产使用期限届满进行清理的会计期间期末,购买企业内部资产固定资产实体已不复存在,因此不存在未实现内部销售损益抵销问题,包括未实现内部销售损益在内的该内部交易固定资产的价值全部转移到各会计期间实现的损益之中。从整个集团的角度来说,随着该内部交易固定资产的使用期满,其包含的未实现内部销售损益也转化为已实现利润。从

销售企业的角度来说,因该内部销售所实现的利润,作为期初未分配利润的一部分已结转到购买企业对该内部交易固定资产使用期满进行清理的会计期间。为此,编制合并财务报表时首先必须调整期初未分配利润;其次,在对固定资产进行清理的会计期间,对在未进行清理前仍处于使用之中的部分,仍须计提折旧,本期计提折旧中仍然包含因内部未实现销售损益而多计提的折旧额,因此也需要将当期多计提的折旧额予以抵销。

【例题3-16】 承例题3-15,2×24年12月,该内部交易固定资产使用期满,B公司于2×24年12月对其进行清理。B公司对该固定资产进行清理时实现固定资产清理净收益14万元,在2×24年度个别利润表中以"营业外收入"项目列示。随着对该固定资产的清理,该固定资产的原价和累计折旧转销,在2×24年12月31日B公司的个别资产负债表的固定资产中已无该固定资产的列示。甲公司应当进行以下抵销处理:

借:未分配利润——年初　　　　　　　　　　　　　4 800 000
　　贷:营业外收入　　　　　　　　　　　　　　　　　　　　4 800 000
借:营业外收入　　　　　　　　　　　　　　　　　3 600 000
　　贷:未分配利润——年初　　　　　　　　　　　　　　　　3 600 000
借:营业外收入　　　　　　　　　　　　　　　　　1 200 000
　　贷:管理费用　　　　　　　　　　　　　　　　　　　　　1 200 000

以上三笔抵销分录,可以合并为以下抵销分录:

借:未分配利润——年初　　　　　　　　　　　　　1 200 000
　　贷:管理费用　　　　　　　　　　　　　　　　　　　　　1 200 000

2. 内部交易固定资产超期使用进行清理的会计期间的合并处理

(1)期限届满未进行清理的。如果内部交易固定资产超期使用进行清理,在内部交易固定资产清理前的会计期间,该固定资产仍然按包含未实现内部销售损益的原价及计提的累计折旧,在购买企业的个别资产负债表中列示;销售企业因该内部交易固定资产所实现的利润,作为期初未分配利润的一部分结转到购买企业对该内部交易固定资产进行清理的会计期间。因此,首先需要将该固定资产原价中包括的未实现内部销售损益予以抵销,并调整期初未分配利润;其次,要将以前会计期间因内部交易固定资产原价中包含的未实现内部销售利润而多计提的累计折旧予以抵销;最后,由于在该固定资产使用期满的会计期间仍然需要计提折旧,本期计提折旧中仍然包含有多计提的折旧,需要将多计提的折旧费用予以抵销,并调整已计提的累计折旧。

(2)超期后仍未进行清理的。在内部交易固定资产超期使用未进行清理前,首先,由于该内部交易的固定资产仍处于使用之中,并在购买企业资产负债表中列示,因此,必须将该固定资产原价中包含的未实现内部销售损益予以抵销;其次,由于该固定资产的累计折旧仍然是按包含有未实现内部销售损益的原价计提折旧的,为此也必须将其计提的累计折旧予以抵销。由于固定资产超期使用不计提折旧,所以不存在抵销多计提折旧问题。

(3)超期后再进行清理的。对于超期使用后再进行清理的内部交易的固定资产,由于清理当期其实物已不存在,不存在固定资产原价中包含未实现内部销售损益的问题;同时,该固定资产累计折旧也随着固定资产清理而转销,也不存在固定资产使用多计提折旧的抵销问题。也可以这样理解:在内部交易固定资产超期使用进行清理的情况下,随着其折旧计提完毕,其包含的未实现内部销售损益已实现。因此,在编制对该内部交易固定资产进行清理的会计期间的合并财务报表时,不需要进行合并处理。

【例题 3-17】 承例题 3-15,2×24 年 12 月 31 日,该内部交易固定资产使用期满,但该固定资产仍处于使用之中,B 公司未对其进行清理报废。B 公司 2×24 年度个别资产负债表的固定资产仍列示该固定资产的原价为 1 680 万元,累计折旧为 1 680 万元;在其个别利润表中列示该固定资产当年计提的折旧为 420 万元。甲公司在编制 2×24 年度合并财务报表时,应当进行以下抵销处理:

借:未分配利润——年初　　　　　　　　　　　　　　4 800 000
　　贷:固定资产原价　　　　　　　　　　　　　　　　　　　　4 800 000
借:累计折旧　　　　　　　　　　　　　　　　　　　3 600 000
　　贷:未分配利润——年初　　　　　　　　　　　　　　　　　3 600 000
借:累计折旧　　　　　　　　　　　　　　　　　　　1 200 000
　　贷:管理费用　　　　　　　　　　　　　　　　　　　　　　1 200 000

若该内部交易固定资产 2×25 年仍处于使用之中,B 公司个别资产负债表中内部交易固定资产为 1 680 万元,累计折旧为 1 680 万元;由于固定资产超期使用不计提折旧,B 公司个别利润表中无该内部固定资产计提的折旧费用。甲公司编制 2×25 年度合并财务报表时,应当进行以下抵销处理:

借:未分配利润——年初　　　　　　　　　　　　　　4 800 000
　　贷:固定资产原价　　　　　　　　　　　　　　　　　　　　4 800 000
借:累计折旧　　　　　　　　　　　　　　　　　　　4 800 000
　　贷:未分配利润——年初　　　　　　　　　　　　　　　　　4 800 000

3. 内部交易固定资产使用期限未满提前进行清理的会计期间的合并处理

在这种情况下,购买企业内部交易固定资产实体已不复存在,因此不存在未实现内部销售损益抵销问题,但由于固定资产提前报废,固定资产原价中包含的未实现内部销售损益随着清理而成为实现的损益。对于销售企业来说,因该内部交易固定资产所实现的利润,作为期初未分配利润的一部分,结转到购买企业对该内部交易固定资产进行清理的会计期间。为此,首先必须调整期初未分配利润;其次,在固定资产进行清理前仍须计提折旧,本期计提折旧中仍然包含有多计提的折旧,需要将多计提的折旧费用予以抵销。

【例题 3-18】 承例题 3-15,B 公司于 2×23 年 12 月对该内部交易固定资产进行清理处置,在清理过程中取得清理净收益 25 万元,在其个别利润表中作为资产处置收益列示。该内部交易固定资产至 2×23 年 12 月已经使用 3 年,B 公司对该固定资产累计计提折旧 1 260 万元。此时,甲公司在编制 2×23 年度合并财务报表时,应当进行以下抵销处理:

借:未分配利润——年初　　　　　　　　　　　　　　4 800 000
　　贷:资产处置收益　　　　　　　　　　　　　　　　　　　　4 800 000
借:资产处置收益　　　　　　　　　　　　　　　　　2 400 000
　　贷:未分配利润——年初　　　　　　　　　　　　　　　　　2 400 000
借:资产处置收益　　　　　　　　　　　　　　　　　1 200 000
　　贷:管理费用　　　　　　　　　　　　　　　　　　　　　　1 200 000

五、内部交易固定资产相关所得税会计的合并处理

与内部交易存货类似,在个别报表层面,固定资产的账面价值与其计税基础是一致的,不存在暂时性差异。但在编制合并财务报表时,随着内部交易固定资产所包含的未实现内部利润的抵销,该固定资产在合并资产负债表中的报告价值也被调低了,即为从合并报表角度看的账面价值,但其计税基础仍是该固定资产持有企业中的原账面价值,这就产生了暂时性差异。对于这一暂时性差异,在编制合并财务报表时必须确认相应的递延所得税资产(高价出售)或递延所得税负债(低价出售)。

【例题3-19】 A公司和B公司均为甲公司控制下的全资子公司。A公司年初将自己生产的产品销售给B公司作为固定资产使用,A公司销售该产品的销售收入为1 680万元,销售成本为1 200万元。A公司在年度利润表中列示该销售收入为1 680万元,销售成本为1 200万元。B公司以1 680万元的价格作为该固定资产的原价入账。B公司购买的该固定资产用于公司的销售业务,当月投入使用,其折旧年限为4年,预计净残值为0。B公司对固定资产确定的折旧年限和预计净残值与税法规定一致。为简化合并处理,假定该内部交易固定资产在交易当年按12个月计提折旧。B公司年末的资产负债表中列示该固定资产,其原价为1 680万元,累计折旧420万元,固定资产净值为1 260万元。A、B公司和甲公司所适用的所得税税率均为25%。甲公司在编制合并财务报表时,相关的会计处理如下:

(1)将该内部交易固定资产相关的销售收入与销售成本及原价中包含的未实现内部销售损益予以抵销:

借:营业收入　　　　　　　　　　　　　　　　16 800 000
　　贷:营业成本　　　　　　　　　　　　　　　　　　12 000 000
　　　　固定资产原价　　　　　　　　　　　　　　　　4 800 000

(2)将当年计提的折旧中包含的未实现内部销售损益的金额予以抵销:

借:累计折旧　　　　　　　　　　　　　　　　1 200 000
　　贷:销售费用　　　　　　　　　　　　　　　　　　1 200 000

(3)合并财务报表中该固定资产的账面价值为900(=1 200-300)万元,计税基础为1 260万元,暂时性差异为360万元,应当确认的递延所得税资产为90(=360×25%)万元。合并抵销分录如下:

借:递延所得税资产　　　　　　　　　　　　　　900 000
　　贷:所得税费用　　　　　　　　　　　　　　　　　900 000

内部无形资产交易的合并处理方法和内部固定资产交易的合并处理方法基本类似,可以比照进行。

第三节　内部债权债务的合并处理

一、债权债务抵销概述

母公司与子公司、子公司相互之间的债权和债务项目,是指母公司与子公司、子公司相互之

间的应收账款与应付账款、预付账款与预收账款、应付债券与债权投资等项目。对于发生在母公司与子公司、子公司相互之间的这些项目,从债权方企业来说,在资产负债表中表现为一项债权资产;而从债务方来说,一方面形成一项负债,另一方面同时形成一项资产。发生的这种内部债权债务,从母公司与子公司组成的集团整体的角度来看,它只是集团内部资金运动,既不增加企业集团的资产,也不增加负债。为此,在编制合并财务报表时也应将内部债权债务项目予以抵销。在编制合并资产负债表时,需要进行合并处理的内部债权债务项目主要包括:应收账款与应付账款;应收票据与应付票据;预付账款与预收账款;债权投资与应付债券;应收股利与应付股利;其他应收款与其他应付款。

二、内部应收应付款项及其坏账准备的合并处理

企业对包括应收账款、应收票据、预付账款以及其他应收款在内的所有应收款项,应当根据其预计可收回金额变动情况,确认资产减值损失,计提坏账准备。这里的应收账款、应收票据等也包括应收子公司账款、应收子公司票据等。在对母公司的应收款项计提坏账准备的情况下,在编制合并财务报表时,随着内部应收款项的抵销,与此相联系也须将该内部应收款项计提的坏账准备予以抵销。将内部应收款项抵销时,按内部应付款项的金额,借记"应付账款""应付票据"等项目,贷记"应收账款""应收票据"等项目;将内部应收款项计提的坏账准备抵销时,按各内部应收款项计提的相应坏账准备期末余额,借记"应收账款""应收票据"等项目,贷记"信用减值损失"项目。

母公司应收款项计提的坏账准备抵销不影响少数股东权益,子公司应收款项计提的坏账准备抵销影响少数股东权益。

【例题3-20】 甲公司为A公司的母公司。甲公司本期个别资产负债表的应收账款中有580万元为应收A公司账款,该应收账款账面余额为600万元,甲公司当年计提坏账准备20万元。A公司本期个别资产负债表中列示有应付甲公司账款600万元。不考虑所得税因素的影响。在编制合并财务报表时,甲公司应当将内部应收账款与应付账款相互抵销,还应将内部应收账款计提的坏账准备予以抵销。其抵销分录如下:

(1)应收账款与应付账款抵销:

借:应付账款　　　　　　　　　　　　　　　　　　　　6 000 000
　　贷:应收账款　　　　　　　　　　　　　　　　　　　　　6 000 000

(2)坏账准备与信用减值损失抵销:

借:应收账款——坏账准备　　　　　　　　　　　　　　200 000
　　贷:信用减值损失　　　　　　　　　　　　　　　　　　　200 000

三、连续编制合并财务报表时内部应收账款及其坏账准备的合并处理

在连续编制合并财务报表进行合并处理时,首先,将内部应收款项与应付款项予以抵销,即按内部应付款项的数额,借记"应付账款""应付票据"等项目,贷记"应收账款""应收票据"等项目。其次,应将上期资产减值损失中抵销的各内部应收款项计提的相应坏账准备对本期期初未分配利润的影响予以抵销,即按上期信用减值损失项目中抵销的各内部应收款项计提的相应坏账准备的数额,借记"应收账款""应收票据"等项目,贷记"未分配利润——年初"项目。最后,对

于本期各内部应收款项在个别财务报表中补提或者冲销的相应坏账准备的数额也应予以抵销,即按照本期期末内部应收款项在个别资产负债表中补提的坏账准备的数额,借记"应收账款""应收票据"等项目,贷记"信用减值损失"项目;或按照本期期末各内部应收款项在个别资产负债表中冲销的相应坏账准备的数额,借记"信用减值损失"项目,贷记"应收账款""应收票据"等项目。

1. 内部应收款项坏账准备本期余额与上期余额相等时的合并处理

【例题3-21】 承例题3-20,甲公司本期个别资产负债表的应收账款中有应收A公司账款580万元,该应收账款系上期发生的,账面余额为600万元,甲公司上期对其计提坏账准备20万元,该坏账准备结转到本期。本期对上述内部应收账款未补提坏账准备。甲公司在合并工作底稿中应进行以下抵销处理:

(1)将上期内部应收款项计提的坏账准备抵销。

母公司个别资产负债表中坏账准备余额实际上是上期结转而来的余额,因此,须将上期内部应收账款计提的坏账准备予以抵销,同时,调整期初未分配利润数额,其抵销分录如下:

借:应收账款——坏账准备　　　　　　　　　　　　200 000
　　贷:未分配利润——年初　　　　　　　　　　　　　　　　200 000

(2)内部应收账款与应付账款予以抵销。

借:应付账款　　　　　　　　　　　　　　　　6 000 000
　　贷:应收账款　　　　　　　　　　　　　　　　　　　　6 000 000

2. 内部应收款项坏账准备本期余额大于上期余额时的合并处理

【例题3-22】 甲公司为A公司的母公司,甲公司本期个别资产负债表的应收账款中有应收A公司账款735万元,该应收账款账面余额为800万元,甲公司对该应收账款累计计提坏账准备65万元,其中20万元系上期结转至本期的,本期对其补提坏账准备45万元。甲公司在合并工作底稿中应进行以下抵销处理:

(1)抵销上期内部应收账款计提的坏账准备。

借:应收账款——坏账准备　　　　　　　　　　　　200 000
　　贷:未分配利润——年初　　　　　　　　　　　　　　　　200 000

(2)内部应收账款与应付账款予以抵销。

借:应付账款　　　　　　　　　　　　　　　　8 000 000
　　贷:应收账款　　　　　　　　　　　　　　　　　　　　8 000 000

(3)抵销与本期内部应收账款相对应的坏账准备的增加额。

借:应收账款——坏账准备　　　　　　　　　　　　450 000
　　贷:信用减值损失　　　　　　　　　　　　　　　　　　450 000

3. 内部应收款项坏账准备本期余额小于上期余额时的合并处理

【例题3-23】 甲公司为A公司的母公司,甲公司本期个别资产负债表的应收账款中有应收A公司账款538万元,该应收账款账面余额为550万元,甲公司对该应收账款累计计提坏账准备12万元,其中上期结转至本期的坏账准备为20万元,本期冲减坏账准备8万元。甲公司在合并工作底稿中应进行以下抵销处理：

(1) 抵销上期内部应收账款计提的坏账准备。

借：应收账款——坏账准备　　　　　　　　　　　　200 000
　　贷：未分配利润——年初　　　　　　　　　　　　　　　200 000

(2) 内部应收账款与应付账款予以抵销。

借：应付账款　　　　　　　　　　　　　　　　　5 500 000
　　贷：应收账款　　　　　　　　　　　　　　　　　　　5 500 000

(3) 抵销与本期内部应收账款相对应的坏账准备的减少额。

借：信用减值损失　　　　　　　　　　　　　　　　 80 000
　　贷：应收账款——坏账准备　　　　　　　　　　　　　　80 000

在第三期编制合并财务报表的情况下，必须先将第二期各内部应收款项期末余额相应的坏账准备予以抵销；再将内部应收款项与应付款项等内部债权债务相抵销；最后将第三期内部应收款项的坏账准备与第二期内部应收款项的坏账准备进行比较，计算确定本期内部应收款项坏账准备的增加或减少数额，并将其予以抵销。其抵销分录与第二期抵销分录的编制方法相同。首先，借记"应收账款""应收票据"等项目，贷记"未分配利润——年初"项目，将第二期编制合并财务报表时抵销的坏账准备对第三期期初未分配利润的影响予以抵销，调整期初未分配利润的数额。其次，借记"应付账款""应付票据"等项目，贷记"应收账款""应收票据"等项目，将内部应收款项与应付款项等内部债权债务予以抵销。最后，如果第三期内部应收款项坏账准备的期末余额大于第二期内部应收款项坏账准备的期末余额，补提内部应收账款坏账准备，借记"应收账款""应收票据"等项目，贷记"信用减值损失"项目；如果第三期内部应收款项坏账准备期末余额小于第二期内部应收款项期末余额，冲减内部应收账款坏账准备，则借记"信用减值损失"项目，贷记"应收账款""应收票据"等项目。

四、内部应收账款相关所得税会计的合并抵销处理

在编制合并财务报表时，随着内部债权债务的抵销，也必将内部应收账款计提的坏账准备予以抵销。对其进行合并抵销处理后，合并财务报表中该内部应收账款已不存在，由内部应收账款账面价值与计税基础之间的差异所形成的暂时性差异也不存在。在编制合并财务报表时，对持有该集团内部应收账款的企业因该暂时性差异确认的递延所得税资产需要进行抵销处理。

【例题3-24】甲公司为A公司的母公司。甲公司本期个别资产负债表的应收账款中有1 700万元为应收A公司账款，该账款账面余额为1 800万元，甲公司当年对其计提坏账准备100万元。A公司本期个别资产负债表中列示应付甲公司账款1 800万元。甲公司和A公司适用的所得税税率均为25%。

甲公司在编制合并财务报表时，其合并抵销处理如下：

(1) 将内部应收账款与应付账款相互抵销。

借：应付账款　　　　　　　　　　　　　　　　　18 000 000
　　贷：应收账款　　　　　　　　　　　　　　　　　　18 000 000

(2)将内部应收账款计提的坏账准备予以抵销。

借:应收账款——坏账准备　　　　　　　　　　　　　　1 000 000
　　贷:信用减值损失　　　　　　　　　　　　　　　　　　　　　1 000 000

(3)甲公司在其个别财务报表中确认递延所得税资产时,一方面借记"递延所得税资产"科目25万元,另一方面贷记"所得税费用"科目25万元。在编制合并财务报表时,随着内部应收账款及其计提的坏账准备的抵销,在合并财务报表中该应收账款已不存在,由甲公司在其个别报表中因应收A公司账款账面价值与其计税基础之间的差异而形成的暂时性差异也不存在,对该暂时性差异确认的递延所得税资产则需要予以抵销。所以其抵销分录如下:

借:所得税费用　　　　　　　　　　　　　　　　　　　　　250 000
　　贷:递延所得税资产　　　　　　　　　　　　　　　　　　　　250 000

五、应付债券与债权投资的合并处理

企业集团内部母公司与子公司、子公司相互之间可能发生相互提供信贷以及相互之间持有对方债券的内部交易。在持有母公司或子公司发行的企业债券(或公司债券)的情况下,发行债券的企业将支付的利息费用作为财务费用处理,并在其个别利润表"财务费用"项目中列示;而持有债券的企业将购买的债券在其个别资产负债表"债权投资"(为简化合并处理,假定购买债券的企业将该债券投资分类为摊余成本计量的金融资产)项目中列示,当期获得的利息收入则作为投资收益处理,并在其个别利润表"投资收益"项目中列示。在编制合并财务报表时,应当在抵销内部发行的应付债券和债权投资等内部债权债务的同时,将内部应付债券和债权投资相关的利息费用与利息收入相互抵销,即将内部债券投资收益与内部发行债券的财务费用(利息费用化)相互抵销。

在某些情况下,债券投资企业持有的企业集团内部成员企业的债券并不是从发行债券的企业直接购进的,而是在证券市场上从第三方手中购进的。在这种情况下,债权投资与应付债券抵销时,可能会出现差额,应分别进行处理。如果债权投资的余额大于应付债券的余额,其差额应作为投资损失记入合并利润表的"投资收益"项目;如果债权投资的余额小于应付债券的余额,其差额应作为利息收入记入合并利润表的"财务费用"项目。

第四节　子公司超额亏损情况下的合并处理

《企业会计准则第33号——合并财务报表》第三十七条规定,子公司少数股东分担的当期亏损超过了少数股东在该子公司期初所有者权益中所享有的份额的,其余额仍应当冲减少数股东权益。

【例题3-25】 20×5年年初,母公司股本为1 500万元,子公司股本为200万元,母公司拥有子公司80%的股权,对子公司的长期股权投资余额为160万元。本期子公司发生亏损220万元。20×6年母、子公司分别实现利润350万元、300万元。其他因素略。要求编制20×5年、20×6年合并工作底稿中调整抵销分录。

母公司编制调整抵销分录如下:

(1)20×5年,编制与股权投资有关的抵销分录:
借:股本　　　　　　　　　　　　　　　　　　2 000 000
　　少数股东权益　　　　　　　　　　　　　　　　40 000
　　贷:长期股权投资　　　　　　　　　　　　　1 600 000
　　　　少数股东损益　　　　　　　　　　　　　　440 000
(2)20×6年,编制与股权投资有关的抵销分录:
借:股本　　　　　　　　　　　　　　　　　　2 000 000
　　少数股东损益　　　　　　　　　　　　　　　600 000
　　贷:长期股权投资　　　　　　　　　　　　　1 600 000
　　　　少数股东权益　　　　　　　　　　　　　　560 000
　　　　期初未分配利润　　　　　　　　　　　　　440 000

1.个别报表中的权益法与合并报表中的权益法一致吗?
2.从企业集团外部购进形成的存货和从企业集团内部购进形成的存货,期末存货跌价准备的处理一样吗?
3.什么是内部固定资产交易?根据销售企业销售的是产品还是固定资产,可以将企业集团内部固定资产交易划分为哪几种类型?
4.在发生内部固定资产交易当期编制合并财务报表时,内部固定资产交易且当期计提折旧的如何处理?
5.内部交易固定资产取得后至处置前期间的合并处理具体抵销程序是什么?
6.内部交易固定资产清理期间的合并如何处理?

练习一

一、目的:练习与控股合并有关的账务处理,熟悉与股权投资有关的抵销处理以及与固定资产、存货等内部交易业务有关的抵销分录编制。

二、资料:

甲公司与长期股权投资、合并财务报表有关的资料如下:

1.2019年度资料:

(1)1月1日,甲公司与非关联方丁公司进行债务重组,丁公司以其持有的公允价值为15 000万元的乙公司70%的有表决权股份,抵偿前欠甲公司货款16 000万元,甲公司对上述应收账款已计提坏账准备800万元。乙公司股东变更登记手续及董事会改选工作已于当日完成。交易前,甲公司与乙公司不存在关联方关系且不持有乙公司任何股份;交易后,甲公司能够对乙公司实施控制并将持有的乙公司股份作为长期股权投资核算。当日,乙公司可辨认净资产公允价值和账面价值均为20 000万元,其中股本为10 000万元,资本公积为5 000万元,盈余公积为2 000万元,未分配利润为3 000万元。

(2)12月1日,甲公司向乙公司销售A产品一件,销售价格为3 000万元,销售成本为2 400万元;乙公司当日收到后作为管理用固定资产并于当月投入使用,该固定资产预计使用年限为5年,预计净残值为零,采用年限平均法计提折旧。12月31日,甲公司尚未收到上述款项,对其计提坏账准备90万元,乙公司未对该固定资产计提减值准备。

(3)2019年度,乙公司实现的净利润为零,未进行利润分配,所有者权益无变化。

2. 2020年度资料:

(1)1月1日,甲公司以银行存款280 000万元取得丙公司100%的有表决权股份,并作为长期股权投资核算。交易前,甲公司与丙公司不存在关联方关系且不持有丙公司任何股份;交易后,甲公司能够对丙公司实施控制。当日,丙公司可辨认净资产的公允价值和账面价值均为280 000万元,其中股本为150 000万元,资本公积为60 000万元,盈余公积为30 000万元,未分配利润为40 000万元。

(2)3月1日,甲公司以每套130万元的价格购入丙公司B产品10套,作为存货,货款于当日以银行存款支付。丙公司生产B产品的单位成本为100万元/套,至12月31日,甲公司以每套售价150万元对外销售8套,另外2套存货不存在减值迹象。

(3)5月9日,甲公司收到丙公司分配的现金股利500万元。

(4)12月31日,甲公司以15 320万元将其持有的乙公司股份全部转让给戊公司,款项已收存银行,乙公司股东变更登记手续及董事会改选工作已于当日完成。当日,甲公司仍未收到乙公司前欠的3 000万元货款,对其补提了510万元的坏账准备,坏账准备余额为600万元。

(5)2020年度,乙公司实现的净利润为300万元,除净损益和股东变更外,没有影响所有者权益的其他交易或事项;丙公司实现的净利润为960万元,除净损益外,没有影响所有者权益的其他交易或事项。

3. 其他相关资料:

(1)甲、乙、丙公司均以公历年度作为会计年度,采用相同的会计政策。

(2)假定不考虑增值税、所得税及其他因素。

三、要求:

(1)根据资料1,编制甲公司取得乙公司股份的会计分录。

(2)根据资料1,计算甲公司在2019年1月1日编制合并财务报表时应确认的商誉。

(3)根据资料1,逐笔编制与甲公司编制2019年度合并财务报表相关的抵销分录(不要求编制与合并现金流量表相关的抵销分录)。

(4)根据资料2,计算甲公司出售乙公司股份的净损益,并编制相关会计分录。

(5)根据资料2,分别说明在甲公司编制的2020年度合并财务报表中应如何列示乙公司的资产、负债、所有者权益、收入、费用、利润和现金流量。

(6)根据资料2,逐笔编制与甲公司编制2020年度合并财务报表相关的调整抵销分录(不要求编制与合并现金流量表相关的抵销分录)。

练习二

一、目的:练习合并范围的确定、内部交易抵销金额的计算。

二、资料:

蓝天公司与其投资的单位甲、乙、丙、丁、戊公司均为增值税一般纳税人,适用的增值税税率

均为13%,有关资料如下:

1. 蓝天公司与各被投资单位的关系:

(1)蓝天公司拥有甲公司70%的有表决权股份,对甲公司的财务和经营政策拥有控制权,该项股权于20×0年1月取得时准备长期持有,至20×1年12月31日该持有意图尚未改变。甲公司股票在活跃市场中存在报价,公允价值能够可靠计量。

(2)蓝天公司拥有乙公司5%的有表决权股份,对乙公司不具有控制、共同控制权或重大影响。乙公司股票在活跃市场中存在报价,公允价值能够可靠计量。

(3)蓝天公司拥有丙公司100%的有表决权股份,对丙公司的财务和经营政策拥有控制权,该项股权于20×0年5月取得时准备长期持有,至20×1年12月31日该持有意图尚未改变。丙公司股票在活跃市场中不存在报价,公允价值不能可靠计量。

(4)蓝天公司拥有丁公司20%的有表决权股份,对丁公司的财务和经营政策有重大影响,该项股权于20×0年4月取得时准备长期持有,至20×1年12月31日该持有意图尚未改变。丁公司股票在活跃市场中存在报价,公允价值能够可靠计量。

(5)蓝天公司拥有戊公司90%的有表决权股份,该项股权系20×0年6月取得,并准备长期持有。戊公司已于20×1年10月20日被人民法院直接宣告破产清算,至20×1年12月31日尚未清算完毕。戊公司股票在活跃市场中不存在报价,公允价值不能可靠计量。

2. 蓝天公司与各被投资单位20×1年发生的相关业务:

(1)20×1年9月1日,蓝天公司自甲公司购入A商品一批作为存货核算,增值税专用发票上注明价款为500万元,增值税税额为65万元,至20×1年12月31日,蓝天公司尚未支付上述款项,A商品尚未对外销售,未出现减值迹象。

甲公司生产该批产品的实际成本为400万元(未计提存货跌价准备)。20×1年12月31日,甲公司对该笔应收款项计提了8万元的坏账准备。

(2)20×1年8月30日,蓝天公司向乙公司销售其生产的设备一台,增值税专用发票上注明价款为3 000万元,增值税税额为390万元,款项已存银行,该设备的实际成本为2 700万元,未计提存货跌价准备。

乙公司将该设备确认为管理用固定资产,采用年限平均法计提折旧,折旧年限为10年,预计净残值为零。

(3)20×1年12月31日,蓝天公司以银行存款1 800万元购入丙公司一栋房屋作为固定资产核算,该房屋在丙公司的账面原价为2 000万元,累计折旧为540万元,未计提固定资产减值准备。

(4)20×1年12月31日,蓝天公司按面值向丁公司定向发行公司债券1 000万元(假定未发生交易费用),款项已存银行。该债券期限为5年,票面年利率与实际利率均为4%,自次年起每年12月31日付息。

丁公司将购入的上述债券划分为债权投资。

3. 其他相关资料:

(1)上述各公司均以公历年度作为会计年度,采用相同的会计政策。

(2)蓝天公司取得各被投资单位股权投资时,各被投资单位各项可辨认资产、负债的公允价值与其账面价值均相同。

(3)各公司的个别财务报表编制正确,蓝天公司已在工作底稿中汇总得出本公司和各子公司财务报表项目的合计金额。

(4)假定不考虑所得税及其他相关因素。

三、要求：

(1)逐一确定蓝天公司对各被投资单位的股权投资进行初始确认时的分类以及后续计量采用的方法，并判断说明应否将各被投资单位纳入蓝天公司20×1年度合并财务报表的合并范围。请将答案填列在表3-1中。

表3-1　要求(1)答案填列

被投资单位	初始确认类型	后续计量方法	是否纳入合并范围	理　　由
甲				
乙				
丙				
丁				
戊				

(2)分析计算相关业务对蓝天公司20×1年度合并工作底稿中有关项目合计金额的抵销额，请将答案填列在表3-2中。

表3-2　要求(2)答案填列

项　　目	计算过程	抵销金额

练习三

一、目的：练习与股权投资有关的抵销处理，熟悉固定资产、存货等内部交易业务的抵销分录编制。

二、资料：

京雁公司和甲公司均为增值税一般纳税人，适用的增值税税率为13%；年末均按实现净利润的10%提取法定盈余公积。假定产品销售价格均为不含增值税的公允价格。2020年度发生的有关交易或事项如下：

(1)1月1日，京雁公司以3 200万元取得甲公司有表决权股份的60%作为长期股权投资。当日，甲公司可辨认净资产的账面价值和公允价值均为5 000万元；所有者权益为5 000万元，其中股本为2 000万元，资本公积为1 900万元，盈余公积为600万元，未分配利润为500万元。在此之前，京雁公司和甲公司之间不存在关联方关系。

(2)6月30日，京雁公司向甲公司销售A产品一件，销售价格为500万元，销售成本为300万元，款项已于当日收存银行。甲公司购买的A产品作为管理用固定资产，于当日投入使用，预计可使用年限为5年，预计净残值为零，采用年限平均法计提折旧。

(3)7月1日，京雁公司向甲公司销售B产品200件，单位销售价格为10万元，单位销售成本为9万元,款项尚未收取。

甲公司将购入的B产品作为存货入库;至2020年12月31日,甲公司已对外销售B产品40件,单位销售价格为10.3万元;2020年12月31日,对尚未销售的B产品每件计提存货跌价准备1.2万元。

(4)12月31日,京雁公司尚未收到向甲公司销售200件B产品的款项;当日,对该笔应收账款计提了20万元的坏账准备。

(5)4月12日,甲公司对外宣告发放上年度现金股利300万元;4月20日,京雁公司收到甲公司发放的现金股利180万元。甲公司2020年度利润表列报的净利润为400万元。

三、要求:

(1)编制京雁公司2020年12月31日合并甲公司财务报表时按照权益法调整相关长期股权投资的调整分录。

(2)编制京雁公司2020年12月31日合并甲公司财务报表的各项相关抵销分录(不要求编制与合并现金流量表相关的抵销分录;不要求编制与抵销内部交易相关的递延所得税抵销分录;答案中的金额单位用万元表示)。

第四章
复杂控股关系下的合并财务报表

GAOJI CAIWU KUAIJI

第四章 复杂控股关系下的合并财务报表

【导读】

本章主要阐述了间接持股、相互持股和反向收购等几种情况下的企业合并财务报表的编制方法。在间接持股情况下,一般采用从下向上的顺序编制合并财务报表,编制方法与非同一控制下企业合并的编制方法类似;在相互持股的情况下,如果是母子公司之间或两个子公司之间的相互持股,则既可以采用库存股法也可以采用交互分配法进行合并报表的编制,如果是子孙公司之间的相互持股,则只能采用交互分配法,编制顺序也是自下而上。在我国对于母子公司之间相互持股情况要求采用库存股法编制合并报表。

【学习重点】

间接持股、母子公司之间的相互持股和反向收购等情况下的合并报表编制方法。

【学习难点】

库存股法、交互分配法、合并中有关所得税问题。

第一节 复杂控股关系概述

一、复杂控股关系的主要情况

复杂控股关系主要包括企业集团内部的间接持股、相互持股这种资本结构关系,这是相对于直接持股而言的;在本书中另外还包括反向收购。

1. 间接持股

间接持股是指投资者通过子公司间接对另一个被投资者形成控制股权投资。间接持股又可分为父子孙间接持股(公司关系见图 4-1)和关联附属间接持股(公司关系见图 4-2)。父子孙间接持股情况下,母公司首先控制了子公司,而子公司又控制了孙公司,从而母公司也就控制了孙公司。在关联附属间接持股情况下,虽然母公司对另一家公司持股没有达到半数以上,但其子公司对这家公司持股,使得母公司对这家公司的持股达到半数以上并能够控制这家公司的财务和生产经营决策。

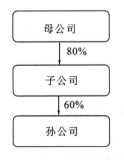

图 4-1 父子孙公司关系

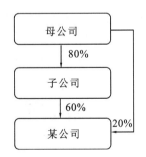

图 4-2 关联附属公司关系

2. 相互持股

相互持股也叫交叉持股。在这种情况下,企业集团成员企业之间可能相互持有股份。相互持股又可分为三种形式,即母子公司之间相互持股、子公司之间相互持股及子孙公司之间相互持股。相互持股形式如图 4-3、图 4-4、图 4-5 所示。

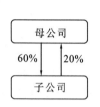 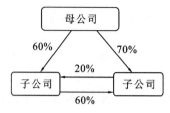 

图 4-3　母子公司相互持股　　图 4-4　子公司间相互持股　　图 4-5　子孙公司间相互持股

3. 反向收购

非同一控制下的企业,以发行权益性证券交换股权的方式进行合并,通常发行权益性证券的一方为购买方。但某些企业合并中,发行权益性证券一方因其生产经营决策在合并后被参与合并的另一方所控制的,发行权益性证券一方虽然为法律上的母公司,但其为会计上的被购买方,该类企业合并通常称为"反向购买"。反向购买也称反向收购。实践中的买(借)壳上市也是反向收购,其是指非上市公司股东通过收购一家上市公司(壳公司)的股份控制该上市公司,再由该上市公司反向收购非上市公司的资产和业务,使非上市公司成为上市公司的子公司,原非上市公司的股东获得上市公司的控制权。例如,M公司为一家规模较小的上市公司,发行在外股份5 000股,每股面值1元,假定均为其控股股东甲持有。N公司为一家规模较大的非上市股份有限公司,总股本为10 000股,每股面值为1元,假定均为乙持有。M公司向N公司定向增发普通股,以2∶1的换股比例取得了N公司的全部股份。定向增发后M公司的股份数为25 000股,则N公司原有股东在合并后主体中占有股本比例为80%(20 000元÷25 000元),这样N公司反而实际控制了M公司,这就是N公司反向购买了M公司,从而成功买壳上市。

二、权益法的分类

在权益法下,投资方的长期股权投资账户余额按其享有被投资方的股权比例而随其权益的变化而变化。权益法又有完全权益法和不完全权益法之分。

在完全权益法下,投资方确认的投资收益包括摊销购买价差、抵销公司间未实现损益、评估增值的摊销、商誉减值、被投资方发放的现金股利等。但在不完全权益法下,投资方确认的投资收益则不包括这些内容。只在编制合并报表时才将不完全权益法转换为完全权益法。

本章有关长期股权投资的调整采用不完全权益法。

第二节　间接持股

在间接持股情况下,合并报表的编制面临的主要问题是如何按权益法的要求确定母公司与各子公司的利润和股东权益。间接持股情况下合并报表本身的编制程序和直接控股情况下的编制程序基本相同。

一、父子孙结构关系

在父子孙关系下,合并报表的编制思路是:

第四章
复杂控股关系下的合并财务报表

首先,调整相关账户,如资产评估增值、调整长期股权投资。

其次,确定当年子公司投资孙公司所获得的利润以及在孙公司中拥有的权益份额的变动。

然后,在子公司调整后确定当年母公司投资子公司的利润和权益份额的变动。

最后,在此基础上编制合并报表。

【例题 4-1】 假设在 20×2 年 1 月 1 日,甲公司购买了乙公司 80% 的股份,从而控制了乙公司;同时乙公司又取得了丙公司 60% 的股份并控制了该公司。三家公司相关数据资料见表 4-1、表 4-2、表 4-3。假设三家公司都按 10% 提取盈余公积,所得税税率为 25%;评估增值均为固定资产评估增值,按 10 年直线法计提折旧。

表 4-1　三家公司相关资料
(20×2 年 1 月 1 日)　　　　　　　　　　　　　　　单位:万元

项　目	甲公司	乙公司 账面价值	乙公司 公允价值	丙公司 账面价值	丙公司 公允价值
其他资产	500	245	255	210	218
对乙公司的投资(80%)	280	—	—	—	—
对丙公司的投资(60%)	—	120	120	—	—
资产合计	780	365	375	210	218
负债	100	50	50	40	40
股本	400	200		100	
资本公积	130	55		20	
盈余公积	60	15		7	
未分配利润	90	45		43	
负债和所有者权益合计	780	365	375	210	218

表 4-2　20×2 年度甲、乙、丙公司除投资收益外的净利润及股利分配
单位:万元

项　目	甲公司	乙公司	丙公司
净利润	100	50	40
发放股利	60	30	20

根据上述资料,20×2 年 12 月 31 日甲公司编制合并报表调整抵销分录如下:
(1)将乙和丙视为一个合并主体:
①调整固定资产账面价值。
借:固定资产　　　　　　　　　　　　　　　　　　72 000
　　管理费用　　　　　　　　　　　　　　　　　　 8 000
　　所得税费用　　　　　　　　　　　　　　　　　18 000

贷:资本公积　　　　　　　　　　　　　　　　　　　　　　　80 000
　　　　递延所得税负债　　　　　　　　　　　　　　　　　　　18 000
②将乙公司的长期股权投资由成本法调整为权益法。
长期股权投资调整金额=[40−(218−210)÷10−20−1.8]万元×60%=10.44 万元。
　　借:长期股权投资——乙对丙　　　　　　　　　　　　　104 400
　　　　贷:投资收益——乙对丙　　　　　　　　　　　　　　104 400
③将乙公司的长期股权投资和丙公司的所有者权益抵销。
商誉=120 万元−178 万元×60%=13.2 万元。
提取盈余公积=40 万元×10%=4 万元。
丙公司期末未分配利润=(43+40−20−4−2.6)万元=56.4 万元。
长期股权投资=(120+10.44)万元=130.44 万元。
少数股东权益=(178+40−20−0.8−1.8)万元×40%=78.16 万元。
　　借:股本——丙　　　　　　　　　　　　　　　　　　1 000 000
　　　　资本公积——丙　　　　　　　　　　　　　　　　　280 000
　　　　盈余公积——丙　　　　　　　　　　　　　　　　　110 000
　　　　未分配利润——期末——丙　　　　　　　　　　　　564 000
　　　　商誉　　　　　　　　　　　　　　　　　　　　　　132 000
　　　　贷:长期股权投资——乙对丙　　　　　　　　　　1 304 400
　　　　　　少数股东权益——丙　　　　　　　　　　　　　781 600
④抵销乙公司和丙公司投资收益和利润分配项目。
乙公司投资收益=(40−0.8−1.8)万元×60%=22.44 万元。
少数股东损益=(40−0.8−1.8)万元×40%=14.96 万元。
　　借:投资收益——乙对丙　　　　　　　　　　　　　　　224 400
　　　　少数股东损益——丙　　　　　　　　　　　　　　　149 600
　　　　期初未分配利润——丙　　　　　　　　　　　　　　430 000
　　　　贷:利润分配——提取盈余公积——丙　　　　　　　　40 000
　　　　　　利润分配——应付股利　　　　　　　　　　　　200 000
　　　　　　利润分配——期末未分配利润——丙　　　　　　564 000
(2)将甲和乙视为一个合并主体:
⑤调整固定资产账面价值。
　　借:固定资产　　　　　　　　　　　　　　　　　　　　 90 000
　　　　管理费用　　　　　　　　　　　　　　　　　　　　 10 000
　　　　所得税费用　　　　　　　　　　　　　　　　　　　 22 500
　　　　贷:资本公积　　　　　　　　　　　　　　　　　　100 000
　　　　　　递延所得税负债　　　　　　　　　　　　　　　 22 500
⑥将甲公司的长期股权投资由成本法调整为权益法。
长期股权投资调整金额=(50−1−30−2.25+22.44×75%)万元×80%=26.864 万元。
　　借:长期股权投资——甲对乙　　　　　　　　　　　　　268 640
　　　　贷:投资收益——甲对乙　　　　　　　　　　　　　　268 640

⑦将甲公司的长期股权投资和乙公司的所有者权益抵销。

商誉=280万元-325万元×80%=20万元。

提取盈余公积=(50+22.44×75%)万元×10%=6.683万元。

乙公司期末未分配利润=(45+50-30-6.683-3.25+22.44×75%)万元=71.897万元。

长期股权投资=280万元+26.864万元=306.864万元。

少数股东权益=(325+50-30+22.44×75%-1-2.25)万元×20%=71.716万元。

借:股本——乙	2 000 000
资本公积——乙	650 000
盈余公积——乙	216 830
未分配利润——期末——乙	718 970
商誉	200 000
贷:长期股权投资——甲对乙	3 068 640
少数股东权益——乙	717 160

⑧抵销甲公司和乙公司投资收益和利润分配项目。

甲公司投资收益=(50+22.44×75%-1-2.25)万元×80%=50.864万元。

少数股东损益=(50+22.44×75%-1-2.25)万元×20%=12.716万元。

借:投资收益——甲对乙	508 640
少数股东损益——对乙	127 160
期初未分配利润——乙	450 000
贷:利润分配——提取盈余公积——乙	66 830
利润分配——应付股利	300 000
利润分配——期末未分配利润——乙	718 970

20×2年12月31日甲公司的合并工作底稿见表4-3。

表4-3 甲公司的合并工作底稿

单位:万元

项 目	甲公司	乙公司	丙公司	调整和抵销		合并主体
				借方	贷方	
利润表						
营业收入	200	120	100			420
营业成本	56.666 7	47.333 3	41.666 7			145.666 7
管理费用	10	6	5	① 0.8 ⑤ 1		22.8
投资收益——乙	24			⑧ 50.864	⑥ 26.864	0
投资收益——丙		12		④ 22.44	② 10.44	0

续表

项　　目	甲公司	乙公司	丙公司	调整和抵销 借方	调整和抵销 贷方	合并主体
所得税费用	39.333 3	19.666 7	13.333 3	① 1.8 ⑤ 2.25		76.383 3
净利润	118	59	40	79.154	37.304	175.15
少数股东利润——乙					⑧ 12.716	(12.716)
少数股东利润——丙					④ 14.96	(14.96)
归属于母公司的利润						147.474
年初未分配利润	90	45	43	④ 43 ⑧ 45		90
减:提取盈余公积	11.8	6.683	4		④ 4 ⑧ 6.683	11.8
分配现金股利	60	30	20		④ 20 ⑧ 30	60
年末未分配利润	136.2	67.317	59	③ 56.4 ⑦ 71.897 323.127	④ 56.4 ⑧ 71.897 226.284	165.674
资产负债表						
其他资产	526.2	264	212.202	① 7.2 ⑤ 9		1 018.602
长期股权投资——乙	280			⑥ 26.864	⑦306.864	0
长期股权投资——丙		120		② 10.44	③ 130.44	0
商誉				③ 13.2 ⑦ 20		33.2
资产合计	806.2	384	212.202	86.704	437.304	1 051.802
负债	70	40	22.202		① 1.8 ⑤ 2.25	136.252
股本	400	200	100	③ 100 ⑦ 200		400
资本公积	130	55	20	③ 28 ⑦ 65	① 8 ⑤ 10	130
盈余公积	70	21.683	11	③ 11 ⑦ 21.683		70

续表

项　　目	甲公司	乙公司	丙公司	调整和抵销		合并主体
				借方	贷方	
未分配利润	136.2	67.317	59	323.127	226.284	165.674
少数股东权益——乙					⑦ 71.716	71.716
少数股东权益——丙					③ 78.16	78.16
负债和所有者权益合计	806.2	384	212.202	748.81	398.21	1 051.802

二、关联附属结构关系

同在父子孙结构关系下相似，在关联附属结构关系下，合并报表的编制思路是：

首先，调整相关账户，如调整固定资产、调整长期股权投资。

其次，确定最底部子公司当年对母公司和上级子公司投资收益及所拥有权益份额的影响。

然后，确定上一级子公司当年对母公司投资收益和所拥有权益份额的影响。

最后，在此基础上编制合并报表。

【例题 4-2】假设 20×3 年 1 月 1 日甲公司取得乙公司 80% 的股份，同时乙公司又取得了丙公司 20% 的股份，20×4 年 1 月 1 日甲公司又购买了丙公司 45% 的股份，投资结构关系见图 4-6；三家公司的相关资料见表 4-4；20×4 年度三家公司除投资收益外的经营利润及其股利分配见表 4-5。假设三家公司都按 10% 提取盈余公积，所得税税率为 25%；评估增值均为固定资产评估增值，按 10 年直线法计提折旧。其他相关数据见表 4-6。

图 4-6　甲公司、乙公司、丙公司的关联附属结构关系

表 4-4　甲、乙、丙三家公司投资时相关资料

单位：万元

项　　目	甲公司（20×4年1月1日）	乙公司		丙公司			
		20×3年1月1日		20×3年1月1日		20×4年1月1日	
	账面价值	账面价值	公允价值	账面价值	公允价值	账面价值	公允价值
其他资产	1 000	300	310	300	300	320	340
股权投资——甲对乙（20×3年1月1日，80%）	260	—	—	—	—	—	—

续表

项 目	甲公司 (20×4年 1月1日)	乙公司		丙公司			
		20×3年1月1日		20×3年1月1日		20×4年1月1日	
	账面价值	账面价值	公允价值	账面价值	公允价值	账面价值	公允价值
股权投资——甲对丙 (20×4年1月1日,45%)	160	—	—	—	—	—	—
股权投资——乙对丙 (20×3年1月1日,20%)	—	70	70	—	—	—	—
资产合计	1 420	370	380	300	300	320	340
负债	260	85	85	50	50	50	50
股本	600	200		180		180	
资本公积	360	45		20		20	
盈余公积	100	15		30		34	
未分配利润	100	25		20		36	
负债和所有者权益合计	1 420	370	380	300	300	320	340

表4-5 甲、乙、丙有关投资收益、利润及利润分配

单位:万元

项 目	甲公司	乙公司	丙公司
期初未分配利润	30.435	25	20
20×3年净利润*	100	50	40
20×3年发放股利*	50	30	20
20×3年取得的投资收益	(50−1−2.25+8) ×80%=43.8	40×20%=8	—
20×3年提取盈余公积	−13.285	−5.6	−4
扣减评估增值影响		−3.25	
2013年未分配利润	100	42.15	36
20×4年净利润(不含投资收益)*	120	60	50
20×4年发放股利*	60	35	30
20×4年取得的投资收益	①(60−1+0.25+8.7) ×80%=54.36 ②(50−2−4.5)×45% =19.575	(50−2−4.5)× 20%=8.7	—

续表

项　　目	甲公司	乙公司	丙公司
20×4年提取盈余公积	−17.545 1	−6.652 5	−5
扣减评估增值影响		−0.75	−6.5
2014年未分配利润	197.906 2	66.272 5	44.5

注：* 表示本行数据是给定的。

20×4年12月31日甲公司编制合并报表调整抵销分录如下：
(1)将甲、乙和丙作为合并整体：
①调整固定资产账面价值。

借：固定资产　　　　　　　　　　　　　　　　　180 000
　　管理费用　　　　　　　　　　　　　　　　　　20 000
　　所得税费用　　　　　　　　　　　　　　　　　45 000
　　贷：资本公积　　　　　　　　　　　　　　　　　　　　200 000
　　　　递延所得税负债　　　　　　　　　　　　　　　　　45 000

②将甲公司和乙公司的长期股权投资由成本法调整为权益法。

甲对丙长期股权投资调整金额＝[50−30−(340−320)÷10−4.5]万元×45％＝6.075万元。

乙对丙长期股权投资调整金额＝[50−30−(340−320)÷10−4.5]万元×20％＝2.7万元。

借：长期股权投资——甲对丙　　　　　　　　　　60 750
　　长期股权投资——乙对丙　　　　　　　　　　27 000
　　贷：投资收益——甲对丙　　　　　　　　　　　　　　60 750
　　　　投资收益——乙对丙　　　　　　　　　　　　　　27 000

③将甲公司和乙公司的长期股权投资与丙公司的所有者权益抵销。

商誉＝160万元＋70万元＋(40−20)万元×20％−290万元×65％＝45.5万元。

丙公司提取盈余公积＝50万元×10％＝5万元。

丙公司期末未分配利润＝(36＋50−30−5−2−4.5)万元＝44.5万元。

长期股权投资(甲对丙)余额＝(160＋6.075)万元＝166.075万元。

长期股权投资(乙对丙)余额＝[70＋(40−20)×20％＋2.7]万元＝76.7万元。

少数股东权益＝(290＋50−30−2−4.5)万元×35％＝106.225万元。

借：股本——丙　　　　　　　　　　　　　　　1 800 000
　　资本公积——丙　　　　　　　　　　　　　　400 000
　　盈余公积——丙　　　　　　　　　　　　　　390 000
　　期末未分配利润——丙　　　　　　　　　　　445 000
　　商誉　　　　　　　　　　　　　　　　　　　455 000
　　贷：长期股权投资——甲对丙　　　　　　　　　　　1 660 750
　　　　长期股权投资——乙对丙　　　　　　　　　　　　767 000
　　　　少数股东权益——丙　　　　　　　　　　　　　1 062 250

④抵销甲公司、乙公司与丙公司的投资收益和利润分配项目。

甲公司投资收益=(50-2-4.5)万元×45%=19.575万元。

乙公司投资收益=(50-2-4.5)万元×20%=8.7万元。

少数股东损益=(50-2-4.5)万元×35%=15.225万元。

借:投资收益——甲对丙 195 750
　　投资收益——乙对丙 87 000
　　少数股东损益——丙 152 250
　　期初未分配利润——丙 360 000
　贷:利润分配——提取盈余公积——丙 50 000
　　　利润分配——应付股利 300 000
　　　利润分配——期末未分配利润——丙 445 000

(2)将甲和乙视为一个合并整体:

⑤调整固定资产账面价值。

借:固定资产 80 000
　　期初未分配利润 32 500
　　管理费用 10 000
　贷:资本公积 100 000
　　　递延所得税负债 20 000
　　　所得税费用 2 500

⑥将甲公司的长期股权投资由成本法调整为权益法。

长期股权投资调整金额=[(50-30-1-2.25+8×75%)+(60-35-1+0.25+8.7×75%)]万元×80%=42.82万元。

借:长期股权投资——甲对乙 428 200
　贷:投资收益——甲对乙 246 200
　　　年初未分配利润——甲 182 000

⑦将甲公司的长期股权投资和乙公司的所有者权益抵销。

商誉=260万元-295万元×80%=24万元。

提取盈余公积=(50+8×75%+60+8.7×75%)万元×10%=12.252 5万元。

乙公司期末未分配利润=25万元+(50-30+8×75%-5.6-1-2.25)万元+(60-35+8.7×75%-6.652 5-1+0.25)万元=66.272 5万元。

长期股权投资=260万元+42.82万元=302.82万元。

少数股东权益=[(380-85)+(50-30+8×75%-1-2.25)+(60-35+8.7×75%-1+0.25)]万元×20%=69.705万元。

借:股本——乙 2 000 000
　　资本公积——乙 550 000
　　盈余公积——乙 272 525
　　期末未分配利润——乙 662 725
　　商誉 240 000
　贷:长期股权投资——甲对乙 3 028 200

少数股东权益——乙　　　　　　　　　　　　　　　　　　　　697 050

⑧抵销甲公司和乙公司有关投资收益和利润分配项目。

甲从乙获得的投资收益=(60-1+0.25+8.7×75%)万元×80%=52.62万元。

乙公司少数股东损益=(60-1+0.25+8.7×75%)万元×20%=13.155万元。

借:投资收益——甲对乙　　　　　　　　　　　526 200
　　少数股东损益——乙　　　　　　　　　　　131 550
　　期初未分配利润——乙　　　　　　　　　　421 500
　贷:利润分配——提取盈余公积——乙　　　　　　　　　　66 525
　　　利润分配——应付股利　　　　　　　　　　　　　　350 000
　　　利润分配——期末未分配利润——乙　　　　　　　　662 725

20×4年12月31日甲公司的合并工作底稿见表4-6。

表4-6　甲公司的合并工作底稿

（截至20×4年12月31日）　　　　　　　　　　　　　　　　　　　　单位:万元

项目	甲公司	乙公司	丙公司	调整和抵销 借方	调整和抵销 贷方	合并主体
利润表						
营业收入	246	130	106.666 7			482.666 7
营业成本	60	38	30			128
管理费用	26	12	10	① 2 ⑤ 1		51
投资收益——甲对乙	28			⑧ 52.62	⑥ 24.62	0
投资收益——甲对丙	13.5			④ 19.575	② 6.075	0
投资收益——乙对丙		6		④ 8.7	② 2.7	0
所得税费用	50.375	21.5	16.666 7	① 4.5	⑤ 0.25	92.791 7
净利润	151.125	64.5	50	88.395	33.645	210.875
少数股东利润——乙				⑧ 13.155		-13.155
少数股东利润——丙				④ 15.225		-15.225
归属于母公司的利润						182.495
年初未分配利润	100	42.15	36	④ 36 ⑤ 3.25 ⑧ 42.15	⑥ 18.2	114.95
减:提取盈余公积	17.545 1	6.652 5	5	④ 5 ⑧ 6.652 5		17.545 1
分配现金股利	60	35	30		④ 30 ⑧ 35	60

续表

项　　目	甲公司	乙公司	丙公司	调整和抵销 借方	调整和抵销 贷方	合并主体
年末未分配利润	173.579 9	64.997 5	51	⑦ 66.272 5 ③ 44.5 198.175	④ 44.5 ⑧ 66.272 5 128.497 5	219.899 9
资产负债表						
其他资产	1 091.125	348.25	340	① 18 ⑤ 8		1 805.375
长期股权投资——甲对乙	260			⑥ 42.82	⑦ 302.82	0
长期股权投资——甲对丙	160			② 6.075	③ 166.075	0
长期股权投资——乙对丙		74**		② 2.7	③ 76.7	0
商誉				③ 45.5 ⑦ 24		69.5
资产合计	1 511.125	422.25	340	147.095	545.595	1 874.875
负债	260	85	50		① 4.5 ⑤ 2	401.5
股本	600	200	180	③ 180 ⑦ 200		600
资本公积	360	45	20	③ 40 ⑦ 55	① 20 ⑤ 10	360
盈余公积	117.545 1	27.252 5	39	③ 39 ⑦ 27.252 5		117.545 1
未分配利润	173.579 9	64.997 5	51	198.175	128.497 5	219.899 9
少数股东权益——乙					⑦ 69.705	69.705
少数股东权益——丙					③ 106.225	106.225
负债和所有者权益合计	1 511.125	422.25	340	739.427 5	340.927 5	1 874.875

注：**76.7 万元－2.7 万元＝74 万元。

第三节　相　互　持　股

相互持股有三种形式，即母子公司之间相互持股、子公司之间相互持股和子孙公司之间相互持股。相互持股时，理论上编制合并报表的方法有两种，即库存股法和交互分配法。对于母子公司之间相互持股、子公司之间相互持股情形既可以采用库存股法，也可以采用交互分配法编制合并报表；对于子孙公司之间相互持股情况，则只能采用交互分配法进行合并报表的编制。

第四章 复杂控股关系下的合并财务报表

在我国,企业会计准则规定,对于母子公司之间相互持股情形,采用库存股法进行合并报表编制;对于子公司之间相互持股情形,应当比照母公司对子公司股权投资的抵销方法,将长期股权投资与其对应的子公司所有者权益中所享有的份额相互抵销。

一、库存股法

库存股法是指将子公司持有的母公司股份视为企业集团的库存股,因此,子公司账上的长期股权投资账户按成本加以保留,在编制合并资产负债表时再将其从所有者权益中抵销。美国会计学会(AAA)和美国注册会计师协会(AICPA)支持企业采用库存股法处理集团内部相互持股情形。我国《企业会计准则第33号——合并财务报表》第三十条规定,子公司持有母公司的长期股权投资,应当视为企业集团库存股,作为所有者权益的减项,在合并资产负债表中所有者权益项目下以"减:库存股"项目列示。

在库存股法下,子公司的投资收益以母公司实际分配为限,并以子公司自身的经营利润加上母公司分配给子公司的利润作为基础,按权益法确认母公司对子公司的投资收益。对于子公司持有母公司股权所确认的投资收益(如利润分配或现金股利),应当进行抵销处理。若子公司将所持有的母公司股权分类为以公允价值计量且其变动计入其他综合收益的金融资产,按公允价值计量,同时冲销子公司累计确认的公允价值变动。

【例题4-3】 假设20×3年1月1日甲公司以银行存款405万元取得乙公司90%的股份,此时乙公司股本为300万元,资本公积为100万元,盈余公积为5万元,未分配利润为45万元。20×3年1月5日乙公司又以银行存款100万元取得了甲公司10%的股份,此时甲公司股本为600万元,资本公积为200万元,盈余公积为20万元,未分配利润为180万元。两公司投资结构关系见图4-7;其他相关资料见表4-7、表4-8。假定不存在购买溢价,且投资时甲、乙的资产和负债的账面价值与公允价值相等。不考虑所得税问题。假定乙公司将对甲公司的投资分类为其他权益性投资,不考虑其公允价值变动;无内部交易。

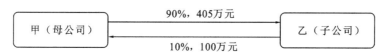

图4-7 甲、乙公司相互持股投资结构关系

表4-7 甲、乙投资时相关资料

单位:万元

项 目	甲公司 (20×3年1月1日)	乙公司 (20×3年1月5日)
其他资产	695	400
股权投资——甲对乙	405	
股权投资——乙对甲		100
资产合计	1 100	500
负债	100	50
股本	600	300

续表

项目	甲公司 (20×3年1月1日)	乙公司 (20×3年1月5日)
资本公积	200	100
盈余公积	20	5
未分配利润	180	45
负债和所有者权益合计	1 100	500

表4-8 甲、乙公司其他相关资料

(20×3年12月31日)　　　　　　　　　　　　　　　　单位:万元

项目	甲公司	乙公司
营业收入	17	12
营业成本	9	7
期间费用	2	1
净利润(除投资收益外)	6	4
发放现金股利	3	2

1)个别财务报表中对相关业务的确认

(1)甲公司个别财务报表中对相关业务的确认。

①20×3年1月1日甲公司以银行存款405万元取得乙公司90%的股权。

借:长期股权投资——甲对乙　　　　　　　　　　　　　　4 050 000

　　贷:银行存款　　　　　　　　　　　　　　　　　　　　　　　4 050 000

②20×3年12月31日取得乙公司发放的现金股利。

借:银行存款　　　　　　　　　　　　　　　　　　　　　　18 000

　　贷:投资收益　　　　　　　　　　　　　　　　　　　　　　　18 000

(2)乙公司个别财务报表中对相关业务的确认。

①20×3年1月5日乙公司以银行存款100万元取得甲公司10%的股权。

借:其他权益工具投资　　　　　　　　　　　　　　　　　1 000 000

　　贷:银行存款　　　　　　　　　　　　　　　　　　　　　　　1 000 000

②20×3年12月31日取得甲公司发放的现金股利。

借:银行存款　　　　　　　　　　　　　　　　　　　　　　3 000

　　贷:投资收益　　　　　　　　　　　　　　　　　　　　　　　3 000

2)编制合并报表时的相关调整与抵销分录

①将甲公司长期股权投资由成本法调整为权益法。

调整金额=(4+3×10%−2)万元×90%=2.07万元。

借:长期股权投资——甲对乙　　　　　　　　　　　　　　20 700

　　贷:投资收益——甲　　　　　　　　　　　　　　　　　　　　20 700

②按库存股原理将乙对甲的股权投资与享有甲相应份额的权益抵销。

借:库存股　　　　　　　　　　　　　　　　　　　　　　1 000 000

贷:交易性金融资产/其他权益工具投资　　　　　　　　　　　　1 000 000
③抵销甲分配给乙的现金股利及乙公司确认的投资收益。
借:投资收益——乙　　　　　　　　　　　　　　　　　　　3 000
　　贷:利润分配——应付现金股利——乙　　　　　　　　　　　3 000
④将甲的长期股权投资和乙的所有者权益相互抵销并确认少数股东权益。
长期股权投资(甲对乙)＝(405＋2.07)万元＝407.07万元。
少数股东权益＝(450＋4＋3×10％－2)万元×10％＝45.23万元。
期末盈余公积＝5万元＋(4＋3×10％)万元×10％＝5.43万元。
期末未分配利润＝(45＋4＋3×10％－2－0.43)万元＝46.87万元。
借:股本——乙　　　　　　　　　　　　　　　　　　　　3 000 000
　　资本公积——乙　　　　　　　　　　　　　　　　　　1 000 000
　　盈余公积——乙　　　　　　　　　　　　　　　　　　　54 300
　　期末未分配利润——乙　　　　　　　　　　　　　　　　468 700
　　贷:长期股权投资——甲对乙　　　　　　　　　　　　　4 070 700
　　　　少数股东权益　　　　　　　　　　　　　　　　　　452 300
⑤将投资收益和利润分配项目抵销。
甲取得的投资收益＝(4＋3×10％)万元×90％＝3.87万元。
少数股东损益＝(4＋3×10％)万元×10％＝0.43万元。
借:投资收益——甲　　　　　　　　　　　　　　　　　　　38 700
　　少数股东损益——乙　　　　　　　　　　　　　　　　　　4 300
　　期初未分配利润——乙　　　　　　　　　　　　　　　　450 000
　　贷:利润分配——分配现金股利——乙对甲　　　　　　　　20 000
　　　　利润分配——提取盈余公积　　　　　　　　　　　　　4 300
　　　　期末未分配利润　　　　　　　　　　　　　　　　　468 700

(相关合并工作底稿内容略。)

二、交互分配法

交互分配法又称传统法,其最主要的特点是采用数学的方法通过列方程求出相互持股公司在合并条件下的净利润。在相互持股的三种形式下企业集团编制合并报表时都可以采用这种方法。其中,在子孙公司之间相互持股时只适用交互分配法。在交互分配法下子公司或孙公司持有上级公司的股份视为对上级公司投资的推定赎回。

(一)母子公司之间相互持股情况

【例题 4-4】 已知条件同例题4-3。
要求:采用交互分配法进行合并报表编制。
1)计算20×3年12月31日甲、乙公司各自在合并条件下的净利润
设甲公司在合并条件下的净利润为X,乙公司在合并条件下的净利润为Y,列方程组(单位:万元)如下:

$$\begin{cases} X = 6 + Y \times 0.9 \\ Y = 4 + X \times 0.1 \end{cases}$$

解方程组得：

$$X = 10.549\,451\ 万元；Y = 5.054\,945\ 万元$$

由上述计算可得，甲公司投资收益为 3.494 506 万元（=10.549 451 万元×90%－6 万元），还可由如下方法计算得：5.054 945 万元×90%－10.549 451 万元×10%＝3.494 506 万元。

2) 个别财务报表中对相关业务进行确认

(1) 甲公司个别财务报表中对相关业务的确认。

20×3 年 1 月 1 日甲公司以银行存款 405 万元取得乙公司 90% 的股权：

借：长期股权投资——甲对乙　　　　　　　　　　　　4 050 000
　　贷：银行存款　　　　　　　　　　　　　　　　　　　　　4 050 000

20×3 年 12 月 31 日取得乙公司发放的现金股利：

借：银行存款　　　　　　　　　　　　　　　　　　　　18 000
　　贷：投资收益　　　　　　　　　　　　　　　　　　　　　18 000

(2) 乙公司个别财务报表中对相关业务的确认。

20×3 年 1 月 5 日乙公司以银行存款 100 万元取得甲公司 10% 的股权：

借：其他权益工具投资　　　　　　　　　　　　　　　1 000 000
　　贷：银行存款　　　　　　　　　　　　　　　　　　　　　1 000 000

20×3 年 12 月 31 日取得甲公司发放的现金股利：

借：银行存款　　　　　　　　　　　　　　　　　　　　3 000
　　贷：投资收益　　　　　　　　　　　　　　　　　　　　　3 000

3) 编制合并工作底稿调整分录

① 将甲公司的长期股权投资由成本法调整为权益法。

借：长期股权投资——甲对乙　　　　　　　　　　　　16 945.06
　　贷：投资收益——甲　　　　　　　　　　　　　　　　　　16 945.06

② 抵销母公司净资产中子公司占有份额与子公司对母公司的股权投资。这一做法是基于推定赎回假设，即把被子公司购入的母公司股份视同把母公司对子公司的投资赎回。抵销分录如下：

借：股本——甲　　　　　　　　　　　　　　　　　　600 000
　　资本公积——甲　　　　　　　　　　　　　　　　　200 000
　　盈余公积——甲　　　　　　　　　　　　　　　　　20 000
　　期末未分配利润——甲　　　　　　　　　　　　　　180 000
　　贷：其他权益工具投资　　　　　　　　　　　　　　　　　1 000 000

③ 抵销子公司从母公司获得的投资收益。

借：投资收益——乙　　　　　　　　　　　　　　　　3 000
　　贷：利润分配——应付股利（应付乙）　　　　　　　　　　3 000

④ 进行资产负债表项目的抵销。

长期股权投资（甲对乙）=（405＋3.494 506－1.8）万元＝406.694 506 万元。

少数股东权益=(450+5.054 945-2)万元×10%=45.305 494 万元。
期末盈余公积=5 万元+(4+3×10%)万元×10%=5.43 万元。
期末未分配利润=(45+4-2-0.43)万元=46.57 万元。

借:股本——乙　　　　　　　　　　　　　　　　　　3 000 000
　　资本公积——乙　　　　　　　　　　　　　　　　1 000 000
　　盈余公积——乙　　　　　　　　　　　　　　　　　 54 300
　　期末未分配利润——乙　　　　　　　　　　　　　　465 700
　贷:长期股权投资——甲对乙　　　　　　　　　　　4 066 945.06
　　 少数股东权益　　　　　　　　　　　　　　　　 453 054.94

⑤将投资收益和利润分配项目抵销。

借:投资收益　　　　　　　　　　　　　　　　　　　 34 945.06
　　少数股东损益　　　　　　　　　　　　　　　　　 5 054.94
　　年初未分配利润　　　　　　　　　　　　　　　　450 000.00
　贷:利润分配——提取盈余公积　　　　　　　　　　　 4 300
　　 利润分配——应付现金股利　　　　　　　　　　　 20 000
　　 期末未分配利润——乙　　　　　　　　　　　　　 465 700

有关甲公司合并工作底稿如表4-9所示。

表4-9　甲公司的合并工作底稿

(截至20×3年12月31日)　　　　　　　　　　　　　单位:万元

项　目	甲公司	乙公司	调整和抵销 借方	调整和抵销 贷方	合并主体
利润表					
营业收入	17	12			29
营业成本	9	7			16
管理费用	2	1			3
投资收益——甲	1.8		⑤ 3.494 506	① 1.694 506	0
投资收益——乙		0.3	③ 0.3		0
净利润	7.8	4.3	3.794 506	1.694 506	10
少数股东利润——乙			⑤ 0.505 494		0.505 494
归属于母公司的利润					9.494 506
年初未分配利润	180	45	⑤ 45		180
减:提取盈余公积	0.78	0.43		⑤ 0.43	0.78
分配现金股利	3	2		③ 0.3 ⑤ 2	2.7
年末未分配利润	184.02	46.87	④ 46.57 49.3	⑤ 46.57 4.424 506	186.014 506

续表

项　　目	甲公司	乙公司	调整和抵销 借方	调整和抵销 贷方	合并主体
资产负债表					
其他资产	705	408			1 113
其他权益工具投资		100		② 100	0
长期股权投资——甲对乙	405		① 1.694 506	④ 406.694 506	0
商誉					
资产合计	1 110	508	1.694 506	506.694 506	1 113
负债	105.2	55.7			160.9
股本	600	300	② 60 ④ 300		540
资本公积	200	100	② 20 ④ 100		180
盈余公积	20.78	5.43	② 2 ④ 5.43		18.78
未分配利润	184.02	46.87	② 8 ④ 46.57	⑤ 46.57	212.89
少数股东权益——乙				④ 45.305 494	45.305 494
负债和所有者权益合计	1 110	508	552	91.875 494	1 157.875 494

(二)子孙公司之间相互持股情况

子孙公司之间相互持股,但子公司并不持有母公司股份,在这种情况下只能采用交互分配法而不能采用库存股法。

【例题 4-5】 假设 20×4 年 1 月 1 日甲公司以银行存款 26 万元取得乙公司 80% 的股份;20×5 年 1 月 1 日乙公司以银行存款 11.2 万元取得了丙公司 70% 的股份;20×5 年 1 月 3 日丙公司又以银行存款 3.75 万元取得了乙公司 10% 的股份。三公司持股结构关系见图 4-8。其他相关资料见表 4-10、表 4-11、表 4-12。假定不存在购买溢价,且投资时甲、乙的资产和负债的账面价值与公允价值相等。不考虑所得税问题。假定乙公司将对甲公司的投资分类为其他权益性投资,不考虑其公允价值变动;无内部交易。

```
甲(母公司) ──80%, 26万元──▶ 乙(子公司) ──70%, 11.2万元──▶ 丙(孙公司)
                                          ◀──10%, 3.75万元──
```

图 4-8　甲、乙、丙公司持股结构关系

表 4-10　三家公司相关资料

（20×4 年 12 月 31 日）　　　　　　　　　　　　　　　　　　　　　　　　　单位：万元

项　　目	甲公司	乙公司	丙公司
其他资产	89	38.8	19.25
长期股权投资——甲对乙（80%）	26	—	—
长期股权投资——乙对丙（70%）	—	11.2	—
长期股权投资——丙对乙（10%）	—	—	3.75
资产合计	115	50	23
负债	20	12.5	7
股本	50	20	10
资本公积	20	7	3
盈余公积	15	3.7	1
未分配利润	10	6.8	2
负债和所有者权益合计	115	50	23

表 4-11　三家公司除投资收益外的净利润及股利分配情况

单位：万元

项　　目	甲公司	乙公司		丙公司
	20×5 年	20×5 年	20×4 年	20×5 年
净利润	11.2	8	7	5
发放股利	5	1.75	2	2

要求：采用交互分配法进行合并报表编制。

1）计算 20×5 年 12 月 31 日甲、乙公司各自在合并基础上的净利润

设甲公司在合并基础上的净利润为 X，乙公司在合并基础上的净利润为 Y，丙公司在合并基础上的净利润为 Z。列方程组（单位：万元）如下：

$$\begin{cases} X = 11.2 + Y \times 0.8 \\ Y = 8 + Z \times 0.7 \\ Z = 5 + Y \times 0.1 \end{cases}$$

解方程组得：

$$X = 21.092\,473 \text{ 万元}；Y = 12.365\,591 \text{ 万元}；Z = 6.236\,559 \text{ 万元}$$

由上述计算可得甲公司投资收益为 9.892 473 万元（=21.092 473 万元－11.2 万元），还可由如下算法得：12.365 591 万元×80%＝9.892 473 万元。乙公司投资收益为 3.129 032 万元（=12.365 591 万元×90%－8 万元），还可由如下方法计算得：6.236 559 万元×70%－12.365 591 万元×10%＝3.129 032 万元。

2）个别财务报表中对相关业务的确认

(1)甲公司个别财务报表中相关业务的确认。

20×4年1月1日以银行存款26万元取得乙公司80%的股权:

借:长期股权投资——甲对乙　　　　　　　　260 000
　　贷:银行存款　　　　　　　　　　　　　　　　　　260 000

20×4—20×5年共取得乙发放的现金股利(2+1.75)万元×80%=3万元:

借:银行存款　　　　　　　　　　　　　　　　30 000
　　贷:投资收益　　　　　　　　　　　　　　　　　　30 000

(2)乙公司个别财务报表中相关业务的确认。

20×5年1月1日以银行存款11.2万元取得丙公司70%的股权:

借:长期股权投资——乙对丙　　　　　　　　112 000
　　贷:银行存款　　　　　　　　　　　　　　　　　　112 000

20×5年取得丙发放的现金股利2万元×70%=1.4万元:

借:银行存款　　　　　　　　　　　　　　　　14 000
　　贷:投资收益　　　　　　　　　　　　　　　　　　14 000

(3)丙公司个别财务报表中相关业务的确认。

20×5年1月3日以银行存款3.75万元取得乙公司10%的股权:

借:长期股权投资——丙对乙　　　　　　　　37 500
　　贷:银行存款　　　　　　　　　　　　　　　　　　37 500

20×5年取得乙发放的现金股利1.75万元×10%=0.175万元。

借:银行存款　　　　　　　　　　　　　　　　1 750
　　贷:投资收益　　　　　　　　　　　　　　　　　　1 750

3)编制合并工作底稿调整分录

(1)将乙公司和丙公司作为合并整体。

①将乙公司的长期股权投资由成本法调整为权益法:

借:长期股权投资——乙对丙　(31 290.32−14 000)　17 290.32
　　贷:投资收益——乙　　　　　　　　　　　　　　　　17 290.32

②根据推定赎回假设,抵销乙公司净资产中丙公司所占份额与丙公司对乙公司的股权投资,即将丙公司购入乙公司的股份视同把乙公司对丙公司的投资又赎回。抵销分录如下:

借:股本——乙　　　　　　　　　　　　　　20 000
　　资本公积——乙　　　　　　　　　　　　7 000
　　盈余公积——乙　　　　　　　　　　　　3 700
　　期末未分配利润——乙　　　　　　　　　6 800
　　贷:其他权益工具投资　　　　　　　　　　　　　　37 500

③因推定赎回,抵销丙公司从乙公司获得的投资收益:

借:投资收益——丙　　　　　　　　　　　　1 750
　　贷:利润分配——应付股利(乙付丙)　　　　　　　1 750

④进行资产负债表项目的抵销。

长期股权投资(乙对丙)=(11.2+1.729 032)万元=12.929 032万元。

丙少数股东权益=(16+6.236 559−2)万元×30%=6.070 968万元。

丙期末盈余公积=1万元+(5+1.75×10%)万元×10%=1.517 5万元。

丙期末未分配利润＝(2＋5－2－0.517 5)万元＝4.482 5 万元。

借：股本——丙		100 000
资本公积——丙		30 000
盈余公积——丙		15 175
期末未分配利润——丙		44 825
贷：长期股权投资——乙对丙		129 290.32
少数股东权益——丙		60 709.68

⑤将投资收益和利润分配项目抵销：

借：投资收益		31 290.32
少数股东损益——丙　(62 365.59×30%)		18 709.68
年初未分配利润		20 000.00
贷：利润分配——提取盈余公积		5 175
利润分配——应付现金股利		20 000
期末未分配利润——丙		44 825

(2)将甲公司和乙公司视为合并整体。

⑥将乙公司的长期股权投资由成本法调整为权益法。

甲公司投资收益＝9.892 473 万元－1.75 万元×80%＝8.492 473 万元。

借：长期股权投资——甲对乙		124 924.73
贷：投资收益——甲		84 924.73
期初未分配利润		40 000.00

⑦进行资产负债表项目的抵销。

长期股权投资(甲对乙)＝(26＋12.492 473)万元＝38.492 473 万元。

乙少数股东权益＝(37.5＋12.365 591－1.75)万元×20%＝9.623 118 万元。

乙期末盈余公积＝3.7 万元＋12.365 591 万元×10%＝4.936 559 万元。

乙期末未分配利润＝(6.8＋12.365 591－1.75－1.236 559)万元＝16.179 032 万元。

借：股本——乙		200 000.00
资本公积——乙		70 000.00
盈余公积——乙		49 365.59
期末未分配利润——乙		161 790.32
贷：长期股权投资——甲对乙		384 924.73
少数股东权益——乙		96 231.18

⑧将投资收益和利润分配项目抵销：

借：投资收益		98 924.73
少数股东损益——乙　(123 655.91×20%)		24 731.18
年初未分配利润		68 000.00
贷：利润分配——提取盈余公积		12 365.59
利润分配——应付现金股利		17 500.00
期末未分配利润——乙		161 790.32

有关甲公司合并工作底稿如表4-12所示。

表 4-12　甲公司的合并工作底稿

（截至 20×5 年 12 月 31 日）　　　　　　　　　　　　　　　　　　　单位：万元

项目	甲公司	乙公司	丙公司	调整和抵销 借方	调整和抵销 贷方	合并主体
利润表						
营业收入	30	20	10			60
营业成本	15	7	3			25
管理费用	3.8	5	2			10.8
投资收益——甲	1.4			⑧ 9.892 473	⑥ 8.492 473	0
投资收益——乙		1.4		⑤ 3.129 032	① 1.729 032	0
投资收益——丙			0.175	③ 0.175		0
净利润	12.6	9.4	5.175	13.196 505	10.221 505	24.2
少数股东利润——乙				⑧ 2.473 118		(2.473 118)
少数股东利润——丙				⑤ 1.870 968		(1.870 968)
归属于母公司的利润						19.855 914
年初未分配利润	10	6.8	2	⑤ 2 ⑧ 6.8	⑥ 4	14
减：提取盈余公积	2.109	1.236 559	0.517 5		⑤ 0.517 5 ⑧ 1.236 559	2.109
分配现金股利	5	1.75	2		③ 0.175 ⑤ 2 ⑧ 1.75	4.825
年末未分配利润	15.491	13.213 441	4.657 5	② 0.68 ④ 4.482 5 ⑦ 16.179 032 47.682 123	⑤ 4.482 5 ⑧ 16.179 032 40.562 096	(0.68) 26.241 914
资产负债表						
其他资产	115	42.8	21.25			179.05
其他权益工具投资			3.75		② 3.75	
长期股权投资——甲对乙	26			⑥ 12.492 473	⑦ 38.492 473	
长期股权投资——乙对丙		11.2		① 1.729 032	④ 12.929 032	
资产合计	141	54	25	14.221 505	55.171 505	179.05
负债	38.4	8.85	5.825			53.075

第四章 复杂控股关系下的合并财务报表

续表

项　　目	甲公司	乙公司	丙公司	调整和抵销 借方	调整和抵销 贷方	合并主体
股本	50	20	10	② 2 ④ 10 ⑦ 20		48
资本公积	20	7	3	② 0.7 ④ 3 ⑦ 7		19.3
盈余公积	17.109	4.936 559	1.517 5	② 0.37 ④ 1.517 5 ⑦ 4.936 559		16.739
未分配利润	15.491	13.213 441	4.657 5	② 0.68 ④ 4.482 5 ⑦ 16.179 032 47.682 123	⑤ 4.482 5 ⑧ 16.179 032 40.562 096	26.241 914
少数股东权益——乙					⑦ 9.623 118	9.623 118
少数股东权益——丙					④ 6.070 968	6.070 968
负债和所有者权益合计	141	54	25	118.547 714	76.917 714	179.05

第四节　反　向　收　购

一、反向收购的会计处理

1. 企业合并成本

反向购买中,法律上的子公司(购买方)的企业合并成本是指其如果以发行权益性证券的方式获取合并后报告主体的股权比例,应向法律上母公司(被购买方)的股东发行的权益性证券数量与其公允价值计算的结果。购买方的权益性证券在购买日存在公开报价的,通常应以公开报价作为其公允价值;购买方的权益性证券在购买日不存在可靠公开报价的,应参照购买方的公允价值和被购买方的公允价值两者之中有更为明显证据支持的一个,确定购买方假定应发行权益性证券的公允价值。

2. 合并财务报表的编制

反向购买后,法律上的母公司应当遵从以下原则编制合并财务报表:

(1)合并财务报表中,法律上子公司的资产、负债应以其合并前的账面价值进行确认和计量。

(2)合并财务报表中的留存收益和其他权益余额应当反映的是法律上子公司在合并前的留存收益和其他权益余额。

(3)合并财务报表中的权益性工具的金额应当反映法律上子公司合并前发行在外的股份面值以及假定在确定该项企业合并成本过程中新发行的权益性工具的金额。但是,在合并财务报表中的权益结构应当反映法律上母公司的权益结构,即法律上母公司发行在外的权益性证券的数量和种类。

(4)法律上母公司的有关可辨认资产、负债在并入合并财务报表时,应以其在购买日确定的公允价值进行合并,企业合并成本大于合并中取得的法律上母公司(被购买方)可辨认净资产公允价值的份额体现为商誉,小于合并中取得的法律上母公司(被购买方)可辨认净资产公允价值的份额确认为合并当期损益。

(5)合并财务报表的比较信息应当是法律上子公司的比较信息(即法律上子公司的前期合并财务报表)。

(6)法律上子公司的有关股东在合并过程中未将其持有的股份转换为法律上母公司股份的,该部分股东享有的权益份额在合并财务报表中应作为少数股东权益列示。因法律上子公司的部分股东未将其持有的股份转换为法律上母公司的股权,其享有的权益份额仍仅限于对法律上子公司的部分,该部分少数股东权益反映的是少数股东按持股比例计算享有法律上子公司合并前净资产账面价值的份额。另外,对于法律上母公司的所有股东,虽然该项合并中其被认为是被购买方,但其享有合并形成报告主体的净资产及损益,不应作为少数股东权益列示。

上述反向购买的会计原则仅适用于合并财务报表的编制。法律上母公司在该合并中形成的对法律上子公司长期股权投资成本的确定,应当遵从《企业会计准则第2号——长期股权投资》的相关规定。

3. 每股收益的计算

发生反向购买当期,用于计算每股收益的发行在外普通股加权平均数的规定有:

(1)自当期期初到购买日,发行在外的普通股数量应假定为在该项合并中法律上母公司向法律上子公司股东发行的普通股数量。

(2)自购买日至期末发行在外的普通股数量为法律上母公司实际发行在外的普通股股数。

反向购买后对外提供比较合并财务报表的,其比较前期合并财务报表中的基本每股收益,应以法律上子公司在第一比较报表期间归属于普通股股东的净损益除以在反向购买中法律上母公司向法律上子公司股东发行的普通股股数计算确定。

上述假定法律上母公司发行的普通股股数在比较期间内和自反向购买发生期间的期初至购买日之间未发生变化。如果法律上母公司发行的普通股股数在此期间发生了变动,计算每股收益时应适当考虑其影响进行调整。

反向购买中,被购买方构成业务的,购买方应按照非同一控制下企业合并的原则进行会计处理。被购买方不构成业务的,购买方应按照权益性交易的原则进行会计处理。

【例题4-6】 甲公司为境内上市公司,专门从事能源生产业务,20×4年8月1日甲公司以3∶1的比例向乙公司发行6 000万股普通股,换取了乙公司原股东丙公司持有的80%股份。合并前丁公司还持有乙公司20%的股份。甲、乙、丙、丁都不存在关联关系。合并日甲公司和乙公司普通股每股面值均为1元,公允价值分别为3元和9元。合并日甲公司无形资产的账面价值为1 000万元,公允价值为3 000万元,按直线法摊销,预计尚可使用5年,预计净残值为0;其他资产账面价值与公允价值相同。20×4年甲公司净利润为1 200万元,20×3年和20×4年乙公司净利润分别为1 380万元和1 600万元,合并后甲、乙两家公司无内部销售交易。不考虑所得税问题。其他相关资料见表4-13。

表4-13 甲公司和乙公司合并前资产负债相关情况

(20×4年7月31日) 单位:万元

项 目	甲公司		乙公司
	账面价值	公允价值	
其他资产	4 200	4 200	5 000
固定资产	7 500	7 500	10 000
无形资产	2 500	4 000	3 500
资产合计	14 200	15 700	18 500
负债	6 000	6 000	12 500
股本	5 000	—	2 500
资本公积	1 200		1 500
盈余公积	600		1 100
未分配利润	1 400		900
负债和所有者权益合计	14 200		18 500

根据上述资料,完成以下问题:

(1)判断该项企业合并类型及会计上的购买方和被购买方,并说明理由。
(2)该项企业合并中购买方的合并成本和合并商誉(如有)分别是多少?
(3)计算甲公司取得乙公司80%股权投资的成本,并编制相关会计分录。
(4)编制合并日调整抵销分录。
(5)计算合并后合并主体的基本每股收益。

【分析】 (1)由上述资料可知,在本次交易中,甲发行了本公司股票,数量为2 500万股×80%×3=6 000万股,从而换取了乙公司原来股东丙公司的2 000万股,这样甲占有乙80%的股份,而丙公司占有甲公司的股份比例为54.55%(=6 000万元/(6 000+5 000)万元),从而形成了甲控制乙、丙控制甲的股权结构,因此本次交易实质上属于反向收购,从会计角度来看,甲(法律上的母公司)成为被购买方,乙(法律上的子公司)成为购买方。

(2)如果乙公司发行本企业股票使得其原股东丙公司占合并后主体相同股份比例(即54.55%),则乙公司应当发行的股份数量(设为X)计算如下:

$$\frac{6\,000}{6\,000+5\,000}=\frac{2\,500\times0.8}{2\,500+X}$$

解得:$X=1\,166.67$万股。

合并成本＝1 166.67万股×9元/股＝10 500万元。

合并商誉＝10 500万元－(15 700－6 000)万元×54.55％＝5 209.090 909万元。

(3)甲公司取得乙公司80％股权时,相关会计处理为:

根据准则要求,甲(法律上的母公司)对乙(法律上的子公司)长期股权投资成本的确定应依据《企业会计准则第2号——长期股权投资》的规定,因此甲公司的会计处理为:

借:长期股权投资——甲对乙　　(6 000万股×3元/股)

　　　　　　　　　　　　　　　　　　　　　　180 000 000

　贷:股本　　　　　　　　　　　　　　　　　　60 000 000

　　　资本公积——股本溢价　　　　　　　　　　120 000 000

(4)甲公司编制合并报表。

①抵销甲公司个别报表中有关对乙公司投资的账务处理。因为按照反向购买原则,乙公司是购买方,甲公司为被购买方。

借:股本　　　　　　　　　　　　　　　　　　　60 000 000

　　资本公积(股本溢价)　　　　　　　　　　　120 000 000

　贷:长期股权投资　　　　　　　　　　　　　　180 000 000

②虚拟乙公司发行自己股票以获得对甲公司的54.55％持股比例,则:

借:长期股权投资——乙对甲　　　　　　　　　105 000 000

　贷:股本　　　　　　　　　　　　　　　　　　11 666 666.67

　　　资本公积——股本溢价　　　　　　　　　　93 333 333.33

③合并日调整无形资产账面价值并抵销甲公司的所有者权益和乙公司的虚拟投资:

借:无形资产　　　　　　　　　　　　　　　　　15 000 000

　贷:资本公积　　　　　　　　　　　　　　　　15 000 000

借:股本　　　　　　　　　　　　　　　　　　　50 000 000.00

　　资本公积　　　　　　　　　　　　　　　　　27 000 000.00

　　盈余公积　　　　　　　　　　　　　　　　　6 000 000.00

　　未分配利润　　　　　　　　　　　　　　　　14 000 000.00

　　商誉　　　　　　　　　　　　　　　　　　　52 090 909.09

　贷:长期股权投资　　　　　　　　　　　　　　105 000 000.00

　　　少数股东权益　　　　　　　　　　　　　　44 090 909.09

(5)计算合并后合并主体的基本每股收益。

由上述资料可知,合并主体20×4年度的合并净利润为 $\left[1\,200-(3\,000-1\,000)\times\dfrac{1}{5}\times\dfrac{5}{12}\right]$ 万元 ＋1 600万元＝2 633.333 333万元,则合并后合并主体的基本每股收益计算如下:

$$\dfrac{2\,633.333\,333\text{万元}}{6\,000\text{万股}\times\dfrac{7}{12}+(6\,000+5\,000)\text{万股}\times\dfrac{5}{12}}=0.33\text{元/股}$$

在提供比较报表的情况下,比较前期合并财务报表中的基本每股收益＝1 380万元/6 000万股＝0.23元/股。

有关合并工作底稿见表4-14。

表 4-14　甲公司合并资产负债表(简表)

(20×4 年 12 月 31 日)　　　　　　　　　　　　　　　　　　　单位:万元

项　目	甲公司	乙公司	调整与抵销 借方	调整与抵销 贷方	合并主体
其他资产	4 200	5 000			9 200
长期股权投资	18 000		② 10 500	① 18 000 ③ 10 500	0
固定资产	7 500	10 000			17 500
无形资产	2 500	3 500	③ 1 500		7 500
商誉			③ 5 209.090 909		5 209.090 909
资产合计	32 200	18 500	17 209.090 909	28 500	39 409.090 909
负债	6 000	12 500			18 500
股本	11 000	2 500	① 6 000 ③ 5 000	② 1 166.666 667	3 666.666 667 (11 000 万股普通股)
资本公积	13 200	1 500	① 12 000 ③ 2 700	② 9 333.333 333 ③ 1 500	10 833.333 333
盈余公积	600	1 100	③ 600		1 100
未分配利润	1 400	900	③ 1 400		900
少数股东权益				③ 4 409.090 909	4 409.090 909
负债和所有者权益合计	32 200	18 500	27 700	16 409.090 909	39 409.090 909

二、非上市公司购买上市公司股权实现间接上市的会计处理

非上市公司以所持有的对子公司投资等资产为对价取得上市公司的控制权,构成反向购买的,上市公司编制合并财务报表时应当区别以下情况进行处理:

(1)交易发生时,上市公司未持有任何资产、负债或仅持有现金、交易性金融资产等不构成业务的资产或负债的,在上市公司编制合并财务报表时,购买企业应按照权益性交易的原则进行处理,不得确认商誉或确认廉价购买利得计入当期损益。

(2)交易发生时,若上市公司保留资产、负债构成业务,对于形成非同一控制下企业合并的,企业合并成本与取得的上市公司可辨认净资产公允价值份额的差额应当确认为商誉或计入当期损益。

非上市公司取得上市公司控制权,构成反向购买的,上市公司在其个别财务报表中应当遵从《企业会计准则第 2 号——长期股权投资》规定的原则确定取得资产的入账价值。上市公司的前期比较个别报表应为其自身个别财务报表。

复习思考题

1. 复杂的控股关系有哪几种情况?
2. 完全权益法和不完全权益法的主要区别是什么?
3. 在父子孙关系下,合并报表的编制思路是怎样的?
4. 在关联附属结构关系下,合并报表的编制思路是怎样的?
5. 什么是库存股法?什么是交互分配法?
6. 反向收购的会计处理要求是怎样的?

练习题

练习一

一、目的:练习在父子孙关系下合并财务报表的处理。

二、资料:

20×2年1月1日甲公司以银行存款900 000元取得乙公司90%的股权,同日乙公司以银行存款300 000元取得丙公司60%的股权。20×2年1月1日乙公司、丙公司的简易资产负债表如表4-15所示。20×2年乙公司实现净利润300 000元,未分配现金股利,固定资产为管理用固定资产,折旧年限为10年,无净残值,采用直线法计提折旧;丙公司实现净利润100 000元,未分配现金股利,固定资产为管理用固定资产,折旧年限为10年,无净残值,采用直线法计提折旧。三家公司均按10%提取盈余公积,所得税税率为25%。

表4-15　20×2年1月1日乙公司、丙公司简易资产负债表

单位:元

项目	乙公司		丙公司	
	账面价值	公允价值	账面价值	公允价值
货币资金	100 000	100 000	100 000	100 000
存货	150 000	150 000	100 000	100 000
固定资产	500 000	700 000	250 000	350 000
无形资产	250 000	250 000	150 000	150 000
资产总计	1 000 000	1 200 000	600 000	700 000
短期借款	400 000	400 000	300 000	300 000
股本	100 000		100 000	
资本公积	200 000		50 000	
盈余公积	200 000		50 000	
未分配利润	100 000		100 000	
净资产	600 000	800 000	300 000	400 000

第四章 复杂控股关系下的合并财务报表

三、要求:编制与合并财务报表有关的调整抵销分录。

练习二

一、目的:练习在关联附属结构关系下合并财务报表的处理。

二、资料:

沿用练习一的资料,假设20×3年1月1日甲公司又以银行存款130 000元取得丙公司20%的股权。20×3年1月1日乙公司、丙公司的简易资产负债表如表4-16所示。20×3年乙公司实现净利润360 000元,未分配现金股利,固定资产为管理用固定资产,折旧年限为10年,无净残值,采用直线法计提折旧;20×3年丙公司实现净利润120 000元,未分配现金股利,固定资产为管理用固定资产,折旧年限为10年,无净残值,采用直线法计提折旧。三家公司均按10%提取盈余公积,所得税税率为25%。

表4-16 20×3年1月1日乙公司、丙公司简易资产负债表

单位:元

项 目	乙公司		丙公司	
	账面价值	公允价值	账面价值	公允价值
货币资金	300 000	300 000	100 000	100 000
存货	240 000	240 000	230 000	230 000
固定资产	360 000	660 000	180 000	300 000
无形资产	400 000	400 000	150 000	150 000
资产总计	1 300 000	1 600 000	660 000	780 000
短期借款	300 000	300 000	260 000	260 000
股本	100 000		100 000	
资本公积	200 000		50 000	
盈余公积	240 000		60 000	
未分配利润	460 000		190 000	
净资产	1 000 000	1 300 000	400 000	520 000

三、要求:编制与合并财务报表有关的调整抵销分录。

练习三

一、目的:练习在母子公司相互持股关系下合并财务报表的处理。

二、资料:

20×3年1月1日甲公司以银行存款650 000元取得乙公司80%的股份,当时乙公司的股本、资本公积、盈余公积和未分配利润分别为200 000元、320 000元、150 000元和50 000元。投资成本与所取得账面价值的差额为商誉,没有发生减值。

20×3年度乙公司实现净收益120 000元,宣告并分配现金股利60 000元。20×4年1月1日乙公司从股票市场上以90 000元的账面价值购入甲公司10%的股份,两家企业无内部交易。20×4年两家企业的经营利润和宣告股利情况如表4-17所示。

表 4-17　20×4 年甲、乙两公司经营利润和股利分配情况

单位:元

项　　目	甲公司	乙公司
经营利润	200 000	150 000
宣告现金股利	86 000	80 000

三、要求:分别按库存股法和交互分配法编制与合并报表有关的调整抵销分录。

练习四

一、目的:练习在子孙公司之间相互持股关系下合并财务报表的处理。

二、资料:

20×3 年 1 月 1 日甲公司以银行存款 500 000 元取得乙公司 80% 的股份,当时乙公司的股本、资本公积、盈余公积和未分配利润分别为 200 000 元、120 000 元、100 000 元和 80 000 元。投资成本与所取得账面价值的差额为商誉,没有发生减值。

20×3 年 7 月 1 日乙公司以银行存款 70 000 元取得丙公司 50% 的股份,当时丙公司的股本、资本公积、盈余公积和未分配利润分别为 60 000 元、50 000 元、15 000 元和 5 000 元。投资成本与所取得账面价值的差额为商誉,没有发生减值。

20×3 年 12 月 31 日丙公司以银行存款 55 000 元取得乙公司 10% 的股份,当年乙公司获得净利润 60 000 元,分配现金股利 7 000 元。三家公司均按 10% 提取盈余公积,暂不考虑所得税问题。

20×4 年 12 月 31 日三家个别报表如表 4-18 所示。

表 4-18　甲、乙、丙公司三家个别报表

(截至 20×4 年 12 月 31 日)　　　　　　　　　　　　　　　　单位:元

项　　目	甲公司	乙公司	丙公司
利润表			
营业收入	244 000	160 000	153 000
营业成本	150 000	100 000	100 000
管理费用	20 000	15 000	10 000
投资收益	76 000	25 000	7 000
净利润	150 000	70 000	50 000
年初未分配利润	35 000	57 000	20 000
可供分配利润	185 000	127 000	70 000
减:提取盈余公积	15 000	7 000	5 000
分配现金股利	80 000	40 000	60 000
年末未分配利润	90 000	80 000	5 000
资产负债表			
其他资产	440 000	530 000	95 000

续表

项　　目	甲公司	乙公司	丙公司
其他权益工具投资			55 000
长期股权投资	500 000	70 000	
商誉	0	0	0
资产合计	940 000	600 000	150 000
负债	250 000	100 000	20 000
股本	300 000	200 000	60 000
资本公积	180 000	120 000	50 000
盈余公积	120 000	100 000	15 000
未分配利润	90 000	80 000	5 000
负债和所有者权益合计	940 000	600 000	150 000

三、要求:编制与合并财务报表有关的调整抵销分录。

练习五

一、目的:练习反向收购会计处理。

二、资料:

20×3年5月1日甲公司(上市公司)以2股本公司普通股换取1股乙公司普通股的比例通过定向增发方式对乙公司进行非同一控制下的控股合并,取得乙公司100%的股权。两家公司股票面值均为每股1元,当日甲公司股票公允价值为每股5元,乙公司股票公允价值为每股10元,甲公司除流动资产公允价值较账面价值高50 000元外,其他资产、负债项目的公允价值与账面价值相同。假定合并当年两公司合并利润为1 000万元,不考虑所得税影响。甲和乙在合并前的资产负债表如表4-19所示。

表4-19　甲、乙公司合并前资产负债表(简表)

(20×3年4月30日)　　　　　　　　　　　　　　　　单位:万元

项　　目	甲公司	乙公司
流动资产	10 000	15 000
非流动资产	26 000	65 000
资产合计	36 000	80 000
负债	8 000	12 000
股本	2 000	1 500
资本公积	10 000	32 000
盈余公积	9 000	20 000
未分配利润	7 000	14 500
负债和所有者权益合计	36 000	80 000

三、要求：

(1)确定该项合并中乙公司的合并成本。

(2)编制调整与抵销分录。

(3)计算合并当期基本每股收益。

第五章
租赁

GAOJI CAIWU KUAIJI

【导读】

本章主要阐述了租赁的识别、分拆与合并，承租人的会计处理，出租人的会计处理，以及特殊租赁的会计处理。在租赁识别中，要注意只有满足三个特定要素后一项合同才可分类为租赁；另外，对于承租人的租赁，不再区分融资租赁和经营租赁进行会计处理；对于生产商或经销商租赁，注意既包括产品销售业务的处理，也包括出租人业务的处理；而对于售后租回，包括承租人业务的处理，但不一定包括销售业务处理。

【学习重点】

租赁的识别、承租人会计处理中有关使用权资产和租赁负债的确认与计量、融资租赁、生产商或经销商租赁、售后租回。

【学习难点】

使用权资产和租赁负债的确认与计量、融资租赁、销售成立下的售后租回。

2018年12月7日，财政部修订发布了《企业会计准则第21号——租赁》（以下简称新租赁准则）。修订发布新租赁准则的原因有两方面。一是随着市场经济的日益发展和租赁交易的日趋复杂，在原租赁准则（2006年2月发布的）下，承租人会计处理相关问题逐步显现。对于融资租赁，承租人在资产负债表中确认租入资产和相关负债；对于经营租赁，承租人在资产负债表中不确认其取得的资产使用权和租金支付义务。由此导致承租人财务报表未全面反映因租赁交易取得的权利和承担的义务，也为实务中构建交易以符合特定类型租赁提供了动机和机会——这降低了财务报表的可比性。二是国际会计准则理事会已于2016年1月修订发布了《国际财务报告准则第16号——租赁》（以下简称国际租赁准则），其核心变化是取消了承租人关于融资租赁与经营租赁的分类，要求承租人对所有租赁（选择简化处理的短期租赁和低价值资产租赁除外）确认使用权资产和租赁负债，并分别确认折旧和利息费用。在此背景下，为进一步规范租赁的确认、计量和相关信息的列报，同时保持我国企业会计准则与国际财务报告准则持续全面趋同，我们借鉴国际租赁准则，并结合我国实际，修订形成了新租赁准则。

第一节 租赁的识别、分拆与合并

一、租赁的识别

(一)租赁的定义

租赁是指在一定期间内，出租人将资产的使用权让与承租人以获取对价的合同。在合同开始日，企业应当评估合同是否为租赁或者包含租赁。如果合同中一方让渡了在一定期间内控制一项或多项已识别资产使用的权利以换取对价，则该合同为租赁或者包含租赁。这表明，一项合同要被分类为租赁必须要满足三要素：一是存在一定期间；二是存在已识别资产；三是资产供应方向客户转移对已识别资产使用权的控制。

在合同中，"一定期间"也可以表述为已识别资产的使用量，如某项设备的产出量。如果客户有权在部分合同内控制已识别资产的使用，则合同包含一项在该部分合同期间的租赁。

同时符合以下条件的，使用已识别资产的权利构成一项单独租赁：①承租人可从单独使用资产或将其与易于获得的其他资源一起使用中获利;②该资产与合同中的其他资产不存在高度依赖或高度关联关系。另外,接受商品或服务的合同可能由合营安排或合营安排的代表签订,在这种情况下,企业评估合同是否包含一项租赁时,应将整个合营安排视为该合同中的客户,评估该合营安排是否在使用期间有权控制已识别资产的使用。

除非合同条款和条件发生变化,企业无须重新评估合同是否为租赁或者包含租赁。

(二)已识别资产

根据租赁准则的规定,已识别资产需要从三个方面进行判定,即合同指定、物理区分和实质性替换权,三个条件缺一不可。

1. 已识别资产通常由合同明确指定,也可以在资产可供客户使用时隐性指定

【例题5-1】 甲公司(客户)与乙公司(供应方)签订了使用乙公司一节火车车厢的5年期合同。该车厢专为运输甲公司生产过程中使用的特殊材料而设计,未经重大改造不适合其他客户使用。合同中没有明确指定轨道车辆(如通过序列号),但是乙公司仅拥有一节适合客户使用的火车车厢。如果车厢不能正常工作,合同要求乙公司修理或更换车厢。

【分析】 具体哪节火车车厢在合同中虽未被明确指定,但是被隐含指定,因为乙公司仅拥有一节适合客户甲公司使用的火车车厢,必须使用其来履行合同,乙公司无法自由替换该车厢。因此,火车车厢是一项已识别资产。

2. 物理上可区分

如果资产的部分产能在物理上可区分(如建筑的一层),则该部分产能属于已识别资产。如果资产的某部分产能与其他部分在物理上不可区分(如光缆的部分容量),则该部分不属于已识别资产,除非其实质上代表该资产全部产能,从而使客户获得因使用该资产所产生的几乎全部经济利益的权利。

【例题5-2】 情形1:M公司(客户)与N公司(公用设施公司)签订了一份为期12年的合同,以取得连接甲、乙城市光缆中三条指定的物理上可区分的光纤使用权。若光纤损坏,N公司应负责修理和维护。N公司拥有额外的光纤,但仅可因修理、维护或故障等原因替换指定给甲公司使用的光纤。

情形2:M公司(客户)与N公司(公用设施公司)签订了一份为期12年的合同,以取得连接甲、乙城市光缆中约定带宽的光纤使用权。M公司约定的带宽相当于使用光缆中三条光纤的全部传输容量(N公司光缆包含15条传输容量相近的光纤)。

【分析】 在情形1下,合同明确指定了三条光纤,并且这些光纤与光缆中的其他光纤在物理上可区分,N公司不可因修理、维护或故障以外的原因替换光纤,因此情形1中存在三条已识别光纤资产。在情形2下,甲公司仅使用光缆的部分传输容量,提供给M公司使用的光纤与其余光纤在物理上不可区分,且不代表光缆的几乎全部传输容量,因此情形2中不存在已识别资产。

3. 实质性替换权

即使合同已对资产进行指定,如果资产供应方在整个使用期间拥有对该资产的实质性替换权,则该资产不属于已识别资产。这是因为,如果资产供应方在整个使用期间均能自由替换合同资产,那么实际上合同只规定了满足客户需求的一类资产,而不是被唯一识别出的一项或几项资产。在这种情况下,合同资产并未和资产供应方的同类其他资产明确区分开来,并未被识别出来。同时符合下列条件时,供应方拥有资产的实质性替换权:

(1)资产供应方拥有在整个使用期间替换资产的实际能力,例如客户无法阻止供应方替换资产,且用于替换的资产对于资产供应方而言易于获得或者可以在合理期间内取得。

(2)资产供应方通过行使替换资产的权利将获得经济利益,即替换资产的预期经济利益将超过替换资产所需要的成本。

需要注意的是,如果合同仅赋予资产供应方在特定日期或者特定事件发生日或之后拥有替换资产的权利或义务,考虑到资产供应方没有在整个使用期间替换资产的实际能力,资产供应方的替换权不具有实质性。企业在评估资产供应方的替换权是否为实质性权利时,应基于合同开始日的事实和情况,而不应考虑在合同开始日企业认为不可能发生的未来事件,例如:①未来某个客户为使用该资产同意支付高于市价的价格;②引入了在合同开始日尚未实质开发的新技术;③客户对资产的实际使用或资产实际性能与在合同开始日认为可能的使用或性能存在重大差异;④使用期间资产市价与合同开始日认为可能的市价存在重大差异。

企业难以确定供应方是否拥有对该资产的实质性替换权的,应当视为供应方没有对该资产的实质性替换权。

【例题5-3】 M公司(客户)与N公司(供应方)签订合同,合同要求N公司在7年内按照约定的时间表使用指定型号的火车车厢为M公司运输约定数量的货物。合同中约定的时间表和货物数量相当于M公司在7年内有权使用10节指定型号火车车厢。合同规定了所运输货物的性质。N公司有大量类似的车厢可以满足合同要求。车厢不用于运输货物时存放在N公司处。

【分析】 ①N公司在整个使用期间有替换每节车厢的实际能力。用于替换的车厢是N公司易于获得的,且无须M公司批准即可替换。②N公司可通过替换车厢获得经济利益。车厢存放在N公司处,N公司拥有大量类似的车厢,替换每节车厢的成本极小,N公司可以通过替换车厢获益,例如,使用已位于任务所在地的车厢执行任务,或利用某客户未使用而闲置的车厢。因此,N公司拥有车厢的实质性替换权,合同中用于运输M公司货物的车厢不属于已识别资产。

【例题5-4】 M公司(客户)与N公司(供应方)签订了使用一架指定飞机的5年期合同,合同详细规定了飞机的内、外部规格。合同规定,N公司在5年合同期内可以随时替换飞机,在飞机出现故障时则必须替换飞机;无论在哪种情况下,所替换的飞机必须符合合同中规定的内、外部规格要求。在N公司的机队中配备符合M公司要求规格的飞机所需成本高昂。

【分析】 在本例中,合同明确指定了飞机规格要求,尽管合同允许N公司替换飞机,但配备另一架符合合同要求规格的飞机需要高昂的成本,N公司不会因替换飞机而获益,因此N公司的替换权不具有实质性。本例中存在已识别资产。

(三)客户是否控制已识别资产使用权的判断

为确定合同是否让渡了在一定期间内控制已识别资产使用的权利,企业应当评估合同中客户是否有权获得在使用期间因使用已识别资产所产生的几乎全部经济利益,并有权在该使用期间主导已识别资产的使用。

1. 客户是否有权获得因使用资产所产生的几乎全部经济利益

在评估是否有权获得因使用已识别资产所产生的几乎全部经济利益时,企业应当在约定的客户可使用资产的权利范围内考虑其所产生的经济利益。

例如:①如果合同规定汽车在使用期间仅限在某一特定区域使用,则企业应当仅考虑在该区域内使用汽车所产生的经济利益,而不包括在该区域外使用汽车所产生的经济利益;②如果合同规定客户在使用期间仅能在特定里程范围内驾驶汽车,则企业应当仅考虑在允许里程范围内使用汽车所产生的经济利益,而不包括超出该里程范围使用汽车所产生的经济利益。

为了控制已识别资产的使用,客户应当有权获得整个使用期间使用该资产所产生的几乎全部经济利益。客户可以通过多种方式直接或间接获得使用资产产生的经济利益,例如通过使用、持有或转租资产。使用资产所产生的经济利益包括资产的主要产出和副产品(包括来源于这些项目的潜在现金流量)以及通过与第三方之间的商业交易实现的其他经济利益。

如果合同规定客户应向资产供应方或另一方支付因使用资产所产生的部分现金流量作为对价,该现金流量仍应视为客户因使用资产而获得的经济利益的一部分。

2. 客户是否有权主导资产的使用

存在下列情况之一的,可视为客户有权主导对已识别资产在整个使用期间内的使用:①客户有权在整个使用期间主导已识别资产的使用目的和使用方式。②已识别资产的使用目的和使用方式在使用期开始前已预先确定,并且客户有权在整个使用期间自行或主导他人按照其确定的方式运营该资产,或者客户设计了已识别资产并在设计时已预先确定了该资产在整个使用期间的使用目的和使用方式。

对于第一种情况,如果客户有权在整个使用期间在合同界定的使用权范围内改变资产的使用目的和使用方式,则视为客户有权在该使用期间主导资产的使用目的和使用方式。在判断客户是否有权在该使用期间主导已识别资产的使用目的和使用方式时,企业应当考虑在使用期间与改变资产的使用目的和使用方式最为相关的决策权。相关的决策权是指对使用资产所产生的经济利益产生影响的决策权。最为相关的决策权可能因资产性质、合同条款和条件的不同而不同,例如:①变更资产产出类型的权利,如决定将集装箱用于运输商品还是储存商品,或决定在零售区域销售的产品组合;②变更资产的产出时间的权利,如决定机器或发电厂运行时间;③变更资产产出地点的权利,如决定卡车或轮船目的地,或决定设备的使用地点;④变更资产是否产出以及产出量的权利,如决定是否使用发电厂以及发电量的多少。

对于第二种情况,与资产使用目的和使用方式相关的决策可以通过很多方式预先确定,如通过设计资产或在合同中对资产的使用做出限制来预先确定相关决策。

【例题 5-5】 M 公司(客户)与 N 公司(供应方)就使用一辆卡车用一周时间将货物从甲地运到乙地签订了合同。根据合同,N 公司只提供卡车、发运及到货的时间和地点,M 公司负责派人驾车自甲地到乙地。合同中明确指定了卡车,并规定在合同期内卡车只允许用于运输合同中指定的货物,N 公司没有替换权。合同规定了卡车可行驶的最大里程。M 公司可在合同规定的范围内选择具体的行驶速度、路线、停车休息地点等。M 公司在指定路线完成后无权继续使用这辆卡车。

【分析】 在本例中,合同明确指定了卡车,且 N 公司无权替换,因此合同存在已识别资产。

合同预先确定了卡车的使用目的和使用方式,即在规定时间内将指定货物从甲地运到乙地。M公司有权在整个使用期间操作卡车(如决定行驶速度、路线、停车休息地点),因此 M 公司主导了卡车的使用,M 公司通过控制卡车的操作在整个使用期间全权决定卡车的使用。

【例题 5-6】 M 公司(客户)与 N 公司(供应方)签订了购买某一太阳能电厂 15 年生产的全部电力的合同。合同明确指定了太阳能电厂,且 N 公司没有替换权。太阳能电厂的产权归 N 公司所有,N 公司不能通过其他电厂向 M 公司供电。太阳能电厂在建造之前由 M 公司设计,M 公司聘请了太阳能专家协助其确定太阳能电厂的选址和设备工程。N 公司负责按照 M 公司的设计建造太阳能电厂,并负责电厂的运行和维护。关于是否发电、发电时间和发电量无须再进行决策,在设计该项资产时已经确定了这些决策。

【分析】 在本例中,合同明确指定了太阳能电厂,且 N 公司无权替换,因此合同存在已识别资产。由于太阳能电厂使用目的、使用方式等相关决策在太阳能电厂设计时已预先确定,因此,尽管太阳能电厂的运营由 N 公司负责,但是该电厂由 M 公司设计这一事实赋予了 M 公司主导电厂使用的权利,M 公司在整个 15 年使用期有权主导太阳能电厂的使用。

在评估客户是否有权主导资产的使用时,除非资产(或资产的特定方面)由客户设计,企业应当仅考虑在使用期间对资产使用做出决策的权利。例如,如果客户仅能在使用期间之前指定资产的产出而没有与资产使用相关的任何其他决策权,则该客户享有的权利与任何购买该项商品或服务的其他客户享有的权利并无不同。

【例题 5-7】 M 公司(客户)与 N 公司(供应方)签订了购买某一太阳能电厂 15 年生产的全部电力的合同。合同明确指定了太阳能电厂,且 N 公司没有替换权。太阳能电厂的产权归 N 公司所有,N 公司不能通过其他电厂向 M 公司供电。太阳能电厂由 N 公司在合同签订前自行设计,且 N 公司负责建造太阳能电厂,并负责电厂的运行和维护。关于是否发电、发电时间和发电量无须再进行决策,在设计该项资产时已经确定了这些决策。

【分析】 在本例中,合同明确指定了太阳能电厂,且 N 公司无权替换,因此合同存在已识别资产。该电厂的使用目的和使用方式,即是否发电、发电时间和发电量,在合同中已预先确定。M 公司在使用期间无权改变该电厂的使用目的和使用方式,没有关于该电厂使用的其他决策权(M 公司不运营电厂),也未参与该电厂的设计,因此 M 公司在使用期间无权主导该电厂的使用。

合同可能包含一些旨在保护资产供应方在已识别资产或其他资产中的权益、保护资产供应方的工作人员或者确保资产供应方不因客户使用租赁资产而违反法律法规的条款和条件。例如,合同可能规定资产使用的最大工作量,限制客户使用资产的地点和时间,要求客户遵守特定的操作惯例,或者要求客户在变更资产使用方式时通知资产供应方。这些权利虽然对客户使用资产权利的范围做出了限定,但是其不足以否定客户拥有主导资产使用的权利。

识别租赁合同的流程图如图 5-1 所示。

二、租赁的分拆与合并

(一)租赁的分拆

合同中同时包含多项单独租赁的,承租人和出租人应当将合同予以分拆,并分别对各项单

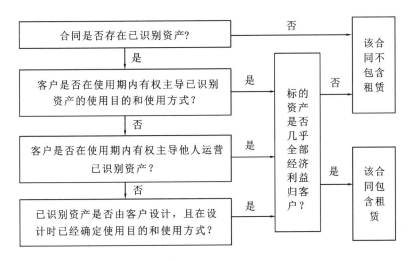

图 5-1 识别租赁合同的流程图

独租赁进行会计处理。合同中同时包含租赁和非租赁部分的,承租人和出租人应当将租赁和非租赁部分进行分拆,除非企业适用新租赁准则的简化处理。分拆时,各租赁部分应当分别按照新租赁准则进行会计处理,非租赁部分应当按照其他适用的企业会计准则进行会计处理。

同时符合下列条件的,使用已识别资产的权利构成合同中的一项单独租赁:①承租人可从单独使用该资产或将其与易于获得的其他资源一起使用中获利。易于获得的其他资源是指出租人或其他供应方单独销售或出租的商品或服务,或者承租人已从出租人或其他交易中获得的资源。②该资产与合同中的其他资产不存在高度依赖或高度关联关系。例如,若承租人租入资产的决定不会对承租人使用合同中的其他资产权利产生重大影响,则表明该项资产与合同中的其他资产不存在高度依赖或高度关联关系。

1.承租人的处理

在分拆合同包含的租赁和非租赁部分时,承租人应当按照各项租赁部分的单独价格及非租赁部分的单独价格之和的相对比例分摊合同对价。租赁和非租赁部分的相对单独价格,应当根据出租人或类似资产供应方就该部分或类似部分向企业单独收到的价格确定。如果可观的单独价格不易于获得,承租人应当最大限度地利用可观察的信息估计单独价格。

为简化处理,承租人可以按照租赁资产的类别选择是否分拆合同包含的租赁和非租赁部分。承租人选择不分拆的,应当将各租赁部分及与其相关的非租赁部分分别合并为租赁,按新租赁准则进行会计处理。但是对于按《企业会计准则第 22 号——金融工具确认和计量》(2017年)应分拆的嵌入衍生工具,承租人不应将其与租赁部分合并进行会计处理。

2.出租人的处理

出租人应当分拆租赁部分和非租赁部分,根据《企业会计准则第 14 号——收入》(2017 年)关于交易价格分摊的规定分摊合同对价。

(二)租赁的合并

企业与同一交易方或其关联方在同一时间或相近时间订立的两份或多份包含租赁的合同,在满足下列条件之一时,应当合并为一份合同进行会计处理:

(1)该两份或多份合同基于总体商业目的而订立并构成一揽子交易,若不作为整体考虑则无法理解其总体商业目的。

(2)该两份或多份合同中的某份合同的对价金额取决于其他合同定价或履行情况。

(3)该两份或多份合同让渡的资产使用权合起来构成一项单独租赁。

该两份或多份合同合并为一份合同进行会计处理的,仍然需要区分合同中的租赁部分和非租赁部分。

三、租赁期

租赁期是指承租人有权使用租赁资产且不可撤销的期间。承租人有续租选择权,且合理确定将行使该选择权的,租赁期还应当包含续租选择权涵盖的期间;承租人有终止租赁选择权,但合理确定将不会行使该选择权的,租赁期应当包含终止租赁选择权涵盖的期间。

1. 租赁期开始日

租赁期自租赁期开始日起计算。租赁期开始日是指出租人提供租赁资产使其可供承租人使用的起始日期。如果承租人在租赁协议约定的起租日或租金起付日之前已获得对租赁资产使用权的控制,则表明租赁期已经开始。租赁协议中对起租日或租金支付时间的约定,并不影响租赁期开始日的判断。

【例题5-8】 在某商铺的租赁安排中,出租人于20×3年1月1日将房屋钥匙交付承租人,承租人在收到钥匙后就可以自主安排对商铺的装修布置,并安排搬迁。合同约定有3个月的免租期,起租日为20×3年4月1日,承租人自起租日开始支付租金。

【分析】 在本例中,由于承租人自20×3年1月1日起就已拥有对商铺使用权的控制,因此租赁期开始日为20×3年1月1日,即租赁期包含出租人给予承租人的免租期。

2. 不可撤销期间

在确定租赁期和评估不可撤销租赁期间时,企业应根据租赁条款约定,确定可强制执行合同的期间。如果承租人和出租人双方均有权在未经另一方许可的情况下终止租赁,且罚款金额不重大,则该租赁不再可强制执行。如果只有承租人有权终止租赁,则在确定租赁期时,企业应将该项权利视为承租人可行使的终止租赁选择权予以考虑。如果只有出租人有权终止租赁,则不可撤销的租赁期包括终止租赁选择权所涵盖的期间。

3. 续租选择权和终止租赁选择权

在租赁期开始日,企业应当评估承租人是否合理确定将行使续租或购买标的资产的选择权,或者将不行使终止租赁选择权。在评估时,企业应当考虑对承租人行使续租选择权或不行使终止租赁选择权带来经济利益的所有相关事实和情况,包括自租赁期开始日到选择权行使日之间的事实和情况的预期变化。需考虑的因素包括但不限于以下方面:

(1)与市价相比,选择权期间的合同条款和条件。例如:选择权期间内为使用租赁资产而需要支付的租金;可变租赁付款额或其他或有款项,如因终止租赁罚款和余值担保导致的应付款项;初始选择权期间后可行使的其他选择权的条款和条件,如续租期结束时可按低于市价的价格行使购买选择权。

(2)在合同期内,承租人进行或预期进行重大租赁资产改良的,在可行使续租选择权、终止租赁选择权或者购买租赁资产选择权时,预期能为承租人带来的重大经济利益。

(3)与终止租赁相关的成本。如谈判成本、搬迁成本、寻找与选择适合承租人需求的替代资产所发生的成本等。

(4) 租赁资产对承租人运营的重要程度。如租赁资产是否为专门资产。

(5) 与行使选择权相关的条件及满足相关条件的可能性。如租赁条款约定仅在满足一项或多项条件时方可行使选择权,此时还应考虑相关条件及满足相关条件的可能性。

【例题 5-9】 承租人签订了一份房屋租赁合同,包括 5 年不可撤销期限和 2 年期固定价格续租选择权,续租选择期间的合同条款和条件与市价接近,没有终止罚款或其他因素表明承租人合理确定将行使续租选择权。因此,在租赁期开始日,确定租赁期为 5 年。

【例题 5-10】 承租人签订了一份商铺租赁合同,包括 5 年不可撤销期限和 2 年期按市价行使的续租选择权。在搬入该商铺之前,承租人花费了大量资金进行了装修,预计在 5 年结束时,商铺装修仍将具有重大价值,且该价值仅通过继续使用该商铺实现。

【分析】 在本例中,承租人合理确定将行使续租选择权,因为在 5 年结束时放弃该租赁商铺将蒙受重大经济损失。因此,在租赁开始时,承租人确定租赁期为 7 年。

4. 对租赁期和购买选择权的重新评估

发生承租人可控范围内的重大事件或变化,且影响承租人是否合理确定将行使相应选择权的,承租人应当对其是否合理确定将行使续租选择权、购买选择权或不行使终止租赁选择权进行重新评估,并根据重新评估结果修改租赁期。承租人可控范围内的重大事件或变化包括但不限于下列情形:

(1) 在租赁期开始日未预计到的重大租赁资产改良,在可行使续租选择权、购买选择权、终止租赁选择权时,预期将为承租人带来重大经济利益;在租赁期开始日未预计到的租赁资产的重大改动或定制化调整。

(2) 承租人做出的与行使或不行使选择权直接相关的经营决策,例如决定续租互补性资产、处置可替代的资产或处置包含相关使用权资产的业务。

第二节　承租人会计

在租赁期开始日,承租人应当对租赁确认使用权资产和租赁负债,应用短期租赁和低价值租赁简化处理的除外。

一、承租人使用的相关会计科目

承租人使用的相关会计科目有:

(1) "使用权资产"科目。本科目核算承租人持有的使用权资产的原价,可按租赁资产的类别和项目进行明细核算。

(2) "使用权资产累计折旧"科目。本科目核算使用权资产的累计折旧,可按租赁资产的类别和项目进行明细核算。

(3) "使用权资产减值准备"科目。本科目核算使用权资产的减值准备,可按租赁资产的类别和项目进行明细核算。

(4)"租赁负债"等会计科目。此类科目核算承租人尚未支付的租赁付款额的现值等,可分别设置"租赁付款额""未确认融资费用"等进行明细核算。

二、租赁负债的初始计量

租赁负债应当按照租赁期开始日尚未支付的租赁付款额现值进行初始计量。识别应纳入租赁负债的相关付款项目是计量租赁负债的关键。

1. 租赁付款额

租赁付款额包括以下五项内容:①固定付款额及实质固定付款额,存在租赁激励的,扣除租赁激励相关金额;②取决于指数或比率的可变租赁付款额;③购买选择权的行权价格,前提是承租人合理确定将行使该选择权;④行使终止租赁选择权需要支付的款项,前提是租赁期反映出承租人将行使终止租赁选择权;⑤根据承租人提供的担保余值预计应支付的款项。

所谓实质固定付款额是指在形式上可能包含变量但实质上无法避免的付款额。例如:①付款额设定为可变租赁付款额,但该可变条款几乎不可能发生,没有真正的经济实质。如付款额仅需在租赁资产经证实能够在租赁期间正常运行时支付,或者仅需在不可能不发生的事件发生时支付。②承租人有多套付款方案,但其中仅有一套是可行的。在此情况下,承租人应采用可行的付款方案作为租赁付款额。③承租人有多套付款方案,但必须选择其中一套。在此情况下,承租人应采用总折现金额最低的一套作为租赁付款额。

租赁激励,是指出租人为达成租赁向承租人提供的优惠,包括出租人向承租人支付的与租赁有关的款项、出租人为承租人偿付或承担的成本等。存在租赁激励的,承租人在确定租赁付款额时,应扣除租赁激励相关的金额。

【例题 5-11】 M公司是一家著名零售商,从N公司处租入已成熟开发的零售场所开设一家商店。根据租赁合同,M公司在正常工作时间内必须经营该商店,且M公司不得将商店闲置或进行分租。合同中关于租赁付款额的条款为:如果M公司开设的这家商店没有发生销售,则M公司应付的年租金为1 000元;如果这家商店发生了任何销售,则M公司应付的年租金为1 000 000元。

【分析】 在本例中,虽然形式上租赁付款额是变量,但M公司是一家著名零售商,其在正常时间内经营该商店不可能不发生销售,因此该租赁包含每年1 000 000元的实质固定付款额。

【例题 5-12】 M公司租入某办公楼的一层楼,为期15年。M公司有权选择在第10年后提前终止租赁,并以相当于10个月的租金作为罚金。每年的租赁付款额为固定金额100 000元。该办公楼是全新的,并且在周边商业园区的办公楼中处于技术领先水平。上述租赁付款额与市场租金水平相当。M公司评估认为10个月的租金对于M公司而言金额重大。

【分析】 在本例中,M公司评估认为10个月的租金对于M公司而言金额重大,同等条件下,也难以按更优惠的价格租入其他办公楼,可以合理确定不会选择提前终止租赁,因此其租赁负债不应包括提前终止租赁时需要支付的罚金,租赁期确定为15年。

【例题 5-13】 M公司租入一台预计使用寿命为5年的机器。不可撤销的租赁期为3年。在第3年末M公司必须以30 000元购买该机器,或者必须将租赁期延长2年,如延长则在续租期内每年末支付 16 000 元。

【分析】 在本例中,M 公司不能合理确定在第 3 年末将购买该机器还是将租赁期延长 2 年,然而无论是选择哪一种方案,M 公司必须行使上述选择权中的一种付款,因而在该安排中,实质固定付款额为下述两项金额中的较低者:购买选择权的行权价格(30 000 元)的现值与续租期内付款额(每年末支付 16 000 元)的现值。

可变租赁付款额,是指承租人为取得在租赁期内使用租赁资产的权利,而向出租人支付的因租赁期开始日后的事实或情况发生变化(而非时间推移)而变动的款项。可变租赁付款额可能与下列各项指标或情况挂钩:①由于市场比率或指数数值变动导致的价格变动。例如基准利率或消费者价格指数变动可能导致租赁付款额的调整。②承租人源自租赁资产的绩效。如零售业不动产租赁可能会要求基于使用该不动产取得的销售收入的一定比例确定租赁付款额。③租赁资产的使用。例如,车辆租赁可能要求承租人在超过特定里程数时支付额外的租赁付款额。

需要注意的是,可变租赁付款额中,仅取决于指数或比率的可变租赁付款额纳入租赁负债的初始计量中,包括与消费者价格指数挂钩的款项、与基准利率挂钩的款项和反映市场租金费率变化而变动的款项等。除此之外,其他可变租赁付款额均不纳入租赁负债的初始计量中。

【例题 5-14】 承租人 M 公司签订了一项为期 15 年的房屋租赁合同,每年租赁款额为 60 000 元,于每年年初支付。合同规定,租赁付款额在租赁期开始日后每两年基于过去 24 个月消费者价格指数的上涨进行上调。租赁期开始日的消费者价格指数为 120。

【分析】 在本例中,M 公司在初始计量租赁负债时,应基于租赁期开始日的消费者价格指数确定租赁付款额,无须对后续年度因消费者价格指数而导致的租金变动做出估计。因此,在租赁期开始日,M 公司应以每年 60 000 元的租赁付款额为基础计量租赁负债。

在租赁期开始日,承租人应评估是否合理确定将行使购买标的资产的选择权或终止租赁的选择权。如果合理确定将行使购买标的资产的选择权或终止租赁的选择权,则租赁付款额中应包含购买选择权的行权价格或终止租赁的选择权需支付的款项。

担保余值,是指与出租人无关的一方向出租人提供担保,保证在租赁结束时租赁资产的价值至少为某指定的金额。如果承租人提供了对余值的担保,则租赁付款额应包含该担保下预计应支付的款项,它反映了承租人预计将支付的金额,而不是承租人担保余值下的最大敞口。

【例题 5-15】 承租人 M 公司与出租人 N 公司签订了一项汽车租赁合同,租赁期为 5 年。合同中就担保余值的规定为:如果标的汽车在租赁期结束时的公允价值低于 50 000 元,则 M 公司需要向 N 公司支付 50 000 元与汽车公允价值之间的差额。在租赁期开始日 M 公司预计标的汽车在租赁期结束时的公允价值为 50 000 元。

【分析】 在本例中,在租赁期开始日 M 公司预计标的汽车在租赁期结束时的公允价值为 50 000 元,即 M 公司预计在担保余值下将支付的金额为零。因此,M 公司在计算租赁负债时,与担保余值相关的付款额为零。

2. 折现率

租赁负债应当按照租赁期开始日尚未支付的租赁付款额的现值进行初始计量。在计算租赁付款额的现值时,承租人应当采用租赁内含利率作为折现率;无法确定租赁内含利率的,应当采用承租人增量借款利率作为折现率。

租赁内含利率,是指使出租人的租赁收款额的现值与未担保余值的现值之和等于租赁资产公允价值与出租人的初始直接费用之和的利率。

其中,未担保余值,是指租赁资产余值中,出租人无法保证能够实现或仅由与出租人有关的一方予以担保的部分。

初始直接费用,是指为达成租赁所发生的增量成本。增量成本是指若企业不取得该租赁,则不会发生的成本,如佣金、印花税等。无论是否实际取得租赁都会发生的支出,不属于初始直接费用,例如为评估是否签订租赁而发生的差旅费、法律费用等,此类费用应当在发生时计入当期损益。

【例题 5-16】 承租人 M 公司与出租人 N 公司签订了一份设备租赁合同,租赁期为 5 年。在租赁开始日,该设备的公允价值为 110 000 元,N 公司预计,在租赁结束时其公允价值(即未担保余值)将为 10 000 元。租赁付款额为每年 25 000 元,于年末支付。M 公司发生的初始直接费用为 5 000 元。M 公司计算租赁内含利率 r 的方法如下:

$$25\ 000\ 元 \times (P/A, r, 5) + 10\ 000\ 元 \times (P/F, r, 5) = 110\ 000\ 元 + 5\ 000\ 元$$

本例中,计算得出的租赁内含利率 r 为 5%。

承租人增量借款利率,是指承租人在类似经济环境下为获得与使用权资产价值接近的资产,在类似期间以类似抵押条件借入资金须支付的利率。该利率与下列事项相关:①承租人自身情况,即承租人的偿债能力和信用状况;②"借款"的期限,即租赁期;③"借入"资金的金额,即租赁负债的金额;④"抵押条件",即租赁资产的性质和质量;⑤经济环境,包括承租人所处的司法管辖区、计价货币、合同签订时间等。

在具体操作时,承租人可以先根据所处经济环境,以可观察的利率作为确定增量借款利率的参考基础,然后根据承租人自身情况、标的资产情况、租赁期和租赁负债金额等租赁业务具体情况对参考基础进行调整,得出适用的承租人增量借款利率。企业应当对确定承租人增量借款利率的依据和过程做好记录。

实务中,承租人增量借款利率常见的参考基础包括承租人同期银行贷款利率、相关租赁合同利率、承租人最近一期类似资产抵押贷款利率、与承租人信用状况相似的企业发行的同期债券利率等,但承租人还需根据上述事项在参考基础上相应进行调整。

三、使用权资产的初始计量

使用权资产,是指承租人可在租赁期内使用租赁资产的权利。在租赁期开始日,承租人应当按照成本对使用权资产进行初始计量。该成本包括下列四项:

(1)租赁负债的初始计量金额。

(2)在租赁期开始日或之前支付的租赁付款额;存在租赁激励的,应扣除已享受的租赁激励相关金额。

(3)承租人发生的初始直接费用。

(4)承租人为拆卸及移除租赁资产、复原租赁资产所在场地或将租赁资产恢复至租赁条款约定状态预计将发生的成本。前述成本属于为生产存货而发生的,适用《企业会计准则第 1

号——存货》。

关于上述第(4)项成本,承租人有可能在租赁期开始日就承担了上述成本的支付义务,也可能在特定期间内因使用标的资产而承担了相关义务。承租人应在其有义务承担上述成本时,将这些成本确认为使用权资产成本的一部分。但是,承租人由于在特定期间内将使用权资产用于生产存货而发生的上述成本,应按照《企业会计准则第1号——存货》进行会计处理。承租人应当按照《企业会计准则第13号——或有事项》对上述成本的支付义务进行确认和计量。

在某些情况下,承租人可能在租赁期开始前就发生了与标的资产相关的经济业务或事项,例如:租赁合同双方经协商在租赁合同中约定,标的资产需经建造或重新设计后可供承租人使用,根据合同条款与条件,承租人需支付与资产建造或设计相关的成本。承租人如发生与标的资产建造或设计相关的成本,适用其他相关准则(如《企业会计准则第4号——固定资产》)进行会计处理。同时,需要注意的是与标的资产建造或设计相关的成本不包括承租人为获取标的资产使用权而支付的款项,此类款项无论在何时支付,均属于租赁付款额。

【例题5-17】 承租人M公司就某台设备与出租人N公司签订了为期11年的租赁协议,并拥有5年的续租选择权。有关资料如下:①初始租赁期内的不含税租金为每年20 000元,续租期间为每年21 000元,所有款项应于每年年初支付;②为获得该项租赁,M公司发生的初始直接费用为10 000元;③作为对M公司的激励,N公司同意补偿M公司5 000元的佣金;④在租赁期开始日,M公司评估后认为,不能合理确定将行使续租选择权,因此,将租赁期确定为11年;⑤M公司无法确定租赁内含利率,其增量借款利率为每年5.5%,该利率反映的是M公司以类似抵押条件借入期限为12年、与使用权资产等值的相同币种的借款而必须支付的利率。为简化处理,假设不考虑相关税费影响。

【分析】 承租人M公司的会计处理如下:

第一步,计算租赁期开始日租赁付款额现值,并确认租赁负债和使用权资产。

在租赁期开始日,M公司支付第1年的租金20 000元,并以剩余10年租金(每年20 000元)按5.5%的年利率折现后的现值计量租赁负债。计算租赁付款额现值的过程如下:

$$剩余10期租赁付款额 = 20\ 000\ 元 \times 10 = 200\ 000\ 元$$

$$租赁负债 = 剩余10期租赁付款额现值 = 20\ 000\ 元 \times (P/A, 5.5\%, 10)$$

$$= 150\ 752.52\ 元$$

$$未确认融资费用 = 剩余10期租赁付款额 - 剩余10期租赁付款额现值$$

$$= 200\ 000\ 元 - 150\ 752.52\ 元 = 49\ 247.48\ 元$$

借:使用权资产	170 752.52	
租赁负债——未确认融资费用	49 247.48	
贷:租赁负债——租赁付款额		200 000
银行存款(第1年的租赁付款额)		20 000

第二步,将初始直接费用计入使用权资产的初始成本。

借:使用权资产	10 000	
贷:银行存款		10 000

第三步,将已收的租赁激励相关金额从使用权资产入账价值中扣除。

借:银行存款　　　　　　　　　　　　　　5 000

　　　　贷:使用权资产　　　　　　　　　　　　　　　　　　　　　　　5 000

综上,M公司使用权资产的初始成本为:

$$170\ 752.52\ 元＋10\ 000\ 元－5\ 000\ 元＝175\ 752.52\ 元$$

四、租赁负债的后续计量

1. 计量基础

在租赁期开始日后,承租人应当按以下原则对租赁负债进行后续计量:

(1)确认租赁负债的利息时,增加租赁负债的账面金额;

(2)支付租赁付款额时,减少租赁负债的账面金额;

(3)因重估或租赁变更等原因导致租赁付款额发生变动时,重新计量租赁负债的账面价值。

承租人应当按照固定的周期性利率计算租赁负债在租赁期内各期间的利息费用,并计入当期损益,但按照《企业会计准则第17号——借款费用》等其他准则规定应当计入相关资产成本的,从其规定。所谓周期性利率,是指承租人对租赁负债进行初始计量时所采用的折现率,或者因租赁付款额发生变动或因租赁变更而需按照修订后的折现率对租赁负债进行重新计量时,承租人所采用的修订后的折现率。

对于未纳入租赁负债计量范围的可变租赁付款额,即并非取决于指数或比率的可变租赁付款额,应当在实际发生时计入当期损益,但按照《企业会计准则第1号——存货》等其他准则规定应当计入相关资产成本的,从其规定。

【例题5-18】 承租人M公司与出租人N公司签订了为期10年的商铺租赁合同。每年的租赁付款额为400 000元,在每年年末支付。M公司无法确定租赁内含利率,其增量借款利率为5%。除固定付款额外,合同还规定,租赁期间M公司商铺当年销售额超过1 000 000元的,当年应再支付按销售额的2%计算的租金,于当年年末支付。假设在租赁的第5年,该商铺的销售额为1 200 000元。在租赁期开始日,M公司按租赁付款额的现值所确认的租赁负债为3 088 693.97元。

【分析】 在第1年年末,M公司支付第1年的租赁付款额的账务处理为:

　　借:租赁负债——租赁付款额　　　　　　　　　　　　400 000
　　　　贷:银行存款　　　　　　　　　　　　　　　　　　　　400 000
　　借:财务费用——利息费用　　(3 088 693.97×0.05)　154 434.70
　　　　贷:租赁负债——未确认融资费用　　　　　　　　　　154 434.70

由于本例中可变租赁付款额是与销售额挂钩的,并非取决于指数或比率,不应被纳入租赁负债的初始计量中,因此在第5年年末针对可变租赁付款额的账务处理为:

　　借:营业成本(或销售费用)　　　　　　　　　　　　　24 000
　　　　贷:银行存款等　　　　　　　　　　　　　　　　　　　24 000

2. 租赁负债的重新计量

在租赁期开始日后,当发生下列四种情形时,承租人应当按照变动后的租赁付款额的现值重新计量租赁负债,并相应调整使用权资产的账面价值(使用权资产的账面价值已调减至零,但租赁负债仍需进一步调减的,承租人应当将剩余金额计入当期损益):

(1)实质固定付款额发生变动。

如果租赁付款额最初是可变的,但在租赁期开始日后的某一时点转为固定,那么,在潜在可变性消除时,该付款额成为实质固定付款额,应纳入租赁负债的计量中。承租人应当按照变动后租赁付款额的现值重新计算租赁负债。在该情形下,承租人采用的折现率不变,即采用租赁期开始日确定的折现率。

【例题5-19】 承租人M公司与出租人N公司签订了为期8年的设备租赁合同,租金在每年年末支付,并按以下方式确定:第1年,租金是可变的,根据该设备在第1年下半年的实际产能确定;第2年至第8年,每年的租金根据该设备在第1年下半年的实际产能确定,即租金将在第1年年末改变为固定付款额。在租赁期开始日,M公司无法确定租赁内含利率,其增量借款利率为6%。假设在第1年年末,根据该设备在第1年下半年的实际产能所确定的租赁付款额为每年22 000元。

【分析】 在租赁期开始时,由于未来的租金尚不确定,因此M公司的租赁负债为零。在第1年年末,租金的潜在可变性消除,成为实质固定付款额(即每年22 000元),因此M公司应基于变动后的租赁付款额重新计算租赁负债,并采用不变的折现率(即6%)进行折现。在支付第1年的租金之后,M公司后续年度需支付的租赁付款额为154 000元(即22 000元×7),租赁付款额在第1年年末的现值为126 382.65元(即22 000元×$(P/A,6\%,7)$),未确认融资费用为27 617.35元(即154 000元-126 382.65元)。M公司在第1年年末的相关账务处理如下:

支付第1年租金:
借:制造费用　　　　　　　　　　　　　　　　　　22 000
　　贷:银行存款　　　　　　　　　　　　　　　　　　　　22 000
确认使用权资产和租赁负债:
借:使用权资产　　　　　　　　　　　　　　　　　126 382.65
　　租赁负债——未确认融资费用　　　　　　　　　 27 617.35
　　贷:租赁负债——租赁付款额　　　　　　　　　　　　154 000

(2)担保余值预计的应付金额发生变动。

在租赁期开始日后,承租人应对其在担保余值下预计支付的金额进行估计。该金额发生变动的,承租人应当按照变动后租赁付款额的现值重新计算租赁负债。在该情形下,承租人采用的折现率不变。

(3)用于确定租赁付款额的指数或比率发生变动。

在租赁期开始日后,因浮动利率的变动、用于确定租赁付款额的指数或比率(浮动利率除外)的变动等原因而导致未来租赁付款额发生变动的,承租人应当按照变动后租赁付款额的现值重新计算租赁负债。在浮动利率变动的情形下,承租人应采用反映利率变动的修订后的折现率进行折现;在指数或比率(浮动利率除外)变动的情形下,承租人采用的折现率不变。因此,在不考虑其他因素的情况下,承租人这时一般应按租赁负债增加额借记"使用权资产"科目,按租赁付款额的增加数贷记"租赁负债——租赁付款额",再按借贷差额借记"租赁负债——未确认融资费用"。

(4)购买选择权、续租选择权或终止租赁选择权的评估结果或实际行使情况发生变化。

租赁期开始日后,发生以下情形的,承租人应采用修订后的折现率对变动后的租赁付款额进行折现,以重新计量租赁负债;发生承租人可控范围内的重大事件或变化,且影响承租人是否合理确定将行使续租选择权、终止租赁选择权或购买选择权的,承租人应当对其是否合理确定将行使相应选择权进行重新评估。上述选择权的评估结果发生变化的,承租人应当根据新的评估结果重新确定租赁期和租赁付款额。前述选择权的实际行使情况与原评估结果不一致等导致租赁期变化的,也应当根据新的租赁期重新确定租赁付款额。

承租人在计算变动后租赁付款额的现值时,应当采用剩余租赁期间的租赁内含利率作为折现率;无法确定剩余租赁期间的租赁内含利率的,应当采用重估日的承租人增量借款利率作为折现率。

【例题 5-20】 承租人 M 公司与出租人 N 公司签订了一份房产租赁合同,确认为办公楼,每年的租赁付款额为 30 000 元,于每年年末支付。M 公司无法确定租赁内含利率,其增量借款利率为 5.2%。不可撤销租赁期为 6 年,并且合同约定在第 6 年年末,M 公司有权选择以每年 30 000 元续租 4 年,也有权选择以 600 000 元购买该房产。M 公司在租赁期开始时评估认为,可以合理确定将行使续租选择权,而不会行使购买选择权,因此将租赁期确定为 10 年。在第 6 年,该房产所在地房价显著上涨,M 公司预计租赁期结束时该房产的市价为 900 000 元,M 公司在第 6 年年末重新评估后认为,能够合理确定将行使上述购买选择权,而不会行使上述续租选择权。在第 7 年末,M 公司实际行使了购买选择权。

【分析】 在租赁期开始日,M 公司确认的租赁负债和使用权资产为 229 418.51 元,即 30 000 元×$(P/A,5.2\%,10)$= 229 418.51 元。租赁负债将按表 5-1 所述方法进行后续计量。

表 5-1 M 公司租赁负债后续计量方法

单位:元

第×年	租赁负债年初金额 ①	利息 ②=①×5.2%	租赁付款额 ③	租赁负债年末金额 ④=①+②-③
1	229 418.51	11 929.76	30 000.00	211 348.27
2	211 348.27	10 990.11	30 000.00	192 338.38
3	192 338.38	10 001.60	30 000.00	172 339.98
4	172 339.98	8 961.68	30 000.00	151 301.66
5	151 301.66	7 867.69	30 000.00	129 169.34
6	129 169.34	6 716.81	30 000.00	105 886.15
7	105 886.15	5 506.08	30 000.00	81 392.23
8	81 392.23	4 232.40	30 000.00	55 624.63
9	55 624.63	2 892.48	30 000.00	28 517.11
10	28 517.11	1 482.89	30 000.00	0.00

在第 6 年,该房产所在地房价显著上涨,属于市场情况发生的变化,不在 M 公司的可控范围内,因此,虽然该事项导致购买选择权及续租选择权的评估结果发生变化,但 M 公司不需重新计量租赁负债。

在第 7 年末,M 公司实际行使了购买选择权。截至该时点,使用权资产的原值为 229 418.51

元,累计折旧为 160 592.96 元(即 229 418.51 元×7/10);支付了第 7 年租赁付款额之后,租赁负债的账面价值为 81 392.23 元,其中,租赁付款额为 90 000 元,未确认融资费用为 8 607.77 元(即 90 000 元－81 392.23 元)。M 公司行使购买选择权的会计分录为:

  借:固定资产——办公楼   587 433.32
    使用权资产累计折旧   160 592.96
    租赁负债——租赁付款额   90 000.00
   贷:使用权资产   229 418.51
    租赁负债——未确认融资费用   8 607.77
    银行存款   600 000.00

五、使用权资产的后续计量

1. 计量基础

在租赁期开始日后,承租人应当采用成本模式对使用权资产进行后续计量,即以成本减累计折旧及累计减值损失计量使用权资产。承租人按照准则有关规定重新计量租赁负债的,应当相应调整使用权资产的账面价值。

2. 使用权资产的折旧

承租人应当参照《企业会计准则第 4 号——固定资产》有关折旧规定,自租赁期开始日起对使用权资产计提折旧。使用权资产通常应自租赁期开始的当月计提折旧,当月计提确有困难的,为便于实务操作,企业也可以选择自租赁期开始的下月计提折旧,但应对同类使用权资产采取相同的折旧政策。计提的折旧金额应根据使用权资产的用途,计入相关资产的成本或者当期损益。承租人在确定使用权资产的折旧方法时,应当根据与使用权资产有关的经济利益的预期实现方式做出决定。通常,承租人按直线法对使用权资产计提折旧;其他折旧方法更能反映使用权资产有关经济利益预期实现方式的,应采用其他折旧方法。

承租人在确定使用权资产的折旧年限时,应遵循以下原则:①承租人能够合理确定租赁期届满时取得租赁资产所有权的,应当在租赁资产剩余使用寿命内计提折旧;②承租人无法合理确定租赁期届满时能够取得租赁资产所有权的,应当在租赁期与租赁资产剩余使用寿命两者中较短的期间内计提折旧;③如果使用权资产的剩余使用寿命短于前两者,则应在使用权资产的剩余使用寿命内计提折旧。

3. 使用权资产的减值

在租赁期开始日后,承租人应当按照《企业会计准则第 8 号——资产减值》的规定,确定使用权资产是否发生减值,并对已识别的减值损失进行会计处理。使用权资产发生减值的,按应减记的金额,借记"资产减值损失"科目,贷记"使用权资产减值准备"科目。使用权资产减值准备一旦计提,不得转回。承租人应当按照扣除减值损失之后的使用权资产的账面价值,进行后续折旧。

六、租赁变更的会计处理

租赁变更,是指原合同条款之外的租赁范围、租赁对价、租赁期限的变更,包括增加或终止一项或多项租赁资产的使用权,延长或缩短合同规定的租赁期等。租赁变更生效日,是指双方就租赁变更达成一致的日期。

1.租赁变更作为一项单独租赁处理

租赁发生变更且同时符合下列条件的,承租人应当将该租赁变更作为一项单独租赁进行会计处理:

(1)该租赁变更通过增加一项或多项租赁资产的使用权而扩大了租赁范围或延长了租赁期限;

(2)增加的对价与租赁范围扩大部分或租赁期限延长部分的单独价格按该合同情况调整后的金额相当。

【例题5-21】 承租人M公司与出租人N公司就1 500平方米的办公场所签订了一项为期8年的租赁合同。在第4年年初,M公司和N公司同意对原租赁合同进行变更,以扩租同一办公楼内的另外1 500平方米的办公场所。扩租的场所于第6年第二季度末可供M公司使用。增加的租赁对价与新增1 500平方米办公场所的当前市价(根据M公司获取的扩租折扣进行调整后的金额)相当。扩租折扣反映了N公司节约的成本,即若将相同场所租赁给新租户N公司将会发生的额外成本(如营销成本)。

【分析】 在本例中,M公司应当将该变更作为一项单独的租赁,与原来的8年期租赁分别进行会计处理。原因在于,该租赁变更通过增加1 500平方米办公场所的使用权而扩大了租赁范围,并且增加的租赁对价与新增使用权的单独价格按该合同情况调整后的金额相当。据此,在新租赁的租赁期开始日(即第6年第二季度末),M公司确认与新增1 500平方米办公场所租赁相关的使用权资产和租赁负债。M公司对原有1 500平方米办公场所租赁的会计处理不会因为该租赁变更而进行任何调整。

2.租赁变更未作为一项单独租赁处理

租赁变更未作为一项单独租赁进行会计处理的,在租赁变更生效日,承租人应当按照准则有关租赁分拆的规定对变更后合同的对价进行分摊,按照准则有关租赁期的规定确定变更后的租赁期,并采用变更后的折现率对变更后的租赁付款额进行折现,以重新计量租赁负债。在计算变更后租赁付款额的现值时,承租人应当采用剩余租赁期间的租赁内含利率作为折现率;无法确定剩余租赁期间的租赁内含利率的,应当采用租赁变更生效日的承租人增量借款利率作为折现率。就上述租赁负债调整的影响,承租人应区分以下情形进行会计处理:

(1)租赁变更导致租赁范围缩小或租赁期缩短的,承租人应当调减使用权资产的账面价值,以反映租赁的部分终止或完全终止。承租人应将部分终止或完全终止租赁的相关利得或损失计入当期损益。

(2)若为其他租赁变更,承租人应当相应调整使用权资产的账面价值。

【例题5-22】 承租人M公司与出租人N公司就6 000平方米的办公场所签订了12年期的租赁合同。年租赁付款额为90 000元,在每年年末支付。在租赁期开始日,M公司的增量借款利率为5.6%,相应的租赁负债和使用权资产的初始确认金额均为771 371.54元,即90 000元×$(P/A,5.6\%,12)$。在第7年年初,M公司和N公司同意对原租赁合同进行变更,即自第7年年初起,将原租赁场所缩减至3 000平方米。每年的租赁付款额(自第7年至第12年)调整为50 000元。承租人在第7年年初的增量借款利率为5%。

调减金额计算分析表见表5-2。

表5-2 调减金额计算分析表

单位:元

项 目	①账面余值	②因缩小需调减金额=①×0.5
使用权资产	385 685.77=771 371.54×6/12	192 842.89
租赁负债	448 176.12=90 000×(P/A,5.6%,6)	224 088.06
租赁付款额	540 000=90 000×6	270 000.00
未确认融资费用	91 823.88=540 000−448 176.12	45 911.94

(1)编制调减会计分录如下:

借:租赁负债——租赁付款额　　　　　　　　　　　270 000
　　贷:租赁负债——未确认融资费用　　　　　　　　45 911.94
　　　　使用权资产　　　　　　　　　　　　　　　192 842.89
　　　　资产处置损益　　　　　　　　　　　　　　 31 245.17

(2)重新计量租赁负债和使用权资产,见表5-3,编制调整分录。

借:使用权资产　　　　　　　　　　　　　　　　　29 696.54
　　租赁负债——未确认融资费用　　　　　　　　　　303.46
　　贷:租赁负债——租赁付款额　　　　　　　　　　30 000

表5-3 调整金额计算分析表

单位:元

项 目	①重新计量	②原账面余值	调整金额=①−②
使用权资产	222 539.43*	192 842.89	29 696.54
租赁负债	253 784.60=50 000×(P/A,5%,6)	224 088.06	29 696.54
租赁付款额	300 000=50 000×6	270 000.00	30 000.00
未确认融资费用	46 215.40=300 000−253 784.60	45 911.94	303.46

注:* 222 539.43=192 842.89+29 696.54。

七、短期租赁和低价值资产租赁

对于短期租赁和低价值资产租赁,承租人可以选择不确认使用权资产和租赁负债。做出该选择的,承租人应当将短期租赁和低价值资产租赁的租赁付款额,在租赁期内各个期间按照直线法或其他系统合理的方法计入相关资产成本或当期损益。其他系统合理的方法能够更好地反映承租人的受益模式的,承租人应当采用该方法。

1.短期租赁

短期租赁,是指在租赁期开始日,租赁期不超过12个月的租赁。包含购买选择权的租赁不属于短期租赁。

对于短期租赁,承租人可以按照租赁资产的类别做出采用简化会计处理的选择。如果承租人对某类租赁资产做出了简化会计处理的选择,未来该类资产下所有的短期租赁都应采用简化会计处理。某类租赁资产是指企业运营中具有类似性质和用途的一组租赁资产。

按照简化会计处理的短期租赁发生租赁变更或者其他原因导致租赁期发生变化的,承租人应当将其视为一项新租赁,重新按照上述原则判断该项新租赁是否可以选择简化会计处理。

2. 低价值资产租赁

低价值资产租赁,是指单项租赁资产为全新资产时价值较低的租赁。

承租人在判断是否是低价值资产租赁时,应基于租赁资产的全新状态下的价值进行评估,不应考虑资产已被使用的年限。

对于低价值资产租赁,承租人可根据每项租赁的具体情况做出简化会计处理选择。低价值资产同时还应满足准则相关规定,即只有承租人能够从单独使用该低价值资产或将其与承租人易于获得的其他资源一起使用中获利,且该项资产与其他租赁资产没有高度依赖或高度关联关系时,才能对该资产租赁选择进行简化会计处理。

低价值资产租赁的标准应该是一个绝对金额,即仅与资产全新状态下的绝对价值有关,不受承租人规模、性质等影响,也不考虑该资产对于承租人或相关租赁交易的重要性。常见的低价值资产的例子包括平板电脑、普通办公家具、电话等小型资产。

但如果承租人已经或者预期要把相关资产进行转租赁,则不能将原租赁按照低价值资产租赁进行简化会计处理。值得注意的是,某项资产租赁为低价值资产租赁,并不代表在承租人采取购入方式取得该资产时该资产不符合固定资产确认条件。

第三节 出租人会计

一、出租人使用的相关会计科目

出租人使用的相关会计科目有:

(1)"融资租赁资产"科目。本科目核算租赁企业作为出租人为开展融资租赁业务取得资产的成本。租赁业务不多的企业,也可通过"固定资产"等科目核算。租赁企业和其他企业对于融资租赁资产在未融资租赁期间的会计处理遵循固定资产准则或其他适用的会计准则。

(2)"应收融资租赁款"科目。本科目核算出租人融资租赁产生的租赁投资净额,可分别设置"租赁收款额""未实现融资收益""未担保余值"等进行明细科目核算。租赁业务较多的,出租人还可以在"租赁收款额"明细科目下进一步设置明细科目核算。

(3)"应收融资租赁款减值准备"科目。本科目核算应收融资租赁款的减值准备。

(4)"租赁收入"科目。本科目核算租赁企业作为出租人确认的融资租赁和经营租赁的租赁收入。一般企业根据自身业务特点确定租赁收入的核算科目,例如"其他业务收入"等。本科目可按租赁资产类别和项目进行明细核算。

二、出租人的租赁分类

(一)融资租赁和经营租赁

出租人应当在租赁开始日将租赁分为融资租赁和经营租赁。

租赁开始日,是指租赁合同签署日与租赁各方就主要租赁条款做出承诺日中的较早者。租赁开始日可能早于租赁期开始日,也可能与租赁期开始日重合。

一项租赁属于融资租赁还是经营租赁取决于交易的实质,而不是合同的形式。如果一项租赁实质上转移了与租赁资产所有权有关的几乎全部风险和报酬,出租人应当将该项租赁分类为融资租赁。出租人应当将除融资租赁以外的其他租赁分类为经营租赁。

出租人的租赁分类是以租赁转移与租赁资产所有权相关的风险和报酬的程度为依据的。风险包括由于生产能力的闲置或技术陈旧可能造成的损失,以及由于经济状况的改变可能造成的回报变动。报酬可以表现为在租赁资产的预期经济寿命期间经营的盈利以及因增值或残值变现可能产生的利得。

租赁开始日后,除非发生租赁变更,出租人无须对租赁的分类进行重新评估。租赁资产预计使用寿命、预计余值等会计估计变更或发生承租人违约等情况变化的,出租人不对租赁进行重分类。

租赁合同可能包括因租赁开始日与租赁期开始日之间发生的特定变化而需对租赁付款额进行调整的条款与条件(例如,出租人标的资产的成本发生变动,或出租人对该租赁的融资成本发生变动)。在此情况下,出于租赁分类目的,此类变动的影响均视为在租赁开始日已发生。

(二)融资租赁的分类标准

一项租赁存在下列一种或多种情形的,通常分类为融资租赁:

(1)在租赁期届满时,租赁资产的所有权转移给承租人。也就是说,如果在租赁协议中已经约定或者根据其他条件,在租赁开始日就可以合理地判断出,租赁期届满时出租人会将资产的所有权转移给承租人,那么该项租赁通常分类为融资租赁。

(2)承租人有购买租赁资产的选择权,所订立的购买价款预计将远低于行使选择权时租赁资产的公允价值,因而在租赁开始日就可以合理确定承租人将行使该选择权。

(3)资产的所有权虽然不转移,但租赁期占租赁资产使用寿命的大部分。

实务中,这里的"大部分"一般指租赁期占租赁开始日租赁资产使用寿命的75%以上(含75%)。需要说明的是,这里的量化标准只是指导性标准,企业在具体运用时,必须以准则规定的相关条件进行综合判断。这条标准强调的是租赁期占租赁资产使用寿命的比例,而非租赁期占该项资产全部可使用年限的比例。如果租赁资产是旧资产,在租赁前已使用年限超过资产自全新时起算可使用年限的75%以上,则这条判断标准不适用,不能使用这条标准确定租赁的分类。

(4)在租赁开始日,租赁收款额的现值几乎相当于租赁资产的公允价值。

实务中,这里的"几乎相当于",通常掌握在90%以上。需要说明的是,这里的量化标准只是指导性标准,企业在具体运用时,必须以准则规定的相关条件进行综合判断。

(5)租赁资产性质特殊,如果不做较大改造,只有承租人才能使用。租赁资产是由出租人根据承租人对资产型号、规格等方面的特殊要求专门购买或建造的,具有专购、专用性质,这些租赁资产如果不做较大的重新改制,其他企业通常难以使用。这种情况下,通常也分类为融资租赁。

一项租赁存在下列一项或多项迹象的,也可能分类为融资租赁:

(1)若承租人撤销租赁,撤销租赁对出租人造成的损失由承租人承担。

(2)资产余值的公允价值波动所产生的利得或损失归属于承租人。

例如,租赁结束时,出租人以相当于资产销售收益的绝大部分金额作为对租金的退还,说明承租人承担了租赁资产余值的几乎所有风险和报酬。

(3)承租人有能力以远低于市场水平的租金继续租赁至下一期间。

此经济激励政策与购买选择权类似,如果续租选择权行权价远低于市场水平,可以合理确定承租人将继续租赁至下一期间。

值得注意的是,出租人判断租赁类型时,上述情形和迹象并非总是决定性的,出租人应综合考虑经济激励的有利方面和不利方面。若有其他特征充分表明,租赁实质上没有转移与租赁资产所有权相关的几乎全部风险和报酬,则该租赁应分类为经营租赁。例如,若租赁资产的所有权在租赁期结束时是以相当于届时其公允价值的可变付款额转让至承租人的,或者因存在可变租赁付款额导致出租人实质上没有转移几乎全部风险和报酬,就可能出现这种情况。

三、出租人对融资租赁的会计处理

(一)初始计量

在租赁期开始日,出租人应当对融资租赁确认应收融资租赁款,并终止确认融资租赁资产。出租人对应收融资租赁款进行初始计量时,应当以租赁投资净额作为应收融资租赁款的入账价值。

租赁投资净额为未担保余值和租赁期开始日尚未收到的租赁收款额按照租赁内含利率折现的现值之和。租赁内含利率,是指使出租人的租赁收款额的现值与未担保余值的现值之和(即租赁投资净额)等于租赁资产公允价值与出租人的初始直接费用之和的利率。因此,出租人发生的初始直接费用包括在租赁投资净额中,也即包括在应收融资租赁款的初始入账价值中。租赁收款额,是指出租人因让渡在租赁期内使用租赁资产的权利而应向承租人收取的款项,包括:

(1)承租人需支付的固定付款额及实质固定付款额。存在租赁激励的,应当扣除租赁激励相关金额。

(2)取决于指数或比率的可变租赁付款额。该款项在初始计量时,根据租赁期开始日的指数或比率确定。

(3)购买选择权的行权价格,前提是合理确定承租人将行使该选择权。

(4)承租人行使终止租赁选择权需支付的款项,前提是租赁期反映出承租人将行使终止租赁选择权。

(5)由承租人、与承租人有关的一方以及有经济能力履行担保义务的独立第三方向出租人提供的担保余值。

【例题5-23】20×1年12月1日,M公司与N公司签订了一份租赁合同,从N公司租入塑钢机一台。租赁合同主要条款如下:

(1)租赁资产:全新塑钢机。

(2)租赁期开始日:20×2年1月1日。

(3)租赁期:20×2年1月1日至20×7年12月31日,共72个月。

(4)固定租金支付:自20×2年1月1日每年年末支付租金170 000元。如果M公司能够在每年年末的最后一天及时付款,则 N 公司给予其减少租金 11 000 元奖励。

(5)取决于指数或比率的可变租赁付款额:租赁期限内,如遇中国人民银行贷款基准利率调整,出租人将对租赁利率做出同方向、同幅度的调整。基准利率调整日之前各期和调整日当期租金不变,从下一期租金开始按调整后的租金金额收取。

(6)租赁开始日租赁资产的公允价值:该机器在 20×1 年 12 月 31 日的公允价值为 750 000 元,账面价值为 650 000 元。

(7)初始直接费用:签订租赁合同过程中 N 公司发生可归属于租赁项目的手续费、佣金 10 000 元。

(8)承租人的购买选择权:租赁期届满时 M 公司享有优惠购买该机器的选择权,购买价为 10 000 元,估计该日租赁资产的公允价值为 90 000 元。

(9)取决于租赁资产绩效的可变租赁付款额:20×3 年和 20×4 年两年 M 公司每年按该机器所生产的产品——塑钢窗户的年销售收入的 5% 向 N 公司支付。

(10)承租人的终止租赁选择权:M 公司享有终止租赁选择权。在租赁期间,如果 M 公司终止租赁,需支付的款项为剩余租赁期间的固定租金支付金额。

(11)担保余值和未担保余值均为 0。

(12)全新塑钢机的使用寿命为 8 年。

【分析】 出租人 N 公司的会计处理如下:

第一步,判断租赁类型。

本例存在优惠购买选择权,优惠购买价 10 000 元远低于行使选择权日租赁资产的公允价值 90 000 元,在 20×1 年 12 月 31 日就可合理确定 M 公司将会行使这种选择权。另外,租赁期为 6 年,占租赁开始日租赁资产使用寿命的 75%(占租赁资产使用寿命的大部分)。同时,N 公司综合考虑其他各种情形和迹象,认为该租赁实质上转移了与该项设备所有权有关的几乎全部风险和报酬,因此可将这项租赁认定为融资租赁。

第二步,确定租赁收款额。

(1)承租人的固定付款额为考虑扣除租赁激励后的金额:(170 000－11 000)元×6 ＝954 000 元。

(2)取决于指数或比率的可变租赁付款额。

该款项在初始计量时根据租赁期开始日的指数或比率确定,因此本例题在租赁期开始日不做考虑。

(3)承租人购买选择权的行权价格。

租赁期届满时 M 公司享有优惠购买该机器的选择权,购买价格为 10 000 元,在 20×1 年 12 月 31 日就可合理确定 M 公司将会行使这种选择权。所以,租赁付款额中应包括承租人购买选择权的行权价格 10 000 元。

(4)终止租赁的罚款。

虽然 M 公司享有终止租赁选择权,但若终止租赁,M 公司付的款项为剩余租赁期间的固定租金支付金额。根据上述条款,可以合理确定 M 公司不会行使终止租赁选择权。

(5)由承租人 M 公司向出租人 N 公司提供的担保余值为 0。

综上所述,租赁收款额为:954 000 元＋10 000 元＝964 000 元。

第三步,确认租赁投资总额。

租赁投资总额＝在融资租赁下出租人应收的租赁收款额＋未担保余值
＝(964 000＋0)元＝964 000 元

第四步,确认租赁投资净额的金额和未实现融资收益。

租赁投资净额在金额上等于租赁资产在租赁期开始日的公允价值(750 000 元)加上出租人发生的租赁初始直接费用(10 000 元),即为 760 000 元。

未实现融资收益＝租赁投资总额－租赁投资净额＝(964 000－760 000)元
＝204 000 元

第五步,计算租赁内含利率。

159 000 元×(P/A,r,6)＋10 000 元×(P/F,r,6)＝760 000 元,计算得到租赁内含利率为 7.192％。

第六步,账务处理。20×2 年 1 月 1 日会计处理:

借:应收融资租赁款——租赁收款额	964 000
贷:银行存款	10 000
融资租赁资产	650 000
资产处置损益	100 000
应收融资租赁款——未实现融资收益	204 000

若某融资租赁合同必须以收到租赁保证金为生效条件,出租人收到承租人交来的租赁保证金,借记"银行存款"科目,贷记"其他应收款——租赁保证金"科目。承租人到期不交租金,以保证金抵作租金时,借记"其他应收款——租赁保证金"科目,贷记"应收融资租赁款"科目。承租人违约,按租赁合同或协议规定没收保证金时,借记"其他应收款——租赁保证金"科目,贷记"营业外收入"等科目。

(二)后续计量

出租人应当按照固定的周期性利率计算并确认租赁期内各个期间利息收入。

【例题 5-24】 沿用例题 5-23 的已知条件,以下说明出租人如何确认计量租赁期内各期间的利息收入。

第一步,计算租赁期内各期的利息收入,见表 5-4。

表 5-4 利息收入计算表

单位:元

日 期	租 金 ①	利 息 收 入 ②＝上一期期末×7.912％ (行使购买选择权计算除外)	租赁投资净额余额 期末③＝上一期期末－①＋② (行使购买选择权计算除外)
20×2 年 1 月 1 日			760 000.00
20×2 年 12 月 31 日	159 000.00	54 659.38	655 659.38
20×3 年 12 月 31 日	159 000.00	47 155.18	543 814.56
20×4 年 12 月 31 日	159 000.00	39 111.27	423 925.84
20×5 年 12 月 31 日	159 000.00	30 488.85	295 414.69

续表

日期	租金	利息收入	租赁投资净额余额
20×6年12月31日	159 000.00	21 246.30	157 660.98
20×7年12月31日	159 000.00	11 339.02	10 000.00
20×7年12月31日	10 000.00	0.00	0.00
合计	964 000.00	204 000.00	

第二步,编制会计分录。

20×2年12月31日收到第一期租金时:

借:银行存款　　　　　　　　　　　　　　　　　　　159 000
　　贷:应收融资租赁款——租赁收款额　　　　　　　　　　　　159 000
借:应收融资租赁款——未实现融资收益　　　　　　　　54 659.38
　　贷:租赁收入　　　　　　　　　　　　　　　　　　　　　54 659.38

20×3年12月31日收到第二期租金时:

借:银行存款　　　　　　　　　　　　　　　　　　　159 000
　　贷:应收融资租赁款——租赁收款额　　　　　　　　　　　　159 000
借:应收融资租赁款——未实现融资收益　　　　　　　　47 155.18
　　贷:租赁收入　　　　　　　　　　　　　　　　　　　　　47 155.18

以后各期会计分录类似。

20×7年12月31日承租人行使购买权时:

借:银行存款　　　　　　　　　　　　　　　　　　　10 000
　　贷:应收融资租赁款——租赁收款额　　　　　　　　　　　　10 000

准则规定,纳入出租人租赁投资净额的可变租赁付款额只包含取决于指数或比率的可变租赁付款额。在初始计量时,应当采用租赁期开始日的指数或比率进行初始计量。出租人应定期复核计算租赁投资总额时所使用的未担保余值。若预计未担保余值降低,出租人应修改租赁期内的收益分配,并立即确认预计的减少额。出租人取得的未纳入租赁投资净额计量的可变租赁付款额,如与资产的未来绩效或使用情况挂钩的可变租赁付款额,应当在实际发生时计入当期损益。

(三)融资租赁变更的会计处理

融资租赁发生变更且同时符合下列条件的,出租人应当将该变更作为一项单独租赁进行会计处理:

(1)该变更通过增加一项或多项租赁资产的使用权而扩大了租赁范围(或延长了租赁期限);

(2)增加的对价与租赁范围扩大部分(或租赁期限延长部分)的单独价格按该合同情况调整后的金额相当。

出租人将变更作为一项单独租赁的会计处理与承租人的会计处理类似,但在根据上述条件判断不能作为一项单独租赁进行会计处理时,情况有所不同:

(1)变更导致租赁重分类。

如果合同变更导致原融资租赁重新分类为经营租赁,出租人应按租赁变更日租赁投资净额

重新确认固定资产,冲减应收融资租赁款账面价值,并在之后的经营租赁期间,按经营租赁的有关规定进行会计处理。其会计分录为:

借:固定资产
    应收融资租赁款——未实现融资收益
  贷:应收融资租赁款——租赁收款额

(2)变更没有导致租赁重分类。

如果合同变更没有导致原租赁重分类,则出租人应在租赁合同变更日重新计算应收融资租赁款,并将其与原账面价值之间的差额计入当期损益(租赁收入)。

【例题5-25】 M公司与N公司签订了一份6年期的租赁合同,形成了融资租赁。合同规定,每年年末承租人向出租人支付租金12 000元,租赁开始日租赁资产公允价值为58 000元,租赁内含利率为6.55%。在第2年年初,承租人和出租人因为设备适用性等原因同意对原租赁进行修改,从第2年开始,每年支付的租金变为10 000元,租金总额从72 000元变更到62 000元。

【分析】 如果此付款变更在租赁开始日生效,租赁类别仍被分类为融资租赁,那么,在租赁变更生效日——第2年年初,按6.55%原租赁内含利率重新计算租赁投资净额,为41 556.79元(10 000元×$(P/A,6.55\%,5)$),与原租赁投资总净额账面余额49 799元(58 000元+58 000元×6.55%−12 000元)的差额8 242.21元计入当期损益。

第二年年初会计分录如下:

借:租赁收入   8 242.21
    应收融资租赁款——未实现融资收益   1 757.79
  贷:应收融资租赁款——租赁收款额   10 000.00

四、出租人对经营租赁的会计处理

1. 租金的处理

在租赁期内各个期间,出租人应采用直线法或者其他系统合理的方法将经营租赁的租赁收款额确认为租金收入。如果其他系统合理的方法能够更好地反映因使用租赁资产所产生经济利益的消耗模式,则出租人应采用该方法。

2. 出租人对经营租赁提供激励措施

出租人提供免租期的,整个租赁期内,按直线法或其他合理的方法进行分配,免租期内应当确认租金收入。出租人承担了承租人某些费用的,出租人应将该费用自租金收入总额中扣除,按扣除后的租金收入余额在租赁期内进行分配。

3. 初始直接费用

出租人发生的与经营租赁有关的初始直接费用应当资本化至租赁标的资产的成本,在租赁期内按照与租金收入相同的确认基础分期计入当期损益。

4. 折旧和减值

对于经营租赁资产中的固定资产,出租人应当采用类似资产的折旧政策计提折旧;对于其他经营租赁资产,应当根据该资产适用的企业会计准则,采用系统合理的方法进行摊销。出租人应当按照规定,确定经营租赁资产是否发生减值,并对已识别的减值损失进行会计处理。

5. 可变租赁付款额

出租人取得的与经营租赁有关的可变租赁付款额,如果是与指数或比率挂钩的,应在租赁期开始日计入租赁收款额;除此之外的,应当在实际发生时计入当期损益。

6. 经营租赁的变更

经营租赁发生变更的,出租人应自变更生效日起,将其作为一项新的租赁进行会计处理,与变更前租赁有关的预收或应收租赁收款额视为新租赁的收款额。

第四节 特殊租赁业务的会计处理

一、转租赁

转租情况下,原租赁合同和转租赁合同通常都是单独协商的,交易对手也是不同的。企业会计准则要求转租出租人对原租赁合同和转租赁合同分别根据承租人和出租人会计处理要求,进行会计处理。承租人在对转租赁进行分类时,转租出租人应基于原租赁中产生的使用权资产,而不是租赁资产(如作为租赁对象的不动产或设备),进行分类。原租赁资产不归转租出租人所有,原租赁资产也未计入其资产负债表,因此,转租出租人应基于其控制的资产(即使用权资产)进行会计处理。

原租赁为短期租赁,且转租出租人作为承租人已按照企业会计准则采用简化会计处理方法的,应将转租赁分类为经营租赁。

【例题5-26】 M公司(原租赁承租人)与N公司(原租赁出租人)就90 000平方米场地签订了一项为期6年的租赁(原租赁)合同。在第3年年初,M公司将该90 000平方米办公场所转租给P企业,期限为原租赁的剩余4年时间(转租赁)。假设不考虑初始直接费用。

【分析】 M公司应基于原租赁形成的使用权资产对转租赁进行分类。本例中,转租赁的期限覆盖了原租赁的所有剩余期限,综合考虑其他因素,M公司判断其实质上转移了与该项使用权资产有关的几乎全部风险和报酬,M公司将该项转租赁分类为融资租赁。

M公司的会计处理为:①终止确认与原租赁相关且转给P企业(转租承租人)的使用权资产,并确认转租赁投资净额;②将使用权资产与转租赁投资净额之间的差额确认为损益;③在资产负债表中保留原租赁的租赁负债,该负债代表应付原租赁出租人的租赁付款额。在转租期间,中间出租人既要确认转租赁的租赁收益,也要确认原租赁的利息费用。

【例题5-27】 假设转租期限为2年,该转租赁被分类为经营租赁,其余条件同例题5-26。

【分析】 M公司基于原租赁形成的使用权资产对转租赁进行分类,考虑各种因素后,将其分类为经营租赁,签订转租赁合同时,中间出租人在其资产负债表中继续保留与原租赁相关的租赁负债和使用权资产。在转租期间,M公司的会计处理为:①确认使用权资产的折旧费用和租赁负债的利息;②确认转租赁的租赁收入。

二、生产商或经销商作为出租人的融资租赁会计处理

生产商或经销商通常为客户提供购买或租赁其产品或商品的选择。这类业务通常属于融资租赁。生产商或经销商出租其产品或商品构成融资租赁时,其收益来自两个方面:一是销售商品或产品取得的营业收入;二是提供融资租赁服务取得的租金收入。因此,生产商或经销商从事融资租赁业务时,既要按融资租赁要求确认租赁投资净额和租赁收入,还要按商品交易的要求确认营业收入并结转营业成本。

生产商或经销商作为出租人的融资租赁业务会计处理要点如下。

(一)租赁期开始日的确认与计量

生产商或经销商出租人在租赁期开始日应按确定的租赁收款额,借记"应收融资租赁款——租赁收款额"科目,按照租赁资产公允价值与租赁收款额按市场利率折现的现值两者孰低,贷记"营业收入"科目,两者之差额记入"应收融资租赁款——未实现融资收益"科目。

由于取得融资租赁所发生的成本主要与生产商或经销商赚取的销售利得相关,生产商或经销商出租人应当在租赁期开始日将其计入损益。与其他融资租赁出租人不同,生产商或经销商出租人(即下文中的"出租企业")取得融资租赁所发生的成本不属于初始直接费用,不计入租赁投资净额。因此,该出租企业应按照租赁资产账面价值扣除未担保余值的现值后的余额,借记"营业成本"科目,按未担保余值的金额,借记"未担保余值";按照租赁资产账面价值贷记"库存商品"等科目。借贷双方的差额也记入"应收融资租赁款——未实现融资收益"科目。

同时,在租赁期开始日,出租企业应按支付的初始直接费用,借记"销售费用"科目,贷记"银行存款"科目。

(二)租赁期内的确认与计量

出租企业在租赁期内的业务有摊销未实现融资收益、收取租金和在租赁期届满时进行会计处理。在租赁期内出租企业比照直接租赁的方法摊销未实现融资收益,确认租赁收入,借记"应收融资租赁款——未实现融资收益"科目,贷记"租赁收入"科目。收到租金时,借记"银行存款"科目,贷记"应收融资租赁款——租赁收款额"科目。在租赁期届满时比照直接租赁进行相应的会计处理。

【例题5-28】 M公司是一家设备生产商,与N公司(生产型企业)签订了一份租赁合同,向N公司出租所生产的设备,合同主要条款如下:

(1)租赁资产:设备A。

(2)租赁期:20×3年1月1日至20×8年12月31日,共6年。

(3)租金支付:自20×3年起每年年末支付年租金600 000元。

(4)租赁合同规定的利率:5.4%(年利率),与市场利率相同。

(5)该设备于20×3年1月1日的公允价值为3 000 000元,账面价值为2 300 000元。

(6)M公司取得该租赁发生的相关成本为6 000元。

(7)该设备于20×3年1月1日交付N公司,预计使用寿命为8年,无残值;预计租赁到期日该设备的公允价值为100 000元,N公司未对此金额提供担保,且可以远低于该公允价值的金额购买该设备;租赁期内该设备的保险、维修等费用均由N公司自行承担。

假设不考虑其他因素和各项税费影响。

【分析】 (1)判断租赁类型。本例中租赁期满 N 公司可以远低于租赁到期日租赁资产公允价值的金额购买租赁资产，M 公司认为其可以合理确定 N 公司将行使购买选择权，综合考虑其他因素，与该项资产所有权有关的几乎所有风险和报酬已实质转移给 N 公司，因此 M 公司将该租赁认定为融资租赁。

(2)计算租赁期开始日租赁收款额按市场利率折现现值，确定收入金额。

租赁收款额＝租金×期数＋购买价格＝600 000 元×6＝3 600 000 元

租赁收款额按市场利率折现的现值＝600 000 元×$(P/A,5.4\%,6)$

＝3 006 842.53 元

按照租赁资产公允价值与租赁收款额按市场利率折现的现值两者孰低的原则，确认收入为 3 000 000 元。

(3)确定销售成本金额。

未担保余值的现值＝100 000 元×$(P/F,5.4\%,6)$＝72 938.42 元

销售成本＝账面价值－未担保余值的现值

＝2 300 000 元－72 938.42 元＝2 227 061.58 元

(4)编制会计分录。

①20×3 年 1 月 1 日(租赁期开始日)：

借：应收融资租赁款——租赁收款额	3 600 000.00
贷：营业收入	3 000 000.00
应收融资租赁款——未实现融资收益	600 000.00
借：营业成本	2 227 061.58
应收融资租赁款——未担保余值	100 000.00
贷：存货	2 300 000.00
应收融资租赁款——未实现融资收益	27 061.58
借：销售费用	6 000.00
贷：银行存款	6 000.00

由于 M 公司在确定营业收入和租赁投资净额(即应收融资租赁款)时，是基于租赁资产的公允价值，因此，M 公司需要根据租赁收款额、未担保余值和租赁资产公允价值重新计算租赁内含利率。

600 000 元×$(P/A,r,6)$＋100 000 元×$(P/F,r,6)$＝3 000 000 元，r＝6.217%。计算租赁期内各期分摊的融资收益，如表 5-5 所示。

表 5-5　各期分摊的融资收益计算表

单位：元

日　　期	收取租金款项 ①	确认的融资收益 ②＝上一期期末×6.217% (行使购买选择权计算除外)	应收租赁款净额 ③＝上一期期末－①＋② (行使购买选择权计算除外)
20×3 年 1 月 1 日			3 000 000.00
20×3 年 12 月 31 日	600 000.00	186 516.90	2 586 516.90

续表

日期	收取租金款项	确认的融资收益	应收租赁款净额
20×4年12月31日	600 000.00	160 809.71	2 147 326.61
20×5年12月31日	600 000.00	133 504.24	1 680 830.85
20×6年12月31日	600 000.00	104 501.12	1 185 331.97
20×7年12月31日	600 000.00	73 694.82	659 026.79
20×8年12月31日	600 000.00	40 973.21	100 000.00
20×8年12月31日	100 000.00	0.00	
合计	3 700 000.00	700 000.00	

②20×3年12月31日的会计分录如下：

借：应收融资租赁款——未实现融资收益　　　　186 516.90
　　贷：租赁收入　　　　　　　　　　　　　　　　　　　　186 516.90
借：银行存款　　　　　　　　　　　　　　　　　600 000.00
　　贷：应收融资租赁款——租赁收款额　　　　　　　　　　　600 000.00

③20×3—20×8年度会计分录略。

④租赁期届满时的会计分录如下：

借：应收融资租赁款——未实现融资收益　　　　 40 973.21
　　贷：租赁收入　　　　　　　　　　　　　　　　　　　　 40 973.21
借：银行存款　　　　　　　　　　　　　　　　　600 000.00
　　贷：应收融资租赁款——租赁收款额　　　　　　　　　　　600 000.00
借：融资租赁资产　　　　　　　　　　　　　　　100 000.00
　　贷：应收融资租赁款——未担保余值　　　　　　　　　　　100 000.00

⑤处置租赁资产时的会计分录如下：

借：银行存款　　　　　　　　　　　　　　　　　100 000.00
　　贷：融资租赁资产　　　　　　　　　　　　　　　　　　100 000.00

为吸引客户，生产商或经销商出租人有时以较低利率报价。使用该利率会导致出租人在租赁期开始日确认的收入偏高。在这种情况下，生产商或经销商出租人应当将销售利得限制为采用市场利率所能取得的销售利得。

三、售后租回交易

若企业(卖方兼承租人)将资产转让给其他企业(买方兼出租人)，并从买方兼出租人租回该项资产，则卖方兼承租人和买方兼出租人均应按照售后租回交易的规定进行会计处理，评估确定售后租回交易中的资产转让是否属于销售，并区别进行会计处理。

在标的资产的法定所有权转移给出租人、出租人将资产租赁给承租人之前，承租人可能会先获得标的资产的法定所有权。但是，是否具有标的资产的法定所有权本身并非会计处理的决定性因素。如果承租人在资产转移给出租人之前已经取得对标的资产的控制，则该交易属于售后租回交易。然而，如果承租人未能在资产转移给出租人之前取得对标的资产的控制，那么即便承租人在资产转移给出租人之前先获得标的资产的法定所有权,该交易也不属于售后租回交易。

(一)售后租回交易中的资产转让属于销售

卖方兼承租人应当按原资产账面价值中与租回获得的使用权有关的部分,计量售后租回所形成的使用权资产,并仅就转让至买方兼出租人的权利确认相关利得或损失。买方兼出租人根据其他适用的企业会计准则对资产购买进行会计处理,并根据新租赁准则对资产出租进行会计处理。

如果销售对价的公允价值与资产的公允价值不同,或者出租人未按市场价格收取租金,企业应当进行以下调整:

(1)销售对价低于市场价格的款项作为预付租金进行会计处理;

(2)销售对价高于市场价格的款项作为买方兼出租人向卖方兼承租人提供的额外融资进行会计处理。

同时,承租人按照公允价值调整相关销售利得或损失,出租人按市场价格调整租金收入。在进行上述调整时,企业应当按以下二者中较易确定者进行:

(1)销售对价的公允价值与资产的公允价值的差异;

(2)合同付款额的现值与按市场租金计算的付款额的现值的差异。

(二)售后租回交易中的资产转让不属于销售

售后租回交易中的资产转让不属于销售的,卖方兼承租人不终止确认所转让的资产,而应当将收到的现金作为金融负债,并按照《企业会计准则第22号——金融工具确认和计量》(2017年)进行会计处理;买方兼出租人不确认被转让资产,而应当将支付的现金作为金融资产,并按照《企业会计准则第22号——金融工具确认和计量》(2017年)进行会计处理。

(三)售后租回交易示例

1. 售后租回交易中的资产转让不属于销售

【例题5-29】 M公司(卖方兼承租人)以货币资金26 000 000元的价格向N公司(买方兼出租人)出售一栋建筑物,交易前该建筑物的账面原值是26 000 000元,累计折旧是6 000 000元。与此同时,M公司与N公司签订了合同,取得了该建筑物20年的使用权(全部剩余使用年限为40年),年租金为2 000 000元,于每年年末支付,租赁期满时,M公司将以100元购买该建筑物。根据交易的条款和条件,M公司转让建筑物不满足《企业会计准则第14号——收入》(2017年)中关于销售成立的条件。假设不考虑初始直接费用和各项税费的影响。该建筑物在销售当日的公允价值为38 000 000元。

①在租赁期开始日,M公司对该交易的会计处理如下:

借:货币资金 26 000 000
　　贷:长期应付款 26 000 000

②在租赁期开始日,N公司对该交易的会计处理如下:

借:长期应收款 26 000 000
　　贷:货币资金 26 000 000

2. 售后租回交易中的资产转让属于销售

【例题 5-30】 M 公司(卖方兼承租人)以货币资金 35 000 000 元的价格向 N 公司(买方兼出租人)出售一栋建筑物,交易前该建筑物的账面原值是 26 000 000 元,累计折旧是 6 000 000 元。与此同时,M 公司与 N 公司签订了合同,取得了该建筑物 15 年的使用权(全部剩余使用年限为 40 年),年租金为 2 500 000 元,于每年年末支付。根据交易的条款和条件,M 公司转让建筑物符合《企业会计准则第 14 号——收入》(2017 年)中关于销售成立的条件。假设不考虑初始直接费用和各项税费的影响。该建筑物在销售当日的公允价值为 32 000 000 元。M、N 公司均确定租赁内含年利率为 5%。

【分析】 由于该建筑物的销售对价并非公允价值,M 公司和 N 公司分别进行了调整,以按照公允价值计量销售收益和租赁应收款。超额售价 3 000 000 元(35 000 000 元－32 000 000 元)作为 N 公司向 M 公司提供的额外融资进行确认。

(1)计算合同付款额的现值,确定与租赁相关的金额。

合同付款额的现值 = 2 500 000 元 × $(P/A, 5\%, 15)$ = 25 949 145.10 元

与租赁付款额相关的现值 = 租赁负债 = 25 949 145.10 元 － 3 000 000 元

= 22 949 145.10 元

(2)将年租赁分为两部分,即额外融资年付款额和租赁相关年付款额。

$$额外融资年付款额 = 年租金 \times \frac{额外融资额}{合同付款额的现值}$$

$$= 2\ 500\ 000\ 元 \times \frac{3\ 000\ 000\ 元}{25\ 949\ 145.10\ 元}$$

$$= 289\ 026.86\ 元$$

$$租赁相关年付款额 = 年租金 \times \frac{与租赁付款额相关的现值}{合同付款额的现值}$$

$$= 2\ 500\ 000\ 元 \times \frac{22\ 949\ 145.10\ 元}{25\ 949\ 145.10\ 元}$$

$$= 2\ 210\ 973.14\ 元$$

(3)计算使用权资产价值。虽然建筑物被销售,但又租回,因此既要确认资产处置损益,也要确认使用权资产和租赁负债。

$$使用权资产 = 资产账面价值 \times \frac{与租赁付款额相关的现值}{资产公允价值}$$

$$= 20\ 000\ 000\ 元 \times \frac{22\ 949\ 145.10\ 元}{32\ 000\ 000\ 元} = 14\ 343\ 215.69\ 元$$

(4)计算资产处置损益。

$$与建筑物使用权相关的利得 = 资产销售总价差 \times \frac{与租赁付款额相关的现值}{资产公允价值}$$

$$= 12\ 000\ 000\ 元 \times \frac{22\ 949\ 145.10\ 元}{32\ 000\ 000\ 元} = 8\ 605\ 929.41\ 元$$

资产处置损益 = 12 000 000 元 － 8 605 929.41 元 = 3 394 070.59 元

(5)M 公司(卖方兼承租人)会计分录:

① 与额外融资相关:

借:银行存款　　　　　　　　　　　　　　3 000 000
　　贷:长期应付款　　　　　　　　　　　　　　　　　3 000 000

② 与租赁相关:

借:银行存款　　　　　　　　　　　　　　32 000 000.00
　　使用权资产　　　　　　　　　　　　　14 343 215.69
　　固定资产——建筑物——累计折旧　　　6 000 000.00
　　租赁负债——未确认融资费用　　　　　10 215 451.96
　　贷:固定资产——建筑物——原值　　　　　　　　26 000 000.00
　　　　租赁负债——租赁付款额　　　　　　　　　　33 164 597.06
　　　　资产处置损益　　　　　　　　　　　　　　　3 394 070.59

③ 以后各期会计分录。以第1年为例:

借:租赁负债——租赁付款额　　　　　　　2 210 973.14
　　长期应付款　　　　　　　　　　　　　139 026.86
　　利息费用　　　　　　　　　　　　　　1 297 457.26
　　贷:租赁负债——未确认融资费用　　　　　　　　1 147 457.26
　　　　银行存款　　　　　　　　　　　　　　　　　2 500 000.00

以后各年会计分录略。相关利息及还款情况如表5-6、表5-7所示。

表5-6　额外融资利息及还款计算表

单位:元

第×年	额外融资年付款额 ①	利息 ②＝上一期期末×5%	归还额外融资本金 ③＝①－②	额外融资剩余额 ④＝上一期期末－③
				3 000 000.00
1	289 026.86	150 000.00	139 026.86	2 860 973.14
2	289 026.86	143 048.66	145 978.21	2 714 994.93
3	289 026.86	135 749.75	153 277.12	2 561 717.81
4	289 026.86	128 085.89	160 940.97	2 400 776.84
5	289 026.86	120 038.84	168 988.02	2 231 788.82
6	289 026.86	111 589.44	177 437.42	2 054 351.40
7	289 026.86	102 717.57	186 309.29	1 868 042.11
8	289 026.86	93 402.11	195 624.76	1 672 417.35
9	289 026.86	83 620.87	205 406.00	1 467 011.35
10	289 026.86	73 350.57	215 676.30	1 251 335.06
11	289 026.86	62 566.75	226 460.11	1 024 874.95
12	289 026.86	51 243.75	237 783.12	787 091.83
13	289 026.86	39 354.59	249 672.27	537 419.56
14	289 026.86	26 870.98	262 155.88	275 263.68
15	289 026.86	13 763.18	275 263.68	0.00

表 5-7　租赁负债利息及还款计算表

单位:元

第×年	租赁负债年付款额 ①	利息 ②=上一期期末×5%	归还租赁负债本金 ③=①-②	租赁负债剩余额 ④=上一期期末-③
0				22 949 145.10
1	2 210 973.14	1 147 457.25	1 063 515.88	21 885 629.21
2	2 210 973.14	1 094 281.46	1 116 691.68	20 768 937.54
3	2 210 973.14	1 038 446.88	1 172 526.26	19 596 411.28
4	2 210 973.14	979 820.56	1 231 152.57	18 365 258.70
5	2 210 973.14	918 262.94	1 292 710.20	17 072 548.50
6	2 210 973.14	853 627.43	1 357 345.71	15 715 202.79
7	2 210 973.14	785 760.14	1 425 213.00	14 289 989.79
8	2 210 973.14	714 499.49	1 496 473.65	12 793 516.14
9	2 210 973.14	639 675.81	1 571 297.33	11 222 218.81
10	2 210 973.14	561 110.94	1 649 862.20	9 572 356.62
11	2 210 973.14	478 617.83	1 732 355.31	7 840 001.31
12	2 210 973.14	392 000.07	1 818 973.07	6 021 028.24
13	2 210 973.14	301 051.41	1 909 921.73	4 111 106.51
14	2 210 973.14	205 555.33	2 005 417.81	2 105 688.70
15	2 210 973.14	105 284.44	2 105 688.70	0.00

(6)N公司(买方兼出租人)会计处理。综合考虑租期占建筑物剩余年限的比例等因素,N公司将该建筑物的租赁分类为经营租赁。

在租赁开始日,N公司对该交易的会计处理如下:

借:固定资产——建筑物　　　　　　　　　　　　　　32 000 000

　　长期应收款　　　　　　　　　　　　　　　　　　3 000 000

　　贷:银行存款　　　　　　　　　　　　　　　　　　35 000 000

在第一年末会计处理为:

借:银行存款　　　　　　　　　　　　　　　　　　　2 500 000

　　贷:租赁收入　　　　　　　　　　　　　　　　　　2 210 973.14

　　　　利息收入　　　　　　　　　　　　　　　　　　150 000.00

　　　　长期应收款　　　　　　　　　　　　　　　　　139 026.86

复习思考题

1.请解释如下概念:租赁、租赁期、租赁开始日与租赁期开始日、租赁付款额、可变租赁付款额、租赁激励、租赁内含利率、初始直接费用、增量借款利率、担保余值与未担保余值、使用权资产、租赁负债、租赁变更、短期租赁和低价值资产租赁、融资租赁和经营租赁、转租赁、售后租回。

2.一项合同要被分类为租赁需要满足哪些条件?

3.已识别资产需要从哪些方面进行判定?

4.如何判断客户是否控制已识别资产使用权?

5.使用已识别资产的权利构成合同中的一项单独租赁需要满足哪些条件?

6.企业订立了两份或多份包含租赁的合同,在满足什么条件时,应当合并为一份合同进行会计处理?

7.承租人使用的相关会计科目有哪些?

8.租赁付款额包括哪些内容?

9.可变租赁付款额可能与哪些指标或情况挂钩?

10.承租人增量借款利率可能与哪些事项相关?

11.使用权资产成本构成内容是怎样的?

12.发生哪些情形时租赁负债需要重新计量?

13.出租人使用的相关会计科目有哪些?

14.一项租赁存在什么样的情形时,出租人通常应将其分类为融资租赁?

15.租赁收款额可能包含哪些内容?

练习题

练习一

一、目的:练习租赁的识别——实质性替换权。

二、资料:M公司是一家便利店运营企业,与某机场运管商N公司签订了使用机场内某处商业区域销售商品的3年期合同。合同规定了商业区域的面积,商业区域可以位于机场内的任一登机区域,N公司有权在整个使用期间随时调整分配给M公司的商业区域位置。M公司使用易于移动的自有售货亭销售商品。机场有很多符合合同规定的区域可供M公司使用。

三、要求:请分析上述情形中是否存在已识别资产,并说明理由。

练习二

一、目的:练习租赁的识别——是否有权主导资产的使用。

二、资料:M公司(客户)与N公司(供应方)签订合同,使用指定的N公司船只将货物从甲地运至乙地。合同明确规定了船只、运输的货物以及装卸日期。N公司没有替换船只的权利。运输的货物将占据该船只几乎全部的运力。N公司负责船只的操作和维护,并负责船上货物的安全运输。合同期间,M公司不得雇佣其他人员操作船只或自行操作船只。

三、要求:请分析上述情形中M公司在使用期间是否主导船只的使用,并说明理由。

练习三

一、目的:练习承租人有关可变租赁付款额的租赁业务处理。

二、资料:

20×2年12月10日,M公司(客户)与N公司(供应方)签订了有关房产租赁合同,合同主要条款如下:

(1)租赁期自20×3年1月1日起至20×8年12月31日,共6年。

(2)自20×3年1月1日起,租赁付款额在每年年初支付。第一年初支付10 000 000元,此后每年的租金按上一年的居民消费价格指数进行调整。在租赁期开始日,居民消费价格指数为100,第二年起居民消费价格指数稳定在115。

(3)承租人不知道出租人的租赁内含利率。承租人增量借款利率为8%(年利率)。

(4)承租人的初始直接费用为12 000元。

(5)该房产的估计使用年限为50年,承租人无法合理确定租赁期届满时能否取得租赁资产所有权。

(6)承租人对设备采用年限平均法计提折旧。

三、要求:请为承租人进行相关的会计处理。

练习四

一、目的:练习租赁变更的会计处理。

二、资料:

2×22年12月10日,M公司(客户)与N公司(供应方)签订了有关设备租赁合同,合同主要条款如下:

(1)租赁期自2×23年1月1日起至2×26年12月31日,共4年。

(2)租金支付方式为租赁期内每年年底支付固定付款额16 000 000元。此外,承租人每年年底需要为设备支付100 000元的保险费、维护费等实质固定付款额。

(3)承租人因提供了担保余值而预计应支付款项为310 000元。

(4)承租人不知道出租人的租赁内含利率。承租人增量借款利率为8%(年利率)。

(5)承租人的初始直接费用为10 000元。

(6)该设备估计使用年限为5年,承租人无法合理确定租赁期届满时能否取得租赁资产所有权。

(7)承租人对设备采用年数总和法计提折旧。

(8)2×25年12月31日,双方同意将合同展期至2×31年12月31日,剩余租赁期共有6年。固定租赁付款额变更为每年年底支付13 000 000元。在变更日,承租人增量借款利率为6.5%。

三、要求:请为承租人进行相关的会计处理。

练习五

一、目的:练习承租人短期租赁业务处理。

二、资料:20×2年12月10日,M公司(客户)与N公司(供应方)签订了有关设备租赁合同,租赁期为10个月。合同约定,自租赁开始日(20×3年1月1日)起M公司每月末向N公司支付租金,前5个月每月支付租金35 000元,后5个月每月支付租金60 000元。假定M公司采用直线法分摊确认各期租金费用。

三、要求:请为M公司进行相关的会计处理。

练习六

一、目的:练习出租人租赁业务会计处理。

二、资料:

20×2年12月10日,M公司(客户)与N公司(供应方)签订了有关设备租赁合同,合同主要条款如下:

(1)租赁期自20×3年1月1日起至20×6年12月31日,共4年。

(2)该租赁资产的账面价值和公允价值均为 55 000 000 元。

(3)租金收取方式为每年年末出租人收到固定付款额 15 000 000 元。此外,承租人每年年底需要为设备支付 100 000 元的保险费、维护费等实质固定付款额。

(4)该设备的余值预计为 750 000 元。承租人提供了担保而预计应支付的款项为 350 000 元。未担保余值为 400 000 元。

(5)承租人的初始直接费用为 8 000 元。

(6)在租赁最后一期,因承租人使用该设备比较满意,支付了未纳入租赁负债计量的可变租赁付款额 50 000 元。

三、要求:请为出租人进行相关的会计处理。

练习七

一、目的:练习生产商或经销商有关收入、成本和租赁的会计处理。

二、资料:

20×2 年 12 月 10 日,M 公司(客户)向 N 公司(供应方)出租了一套自己生产的产品。合同主要条款如下:

(1)租赁期自 20×3 年 1 月 1 日起至 20×6 年 12 月 31 日,共 4 年。

(2)该租赁资产的账面价值为 45 000 000 元,公允价值为 55 000 000 元。

(3)租金收取方式为每年年末出租人收到固定付款额 16 000 000 元。

(4)该设备的余值预计为 750 000 元。承租人提供了担保而预计应支付的款项为 350 000 元。未担保余值为 400 000 元。

(5)承租人的初始直接费用为 8 000 元。

(6)在租赁最后一期,因承租人使用该设备比较满意,支付了未纳入租赁负债计量的可变租赁付款额 50 000 元。

三、要求:请为生产商或经销商进行相关的会计处理。

练习八

一、目的:练习售后租回的会计处理。

二、资料:20×2 年 12 月 10 日,M 公司(客户)向 N 公司(供应方)出售了一栋房产,售价为 160 000 000 元,账面价值为 110 000 000 元。该房产的公允价值为 190 000 000 元。该房产买卖合同符合新收入准则定义的销售。同时双方签订租赁合同,约定租期为 15 年,M 公司于 20×3 年起每年年末支付租金 13 000 000 元。购买方兼出租人(N 公司)将该项租赁合同划分为经营租赁合同。

三、要求:请为 M 公司和 N 公司进行相关的会计处理。

第六章
股份支付

GAOJI CAIWU KUAIJI

第六章

股份支付

【导读】

本章主要阐述了股份支付的含义与特征、分类,股份支付的环节,股份支付可行权条件的种类与修改,以及以权益结算的股份支付的会计处理、以现金结算的股份支付的会计处理、回购股份进行职工期权激励和股权激励取消的会计处理和企业集团股份支付交易的会计处理。学习以上知识点时首先注意"股份支付是以股份为基础的支付"这个重要特征。其次,要注意股份支付的行权条件可能会修改,股份支付协议可能会失效,等待期内可能发放现金股利等情况,这些情况可能会使股份支付的会计处理变得复杂。

【学习重点】

以权益结算的股份支付的会计处理、以现金结算的股份支付的会计处理、回购股份进行职工期权激励和股权激励取消的会计处理。

【学习难点】

以权益结算的股份支付的会计处理、以现金结算的股份支付的会计处理、回购股份进行职工期权激励的会计处理。

第一节　股份支付概述

一、股份支付的含义及特征

股份支付是以股份为基础的支付的简称,是指企业为获取职工和其他方提供服务而授予权益工具或者承担以权益工具为基础确定的负债的交易。

企业授予职工期权、认股权证等衍生工具或其他权益工具,对职工进行激励或补偿,以换取职工提供的服务,实质上属于职工薪酬的组成部分,但由于股份支付是以权益工具的公允价值为计量基础的,因此通过专门的股份支付准则加以规范。股份支付具有以下特征:

(1)股份支付是企业与职工或其他方之间发生的交易。以股份为基础的支付可能发生在企业与股东之间、合并交易中的合并方与被合并方之间或者企业与其职工之间,只有发生企业与其职工或向企业提供服务的其他方之间的交易,才可能符合股份支付的定义。

(2)股份支付是以获取职工或其他方服务为目的的交易。企业在股份支付交易中旨在获取其职工或其他方提供的服务(费用)或取得这些服务的权利(资产)。企业获取这些服务或权利的目的是用于其正常生产经营,不是转手获利等。

(3)股份支付交易的对价或其定价与企业自身权益工具未来的价值密切相关。这是与企业与其职工间其他类型交易的最大不同点。在股份支付中,企业要么向职工支付其自身权益工具,要么向职工支付一笔现金,而其金额高低取决于结算时企业自身权益工具的公允价值。对价的特殊性是股份支付最突出的特征。企业自身权益工具包括会计主体本身、母公司和同一集团内的其他会计主体的权益工具。

二、股份支付的分类

(一)按分享权益的类型划分

按分享权益的类型不同,股份支付可以分为股份增值权、模拟股票、股票期权、限制性股票计划、业绩股份、业绩单位、延期支付计划、股份奖励、管理层收购等。不同类型的股份支付的具体含义见表6-1。

表6-1 按分享权益的类型划分的各种股份支付的具体含义

股份支付种类	具 体 含 义
股份增值权	企业给予激励对象的一种权利,这种权利使得激励对象可以在规定的时间内获得规定数量的股份价格上升所带来的收益,但激励对象不拥有这些股份的所有权、表决权和配股权
模拟股票	企业给予激励对象的一种虚拟"股票",激励对象可以享受一定数量的分红和股价升值收益,但不拥有"股票"的所有权、表决权,也不能对其进行转让和出售,"股票"在激励对象离开企业时自动失效
股票期权	也称为认股权,实际上是一种看涨期权(call options),是指公司授予激励对象的一种权利,激励对象可以在规定的时间内(行权期)以事先确定的价格(行权价)购买一定数量的本公司流通股票(行权)。股票期权只是一种权利,而非义务,持有者在股票价格低于"行权价"时可以放弃这种权利
限制性股票计划	它是指事先授予激励对象一定数量的公司股票,但对股票的来源、抛售等有一些特殊限制,激励对象只有在规定的服务期以后或完成特定业绩目标时,才可以抛售限制性股票并从中获益,否则公司有权将免费赠予的限制性股票收回或以激励对象购买时的价格回购限制性股票
业绩股份	企业在考察期初预先为激励对象设定业绩目标,在考察期末,如果激励对象达到了预定的业绩目标,则企业授予其一定数量的股份或让其提取一定比例的奖励基金用于购买企业的股份,以此作为对激励对象的奖励
业绩单位	与业绩股份相似,不同之处在于,业绩股份支付的是股份,而业绩单位支付的是现金,而且是按考核期期初市盈率计算的股价折算的现金。在这种激励机制下,激励对象得到的收益和企业股价的联系较小
延期支付计划	企业将激励对象的部分薪酬(如年度奖金)按照当日企业股票市场价格折算成一定的股票数量,存入企业为激励对象单独设立的延期支付账户,在既定的期限后或在该激励对象退休后,再以企业股票的形式或根据期满时的股票市场价格以现金方式支付给激励对象
股份奖励	企业在考察期初奖励给激励对象一定数量的股份,如果激励对象在考察期考核的指标没有达到最低标准,这些股份在考察期末全部归还企业,并根据超过最低标准的程度确定免于归还的股份数量。但即使归还股份,考察期内的股利还是属于受益人(激励对象)的

续表

股份支付种类	具 体 含 义
管理层收购	又称为管理层融资收购(MBO)，是指公司的管理者或经理层利用借贷所融资本购买本公司的股份(或股权)，从而改变公司的所有者结构、控制权结构和资产结构，实现持股经营。同时，它也是一种极端的股权激励手段，因为其他激励手段都是所有者(产权人)对雇员的激励，而它则是将激励的主体和客体合二为一，从而实现了被激励者与企业利益、股东利益的完整统一

(二)按股份支付的方式和工具类型划分

1.以权益结算的股份支付

以权益结算的股份支付，是指企业为获取服务而以股份或其他权益工具作为对价进行结算的交易。以权益结算的股份支付最常用的工具有两类，即限制性股票和股票期权。

限制性股票是指职工或其他方按照股份支付协议规定的条款和条件，从企业获得一定数量的本企业股票。企业授予职工一定数量的股票，在一个确定的等待期内或在满足特定业绩指标之前，职工出售股票要受到持续服务期限条款或业绩条件的限制。股票期权是指企业授予职工或其他方在未来一定期限内以预先确定的价格或条件购买本企业一定数量股票的权利。

2.以现金结算的股份支付

以现金结算的股份支付，是指企业为获取服务而承担的以股份或其他权益工具作为基础计算的交付现金或其他资产的义务的交易。以现金结算的股份支付最常使用的工具有两类，即模拟股票和现金股票增值权。

模拟股票和现金股票增值权，是用现金支付模拟的股权激励机制，即与股票挂钩，但用现金支付。除不需要实际行权和持有股票之外，现金股票增值权的运作原理与股票期权是一样的，也是一种增值权形式与股票价值挂钩的薪酬工具。除不需要实际授予股票和持有股票之外，模拟股票运作原理与限制性股票是一样的。

三、股份支付的主要环节

典型的股份支付通常涉及四个主要环节，即授予、可行权、行权和出售，相关期间如图 6-1 所示。

授予日是指股份支付协议获得批准的日期。其中"获得批准"是指企业与职工或其他方就股份支付的协议条款和条件已达成一致，该协议获得股东大会或类似机构的批准。

可行权日是指可行权条件得到满足、职工或其他方具有从企业取得权益工具或现金的权利的日期。有些股份支付协议是一次性可行权，有的则是分批可行权。只有已经可行权的股票期权，才是职工真正拥有的"财产"，才能择机行权。从授予日至可行权日的时段，是可行权条件得到满足的期间，因此称为等待期或行权限制期。

出售日是指股票的持有人将行使期权所取得的期权股票出售的日期。按照我国法规规定，用于期权激励的股份支付协议，应在行权日与出售日之间设立禁售期，其中国有控股上市公司的禁售期不得低于两年。

"一次授予、分期行权"，是指在授予日一次授予职工若干权益工具，之后每年分批达到可行

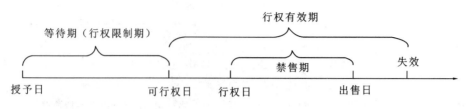

图 6-1 典型的股份支付交易环节及相关期间

权条件。每个批次是否可行权的结果通常是相对独立的,即某一期是否达到可行权条件并不会直接影响其他几期是否能够达到可行权条件。在会计处理时应将其作为同时授予的几个独立的股份支付计划。例如,在一次授予、分三年行权的股份支付计划中,应当将其视同为三个独立的股份支付计划,分别确定每个计划的等待期。企业应根据每个计划在授予日的公允价值估计股份支付费用,在其相应的等待期内,按照各计划在某会计期间内等待期长度占整个等待期长度的比例进行分摊。

四、股份支付可行权条件的种类、处理及修改

股份支付中通常涉及可行权条件。可行权条件是指能够确定企业是否得到职工或其他方提供的服务,且该服务使职工或其他方具有获取股份支付协议规定的权益工具或现金等权利的条件。反之,为非可行权条件。可行权条件包括服务期限条件和业绩条件。

(一)可行权条件的种类与处理

1.服务期限条件

服务期限条件是指职工完成规定服务期间才可行权的条件。比如,在股份支付协议中规定,职工从 2×22 年 1 月 1 日开始,连续在本企业工作满 2 年,即可享受一定数量的限制性股票。

2.业绩条件

业绩条件是指职工或其他方完成规定的服务期限且企业已达到特定业绩目标才可行权的条件,具体包括市场条件和非市场条件。市场条件是指行权价格、可行权条件以及行权可能性与权益工具的市场价格相关的业绩条件,如股份支付协议中关于股价上升何种水平时职工或其他方可相应取得多少股份的规定。企业在确定权益工具在授予日的公允价值时,应考虑股份支付协议中规定的市场条件和非可行权条件的影响。市场条件和非可行权条件是否得到满足,不影响企业对预计可行权情况的估计。非市场条件是指除市场条件之外的其他业绩条件,如股份支付协议中关于达到最低盈利目标或销售目标才可以行权的规定。对于可行权条件为业绩条件的股份支付,在确定权益工具的公允价值时,应考虑市场条件的影响,只要职工满足了其他所有非市场条件,企业就应当确认已取得的服务。

【例题 6-1】 2×22 年 1 月,为奖励并激励高管,上市公司 XF 公司与其管理层成员签署股份支付协议,规定:如果管理层成员在其后三年中都在公司中任职服务,并且公司股价每年提高 10% 以上,管理层成员即可以低于市价的价格购买一定数量的本公司股票。

同时,作为协议的补充,公司把全体管理层成员的年薪提高 50 000 元,但公司将这部分年薪按月存入公司专门建立的内部基金,三年后,管理层成员可用属于其个人的部分抵减未来行

权时支付的购买股票款项。如果管理层成员决定退出这项基金,可随时全额提取。XF公司以期权定价模型估计授予的此项期权在授予日的公允价值为6 000 000元。

在授予日,XF公司估计三年内管理层离职的比例为每年10%;第二年年末,XF公司调整其估计离职率为5%;到第三年年末,公司实际离职率为6%。

在第一年中,公司股价提高了10.5%,第二年提高了11%,第三年提高了6%。公司在第一年年末、第二年年末均预计下年能实现当年股价增长10%以上的目标。

问题:XF公司应如何处理相关股份支付业务?

【分析】 如果不同时满足服务三年和公司股价年增长10%以上的要求,管理层成员就无权行使其股票期权,因此两者都属于可行权条件。其中,服务满三年是一项服务期限条件,10%的股价增长要求是一项市场条件。虽然公司要求管理层成员将部分薪金存入统一账户保管,但不影响其可行权,因此统一账户条款是非可行权条件。

按照股份支付准则的规定,第一年年末确认的服务费用=6 000 000元×1/3×90%=1 800 000元。

第二年年末累计确认的服务费用=6 000 000元×2/3×95%=3 800 000元。

第三年年末累计确认的服务费用=6 000 000元×94%=5 640 000元。

因此,第二年应确认的费用=3 800 000元-1 800 000元=2 000 000元。

第三年应确认的费用=5 640 000元-3 800 000元=1 840 000元。

最后,94%的管理层成员满足了市场条件之外的全部可行权条件。尽管股价年增长10%以上的市场条件未得到满足,XF公司在第三年的年末应确认收到的管理层提供的服务,并相应确认费用。

(二)可行权条件的修改

通常情况下,股份支付协议生效后,不应对其条款和条件随意修改。但在某些情况下,可能需要修改授予权益工具的股份支付协议中的条款和条件,例如,出于股票除权、除息或其他原因需要调整行权价格或股票期权数量。此外,为取得更佳的激励效果,有关法规也允许企业依据股份支付协议的规定,调整行权价格或股票期权数量,但应当由董事会做出决议并经股东大会审议批准,或者由股东大会授权董事会决定。《上市公司股权激励管理办法(试行)》对此做出了严格的限定,必须按照批准股份支付计划的原则和方式进行调整。

在会计核算上,无论已授予的权益工具的条款和条件如何修改,甚至取消权益工具的授予或结算该权益工具,企业都应至少确认按照所授予的权益工具在授予日的公允价值来计量获取的相应服务,除非因不能满足权益工具的可行权条件(除市场条件外)而无法可行权。

1. 条款和条件的有利修改

企业应当分以下情况,确认导致股份支付公允价值总额升高以及其他对职工有利的修改的影响:

(1)如果修改增加了所授予的权益工具的公允价值,企业应按照权益工具公允价值的增加相应地确认取得服务的增加。权益工具公允价值的增加,是指修改前后的权益工具在修改日的公允价值之间的差额。

(2)如果修改增加了所授予权益工具的数量,企业应将增加的权益工具的公允价值相应地确认为取得服务的增加。

(3)如果企业按照有利于职工的方式修改可行权条件,如缩短等待期、变更或取消业绩条件(非市场条件),企业在处理可行权条件时,应当考虑修改后的可行权条件。

2.条款和条件的不利修改

如果企业以减少股份支付公允价值总额的方式或其他不利于职工的方式修改条款和条件,企业仍应继续对取得的服务进行会计处理,如同该变更从未发生,除非企业取消了部分或全部已授予的权益工具。具体包括以下几种情况:

(1)如果修改减少了所授予的权益工具的公允价值,企业应继续以权益工具在授予日的公允价值为基础,确认取得服务的金额,而不应考虑权益工具公允价值的减少。

(2)如果修改减少了授予的权益工具的数量,企业应当将减少部分作为已授予的权益工具的取消来进行处理。

(3)如果企业以不利于职工的方式修改了可行权条件,如延长等待期、增加或变更业绩条件(非市场条件),企业在处理可行权条件时,不应当考虑修改后的可行权条件。

3.取消或结算

如果企业在等待期内取消了所授予的权益工具或结算了所授予的权益工具(因未满足行权条件而被取消的除外),企业应当:

(1)将取消或结算作为加速可行权处理,立即确认原本应在剩余等待期内确认的金额。

(2)在取消或结算时支付给职工的所有款项均应作为权益的回购处理,回购支付的金额高于该权益工具在回购日公允价值的部分,计入当期费用。

(3)如果向职工授予新的权益工具,并在新权益工具授予日认定所授予的新权益工具是用于替代被取消的权益工具的,企业应以与处理原权益工具条款和条件修改相同的方式,对所授予的替代权益工具进行处理。权益工具公允价值的增加,是指在替代权益工具的授予日,替代权益工具公允价值与被取消的权益工具净公允价值之间的差额。被取消的权益工具的净公允价值,是指其在取消前立即计量的公允价值减去因取消原权益工具而作为权益回购支付给职工的款项。企业如果未将新授予的权益工具认定为替代权益工具,则应将其作为一项新授予的股份支付进行处理。

企业如果回购其职工已可行权的权益工具,应当借记所有者权益,回购支付的金额高于该权益工具的回购日公允价值的部分,计入当期费用。

第二节 股份支付的会计处理

股份支付的会计处理必须以完整、有效的股份支付协议为基础。

一、一般情况下股份支付的会计处理

(一)以权益结算的股份支付

以权益结算的股份支付换取职工提供服务的,应当以授予职工权益工具的公允价值计量。权益工具的公允价值,应当按照《企业会计准则第22号——金融工具确认和计量》确定。一般来说,存在活跃市场的期权等权益工具,应当按照活跃市场中的报价确定其公允价值。对于不存在活跃市场的期权等权益工具,应当采用期权定价模型等估值技术确定其公允价值。

1. 授予日

除了立即可行权的股份支付外,企业对权益结算的股份支付在授予日不做会计处理。如果是授予后立即可行权的换取职工服务的以权益结算的股份支付,应当在授予日按照权益工具的公允价值计入相关成本或费用,相应增加资本公积。

2. 等待期内每个资产负债表日

对于可行权条件为规定服务期间的股份支付,等待期为授予日至可行权日的期间;对于可行权条件为规定业绩的股份支付,应当在授予日根据最可能的业绩结果预计等待期的长度。企业应当在等待期内每个资产负债表日,将取得职工或其他方提供的服务计入成本费用,同时确认所有者权益或负债。对于附有市场条件的股份支付,只要职工满足了其他所有非市场条件,企业就应当确认已取得的服务。

(1)换取职工服务的以权益结算的股份支付。

完成等待期内的服务或达到规定业绩条件才可行权的换取职工服务的以权益结算的股份支付,在等待期内的每个资产负债表日,应当以对可行权权益工具数量的最佳估计为基础,按照权益工具授予日的公允价值,将当期取得的服务计入相关成本或费用和资本公积(其他资本公积),不确认其后续公允价值变动。

在资产负债表日,后续信息表明可行权权益工具的数量与以前估计不同的,应当进行调整,并在可行权日调整至实际可行权的权益工具数量。

(2)换取其他方服务的以权益结算的股份支付。

以权益结算的股份支付换取其他方服务的,应当分下列情况处理:

①其他方服务的公允价值能够可靠计量的,应当按照其他方服务在取得日的公允价值,计入相关成本或费用,相应增加所有者权益。

②其他方服务的公允价值不能可靠计量但权益工具公允价值能够可靠计量的,应当按照权益工具在服务取得日的公允价值,计入相关成本或费用,相应增加所有者权益。

企业应根据权益工具的公允价值和预计可行权工具数量,计算截至当期累计应确认的成本费用金额,再减以前期累计已确认金额,作为当期应确认的成本费用金额。

3. 在可行权日后

企业在可行权日之后不再对已确认的相关成本或费用和所有者权益总额进行调整。

在行权日,企业根据实际行权的权益工具数量,计算确认股本和股本溢价,同时结转等待期内确认的资本公积(其他资本公积)。根据行权时收到的款项,借记"银行存款"科目,结转等待期内确认的资本公积,借记"资本公积——其他资本公积"科目,根据转换成的股本数,贷记"股本"科目,按其差额,贷记"资本公积——股本溢价"科目。

【例题6-2】 XF公司为一上市公司,2×20年1月1日,公司向其270名职员每人授予100股股票期权,这些职员从2×20年1月1日起在公司连续服务三年,即可以6元每股购买100股XF公司股票,从而获益。公司估计该期权在授予日的公允价值为20元。

第一年有25名职工离开XF公司,XF公司估计三年中离开的职员的比例将达到20%;第二年又有15名职员离开公司,公司将估计的职员离开比例修正为16%;第三年又有20名职员离开。

本例为附有服务年限条件的以权益结算的股份支付。费用和资本公积的计算过程见表6-2。

表6-2 费用和资本公积的计算过程

单位:元

年份	计 算 式	当期费用	累计费用
2×20	270×100×(1−20%)×20×1/3	144 000	144 000
2×21	270×100×(1−16%)×20×2/3−144 000	158 400	302 400
2×22	210×100×20−302 400	117 600	420 000

账务处理如下:
(1)2×20年1月1日:
授予日不做账务处理。
(2)2×20年12月31日:
借:管理费用　　　　　　　　　　　　　　　　　　　　144 000
　　贷:资本公积——其他资本公积　　　　　　　　　　　　　　144 000
(3)2×21年12月31日:
借:管理费用　　　　　　　　　　　　　　　　　　　　158 400
　　贷:资本公积——其他资本公积　　　　　　　　　　　　　　158 400
(4)2×22年12月31日:
借:管理费用　　　　　　　　　　　　　　　　　　　　117 600
　　贷:资本公积——其他资本公积　　　　　　　　　　　　　　117 600
(5)假设全部210名职员都在2×22年12月31日行权,XF公司股份面值为1元,则:
借:银行存款　　　　　　　　　　　　　　　　　　　　126 000
　　资本公积——其他资本公积　　　　　　　　　　　　　420 000
　　贷:股本　　　　　　　　　　　　　　　　　　　　　　　　21 000
　　　　资本公积——股本溢价　　　　　　　　　　　　　　　　525 000

【例题6-3】 2×20年1月1日,XF公司为向其200名管理人员每人授予100股股票期权;第一年年末的可行权条件为公司净利润增长率达到20%;第二年年末的可行权条件为公司净利润两年平均增长18%;第三年年末的可行权条件为公司净利润三年平均增长10%。每份期权在2×20年1月1日的公允价值为25元。

2×20年12月31日,XF公司净利润增长了18%,同时有10名管理人员离开,公司预计2×21年净利润将以同样的速度增长,因此预计2×21年12月31日可行权。另外,公司预计2×21年12月31日又将有9名管理人员离开。

2×21年12月31日,XF公司净利润仅增长了10%,因此无法达到可行权条件状态。另外,实际有12名管理人员离开,公司预计第三年将有10名管理人员离开。

2×22年12月31日,XF公司净利润仅增长了8%。三年平均增长率为12%,因此达到可行权状态。当年有9名管理人员离开。

本例为附有非市场业绩条件的以权益结算的股份支付。账务处理如下:

(1)2×20年12月31日,虽然没能实现净利润增长20%的要求,但公司预计下一年将以同样速度增长,从而能实现两年平均增长18%的要求,所以公司将其预计等待期调整为两年。由于有10名管理人员离开,公司同时预计会再有9名管理人员离开,调整了期满后预计可行权期权的数量:(200-10-9)×100。因此,当期确认的费用金额为:(200-10-9)×100×25元×1/2=226 250元。

　　借:管理费用　　　　　　　　　　　　　　　　　　　226 250
　　　贷:资本公积——其他资本公积　　　　　　　　　　　　　　　226 250

(2)2×21年12月31日,虽然两年实现增长18%的目标再次落空,但公司仍然估计能够在第三年取得较理想的业绩,从而实现三年平均增长10%的目标。所以公司将其预计等待期调整为三年。由于第二年有12名管理人员离开,公司相应调增了第三年预计离开的人数,因此当期确认的费用金额为:(200-10-12-10)×100×25元×2/3-226 250元=53 750元。

　　借:管理费用　　　　　　　　　　　　　　　　　　　53 750
　　　贷:资本公积——其他资本公积　　　　　　　　　　　　　　　53 750

(3)2×22年12月31日,目标实现,当年实际离开人数为9人。公司根据实际情况确定累计费用,并据此确认了第三年费用:(200-10-12-9)×100×25元-226 250元-53 750元=142 500元。

　　借:管理费用　　　　　　　　　　　　　　　　　　　142 500
　　　贷:资本公积——其他资本公积　　　　　　　　　　　　　　　142 500

(二)以现金结算的股份支付

以现金结算的股份支付,应当按照企业承担的以股份或其他权益工具为基础计算确定的负债的公允价值计量。

1.授予日

授予后立即可行权的以现金结算的股份支付,应当在授予日以企业承担负债的公允价值计入相关成本或费用,相应增加负债。

2.等待期内每个资产负债表日

完成等待期内的服务或达到规定业绩条件以后才可行权的以现金结算的股份支付,在等待期内的每个资产负债表日,应当以对可行权情况的最佳估计为基础,按照每个资产负债表日权益工具的公允价值重新计量,将当期取得的服务计入成本或费用和相应的负债。在资产负债表日,后续信息表明企业当期承担债务的公允价值与以前估计不同的,应当进行调整,并在可行权日调整至实际可行权水平。

企业应根据权益工具的公允价值和预计可行权工具数量,计算截至当期累计应确认的成本费用金额,再减以前期累计已确认金额,作为当期应确认的成本费用金额。

3.在可行权日后

企业在可行权日后不再确认成本费用,但是对由于赖以计算负债的权益工具公允价值发生变动引起负债公允价值的变动应当进行确认,计入当期损益,即公允价值变动损益。这是和以权益结算的股份支付较大的区别之一。

4.行权日

企业应在职工行权日根据行权情况,按照所支付现金,借记"应付职工薪酬——股份支付"

科目,贷记"银行存款"等科目。

【例题 6-4】 2×20年1月1日,XF公司向其270名中层以上职员每人授予100份现金股票增值权(SARs),这些职员从2×20年1月1日起在公司连续服务三年,即可以按当时股价的增长幅度获得现金,该增值权应在2×24年12月31日之前行使。XF公司估计,该增值权在负债结算之前的每一资产负债表日以及结算日的公允价值和可行权后的每份增值权现金支出额如表6-3所示。

表6-3 公允价值与现金支出额计算表

单位:元

年份	公允价值	支付现金
2×20	15	
2×21	18	
2×22	20	18
2×23	23	22
2×24		27

第一年有20名职员离开XF公司,XF公司估计三年中还将有15名职员离开;第二年又有12名职员离开XF公司,公司估计还将有18名职员离开;第三年又有16名职员离开XF公司。第三年末,有100人行使股份增值权取得了现金。第四年末,有80人行使股份增值权。第五年末,剩余42人也行使了股份增值权。

费用和资本公积的计算过程见表6-4。

表6-4 费用和资本公积的计算过程

单位:元

年份	负债计算	负债	支付现金	当期费用
2×20	(270−35)×100×15×1/3	117 500		117 500
2×21	(270−50)×100×18×2/3	264 000		146 500
2×22	(270−48−100)×100×20	244 000	180 000	160 000
2×23	(270−48−100−80)×100×23	96 600	176 000	28 600
2×24	0	0	113 400	16 800
总额			469 400	469 400

(1) 2×20年12月31日:

借:管理费用　　　　　　　　　　　　　　　　　　　117 500
　　贷:应付职工薪酬——股份支付　　　　　　　　　　　　　117 500

(2) 2×21年12月31日:

借:管理费用　　　　　　　　　　　　　　　　　　　146 500
　　贷:应付职工薪酬——股份支付　　　　　　　　　　　　　146 500

(3) 2×22年12月31日:

借:管理费用　　　　　　　　　　　　　　　　　　　160 000

贷:应付职工薪酬——股份支付　　　　　　　　　　　　　　160 000
　　借:应付职工薪酬——股份支付　　　180 000
　　　　贷:银行存款　　　　　　　　　　　　　　　　　　　　180 000
(4)2×23年12月31日:
　　借:公允价值变动损益　　　　　　　28 600
　　　　贷:应付职工薪酬——股份支付　　　　　　　　　　　　　28 600
　　借:应付职工薪酬——股份支付　　　176 000
　　　　贷:银行存款　　　　　　　　　　　　　　　　　　　　176 000
(5)2×24年12月31日:
　　借:公允价值变动损益　　　　　　　16 800
　　　　贷:应付职工薪酬——股份支付　　　　　　　　　　　　　16 800
　　借:应付职工薪酬——股份支付　　　113 400
　　　　贷:银行存款　　　　　　　　　　　　　　　　　　　　113 400

(三)以权益结算的股份支付和以现金结算的股份支付的比较

1. 相同点

(1)支付媒介相同。不论是以权益结算的股份支付还是以现金结算的股份支付都涉及权益工具,例如股份等。

(2)目的相同。这两种股份支付都是企业的激励手段,以获取职工或其他方服务为目的。

(3)计量属性相同。两种股份支付都以公允价值计量,所不同的是,以权益结算的股份支付以授予日公允价值计量,以现金结算的股份支付以等待期内每一个资产负债表日的公允价值重新计量。

(4)都要满足一定的可行权条件。可行权条件包括服务期限条件和业绩条件。其中,业绩条件包括市场条件和非市场条件。

(5)除授予后立即可行权的股份支付外,企业在授予日都不做会计处理。

(6)都要将取得的服务确认为相关的成本或费用(管理费用或销售费用等)。

2. 不同点

(1)属性不同。以权益结算的股份支付需要确认资本公积(其他资本公积),给企业形成一项所有者权益;而以现金结算的股份支付形成的则是一项负债(应付职工薪酬)。

(2)企业承担的义务不同。股份支付以权益结算,企业要授予股份或认股权,不承担支付现金或其他资产义务,经济利益未流出企业;股份支付以现金结算,企业最终要承担交付现金或其他资产的义务,经济利益会流出企业。

(3)会计处理不同。以权益结算股份支付,等待期内每个资产负债表日以对可行权权益工具数量的最佳估计为基础,按照权益工具授予日的公允价值,将当期取得的服务计入相关资产成本或当期费用,同时计入资本公积的其他资本公积。在可行权日之后,不再对已确认的成本费用和所有者权益总额进行调整。而以现金结算股份支付,等待期内按资产负债表日权益工具的公允价值重新计量,确认成本费用和相应的应付职工薪酬。可行权日之后,不再确认成本费用,但负债(应付职工薪酬)公允价值的变动应计入当期损益(公允价值变动损益)。

二、其他情况下股份支付的会计处理

(一) 回购股份进行职工期权激励

1. 回购股份的会计处理

企业以回购股份形式奖励本企业职工的,属于以权益结算的股份支付。企业回购股份时,应按回购股份的全部支出作为库存股处理,同时进行备查登记。企业在等待期内每个资产负债表日按照权益工具在授予日的公允价值,将取得的职工服务计入成本费用,同时增加资本公积(其他资本公积)。在职工行权购买本企业股份时,企业应转销交付职工的库存股成本和等待期内资本公积(其他资本公积)累计金额,同时,按其差额调整资本公积(股本溢价)。

回购股份的情况经常出现在上市公司实施限制性股票的股权激励安排中,其常见做法是:上市公司以非公开发行的方式向激励对象授予一定数量的公司股票,并规定锁定期和解锁期,在锁定期和解锁期内,该股票不得上市流通及转让。达到解锁条件,可以解锁;如果全部或部分股票未被解锁而失效或作废,通常由上市公司按照事先约定的价格立即进行回购。

对于此类授予限制性股票的股权激励计划,向职工发行的限制性股票按有关规定履行了注册登记等增资手续的,上市公司应当根据收到职工缴纳的认股款确认股本和资本公积(股本溢价),按照职工缴纳的认股款,借记"银行存款"等科目,按照股本金额,贷记"股本"科目,按照其差额,贷记"资本公积——股本溢价"科目;同时,就回购义务确认负债(做收购库存股处理),按照发行限制性股票的数量以及相应的回购价格计算确定的金额,借记"库存股"科目,贷记"其他应付款——限制性股票回购义务"(包括未满足条件而须立即回购的部分)等科目。

上市公司应当综合考虑限制性股票锁定期和解锁期等相关条款,按照《企业会计准则第11号——股份支付》相关规定判断等待期,进行与股份支付相关的会计处理。对于因回购产生的义务确认的负债,应当按照《企业会计准则第22号——金融工具确认和计量》相关规定进行会计处理。上市公司未达到限制性股票解锁条件而需回购的股票,按照应支付的金额,借记"其他应付款——限制性股票回购义务"等科目,贷记"银行存款"等科目;同时,按照注销的限制性股票数量相对应的股本金额,借记"股本"科目,按照注销的限制性股票数量相对应的库存股的账面价值,贷记"库存股"科目,按其差额,借记"资本公积——股本溢价"科目。上市公司达到限制性股票解锁条件而无须回购的股票,按照解锁股票相对应的负债的账面价值,借记"其他应付款——限制性股票回购义务"等科目,按照解锁股票相对应的库存股的账面价值,贷记"库存股"科目,如有差额,则借记或贷记"资本公积——股本溢价"科目。

2. 等待期内发放现金股利的会计处理

上市公司在等待期内发放现金股利的会计处理,应视其发放的现金股利是否可撤销而采取不同的方法:

(1)现金股利可撤销,即一旦未达到解锁条件,被回购限制性股票的持有者将无法获得(或需要退回)其在等待期内应收(或已收)的现金股利。

等待期内,上市公司在核算应分配给限制性股票持有者的现金股利时,应合理估计未来解锁条件的满足情况,该估计与进行股份支付会计处理时在等待期内每个资产负债表日对可行权权益工具数量进行的估计应当保持一致。对于预计未来可解锁限制性股票持有者,上市公司应分配给限制性股票持有者的现金股利应当作为利润分配进行会计处理,借记"利润分配——应付现金股利或利润"科目,贷记"应付股利——限制性股票股利"科目;同时,按分配的现金股利金额,借记"其他应付款——限制性股票回购义务"等科目,贷记"库存股"科目;实际支付时,借记"应付股利——限制性股票股利"科目,贷记"银行存款"等科目。对于预计未来不可解锁限制性股票持有者,上市公司应分配给限制性股票持有者的现金股利应当冲减相关的负债,借记"其他应付款——限制性股票回购义务"等科目,贷记"应付股利——限制性股票股利"科目;实际支付时,借记"应付股利——限制性股票股利"科目,贷记"银行存款"等科目。后续信息表明不可解锁限制性股票的数量与以前估计不同的,应当作为会计估计变更处理,直到解锁日预计不可解锁限制性股票的数量与实际未解锁限制性股票的数量一致。

(2)现金股利不可撤销,即不论是否达到解锁条件,限制性股票持有者仍有权获得(或不得被要求退回)其在等待期内应收(或已收)的现金股利。

等待期内,上市公司在核算应分配给限制性股票持有者的现金股利时,应合理估计未来解锁条件的满足情况,该估计与进行股份支付会计处理时在等待期内每个资产负债表日对可行权权益工具数量进行的估计应当保持一致。对于预计未来可解锁限制性股票持有者,上市公司应分配给限制性股票持有者的现金股利应当作为利润分配进行会计处理,借记"利润分配——应付现金股利或利润"科目,贷记"应付股利——限制性股票股利"科目;实际支付时,借记"应付股利——限制性股票股利"科目,贷记"银行存款"等科目。对于预计未来不可解锁限制性股票持有者,上市公司应分配给限制性股票持有者的现金股利应当计入当期成本费用,借记"管理费用"等科目,贷记"应付股利——应付限制性股票股利"科目;实际支付时,借记"应付股利——限制性股票股利"科目,贷记"银行存款"等科目。后续信息表明不可解锁限制性股票的数量与以前估计不同的,应当作为会计估计变更处理,直到解锁日预计不可解锁限制性股票的数量与实际未解锁限制性股票的数量一致。

【例题6-5】 XF公司是一家上市公司,为建立长效激励机制,吸引和留住优秀人才,制定和实施了限制性股票激励计划。XF公司发生的与该计划相关的交易或事项如下:

(1)2×20年1月1日,XF公司实施经批准的限制性股票激励计划,通过定向发行股票的方式向20名管理人员每人授予50万股限制性股票,每股面值1元,发行所得款项8000万元已存入银行,限制性股票的登记手续已办理完成。XF公司以限制性股票授予日公司股票的市价减去授予价格(8元/股)后的金额确定限制性股票在授予日的公允价值为12元/股。该计划已经股东大会批准。

该限制性股票的限制期为授予的限制性股票登记完成之日起36个月,激励对象获授的限制性股票在解除限售前不得转让、用于担保或偿还债务。限制性股票的解锁期为12个月。解锁期内同时满足下列条件的,激励对象获授的限制性股票方可解除限售:激励对象自授予的限制性股票登记完成之日起工作满3年;以上年度营业收入为基数,XF公司2×20年度、2×21年度、2×22年度3年的营业收入增长率的算术平均值不低于30%。限售期满后,XF公司为满足解除限售条件的激励对象办理解除限售事宜。未满足解除限售条件的激励对象持有的限制性股票由XF公司按照授予价格回购并注销。

(2)2×20年度,XF公司实际有1名管理人员离开,营业收入增长率为35%。XF公司预计,2×21年度及2×22年度还有2名管理人员离开,每年营业收入增长率均能达到30%。

(3)2×21年5月3日,XF公司股东大会批准董事会制定的利润分配方案,即以2×20年

12月31日包括上述限制性股票在内的股份45 000万股为基数,每股分配现金股利1元,共计分配现金股利45 000万元。根据计划,XF公司支付给限制性股票持有者的现金股利可撤销。2×21年5月25日,XF公司以银行存款支付股利45 000万元。

(4)2×21年度,XF公司实际有1名管理人员离开,营业收入增长率为33%。XF公司预计,2×22年度还有1名管理人员离开,营业收入增长率能达到30%。

(5)2×22年度,XF公司没有管理人员离开,营业收入增长率达到31%。

(6)2×23年1月10日,XF公司对符合解锁条件的900万股限制性股票解除限售,并办理完成相关手续。2×23年1月20日,XF公司对不符合解锁条件的100万股限制性股票按照授予价格预收回购,并办理完成相关注销手续。在扣除已支付给相关管理人员的股利100万元后,回购限制性股票的款项700万元已以银行存款支付给相关管理人员。

要求为XF公司进行下述业务的会计处理(不考虑相关税费及其他因素):

①根据资料(1),编制与定向发行限制性股票相关的会计分录。

②根据上述资料,计算XF公司2×20年度、2×21年度、2×22年度因限制性股票激励计划分别应予确认的损益,并编制2×20年度相关的会计分录。

③根据上述资料,编制2×21年度、2×22年度与利润分配相关的会计分录。

④根据资料(6),编制解除限售和回购并注销限制性股票的会计分录。

会计处理(单位:万元)如下:

①与定向发行限制性股票相关的会计分录:

借:银行存款　　　　　　　　　　　　　　　　　　8 000
　贷:股本　　　　　　　　　　　　　　　　　　　　　　　1 000
　　　资本公积——股本溢价　　　　　　　　　　　　　　　7 000
借:库存股　　　　　　　　　　　　　　　　　　　8 000
　贷:其他应付款——限制性股票回购义务　　　　　　　　　8 000

②2×20年度应确认的损益=(20-1-2)×50万股×12元/股÷3=3 400万元。

2×21年度应确认的损益=(20-2-1)×50万股×12元/股÷3×2-3 400万元=3 400万元。

2×22年度应确认的损益=(20-2)×50万股×12元/股-6 800万元=4 000万元。

2×20年度相关的会计分录(单位:万元)为:

借:管理费用　　　　　　　　　　　　　　　　　　3 400
　贷:资本公积——其他资本公积　　　　　　　　　　　　　3 400

③编制2×21年度、2×22年度与利润分配相关的会计分录(单位:万元)。

借:利润分配——应付现金股利或利润　　　　　　44 850
　　其他应付款　　　　　　　　　　　　　　　　　　150
　贷:应付股利——限制性股票股利　　　　　　　　　　　45 000
借:其他应付款　　　　　　　　　　　　　　　　　850
　贷:库存股　　　　　　　　　　　　　　　　　　　　　850
借:应付股利　　　　　　　　　　　　　　　　　45 000
　贷:银行存款　　　　　　　　　　　　　　　　　　　45 000
借:利润分配——应付现金股利或利润　　　　　　　　50

贷：其他应付款　　　　　　　　　　　　　　　　　　　　50
　　借：其他应付款　　　　　　　　　　　　　　　　50
　　　贷：库存股　　　　　　　　　　　　　　　　　　　　　50
④编制解除限售和回购并注销限制性股票的会计分录(单位：万元)。
　　借：其他应付款　　　　　　　　　　　　　　　　6 300
　　　贷：库存股　　　　　　　　　　　　　　　　　　　　6 300
　　借：其他应付款　　　　　　　　　　　　　　　　700
　　　贷：银行存款　　　　　　　　　　　　　　　　　　　700
　　借：股本　　　　　　　　　　　　　　　　　　　100
　　　资本公积——股本溢价　　　　　　　　　　　　700
　　　贷：库存股　　　　　　　　　　　　　　　　　　　　800

(二)股权激励取消的会计处理

股权激励取消的会计处理分两种情况，即未达到非市场条件和达到市场条件。如果因为未达到非市场条件(如业绩)而不能行权，则应调整已经确认的费用；如果因为达到市场条件而未行权，则不调整已经确认的费用。

(1)不能满足非市场条件而取消或终止股权激励计划。

若激励对象未能达到非市场条件(服务期限条件、业绩条件等)，则激励对象实际最终没有被授予权益工具，相应地，与该股权激励计划相关的累计成本、费用为零。在会计处理上，应将原已确认的费用冲回，即在以权益结算的股份支付中，服务期限条件和非市场业绩条件是决定授予权益工具的数量的。如果激励对象未满足服务期限条件和非市场业绩条件，则最终被授予的权益工具数量为零，相应地，与该股份支付计划相关的累计成本、费用也就为零，需要把以前期间就该股份支付计划已确认的成本、费用全部在当期冲回。这是由股份支付的基本原理决定的。

【例题6-6】 2×20年1月1日，XF公司授予26名激励对象每人100份股票期权，公司每个会计年度对公司财务业绩指标进行考核，以达到公司财务业绩指标作为激励对象行权的必要条件。其可行权条件为两年内公司净利润年增长率均达11%。每份期权在2×20年1月1日的公允价值是10元。

2×20年末，XF公司净利润增长12%，并且企业预计下一年会有相同幅度的增长。因此，企业在这一资产负债表日确认费用26 000元。

　　借：管理费用等　　　　　　　　　　　　　　　　13 000
　　　贷：资本公积——其他资本公积　　(26×100×10×1/2)　　13 000

2×21年末，由于市场发生变化，公司净利润增长9%，未能达到非市场的业绩条件，不能行权。这属于股份支付的计划的作废，故应将原已确认的费用冲回。

　　借：以前年度损益调整　　　　　　　　　　　　　－13 000
　　　贷：资本公积——其他资本公积　　　　　　　　　　－13 000

(2)能够满足非市场条件而取消或终止股权激励计划。

能够满足非市场条件，即预计激励对象能够满足服务期限条件、业绩条件等指标。此时，激励对象将因为能够满足激励指标而被视为将被授予权益工具。但是由于权益工具价格低于行权价格,行权将产生负收益。在这一情况下,很多上市公司考虑到权益工具价格可能长时间低于行权价格、激励对象不能得到正常的激励收入而直接取消激励计划。取消股权激励计划通常源于公司或者职工主动的行为。会计处理结果视同加速行权,将剩余等待期内应确认的金额立即计入当期损益,同时确认资本公积。

对于股权激励计划的取消具体是作为冲回处理还是加速行权处理,是冲回全部还是部分,冲回的损益影响确认在哪一年度,这些都需要根据具体的股权激励计划条款进行分析,不能一概而论。如果取消的仅是其中某一期解锁的股票而不是全部标的股票,并且取消的原因是没有实现可行权条件中的非市场条件,则所冲回的费用也仅限于截至目前累计已经确认的与该期取消解锁的股权相关的费用,其他各期不受影响。国际财务报告准则(IFRS)规定,在这种分期解锁的情况下,分不同期限解锁的各期视作不同的股份支付,分别在其各自的等待期内摊销计入费用。冲回的损益影响确认在哪一个年度,取决于何时可以确定非市场条件不再得到满足。

【例题 6-7】 XF公司为上市公司。2×20年1月20日,XF公司向20名公司高级管理人员授予了2 000万股限制性股票,授予价格为7元/股,授予后锁定3年。2×20年、2×21年、2×22为申请解锁考核年,每年的解锁比例分别为30%、30%和40%,即600万股、600万股和800万股。经测算,授予日限制性股票的公允价值总额为20 000万元。该计划为一次授予、分期行权的计划,费用在各期的分摊如表6-5所示。

表6-5 股份支付计划费用分摊表

单位:万元

分摊年份	第一期	第二期	第三期	合计
2×20年	6 000	3 000	2 666.67	11 666.67
2×21年		3 000	2 666.67	5 666.67
2×22年			2 666.66*	2 666.66
合计	6 000	6 000	8 000	20 000

注:* 四舍五入后的处理结果。

各期解锁的业绩条件:
第一期:2×20年净利润较2×18年的增长率不低于25%。
第二期:2×20年和2×21年两年净利润平均数较2×19年的增长率不低于30%。
第三期:2×20—2×22年三年净利润平均数较2×19年的增长率不低于40%。

2×20年11月30日,XF公司公告预计2×20年全年净利润较2×18年下降20%~50%。2×20年12月13日,XF公司召开董事会,商讨方案:由于市场需求大幅度萎缩,严重影响了公司当年以及未来一两年的经营业绩,公司预测股权激励计划解锁条件中关于经营业绩的指标无法实现,故决定终止实施原股权激励计划,激励对象已获授的限制性股票由公司回购并注销。2×20年12月28日,XF公司股东大会审议通过上述终止及回购方案。

问题:XF公司终止实施原股权激励计划应该如何进行会计处理?

【分析】 ①第一期解锁部分未能达到可行权条件,即"2×20年净利润较2×18年的增长率不低于25％",而导致职工不能解锁相应的限制性股票,属于不能满足非市场条件(业绩条件)而取消或终止股权激励计划,应认为是原股份支付的计划的作废,故2×20年度不确认与这一部分相关的股权激励费用6 000万元,不进行任何会计处理。

②《企业会计准则解释第3号》(财会〔2009〕8号)规定:"在等待期内如果取消了授予的权益工具,企业应当对取消所授予的权益性工具作为加速行权处理,将剩余等待期内应确认的金额立即计入当期损益,同时确认资本公积。"第二期和第三期正是在等待期内被取消股份支付计划的,不论其以后是否满足可行权条件,应按照加速行权处理,将剩余的授予日权益工具的公允价值全部在取消当期确认,即在取消日加速确认第二期、第三期的费用14 000万元。相关会计分录(单位:万元)如下:

借:管理费用等　　　　　　　　　　　　　　　　　　　14 000
　　贷:资本公积——其他资本公积　(6 000＋8 000)　　　　14 000

(三)企业集团股份支付交易的会计处理

企业集团(由母公司和其全部子公司构成)内发生的股份支付交易,应当按照以下规定进行会计处理:

(1)结算企业以其本身权益工具结算的,应当将该股份支付交易作为以权益结算的股份支付处理;除此之外,应当作为以现金结算的股份支付处理。

结算企业是接受服务企业的投资者的,应当按照授予日权益工具的公允价值或应承担负债的公允价值确认为对接受服务企业的长期股权投资,同时确认资本公积(其他资本公积)或负债。

(2)接受服务企业没有结算义务或授予本企业职工的是其本身权益工具的,应当将该股份支付交易作为以权益结算的股份支付处理;接受服务企业具有结算义务且授予本企业职工的是企业集团内其他企业权益工具的,应当将该股份支付交易作为以现金结算的股份支付处理。

复习思考题

1. 什么是股份支付？股份支付有什么特点？
2. 股份支付有哪些类别？请简单解释。
3. 股份支付的主要环节有哪些？请简单解释。
4. 股份支付的可行权条件有哪些种类？
5. 股份支付的可行权条件的修改情况有哪些？
6. 什么是以权益结算的股份支付？其会计处理的要点是什么？
7. 什么是以现金结算的股份支付？其会计处理的要点是什么？
8. 回购股份的会计处理主要内容是什么？
9. 等待期内发放现金股利的会计处理是怎样的？
10. 股权激励取消情况下的会计处理是怎样的？
11. 企业集团股份支付交易的会计处理基本要点是什么？

练习题

练习一

一、目的:练习以权益结算的股份支付的账务处理。

二、资料:

2×21年1月1日,甲公司对500名雇员均授予每人100份股份,附有要求雇员在给予期间受雇于公司的条件。条件如下:2×21年末,公司收益的增长超过18%;2×22年末,公司收益两年平均增长超过13%;2×23年末,公司收益三年平均增长超过10%。每股股份在2×21年1月1日的公允价值是30元,与授予日的股份相同。在三年中预计不分配股利。

2×21年末,公司收益增长了14%,同时有30名雇员离开。公司预计收益在第二年继续以相似的比例增长,因此预计股份将于第二年年末给予。在加权平均可能性的基础上,公司预计在第二年又会有30名雇员离开,因此预计第二年年末将会给予剩余440名雇员每人100份股份。

2×22年末,公司收益增长了10%,因此没有给予股份。在当年有28名雇员离开。公司预计在第三年又会有25名雇员离开,同时公司收益至少增长6%,从而达到平均每年增长10%。

2×23年末,公司收益增长了8%,有28名雇员离开。因此在第三年末,有414名雇员收到了100份股份。

三、要求:为甲公司的股份支付进行相应的会计处理。

练习二

一、目的:练习现金结算的股份支付的账务处理。

二、资料:

2×21年12月1日,甲公司董事会批准了一项股份支付协议。协议规定,2×22年1月1日,公司向200名中层以上管理人员每人授予100份现金股票增值权(SARs),这些管理人员则必须在该公司连续服务3年,即可自2×24年12月31日起根据股价的增长幅度行权获得现金。该股票增值权应在2×26年12月31日之前行使完毕。甲公司估计,该股票增值权在负债结算之前每一个资产负债表日以及结算日的公允价值和可行权后每份股票增值权现金支出额如表6-6所示。

表6-6 每份股票增值权的公允价值与现金支出额

单位:元

年份	公允价值	支付现金
2×22	14	
2×23	15	
2×24	18	16
2×25	21	20
2×26		25

第一年有25名管理人员离开甲公司,甲公司估计三年中还将有20名管理人员离开;第二年又有15名管理人员离开甲公司,公司估计还将有16名管理人员离开;第三年又有16名管理

人员离开甲公司。第三年末,有80人行使股份增值权取得了现金。第四年末,有50人行使股份增值权。第五年末,剩余14人也行使了股份增值权。

三、要求:为甲公司的股份支付进行相应的会计处理。

练习三

一、目的:练习限制性股票中股票回购的账务处理。

二、资料:

2×21年1月1日,甲公司股东大会通过了向高管人员授予限制性股票的方案。方案规定:30名高管人员每人以每股5元的价格购买甲公司10万股普通股,自方案通过之日起,高管人员在甲公司服务满3年,并且3年内公司净资产收益率平均达到15%或以上,3年期满即有权利拥有相关股票。服务期未满或未达到业绩条件的,3年期满后甲公司将以每股5元的价格回购有关高管人员持有的股票。3年等待期内,高管人员不享有相关股份的股东权利。2×21年1月1日,甲公司普通股的市场价格为每股10元;当日,被授予股份的高管人员向甲公司支付价款并登记为相关股票的持有人。2×21年该计划涉及的30名高管人员中没有人离开甲公司,且预计未来期间不会有高管人员离开。

2×21年度甲公司净资产收益率为18%,预计未来期间仍有上升空间,在3年期间内平均净资产收益率达到20%的可能性较大。

三、要求:为甲公司2×21年度相关业务进行会计处理并说明理由。

第七章
衍生金融工具会计：常规业务

GAOJI CAIWU KUAIJI

第七章

衍生金融工具会计：常规业务

【导读】

本章首先阐述了金融工具的含义与分类。对于金融工具的含义，要准确理解"合约"性质。金融工具的分类较复杂：对于金融资产，须结合其业务模式和合同现金流量特征进行分类；对于金融负债和权益工具，须掌握其区分的基本原则；对于基本金融工具，其种类都是常见传统的；对于衍生金融工具，基本分类有远期、期货、期权和互换等。其次重点阐述了衍生金融工具常规业务的会计处理，即衍生金融工具不是在套期保值情况下的业务处理。

【学习重点】

金融资产的分类；金融负债的分类；金融负债和权益工具的区分；远期、期货、期权和互换的含义与会计处理。

【学习难点】

金融负债和权益工具的区分；远期、期货、期权和互换的会计处理。

第一节 金融工具概述

一、金融工具的含义

对金融工具(financial instruments)，各国定义有所不同，我国《企业会计准则第22号——金融工具确认和计量》将其定义为形成一方的金融资产并形成其他方的金融负债或权益工具的合同。国际会计准则理事会在2004年修订后的《国际会计准则第32号——金融工具：披露和列报》中对金融工具的定义与我国的基本相同。美国财务会计准则委员会于1991年12月发布的第107号财务会计准则公告《金融工具公允价值的披露》(SFAS 107)中指出，金融工具是指现金、一个实体的所有者权益凭证或一份同时具备以下特征的合约：①对一个实体形成合约义务，向另一个实体交割现金或另一种金融工具，或者在潜在不利的条件下与另一实体交换金融工具；②赋予另一实体合约的权利，从前一实体接受现金或另一金融工具，或者在潜在有利的条件下与前一实体交换金融工具。

对金融工具定义的把握要准确理解"合约"，合约决定了签约各方的权利与义务。合约的形式多种多样，可以是书面的，也可以不采用书面形式。实务中的金融工具合约通常采用书面形式。非合约的资产和负债不属于金融工具。例如应交所得税是企业按照税收法规规定应承担的义务，不是以合约为基础的义务，因此不符合金融工具定义。

二、金融工具的分类

金融工具按权利义务不同可分为金融资产、金融负债和权益工具；按其价值来源和风险性可分为基本金融工具和衍生金融工具。

(一)金融工具按权利义务的分类

1. 金融资产

1) 金融资产含义

金融资产(financial assets)是指企业持有的现金、其他方的权益工具以及符合下列条件之一的资产：

(1)从其他方收取现金或其他金融资产的合同权利。如企业的银行存款、应收账款等均属于金融资产。但预付账款不是金融资产，因其产生的未来经济利益是商品或服务，不是收到现金或其他金融资产的权利。

(2)在潜在有利条件下，与其他方交换金融资产或金融负债的合同权利。如企业持有的看涨期权(call options)或看跌期权(put options)就属于金融资产。

(3)将来须用或可用企业自身权益工具进行结算的非衍生工具合同，且企业根据该合同将收到可变数量的自身权益工具。例如，甲是上市公司，其与乙公司签订合约规定将于1个月后从乙公司赎回本公司价值100万元的普通股票。

(4)将来须用或可用企业自身权益工具进行结算的衍生工具合同，但以固定数量的自身权益工具交换固定金额的现金或其他金融资产的衍生工具合同除外。其中，企业自身权益工具不包括应当按照《企业会计准则第37号——金融工具列报》分类为权益工具的可回售工具或发行方仅在清算时才有义务向另一方按比例交付其净资产的金融工具，也不包括本身就要求在未来收取或交付企业自身权益工具的合同。例如，以自身普通股为标的的按净额结算的看涨期权。

正确理解金融资产的含义的关键是要从"合约"的角度将金融资产和非金融资产进行区分。企业是否形成收取现金或其他金融资产(或者交换金融负债或权益工具)的合约权利，是判断金融资产与非金融资产的主要标准。

2)金融资产的分类

广义上来讲，金融资产包括货币资金、以摊余成本计量的金融资产、以公允价值计量且其变动计入其他综合收益的金融资产、以公允价值计量且其变动计入当期损益的金融资产；除此以外，由长期股权投资准则规范的股权投资(包括对子公司、合营企业或联营企业的股权投资)也属于金融资产。狭义上来讲，我国《企业会计准则第22号——金融工具确认和计量》规定应根据企业管理金融资产的业务模式和金融资产的合同现金流量特征对金融资产进行分类，包括以摊余成本计量的金融资产、以公允价值计量且其变动计入其他综合收益的金融资产及以公允价值计量且其变动计入当期损益的金融资产。

业务模式是指企业如何管理其金融资产以产生现金流量，其决定了企业所管理的金融资产现金流量的来源是收到合同现金流量、出售金融资产，还是两者兼有。业务模式应当在金融资产组合的层次上确定，而不必按单个金融资产逐项确定。业务模式的确定并非企业自愿指定的，而是一种客观事实。企业管理金融资产的业务模式有：①以收到合同现金流量为目标的业务模式；②同时以收到合同现金流量和出售金融资产为目标的业务模式；③其他模式。如企业持有金融资产的目的是交易性的或者基于金融资产公允价值做出决策并对其进行管理，这就是一种业务模式。

金融资产的合同现金流量特征，是指金融工具合同约定的、反映相关金融资产经济特征的现金流量属性，即指本金加利息的合同现金流量特征。企业在初始确认时要对是否符合本金加利息的合同现金流量特征进行评估。

以下是根据我国金融工具准则对金融资产的分类。

(1)以摊余成本计量的金融资产。

金融资产同时符合下列条件的，应当分类为以摊余成本计量的金融资产：

①企业管理金融资产的业务模式是以收取合同现金流量为目标；

第七章

衍生金融工具会计：常规业务

②该金融资产的合同条款规定，在特定日期产生的现金流量，仅为对本金和以未偿付本金金额为基础的利息的支付。

【例题7-1】 对于银行向客户发放的固定利率贷款，在没有其他特殊安排的情况下，贷款通常可能符合本金加利息的合同现金流量特征，如果银行管理该贷款的业务模式是以收取合同现金流量为目标，则该贷款应分类为以摊余成本计量的金融资产。例如，普通债券的合同现金流量是到期收回本金及按合同约定收取利息。在没有其他特殊安排的情况下，该普通债券可能符合本金加利息的合同现金流量特征，如果企业以收取合同现金流量为目标，则该普通债券应分类为以摊余成本计量的金融资产。

企业一般应当设置"贷款""应收账款""债权投资"等科目核算分类为以摊余成本计量的金融资产。

（2）以公允价值计量且其变动计入其他综合收益的金融资产。

金融资产同时符合下列条件的，应当分类为以公允价值计量且其变动计入其他综合收益的金融资产：

①企业管理金融资产的业务模式是既以收取合同现金流量为目标，又以出售该金融资产为目标；

②该金融资产的合同条款规定，在特定日期产生的现金流量，仅为对本金和以未偿付本金金额为基础的利息的支付。

【例题7-2】 企业持有的普通债券的合同现金流量是到期收回本金及按合同约定收取利息。在没有其他特殊安排的情况下，普通债券的合同现金流量可能符合"仅为对本金和以未偿付本金金额为基础的利息的支付"要求。如果企业管理该普通债券的业务模式是以收取合同现金流量和出售该债券为目标，则该普通债券应分类为以公允价值计量且其变动计入其他综合收益的金融资产。

企业一般应当设置"其他债权投资"等科目核算分类为以公允价值计量且其变动计入其他综合收益的金融资产。该科目可按金融资产的类别和品种，分别以"成本""利息调整""公允价值变动"等科目进行明细核算。

（3）以公允价值计量且其变动计入当期损益的金融资产。

对分类为以摊余成本计量的金融资产和以公允价值计量且其变动计入其他综合收益的金融资产之外的金融资产，企业应当将其分类为以公允价值计量且其变动计入当期损益的金融资产。这类金融资产常见的有企业持有的股票、基金（股票型基金、债券型基金、货币基金或混合基金）、可转换债券等。此外，在初始确认时，如果能够消除或显著减少会计错配，企业可以将金融资产指定为以公允价值计量且其变动计入当期损益的金融资产。

金融资产或金融负债满足下列条件之一的，表明企业持有该金融资产或承担该金融负债的目的是交易性的：

①取得相关金融资产或承担该金融负债，主要是为了近期出售或回购。

②相关金融资产或金融负债在初始确认时属于集中管理的可辨认金融工具组合的一部分且有客观证据表明近期实际存在短期获利模式。

③相关金融资产或金融负债属于衍生工具。但符合财务担保合同定义的衍生工具以及被

指定为有效套期工具的衍生工具除外。如未作为套期工具的利率互换或外汇期权属于衍生工具。

企业一般应当设置"交易性金融资产"等科目核算以公允价值计量且其变动计入当期损益的金融资产。该科目可按金融资产的类别和品种,分别以"成本""公允价值变动"等科目进行明细核算。衍生金融资产在"衍生工具"科目核算。

3) 金融资产分类的特殊规定

权益工具投资一般不符合本金加利息的合同现金流量特征,因此应当分类为以公允价值计量且其变动计入当期损益的金融资产。另外,在非同一控制下的企业合并中确认的或有对价构成金融资产的,应当分类为以公允价值计量且其变动计入当期损益的金融资产,不得指定为以公允价值计量且其变动计入其他综合收益的金融资产。

然而,在初始确认时,企业可以将非交易性权益工具投资指定为以公允价值计量且其变动计入其他综合收益的金融资产,并按规定确认股利收入。该指定一经做出,不得撤销。企业一般应设置"其他权益工具投资"科目对指定为以公允价值计量且其变动计入其他综合收益的金融资产的非交易性权益工具投资进行核算。该科目可设置"成本"和"公允价值变动"两个明细科目。

2. 金融负债

1) 金融负债含义

金融负债(financial liabilities)是指企业符合下列条件之一的负债:

(1) 向其他方交付现金或其他金融资产的合同义务。例如,发行的承诺支付固定利息的公司债券属于金融负债。

(2) 在潜在不利条件下,与其他方交换金融资产或金融负债的合同义务。例如,签出的外汇期权属于金融负债。

(3) 将来须用或可用企业自身权益工具进行结算的非衍生工具合同,且企业根据该合同将交付可变数量的自身权益工具。例如,企业取得一项金融资产,并承诺两个月后向卖方交付本企业发行的普通股,交付的普通股数量根据交付时的股价确定,则该承诺是一项金融负债。

(4) 将来须用或可用企业自身权益工具进行结算的衍生工具合同,但以固定数量的自身权益工具交换固定金额的现金或其他金融资产的衍生工具合同除外。例如,以变通股净额结算的股票期权属于金融负债。

企业对全部现有同类别非衍生自身权益工具的持有方(如普通股股东)同比例发行配股权、期权或认股权证,使之有权按比例以固定金额的任何货币换取固定数量的该企业自身权益工具的,该类配股权、期权或认股权证应当分类为权益工具。其中,企业自身权益工具不包括应当按照《企业会计准则第37号——金融工具列报》分类为权益工具的可回售工具或发行方仅在清算时才有义务向另一方按比例交付其净资产的金融工具,也不包括本身就要求在未来收取或交付企业自身权益工具的合同。

2) 金融负债的分类

(1) 以公允价值计量且其变动计入当期损益的金融负债。

以公允价值计量且其变动计入当期损益的金融负债是指承担的满足交易性目的条件之一的金融负债和指定为以公允价值计量且其变动计入当期损益的金融负债。

在初始确认时,准则赋予了企业的公允价值选择权,即为提供更相关的会计信息,允许企业

可以将金融负债指定为以公允价值计量且其变动计入当期损益的金融负债,但该指定应当满足下列条件之一:

①能够消除或显著减少会计错配。

②根据正式书面文件载明的企业风险管理或投资策略,以公允价值为基础对金融负债组合或金融资产和金融负债组合进行管理和业绩评价,并在企业内部以此为基础向关键管理人员报告。

该指定一经做出,不得撤销。

【例题7-3】 某银行通过发行上市债券为一组特定贷款提供融资,且债券与贷款的公允价值变动可相互抵销。如果银行定期发行和回购该债券但很少买卖该贷款,则同时采用以公允价值计量且其变动计入当期损益的方式计量该贷款和债券,将消除两者均以摊余成本计量且每次回购债券时确认一项利得或损失确认时间的不一致。

【例题7-4】 企业拥有某些金融资产和某些金融负债,如果承担的风险相同,且各自的公允价值变动方向相反、趋于相互抵销,但其中只有部分金融资产和金融负债以公允价值计量且其变动计入当期损益,此时会出现错配。此时如果将这些资产和负债均进行公允价值指定,则可以消除或显著减少会计错配现象。套期会计有效性难以达到要求时,也可以进行类似指定。

在非同一控制下的企业合并中,企业作为购买方确认的或有对价形成金融负债的,应当分类为以公允价值计量且其变动计入当期损益的金融负债。

企业一般应当设置"交易性金融负债"等科目核算以公允价值计量且其变动计入当期损益的金融负债。该科目可按金融负债的类别,分别以"成本""公允价值变动"等进行明细核算,如果是指定的,则在"指定"明细科目中核算。衍生金融负债在"衍生工具"科目核算。

(2)以摊余成本计量的金融负债。

除下列各项外,企业应当将金融负债分类为以摊余成本计量的金融负债:

①以公允价值计量且其变动计入当期损益的金融负债,包括交易性金融负债(含属于金融负债的衍生工具)和指定为以公允价值计量且其变动计入当期损益的金融负债。

②金融资产转移不符合终止确认条件或继续涉入被转移金融资产所形成的金融负债。对此类金融负债,企业应当按照《企业会计准则第23号——金融资产转移》相关规定进行计量。

③部分财务担保合同,即不属于以上情形的财务担保合同,以及不属于第①种情形的以低于市场利率贷款的贷款承诺。

3.权益工具

1)权益工具含义

权益工具,是指能证明拥有某个企业在扣除所有负债后的资产中的剩余权益的合同。在同时满足下列条件的情况下,企业应当将发行的金融工具分类为权益工具:

(1)该金融工具应当不包括交付现金或其他金融资产给其他方,或在潜在不利条件下与其他方交换金融资产或金融负债的合同义务。

(2)将来须用或可用企业自身权益工具结算该金融工具。如为非衍生工具,该金融工具应当不包括交付可变数量自身权益工具进行结算的合同义务;如为衍生工具,企业只能通过以固定数量的自身权益工具交换固定金额的现金或其他金融资产结算该金融工具。其中,企业自身权益工具不包括分类为权益工具的特殊金融工具,也不包括本身就要求在未来收取或交付企业自身权益工具的合同。

权益工具的例子有不可回购的普通股、不可赎回的优先股、企业发行的使持有者有权以固定价格购入固定数量该企业普通股的认股权证等。

2)权益工具和金融负债区分的基本原则①

(1)是否存在无条件地避免交付现金或其他金融资产的合同义务。

如果企业不能无条件地避免以交付现金或其他金融资产来履行一项合同义务,则该合同义务符合金融负债的定义。实务中常见的该类合同义务情形有:①金融工具的发行方不能无条件地避免赎回所发行的金融工具;②金融工具的发行方被要求强制支付利息。

如果企业能无条件地避免交付现金或其他金融资产,如能够根据相应的议事机制(如"股利制动机制""股利推动机制")自主决定是否支付股息,同时所发行的金融工具没有到期日且合同对手方没有回售权,或虽有固定期限但发行方有权无限期递延,则此类交付现金或其他金融资产的结算条款不构成金融负债。

(2)是否通过交付固定数量的自身权益工具进行结算。

权益工具是证明拥有企业的资产扣除负债后的剩余权益的合同。因此,对于将来须交付企业自身权益工具的金融工具,如果未来结算时交付的权益工具数量是可变的,或收到对价的金额是可变的,则该金融工具的结算将给其他权益工具所代表的剩余权益带来不确定性,也就不符合权益工具的定义。

一项须用或可用企业自身权益工具结算的金融工具是否对其他权益工具的价值带来不确定性,通常与该工具的交易目的相关。如果该自身权益工具作为现金或其他金融资产的替代品,则该自身权益工具在交收时的公允价值是确定的,而数量是不确定的;反之,如果是为了使持有方作为出资人享有企业剩余权益,那么自身权益工具的数量通常一开始就已商定,交收时的公允价值是不确定的。

对于须用或可用企业自身权益工具结算的金融工具,应当区分是衍生工具还是非衍生工具。对于非衍生工具,如果发行方未来有义务交付可变数量的自身权益工具进行结算,则该非衍生工具是金融负债,否则是权益工具。对于衍生工具,如果发行方只通过以固定数量的自身权益工具交换固定金额的现金或其他金融资产进行结算("固定换固定"),则该衍生工具是权益工具;否则应确认为金融资产或金融负债。

【例题 7-5】 甲公司与乙公司签订合同约定,甲公司以 100 万元等值的自身权益工具偿还所欠乙公司债务。在这种情况下,甲发行的该金融工具应当划分为金融负债。

【例题 7-6】 甲公司发行了名义金额为人民币 10 000 元的优先股,合同条款规定:甲公司在 3 年后将优先股强制转换为普通股,转股价格为转股日前一工作日的普通股市价。在这种情况下,该强制可转换优先股应当划分为金融负债。

---

① 有关金融负债与权益工具区分的更多分析内容,参阅以下文献:王守海,徐晓彤.金融负债与权益工具区分研究:理论基础、国际进展与政策建议[J].会计研究,2021(04):23-38.

第七章
衍生金融工具会计：常规业务

【例题 7-7】 20×2年2月1日甲公司向乙公司发行以自身普通股为标的的看涨期权。根据合同约定，如果乙公司行权，乙公司有权以每股100元的价格从甲公司购入普通股1 000股。合同签订日为20×2年2月1日；行权日（欧式期权）为20×3年1月31日。其他资料如表7-1所示。

表7-1 期权价值变动情况表

单位：元

项　目	20×2年2月1日	20×2年12月31日	20×3年1月31日
市价	100	103	103
公允价值	5 000	4 000	3 000

要求根据以下三种情况进行账务处理：①以现金净额结算；②以普通股净额结算；③以普通股总额进行结算。

甲公司的账务处理见表7-2。

表7-2 甲公司的账务处理一览表

单位：元

日期	①以现金净额结算 （确认为金融负债）	②以普通股净额结算 （确认为金融负债）	③以普通股总额结算 （确认为权益工具）
20×2年2月1日	确认发行看涨期权： 借：银行存款　　5 000 　贷：衍生工具——看涨期权 　　　　　　　5 000	确认发行看涨期权： 借：银行存款　　5 000 　贷：衍生工具——看涨期权 　　　　　　　5 000	确认发行看涨期权： 借：银行存款　　5 000 　贷：其他权益工具 　　　　　　　5 000
20×2年12月31日	确认公允价值减少： 借：衍生工具——看涨期权 　　　　　　　1 000 　贷：公允价值变动损益 　　　　　　　1 000	确认公允价值减少： 借：衍生工具——看涨期权 　　　　　　　1 000 　贷：公允价值变动损益 　　　　　　　1 000	由于该合同确认为权益工具，所以无须对该合同公允价值做出会计处理
20×3年1月31日	确认公允价值减少并结算： 借：衍生工具——看涨期权 　　　　　　　1 000 　贷：公允价值变动损益 　　　　　　　1 000 同时： 借：衍生工具——看涨期权 　　　　　　　3 000 　贷：银行存款　　3 000	确认公允价值减少并结算： 借：衍生工具——看涨期权 　　　　　　　1 000 　贷：公允价值变动损益 　　　　　　　1 000 同时： 借：衍生工具——看涨期权 　　　　　　　3 000 　贷：股本　　　　　29 　　资本公积——溢价 　　　　　　　2 948 　　银行存款　　　23	结算： 借：银行存款 　　　　　　103 000 　　其他权益工具 　　　　　　　5 000 　贷：股本 　　　　　　　1 000 　　资本公积——溢价 　　　　　　107 000

(二)金融工具按价值来源和风险性的分类

1. 基本金融工具

基本金融工具(primary financial instruments),即传统的金融工具,基本上已构成传统财务报表项目。基本金融工具有以下两个区别于衍生金融工具的特点:①基本金融工具的取得与发生通常伴随着资产的流入或流出;②基本金融工具的价值取决于标的物本身的价值。

基本金融工具主要包括:现金、存放于金融机构的款项等货币资金,普通股、优先股等股权证券,以及债券投资、应付债券、应收账款、其他应收款、应付账款、应收票据、应付票据、其他应付款、存入保证金、存出保证金、客户贷款、客户存款等。

2. 衍生金融工具

衍生金融工具(derivative financial instruments),也称衍生金融产品、派生金融产品或衍生品,是相对于基本金融工具而言的金融工具。根据我国《企业会计准则第22号——金融工具确认和计量》(2017年修订),衍生金融工具是指具有下列特征的金融工具或其他合同:①其价值随特定利率、金融工具价格、商品价格、汇率、价格指数、费率指数、信用等级、信用指数或其他变量的变动而变动,变量为非金融变量的,该变量不应与合同的任何一方存在特定关系;②不要求初始净投资,或者与对市场因素变化预期有类似反应的其他合同相比,要求较少的初始净投资;③在未来某一日期结算。

常见的衍生金融工具包括远期合同、期货合同、期权合同和互换合同等。衍生金融工具的功能主要是对冲风险,其作用主要表现在以下几个方面:①满足了市场对规避风险和保值的要求;②促进了基础金融工具的发展;③拓宽了金融机构的业务;④提高了金融体系的效率;⑤降低了企业筹资成本;⑥促进了金融市场的证券化。

衍生金融工具也具有较多风险。根据1994年7月国际证券监督管理委员会(IOSCO)发布的《衍生工具管理指南》,衍生金融工具的风险主要有信用风险、市场风险、流动性风险、作业风险、法律风险、现金流量风险等。

本章以下部分着重讲述衍生金融工具常规业务的会计处理。对于利用衍生金融工具进行套期保值以及有关金融资产转移的会计处理将在以后章节进行介绍。

第二节 衍生金融工具常规业务会计处理

一、衍生金融工具会计处理的一般原则

除了用于有效套期的衍生金融工具外,衍生金融工具一般应该归类为交易性金融资产或交易性金融负债,然后按交易性金融资产或交易性金融负债的核算规则进行会计处理。对所有衍生金融工具的会计处理,归纳起来主要有以下几点原则:

第一,在企业成为合同的一方时,进行初始确认,将衍生金融工具在资产负债表中确认为一项资产或负债。

第二,按公允价值计量所有的衍生金融工具,包括初始计量和后续计量。

第三,对于所有用于投资的衍生金融工具,资产负债表日公允价值的变动额计入当期损益;

而对于用于套期的衍生金融工具,依照套期的不同类型,资产负债表日公允价值的变动额或计入当期损益,或计入所有者权益(其他综合收益)。

第四,衍生金融工具终止确认时,其公允价值与初始入账金额之间的差额确认为投资收益,并调整公允价值变动损益。

根据我国《企业会计准则第22号——金融工具确认和计量》应用指南的规定,企业应当设置"衍生工具"科目核算企业衍生金融工具公允价值及其变动形成的衍生金融资产和衍生金融负债。但作为套期工具的衍生金融工具不在该科目中核算。实务中也有采用"交易性金融资产"科目和"交易性金融负债"科目进行会计核算的。

如果衍生工具嵌入非衍生工具(即主合同)中,则称之为嵌入衍生工具(embedded derivative),其与主合同共同构成混合工具。嵌入衍生工具是使混合工具的全部或部分现金流量随特定利率、金融工具价格、商品价格、汇率、价格指数、费率指数、信用等级、信用指数或其他类似变量的变动而变动的衍生工具。

混合合同包含的主合同不属于金融工具会计准则分类的资产,且同时符合下列条件的,企业应当从混合合同中分拆嵌入衍生工具,将其作为单独存在的衍生工具处理:①嵌入衍生工具的经济特征和风险与主合同不紧密相关;②与嵌入衍生工具具有相同条款的单独工具符合衍生工具的定义;③该混合合同不是以公允价值计量且其变动计入当期损益进行会计处理。

混合合同包含的主合同属于金融工具会计准则分类的资产的,企业不应当从该混合合同中分拆嵌入衍生工具,而应当将该混合合同作为一个整体进行相应的会计处理。

二、远期合同

远期合同(forward contracts),是指交易双方达成的,在未来某一时间按确定的价格、以事先确定的方式购买或出售约定数量的某项资产的合同。远期合同中用于交易的资产称为标的资产或基础资产;约定的标的资产交割时间称为到期日;约定的价格称为交割价格;承诺在到期日以交割价格买入标的资产的一方称为多头,而承诺在到期日以交割价格卖出资产的一方称为空头。根据标的资产的不同,远期合同可以分为商品类远期合同和金融类远期合同。

远期合同的特点主要体现在以下方面:

(1)远期合同是非标准化合约。与期货合同不同,远期合同的内容是根据交易双方的需要而特别制定的,合同的交易对象、数量、价格、交割时间和其他交易条件都是由交易双方协商决定的,没有统一的标准和限制。因此,远期合同的灵活性较大,但是达到交易的成本相对较高,流通性较差。

(2)远期合同属于场外交易。远期合同没有统一的交易场所和清算机构,所受的监管程度较低,易导致较高的违约风险。

(3)远期合同在买卖成交时并不发生现金流动。双方只是将交易的各项条件(标的物质量、交易数量、价格、结算日)用合约的形式确定下来,而实际交割则在预约的将来某一个特定日期进行。

(4)大部分的远期合同要进行实际交割。由于远期合同流通性较差,因此大部分的远期合同要进行实际交割。这与期货合同大多在交割日之前进行对冲截然不同。

作为远期合同的一种,金融远期合同是指规定合同双方同意在将来某一特定日期按照事先约定的价格(如汇率、利率或股票价格等)、以预先确定的方式买卖约定数量的某种金融工具的合同。按照标的物分类,金融远期合同主要有远期利率协议、远期外汇协议和远期股票合同。

(一)远期利率协议

远期利率协议是一种买卖双方同意从未来某一商定的时刻开始,在某一特定时期内按协议利率借贷一笔数额确定、以特定货币表示的名义本金的协议。由于远期利率协议仅仅按照利率差额结算,而不必支付本金,因此其资金流动量较小。这就给企业提供了一种无须改变其资产负债结构即可管理利率风险的工具。

1. 远期利率协议的基本术语

远期利率协议中常有以下术语:

(1)名义本金额(contract amount),是指借贷的名义金额。

(2)合同货币(contract currency),是指合同标的货币币种。

(3)合同利率(contract rate),是指缔约双方确定的借贷利率。

(4)参考利率(reference rate),是指协议中指定的在确定日用以确定结算金额的某种市场利率,通常采用确定日的市场利率(如 LIBOR)。

(5)结算金额(settlement sum),是指在结算日,根据合同利率和参考利率的差额计算出来的,由某一缔约方向另一方交付的金额。

(6)交易日(dealing date),是指合同生效的日期,一般地,交易日与起算日间隔两个交易日。

(7)结算日(settlement date),是指名义借贷开始的日期,也是某一缔约方向另一方交付结算金额的日期。

(8)到期日(maturity date),是指名义借贷到期的日期。

(9)合同期(contract period),是指结算日至到期日之间的天数。天数的计算规则通常预先在协议中予以约定。

(10)确定日(fixing date),是指确定参考利率的日期。一般地,确定日与结算日间隔两个交易日。

上述日期之间的关系如图 7-1 所示。

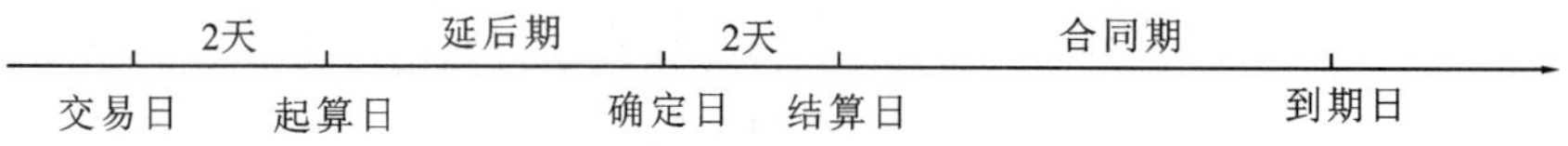

图 7-1 远期利率协议的交易过程及相关日期示意

令 I 为合同利率,i 为参考利率(市场利率),M 为合同标的金额,d 为远期利率协议的合同期的计息天数,D 为参考利率计息基准对应的年度计息天数。当 $I>i$ 时,卖方向买方支付;当 $I<i$ 时,买方向卖方支付。结算金额的一种常用计算公式如下:

$$结算金额 = M \times \frac{(I-i) \times d/D}{1 + I \times d/D}$$

2. 远期利率协议的会计处理

设置"衍生工具"科目对远期利率协议进行账务处理。主要处理要点如下:

(1)在交易日,一般不做账务处理。

(2)在结算日,需做衍生工具的入账处理。按实际收到的结算金额,借记"银行存款"科目,

第七章
衍生金融工具会计：常规业务

贷记"衍生工具"科目。支付结算金额时，做相反会计分录。

(3)在资产负债表日，应当按公允价值计量远期利率协议，并将其公允价值变动所形成的利得或损失计入当期损益。若远期利率协议与企业融资相关，则应计入财务费用；若用于投机，则应计入公允价值变动损益。

(4)远期利率协议到期时，应注销其账面价值，同时调整当期损益。

【例题7-8】 20×2年8月30日甲公司与银行签订了一份"3×9"、名义金额为500万元、合同利率为5%的远期利率协议。交易日是20×2年8月30日，起算日是20×2年9月1日，结算日是20×2年12月1日，到期日是20×3年6月1日，合同期是6个月。确定日与结算日间隔两日，确定日的参考利率为7%。假定计算期按实际天数计算，一年按365天计。又假定甲公司于20×3年12月1日借入一笔期限为6个月的流动资金贷款，利率为7%。相关业务处理如下：

结算日收到的现金金额为：$5\,000\,000 元 \times \dfrac{(7\% - 5\%) \times 182/365}{1 + 7\% \times 182/365} = 48\,181.29 元$。

自20×3年1月1日至20×3年6月1日所节约的财务费用现值为：

$$5\,000\,000 元 \times \dfrac{(7\% - 5\%) \times 151/365}{1 + 7\% \times 151/365} = 40\,205.55 元$$

所以，20×2年12月1日至12月31日已节省的财务费用为：48 181.29元－40 205.55元＝7 975.74元，此实际是远期利率协议的公允价值变动。按12月实际天数计算的实际财务费用为8 275.74元。

相关会计处理如表7-3所示。

表7-3 相关会计处理

日期	业务分录	衍生工具分录
交易日 (20×2年 8月30日)	—	—
结算日 (20×2年 12月1日)	—	远期利率协议入账时： 借：银行存款　　　　　48 181.29 　贷：衍生工具——远期利率协议　48 181.29
资产负债表日 (20×2年 12月31日)	借：财务费用　29 726.03 　贷：应付利息　29 726.03	借：衍生工具——远期利率协议　8 275.74 　贷：财务费用　　　　　　8 275.74
到期日 (20×3年 6月1日)	借：财务费用　144 794.52 　贷：应付利息　144 794.52 借：应付利息　　350 000 　贷：银行存款　　350 000	注销衍生工具： 借：衍生工具——远期利率协议　40 205.55 　贷：财务费用　　　　　　40 205.55

(二)远期外汇协议

远期外汇协议又称期汇合同，是指缔约双方约定在将来某一时间，按约定的远期汇率买卖一定金额的某种外汇合约。如果直接从现在起算,则可称为直接远期外汇协议;如果从未来的某个时点起算,则可称为远期外汇综合协议。远期外汇协议的结算方式有全额结算方式和差额结算方式,前者指在结算日根据约定的远期汇率全额交割本金的结算方式,后者指在结算日根据约定的远期汇率与参考价格轧差交割本金的结算方式。远期外汇协议的交易处理要点如下:

(1)在交易日,不需要做账务处理。

(2)在交易日后的首个资产负债表日,应当将远期外汇协议按照公允价值做会计分录。形成资产的,按其公允价值借记"衍生工具"科目,贷记"公允价值变动损益"科目;形成负债的,做相反的会计分录。

(3)在后续的资产负债表日,企业应当按公允价值计量其衍生工具,并将其公允价值变动所形成的利得或损失计入当期损益。对于有利的变动,借记"衍生工具"科目,贷记"公允价值变动损益"科目;不利的,做相反的会计分录。

(4)在合同期满,收取对方给付的款项时,按实际收到的结算金额借记"银行存款"科目,贷记"衍生工具"科目;支付结算金额时,做相反的会计分录。

【例题7-9】 20×2年9月1日甲公司与银行签订了一份6个月期、购买500 000欧元的远期外汇协议,协议约定的远期汇率为1欧元=9.000 0元人民币。双方约定在交割日以净额现金交割。各相关时点的远期协议的即期汇率和远期汇率如表7-4所示。假设甲公司的增量借款利率为8%。

表7-4 远期协议的即期汇率和远期汇率

日 期	即期汇率(CNY/EUR)	远期汇率(CNY/EUR)
20×2年9月1日	9.204 9	9.000 0
20×2年12月31日	8.786 1	8.700 0
20×3年2月28日	8.650 0	8.650 0

各时点远期外汇协议的公允价值为:

$$20\times2年12月31日的公允价值=\left[\frac{500\,000\times(9-8.7)}{1+8\%\times\frac{2}{12}}\right]元=148\,026.32\,元$$

$$20\times3年2月28日的公允价值=[500\,000\times(9-8.65)]元=175\,000\,元$$

相关账务处理如下:

(1)20×2年9月1日,签订远期外汇协议,公允价值为零,不编制会计分录。

(2)20×2年12月31日:

借:公允价值变动损益　　　　　　　　　　　　　　　148 026.32
　　贷:衍生工具——远期外汇协议　　　　　　　　　　148 026.32

(3)20×3年2月28日:

借:公允价值变动损益　　　　　　　　　　　　　　　26 973.68
　　贷:衍生工具——远期外汇协议　　　　　　　　　　26 973.68

三、期货合同

期货合同(futures/future contracts)是指期货交易场所统一制定的,规定在将来某一特定的时间和地点交割一定数量标的物的标准化合约。期货合同包括商品期货合同、金融期货合同及其他期货合同。

1. 常见金融期货类别

在金融期货中,常有利率期货、外汇期货、股票指数期货等。

(1)利率期货,是以固定收益证券为标的物的期货合同,可以用于规避利率波动所引起的债券价格变动的风险。利率期货又分为短期利率期货和长期利率期货。

考虑到短期债券普遍采取零息债券的发行方式(即贴现发行的方式),短期利率期货的报价常以指数报价的方法进行。如国际货币市场设计的IMM指数,其计算公式为:IMM指数＝100－折现年报酬率×100。但IMM指数并不等于成交价格,短期利率期货的成交价格可计算如下:

$$短期利率期货成交价格 = 到期时的面值 \times \left(1 - \frac{100 - IMM 指数}{100} \times \frac{期货合同天数}{360}\right)$$

$$= 到期时的面值 \times \left(1 - 年报酬率 \times \frac{期货合同天数}{360}\right)$$

长期利率期货的报价方式常以点数(整数)加小数表示,每一点代表合同面值的1/100。小数部分以1/32的若干倍表示,最小报价单位为0.5个1/32。如120-20表示$120\frac{20}{32}$。

【例题7-10】 若面值1 000 000美元、期限为三个月的欧洲美元期货合同的报价为92,则其每手实际成交价格为:

$$成交价格 = 到期时的面值 \times \left(1 - \frac{100 - IMM 指数}{100} \times \frac{期货合同天数}{360}\right)$$

$$= 1\ 000\ 000\ 美元 \times \left(1 - \frac{100 - 92}{100} \times \frac{90}{360}\right)$$

$$= 1\ 000\ 000\ 美元 \times (1 - 0.08 \div 4) = 980\ 000\ 美元$$

【例题7-11】 若芝加哥商业交易所的10年期美国国债期货(面值10万美元)合同报价为95-06,则该期货合同每手实际成交价格可计算如下:

$$成交价格 = 100\ 000\ 美元 \times 95\frac{6}{32} \times \frac{1}{100} = 95\ 187.5\ 美元$$

(2)外汇期货,又称为外币期货,是以各种可以自由兑换的货币(外汇)为标的物的期货合同,目的是规避汇率风险。外汇期货是浮动汇率的产物。

(3)股票指数期货,又称投指期货,是以股票指数为标的物的期货合同。我国的第一个股指期货是沪深300股票指数期货,比较著名的股指期货有标准普尔500股票价格综合指数(S&P500)、纽约证券交易所股票价格综合指数(NYCE Composite)、主要市场指数(MMI)和价值线综合股票价格平均指数(Value Line Composite Index)。股指期货合同价格＝股票价格指数的点数×每点价格。

2. 期货合同的特点

期货合同与远期协议非常相似,可以说期货合同就是标准化的远期协议。期货合同的主要特点如下:

（1）集中交易与统一清算。期货合同是在期货交易所内集中进行的，交易双方并不接触，交易所负责匹配买卖、撮合成交、集中清算。这在很大程度上提高了市场流动性和交易效率，降低了违约风险。目前，我国有四个期货交易所，分别是：①大连商品交易所（http://www.dce.com.cn），品种有农业品期货、工业品期货、期权、期货指数、现货指数等；②郑州商品交易所（http://www.czce.com.cn），品种有农产品期货（如强麦期货、普麦期货、棉花期货/期权、白糖期货/期权、菜籽油期货等）和非农产品期货（如PAT期货/期货、玻璃期货、硅铁期货等）；③中国金融期货交易所（http://www.cffex.com.cn），品种有权益类期货（沪深300股指期货、沪深300股指期权、中证500股指期货、上证50股指期货）和利率类期货（2/5/10年期国债期货）；④上海期货交易所（https://www.shfe.com.cn），品种有金属期货（铜、铝、铅、锌、镍等）、能源化工期货（原油、燃料油、石油沥青、天然橡胶等）和期权（原油、铜、铝、锌、黄金、天胶）。

（2）交易的对象是标准化合同。对于期货合同，除了价格这个唯一的变量以外，商品数量、规格等级、交割日期等都是严格标准化的。标准化的合同，其主要条款包括：合同名称、交易品种、交易单位、报价单位、最小变动价位、涨跌停板幅度、合约月份、交易时间、最后交易日、交割日期、交割品级、交割地点、最低交易保证金、交易手续费、交割方式、交易代码。期货合同的交易单位为"手"，期货交易以"一手"的整数倍进行。

（3）期货合同最后进行实物交割的比例很小。期货交易一般是为了规避风险或进行投机，因此在绝大多数合同到期前其订立者会择机转手平仓。期货交易由交易所进行统一结算，交易双方各自权利和义务都转向了结算机构，彼此互无关系。

（4）存在保证金与逐日盯市（margin & marked to market）制度。在期货交易开始之前，期货的买卖双方都必须在经纪公司设立专门的保证金账户，并存入一定数量的保证金。保证金除了起防止交易各方违约的作用外，还是票据交易所结算制度的基础。按其交纳的时间和金额比例不同，保证金分为初始保证金和追加保证金。所谓逐日盯市制度，是指结算部门每日闭市后结算、检查保证金账户余额，通过适时发出保证金追加单，使保证金余额维持在一定水平之上，防止负债发生。

3. 期货合同的会计处理

采用"衍生工具"科目对期货进行会计处理，注意以下几点：

（1）在交易日，期货应当按实际支付的期货交易保证金入账。企业按其支付的保证金，借记"衍生工具"科目，按发生的交易费用，借记"投资收益"科目，按实际支付的金额，贷记"其他货币资金——存出投资款"科目等。

（2）在资产负债表日，企业应将"衍生工具"科目的账面价值，调整为其期货交易保证金在逐日盯市结算后的实际数额。在收到保证金的情形下，借记"衍生工具"科目，贷记"公允价值变动损益"科目；在追加保证金的情形下，借记"公允价值变动损益"科目，贷记"衍生工具"科目，同时，按实际追加支付的保证金，借记"衍生工具"科目，贷记"其他货币资金——存出投资款"科目。

（3）通过平仓了结期货合同时，应按收回的期货保证金，借记"银行存款"科目，贷记"衍生工具"科目。同时，将该期货合同自取得以来的公允价值变动的净额转出，借记或贷记"公允价值变动损益"科目，贷记或借记"投资收益"科目。

通过实物交割了结的期货合同时，比照采购货物的情形进行相关账务处理。

第七章

衍生金融工具会计：常规业务

【例题 7-12】 20×2年5月1日,甲公司预计强麦价格将会上升,出于投资目的,于当日买入当年12月交割的强麦期货10 000手,每手交易单位为20吨,期货卖价为每吨2 800元。初始保证金为标的额的5%,交易手续费等因素略。

7月1日,现货价格为每吨2 850元,12月交割的强麦期货的结算价格为每吨2 850元。9月1日,12月交割的强麦期货的卖价为每吨2 900元,甲公司卖出12月交割的强麦期货10 000手,以平仓了结期货合同。甲公司账务处理如下：

(1) 5月1日买入期货时支付初始保证金：

借：衍生工具——期货保证金　　(10 000×20×2 800×5%)
　　　　　　　　　　　　　　　　　　　　　　28 000 000
　　贷：银行存款　　　　　　　　　　　　　　28 000 000

(2) 7月1日衍生工具的公允价值变动时：

借：衍生工具——期货保证金　　(200 000×(2 850−2 800))
　　　　　　　　　　　　　　　　　　　　　　10 000 000
　　贷：公允价值变动损益　　　　　　　　　　10 000 000

(3) 9月1日衍生工具的公允价值变动时：

借：衍生工具——期货保证金　　(200 000×(2 900−2 850))
　　　　　　　　　　　　　　　　　　　　　　10 000 000
　　贷：公允价值变动损益　　　　　　　　　　10 000 000

(4) 9月1日了结期货合同：

借：银行存款　　　　　　　　　　　　　　　　48 000 000
　　贷：衍生工具——期货保证金　　　　　　　48 000 000

同时,结转公允价值变动损益：

借：公允价值变动损益　　　　　　　　　　　　20 000 000
　　贷：投资收益　　　　　　　　　　　　　　20 000 000

【例题 7-13】 20×2年3月1日,甲公司在2 600点时购入沪深300股指期货合同10份,合同乘数为每点300元,每份合同价值为780 000元(2 600点×300元/点)。6月1日,沪深300股指数为2 530点。8月31日,沪深300股指数为2 630点,此时甲公司卖出持有合同以平仓。初始保证金为交易金额的10%,相关税费为1 000元。

(1) 3月1日,存入期货保证金780 000元(＝780 000元×10×10%),并支付相关税费1 000元。

借：衍生工具——期货保证金　　　　　　　　　　780 000
　　投资收益　　　　　　　　　　　　　　　　　　1 000
　　贷：银行存款　　　　　　　　　　　　　　　781 000

(2) 6月1日,结算后,记录期货合同的公允价值损益,同时记录追加期货保证金210 000元((2 600−2 530)点×300元/点×10)。

借：公允价值变动损益　　　　　　　　　　　　　210 000
　　贷：衍生工具——期货保证金　　　　　　　　210 000

同时,追加保证金：

借:衍生工具——期货保证金　　　　　　　　　　　　　　210 000
　　贷:银行存款　　　　　　　　　　　　　　　　　　　　　　　210 000

(3)8月31日,结算后,记录期货合同的公允价值损益300 000元(=(2 630-2 530)点×300元/点×10),同时平仓。

借:衍生工具——期货保证金　　　　　　　　　　　　　　300 000
　　贷:公允价值变动损益　　　　　　　　　　　　　　　　　　　300 000

同时平仓,并结转损益:

借:银行存款　　　　　　　　　　　　　　　　　　　　1 080 000
　　贷:衍生工具——期货保证金　　　　　　　　　　　　　　　　1 080 000
借:公允价值变动损益　　　　　　　　　　　　　　　　　　90 000
　　贷:投资收益　　　　　　　　　　　　　　　　　　　　　　　90 000

【例题7-14】　甲公司记账本位币为人民币,20×2年9月30日甲公司向美国乙公司购买了10 000 000美元的商品。双方约定于次年3月31日发货并结算款项。为规避美元升值风险,20×2年9月30日甲公司买入6个月后到期的200手美元期货合同,买入时1美元=6.412 0元人民币,每手期货合同标的金额为50 000美元,每手期货合同的初始保证金为人民币10 000元。维持保证金为初始保证金的80%。人民币与美元的即期汇率和期货价格如表7-5所示。

表7-5　人民币与美元的即期汇率和期货结算价格

项　　目	20×2年9月30日	20×2年12月31日	20×2年3月31日
现汇市场	1美元=6.393 8元人民币	1美元=6.399 0元人民币	1美元=6.405 0元人民币
期货市场	1美元=6.398 0元人民币(6个月后到期)	1美元=6.403 8元人民币	1美元=6.408 0元人民币

假定上述业务不满足套期保值条件要求,则甲公司相关账务处理如表7-6所示。

表7-6　甲公司相关账务处理一览表

单位:元

日　期	业务分录	衍生工具分录
20×2年 9月30日	(1)发生应付账款: 借:在途物资　　63 938 000 　　贷:应付账款——美元　63 938 000	(2)记录期货保证金: 借:衍生工具——期货保证金　2 000 000 　　贷:银行存款　　　　　　　2 000 000 (2 000 000=200×10 000)
20×2年 12月31日	(3)资产负债表日记录汇兑损益: 借:财务费用——汇兑损益　52 000 　　贷:应付账款——美元　　52 000 (52 000=(6.399 0-6.393 8)×10 000 000)	(4)记录持仓盈亏: 借:衍生工具——期货保证金　58 000 　　贷:公允价值变动损益　　　58 000 (58 000=(6.403 8-6.398 0)×10 000 000)

第七章
衍生金融工具会计：常规业务

续表

日期	业务分录	衍生工具分录
20×3年3月31日	(5)结算日记录汇兑损益： 借：财务费用——汇兑损益　60 000 　　贷：应付账款——美元　60 000 (60 000＝(6.405 0－6.399 0)×10 000 000) (7)以即期汇率购买美元偿还负债： 借：应付账款——美元　64 050 000 　　贷：银行存款　64 050 000	(6)记录平仓盈亏，收回款项： 借：衍生工具——期货保证金　42 000 　　贷：公允价值变动损益　42 000 (42 000＝(6.408 0－6.403 8)×10 000 000) (8)退出期货交易收回款项： 借：银行存款　2 100 000 　　贷：衍生工具——期货保证金　2 100 000 (9)结转公允价值变动损益： 借：公允价值变动损益　100 000 　　贷：投资收益　100 000

四、期权合同

期权合同(options/option contracts)是一种法律合约，它赋予购买方在特定期间或当日以事先约定的价格购买或出售一定数量特定的金融工具、商品或外币的权利，但非义务。对于这种权利，购买方不一定行权，但一旦其行权，则出售者必须履行义务。

1. 期权的分类

根据期权合同标的物的不同，期权可分为股票期权、利率期权、外汇期权、股票指数期权等；根据权利的可执行时间不同，可分为欧式期权和美式期权。欧式期权只有在期权到期日当天才可行权，而美式期权则是在合同到期日前任何工作时间都可以行权的期权。根据期权买方获得的权利，期权还可以分为看涨期权(call options)和看跌期权(put options)。在期权合同中，股票权证最为常见，它可分为认购权证(call warrants)或认沽权证(put warrants)。认购权证其持有人有权利在未来一定期间内，以固定价格向发行权证的公司购买一定数量的特定股票，而认沽权证则是指其持有人有权利在未来一定期间内，以执行价格向发行公司出售一定数量的特定股票。

2. 期权的价值

期权的价值(权利金)等于内在价值和外在价值之和。内在价值(intrinsic value)是期权合同本身所具有的价值，即期权购买者立即执行该期权时获得的收益。其大小由期权的执行价格与标的物市场价格之间的关系决定，但内在价值必然大于或等于零。外在价值也称时间价值(time value)，是指随着时间的推移和期权标的物市场价格的波动，期权合同内在价值增加的部分。时间价值会逐渐趋于零。

$$期权的价值＝内在价值＋时间价值$$
$$＝\max[(标的物市价－执行价格),0]＋时间价值$$

根据期权执行价格与标的物价格之间的关系，可以把期权描述为价内期权、价外期权和面值期权。所谓价内期权是指具有内在价值的期权。对于看涨期权而言，行权价格低于标的物价格；对看跌期权而言，标的物价格低于行权价格。期权越是处于深度价内，其内在价值和价格就越高。价外期权，又称虚值期权，是指不具有内在价值的期权，即执行价高于当时标的物价格的看涨期权或执行价低于当时标的物价格的看跌期权。此类期权持有人行权的可能性很小。当期权的执行价格与标的物的市价相等时,该项期权为面值期权。

对于在交易所交易的期权,市场价格是期权公允价值计量的最好工具;对于场外交易的期权,交易双方报价则是期权公允价值计量的较好选择。如果交易双方的报价无法取得,则只能通过相关定价模型(如 Black-Scholes 模型、二项式定价方法等)来确定期权的价值。

3. 期权的会计处理

与期货的会计处理类似,采用"衍生工具"科目对期权进行会计处理时,应注意以下要点:

(1)在交易日,期权应按公允价值入账。企业按其支付的期权费(期权的公允价值),借记"衍生工具"科目,按发生的交易费用,借记"投资收益"科目,按实际支付的金额,贷记"银行存款"科目。

(2)在资产负债表日,企业应按公允价值计量期权合同,并将其公允价值变动所形成的利得或损失计入当期损益。期权的公允价值高于其账面价值的差额,借记"衍生工具"科目,贷记"公允价值变动损益"科目;反之,应借记"公允价值变动损益"科目,贷记"衍生工具"科目。

(3)行权时,按取得的资产的公允价值,借记相应的资产类科目,按期权的账面价值,贷记"衍生工具"科目,按两者之差(补付的价款),贷记"银行存款"科目。同时,将该期权合同自取得以来的公允价值变动的净额转出,借记或贷记"公允价值变动损益"科目,贷记或借记"投资收益"科目。

期权到期放弃行权时,按期权的账面价值,借记"投资收益"科目,贷记"衍生工具"科目。同时,将该期权合同自取得以来的公允价值变动的净额转出,借记或贷记"公允价值变动损益"科目,贷记或借记"投资收益"科目。

【例题 7-15】 ABC 公司预测美元的汇率将下跌,于 20×1 年 10 月 15 日在外汇市场上购入一份 20×2 年 1 月份到期的面值 100 000 美元的看跌期权合同(美式期权),合同的履约价格是 1∶6.84(CNY∶USD),支付期权费 1 500 元人民币。该公司在 20×2 年 1 月 15 日执行了期权合同。期权价值变动情况见表 7-7。

表 7-7 期权价值变动情况

单位:元

日期 (1)	即期汇率 (CNY∶USD)(2)	期权市价 (3)	内在价值(4)= 100 000×(6.84−(2))	时间价值 (5)=(3)−(4)
20×1 年 10 月 15 日	1∶6.84	1 500	0	1 500
20×1 年 12 月 31 日	1∶6.82	3 000	2 000	1 000
20×2 年 1 月 15 日	1∶6.80	4 000	4 000	0

(1)20×1 年 10 月 15 日,期权合同的公允价值为 0,但公司支付了期权费。

借:衍生工具——期权　　　　　　　　　　　　　　　1 500
　　贷:银行存款　　　　　　　　　　　　　　　　　　　　1 500

(2)20×1 年 12 月 31 日,期权公允价值发生变动。

借:衍生工具——期权　　　　　　　　　　　　　　　1 500

	贷：公允价值变动损益	1 500

(3)20×2年1月15日，行权：

借：银行存款		684 000
	贷：衍生工具——期权	3 000
	银行存款	680 000
	投资收益	1 000
借：公允价值变动损益		3 000
	贷：投资收益	3 000

【例题7-16】 20×1年12月15日，甲公司购入了乙公司发行的以自身普通股为标的的看涨期权（欧式期权）。根据双方期权合同，甲公司在20×2年6月15日有权以每股15元的价格从乙公司购入普通股20 000股。期权到期日，甲公司有权选择以普通股净额结算或以现金换普通股方式结算。

(1)20×1年12月15日，普通股每股市价为12元，每份期权公允价值为4元。
(2)20×1年12月31日，普通股每股市价为16元，每份期权公允价值为6元。
(3)20×2年6月15日，普通股每股市价为20元，每份期权公允价值为5元。

甲公司相关账务处理如表7-8所示。

表7-8 甲公司相关账务处理一览表

单位：元

日期	以普通股净额结算	以现金换普通股方式结算
20×1年 12月15日	借：衍生工具——期权　80 000 　　贷：银行存款　　　　　80 000	借：衍生工具——期权　80 000 　　贷：银行存款　　　　　80 000
20×1年 12月31日	借：衍生工具——期权　40 000 　　贷：公允价值变动损益　40 000	借：衍生工具——期权　40 000 　　贷：公允价值变动损益　40 000
20×2年 6月15日	借：公允价值变动损益　20 000 　　贷：衍生工具——期权　20 000 以普通股净额结算： 取得股份数=[(20-15)×20 000/20]股 　　　　　=5 000股 借：交易性金融资产　　100 000 　　贷：衍生工具——期权　100 000 借：公允价值变动损益　20 000 　　贷：投资收益　　　　　20 000	借：公允价值变动损益　20 000 　　贷：衍生工具——期权　20 000 以现金换普通股方式结算(20 000股)： 借：交易性金融资产　　400 000 　　贷：衍生工具——期权　100 000 　　　　银行存款　　　　300 000 借：公允价值变动损益　20 000 　　贷：投资收益　　　　　20 000

五、互换合同

互换(swaps)又称为套购、掉期，是指两个或两个以上的当事人按照商定条件，在约定时间内交换某种资产的合同。交易双方如果在两种资产或负债上存在比较优势且对对方的资产或负债均有需求,就可以进行互换。利率互换和货币互换是常见的互换合同。前者通常是指一方以其固定利率与另一方的浮动利率的金融条件进行互换。后者是指双方对不同种类的货币进行互换。

在国际金融市场上,1981年首先出现了货币互换交易,1982年出现了利率互换交易,此后得到迅猛增长。我国的人民币利率互换市场于2006年2月建立,当年首笔保险机构之间的人民币利率互换交易由中国银行与中国人保资产完成。

金融互换有以下作用:①可以降低筹资成本;②可以规避利率或汇率变动风险;③可能通过互换对季节性波动的现金流量进行管理。如将原来在现金流量急剧下降时支付利息的借款与其他企业进行互换,就便于在现金流量充裕时支付利息。

【例题7-17】 假设有甲、乙两家公司,其信用等级及各自在固定利率市场和浮动利率市场上的借款成本见表7-9。

表7-9 甲、乙公司信用等级及利率

项 目	甲公司	乙公司
信用等级	AAA	BBB
固定利率	8.5%	10%
浮动利率	6.4%	6.7%

从表7-9可以看出,甲公司由于信用等级高,在固定利率和浮动利率市场上都有优势,且在固定利率市场上优势更明显。假设根据资产匹配要求,甲公司希望借浮动利率的借款,而乙公司希望借固定利率的借款,这样两公司借款总成本为6.4%+10%=16.4%。如果进行利率互换,即甲公司为乙公司借入固定利率借款,乙公司为甲公司借入浮动利率借款,则双方借款总成本为8.5%+6.7%=15.2%,这样总成本节约1.2个百分点。假设通过中介银行撮合这项交易,中介银行一次性收取甲、乙两公司各0.1个百分点的服务费,剩下的1个百分点由甲、乙两公司均分,则每一方可节省0.5个百分点。相当于甲公司按浮动利率5.9%(6.4%−0.5%)取得了贷款,乙公司按固定利率9.5%(10%−0.5%)取得了贷款,中介银行取得了0.2%的服务收入。因此,在利率互换的情况下,乙公司应承担甲公司的利率为2.7%,计算如下:

$$8.5\% - x + 0.1\% = 5.9\%,解得 x = 2.7\%$$

即甲公司的实际利率水平为5.9%(8.5%−2.7%+0.1%),比自己直接借入浮动利率借款低0.5个百分点;乙公司的实际利率水平为9.5%(6.7%+2.7%+0.1%),比自己直接借入固定利率借款低0.5个百分点。

由此可见利率互换可节约资金成本。

(一)利率互换

利率互换(interest rate swaps, IRS),是指计算方法不同或利率水平不同的同种货币的债权或债务之间进行的转换。最基本的利率互换形式是固定利率对浮动利率的互换,即一方想用固定利率债务换取浮动利率债务,支付浮动利率;另一方想用浮动利率债务换取固定利率债务,支付固定利率;双方利用互换均能降低筹资成本。利率互换一般在期初或期末都没有实际本金的互换,只是在协议约定的各个期间互换因利率不同产生的利息差额,因此,利率互换的资金流

第七章

衍生金融工具会计：常规业务

动只发生在计息日,而且由于是净额结算,所以资金的流动是单向的。

互换也是衍生工具的一种,其会计处理与前述衍生工具一样,只不过互换的公允价值确定相对来说更加复杂。互换的公允价值等于合同未来每期的收益净额的贴现值。为简化计算,在计算公允价值现值时,都假设未来每期收益的折现率等于当期利率。我国目前未对互换合同的会计处理给出明确规定,但可以借鉴美国《财务会计准则公告第133号——衍生工具会计与套期保值》(SFAS 133)。相关会计处理步骤如下:

(1)在交易日,不需要为互换合同做账务处理。因为互换合同一般是场外合同,企业在签订合同时无须支付价款。

(2)在交易日后的首个资产负债表日,企业应当将互换合同按照公允价值入账,形成资产的,按其公允价值借记"衍生工具"科目,贷记"公允价值变动损益"科目；形成负债的,做相反会计分录。

(3)在后续的资产负债表日,企业应当按照公允价值计量互换合同,当发生有利变动时,借记"衍生工具"科目,贷记"公允价值变动损益"科目；当发生不利变动时,做相反的会计分录。

(4)合同期满注销衍生工具时,按照衍生工具的账面价值,以相反方向,借记或贷记"衍生工具"科目,同时,贷记或借记"公允价值变动损益"科目。

【例题7-18】 华强公司于20×2年1月1日与某金融机构签订了一项2年期的利率互换合同。双方约定,华强公司将向金融机构支付名义本金为20 000 000美元、浮动利率为LIBOR＋0.5%的浮动利息,以前一个支付日的LIBOR为准,而金融机构向华强公司支付名义本金相等、固定利率为4.5%(年利率)的利息。利息每半年交换一次。表7-10是互换合同期间的LIBOR(全球贷款方及债券发行人的普遍参考利率,是目前国际间最重要和最常用的市场利率基准)。表7-11是各期现金流量和互换公允价值计算情况。

表7-10 华强公司利率互换期间的LIBOR

日 期	LIBOR 年利率/(%)
20×2年1月1日	4.00
20×2年6月30日	3.75
20×2年12月31日	4.05
20×3年6月30日	4.15
20×3年12月31日	4.10

表7-11 现金流量和互换的公允价值计算

日 期	浮动利率＝LIBOR＋0.5%	固定利率与浮动利率(4.50%)的差额	实际收取(支付)的现金/元	互换的公允价值——以LIBOR＋0.5%折现的净现值/元	互换公允价值变动额
20×2年1月1日	4.50%	0	0	0	0
20×2年6月30日	4.25%	0.25%	0	69 049.40	69 049.40
20×2年12月31日	4.55%	−0.05%	25 000	(9 356.67)	(78 406.07)

续表

日期	浮动利率＝LIBOR＋0.5%	固定利率与浮动利率（4.50%）的差额	实际收取（支付）的现金/元	互换的公允价值——以LIBOR＋0.5%折现的净现值/元	互换公允价值变动额
20×3年6月30日	4.65%	−0.15%	(5 000)	(14 333.49)	(4 976.82)
20×3年12月31日			(15 000)	0	14 333.49
合计			5 000		0

每期的公允价值都在期初时进行确认,但双方实际交换行为发生在期末。20×2年6月30日,互换的公允价值为:

$$\frac{25\,000}{(1+4.25\%)^1}+\frac{25\,000}{(1+4.25\%)^2}+\frac{25\,000}{(1+4.25\%)^3}=69\,049.40\,元$$

其他时间点的公允价值以同类方法计算。华强公司和金融机构的账务处理如表7-12所示。

表7-12　华强公司和金融机构的账务处理一览表

单位:元

日期	华强公司	金融机构
20×2年1月1日	互换的公允价值为零,不需做会计分录,但应进行备忘登记	互换的公允价值为零,不需做会计分录,但应进行备忘登记
20×2年6月30日	借:衍生工具——利率互换　69 049.40 　贷:公允价值变动损益　69 049.40	借:公允价值变动损益　69 049.40 　贷:衍生工具——利率互换　69 049.40
20×2年12月31日	借:公允价值变动损益　78 046.07 　贷:衍生工具——利率互换　78 046.07 借:银行存款　25 000 　贷:财务费用　25 000	借:衍生工具——利率互换　78 046.07 　贷:公允价值变动损益　78 046.07 借:财务费用　25 000 　贷:银行存款　25 000
20×3年6月30日	借:公允价值变动损益　4 976.82 　贷:衍生工具——利率互换　4 976.82 借:财务费用　5 000 　贷:银行存款　5 000	借:衍生工具——利率互换　4 976.82 　贷:公允价值变动损益　4 976.82 借:银行存款　5 000 　贷:财务费用　5 000
20×3年12月31日	借:衍生工具——利率互换　14 333.49 　贷:公允价值变动损益　14 333.49 借:财务费用　15 000 　贷:银行存款　15 000	借:衍生工具——利率互换　14 333.49 　贷:公允价值变动损益　14 333.49 借:银行存款　15 000 　贷:财务费用　15 000

(二)货币互换

货币互换(currency swaps)又称货币掉期,一般用于将一种货币的本金和利息与另一种货币的等价本金和利息进行交换。货币互换的主要原因是双方在各自所在区域的金融市场上具有比较优势,且对货币种类的需求相反。货币互换双方按预先约定的汇率进行资本额的互换,互换后,每年以约定利率和资本额为基础进行利息支付的互换。协议到期后,再按照原约定的汇率将原资本额换回。也就是说,货币互换要在期初、计息日、到期日发生多次资金流动,而且资金的流动是双向的。货币互换的会计处理与利率互换相似。

【例题 7-19】 甲、乙两家公司可按固定利率获得美元借款和英镑借款,两者的借款利率如表 7-13 所示。假定汇率为 1 英镑＝1.5 美元,甲公司需要筹措 3 年期 2 000 万英镑,乙公司需要筹措 3 年期 3 000 万美元。假定汇率在 3 年内稳定。

表 7-13 甲、乙公司借款利率表

货币市场	甲公司	乙公司	比较优势
美元	1.10%	1.26%	0.16%
英镑	1.36%	1.42%	0.06%

【分析】 由表 7-13 可知,相对于乙公司,甲公司在美元市场和英镑市场都具有一定比较优势,且在美元市场上具有更大优势。但目前根据资源配置要求,甲公司需要借入英镑,乙公司需要借入美元,此时甲公司可以利用自己的优势同乙公司进行货币互换以节约资金成本,总共可节约利率 0.1%(＝(1.36%＋1.26%)－(1.42%＋1.10%))。假设节约利率由双方均分,则甲公司实际承担的资金成本应为 1.31%(＝1.36%－0.05%),乙公司实际承担的资金成本应为 1.21%(＝1.26%－0.05%)。在上述情况下,甲公司需要为乙公司承担利率 0.21%,具体计算如下:

$$1.10\%+x=1.31\%,解得 x=0.21\%$$

以美元表示,甲公司须向乙公司支付利差＝0.21%×(1.5×2 000)万美元＝6.3 万美元。也可如下计算:1.10%×3 000 万美元－1.31%×(1.5×2 000)万美元＝－6.3 万美元。

假设互换从 20×2 年 1 月 1 日开始,则甲公司账务处理如表 7-14 所示。

表 7-14 甲公司账务处理一览表

单位:美元

日期	业务分录	衍生工具分录
20×2 年 1 月 1 日	(1)取得美元借款。 借:银行存款——美元　30 000 000 　贷:长期借款——美元　　30 000 000 (2)以美元换英镑。 借:银行存款——英镑　30 000 000 　贷:银行存款——美元　　30 000 000	互换的公允价值为零,不需做会计分录,但应进行备忘登记

续表

日　　期	业务分录	衍生工具分录
20×2年 12月31日	(3)按1.10%支付美元借款利息。 　　借:财务费用　　　　　　　330 000 　　　贷:银行存款　　　　　　　330 000 (4)支付互换利息差额。 　　借:财务费用　　　　　　　63 000 　　　贷:银行存款　　　　　　　63 000	(5)记录货币互换的公允价值变动。 　　借:公允价值变动损益　　123 951.08* 　　　贷:衍生工具——货币互换 　　　　　　　　　　　　　　123 951.08
20×3年 12月31日	(6)按1.10%支付美元借款利息。 　　借:财务费用　　　　　　　330 000 　　　贷:银行存款　　　　　　　330 000 (7)支付互换利息差额。 　　借:财务费用　　　　　　　63 000 　　　贷:银行存款　　　　　　　63 000	(8)记录货币互换的公允价值变动。 　　借:衍生工具——货币互换 　　　　　　　　　　　　　　61 636.54** 　　　贷:公允价值变动损益　　61 636.54
20×4年 12月31日	(9)按1.10%支付美元借款利息。 　　借:财务费用　　　　　　　330 000 　　　贷:银行存款　　　　　　　330 000 (10)支付互换利息差额。 　　借:财务费用　　　　　　　63 000 　　　贷:银行存款　　　　　　　63 000 (11)以英镑换回美元。 　　借:银行存款——美元　　30 000 000 　　　贷:银行存款——英镑　　30 000 000 (12)归还美元借款。 　　借:长期借款——美元　　30 000 000 　　　贷:银行存款——美元　　30 000 000	(13)互换到期,冲减相应账面价值。 　　借:衍生工具——货币互换 　　　　　　　　　　　　　　62 314.54 　　　贷:公允价值变动损益　　62 314.54

注:*互换合同公允价值变动 $= \dfrac{63\,000\text{美元}}{(1+1.10\%)^1} + \dfrac{63\,000\text{美元}}{(1+1.10\%)^2} = 123\,951.08$ 美元。

　　**互换合同公允价值变动 $= \dfrac{63\,000\text{美元}}{(1+1.10\%)^1} - 123\,951.08\text{美元} = -61\,636.54$ 美元。

复习思考题

1. 什么是金融工具?
2. 什么是金融资产?金融资产有哪些分类?
3. 什么是金融负债?金融负债有哪些分类?
4. 什么是权益工具?权益工具和金融负债如何区分?

第七章
衍生金融工具会计：常规业务

5. 什么是衍生金融工具？有哪些特征？主要分类有哪些？
6. 衍生金融工具会计处理的一般原则是什么？
7. 什么是远期合同？有哪些主要分类？
8. 远期利率协议和远期外汇协议的会计处理要点分别是怎样的？
9. 什么是期货合同？期货交易的主要特点有哪些？
10. 什么是期权？期权有哪些主要分类？期权价值如何计算？
11. 什么是互换？互换有哪些作用？有哪些主要分类？

练习一

一、目的：练习金融负债与权益工具的区分。

二、资料：

20×2年5月1日，东方公司与南方公司签订一份欧式期权合同，赋予南方公司一项可在20×3年1月31日以每股103元的行权价向东方公司收取1 200股东方公司普通股公允价值的权利，同时使东方公司承担一项支付义务。有关股票市价以及该看涨期权公允价值如表7-15所示。假定南方公司在行权日行使了该权利。

表7-15 股票市价及期权公允价值变动情况表

单位：元

项　　目	20×2年5月1日	20×2年12月31日	20×3年1月31日
股票市价	100	104	105
公允价值	5 000	4 000	2 000

三、要求：请分别以现金净额结算方式和实物总额结算方式进行会计处理。

练习二

一、目的：练习远期合同的会计处理。

二、资料：20×2年5月31日，东方公司与某银行签订了一份"3×9"、名义金额为人民币120万元、合同利率为3.5%的远期利率协议。交易日是20×2年5月31日，起算日是20×2年6月1日，结算日是20×2年9月1日，到期日是20×3年3月1日，合同期为6个月。确定日与结算日间隔两日，确定日的参照利率为6.5%。假定东方公司于20×2年9月1日借入一笔期限为6个月的流动资金贷款，利率为6.5%。假定计算按实际天数计，一年按360天计。

三、要求：为该公司的借款及远期利率协议的相关业务进行账务处理。

练习三

一、目的：练习利用外汇期货交易进行投机获利的会计处理。

二、资料：东方公司是以人民币为记账本位币的国内企业，20×2年1月1日，该公司通过经纪公司在交易所以0.610 RMB/1 FC的交易价，卖出7月份到期的1 500 000 FC的期货合同，缴纳的初始保证金为交易金额的10%，维持保证金为70 000元(RMB)。20×2年5月1日的清算价格为0.630 RMB/1 FC，其后平仓的交易价为0.600 RMB/1 FC。

三、要求：根据上述业务，为东方公司编制相关会计分录。

练习四

一、目的：练习利用股票期权进行投机获利的会计处理。

二、资料：20×2 年 10 月 1 日，甲公司的股票市价为 15 元，同日，乙公司以每份 2 元的价格买入 15 000 份甲公司的欧式看涨期权，每份期权可以买入一股甲公司股票，执行价格为 20 元。该期权的到期日为 20×3 年 2 月 1 日。20×2 年 12 月 31 日，甲公司的股价为 22 元，每份期权的市价为 4 元。在到期日，甲公司的股价为 25 元，每份期权的市价为 5 元，乙公司在当天执行期权。

三、要求：根据上述业务，为乙公司编制相关会计分录。

练习五

一、目的：练习利用利率互换进行投机获利的会计处理。

二、资料：

20×3 年 1 月 1 日，华强公司与 M 中介金融机构签订了一项 2 年期利率互换合同。双方约定：华强公司将向 M 中介金融机构支付名义本金为 20 000 000 美元、浮动利率为 LIBOR +0.5% 的浮动利息，以前一个支付日的 LIBOR 为准，而 M 中介金融机构向华强公司支付名义本金相等、固定利率为 4.2%（年利率）的利息。利息每半年交换一次。利率互换期间 LIBOR 的变动情况如表 7-16 所示。

表 7-16　华强公司利率互换期间的 LIBOR

日　　期	LIBOR 年利率/(%)
20×3 年 1 月 1 日	3.70
20×3 年 6 月 30 日	3.65
20×3 年 12 月 31 日	3.75
20×4 年 6 月 30 日	3.80
20×4 年 12 月 31 日	3.78

三、要求：根据上述业务，为华强公司编制相关会计分录。

第八章
衍生金融工具会计：套期保值业务

GAOJI CAIWU KUAIJI

【导读】

本章主要阐述了套期工具和被套期项目的指定、运用套期会计的条件和套期会计科目的设置,阐述了套期保值会计的种类及其账务处理方法。学习套期会计时首先要理解为什么要设置套期会计,然后要理解公允价值套期与现金流量套期的基本区别,最后再熟悉每种套期的具体会计处理要求。由于套期业务的复杂性,现有的套期会计准则还规定了一些特殊内容如套期关系的再平衡、期权的时间价值会计处理、信用风险敞口的公允价值选择权等内容。

【学习重点】

套期工具和被套期项目的指定、套期会计的科目设置及主要账务处理、公允价值套期、现金流量套期。

【学习难点】

套期工具的指定、公允价值套期与现金流量套期的基本区别、对确定承诺的外汇风险的套期。

第一节　套期会计概述

一、套期概念

套期(hedging)也称套期保值,是指企业为管理外汇风险、利率风险、价格风险、信用风险等特定风险引起的风险敞口,指定金融工具为套期工具,以使套期工具的公允价值变动或现金流量变动,预期抵销被套期项目全部或部分公允价值或现金流量变动的风险管理活动。理解套期概念,注意以下三个方面:

(1)套期是指金融工具之间或金融工具与非金融工具之间的一种特殊关系,套期行为可以理解为指定套期工具和被套期项目的过程,即建立一种套期关系。

(2)套期可以减少甚至消除风险,降低特定风险敞口可能形成的不利风险。套期的作用机制就是针对被套期项目,购入或售出一项或多项衍生工具或非衍生工具(特定情况下),使其公允价值或未来现金流量的金额、变动方向与被套期项目的金额、方向相反,以全部或部分抵销特定风险所导致的损失。

(3)套期与投机有本质区别。投机是利用市场上金融工具或非金融工具的价格差别来获取风险收益;而套期则是为了缓解、规避风险。

二、套期工具和被套期项目

(一)套期工具概念及其指定

1. 套期工具概念

套期工具(hedging instruments)是指企业为进行套期而指定的、其公允价值或现金流量变动预期可抵销被套期项目的公允价值或现金流量变动的金融工具,包括:

(1)以公允价值计量且其变动计入当期损益的衍生工具,但签出期权(written option)除外。企业只有在对购入期权(包括嵌入在混合合同中的购入期权)进行套期时,签出期权才可以作为套期工具。嵌入在混合合同中但未分拆的衍生工具不能作为单独的套期工具。

(2)以公允价值计量且其变动计入当期损益的非衍生金融资产或非衍生金融负债。但指定为以公允价值计量且其变动计入当期损益、其自身信用风险变动引起的公允价值变动计入其他综合收益的金融负债除外。

理解套期工具概念时,需要注意以下几点:

(1)衍生工具如无法有效对冲被套期项目的风险,则不能作为套期工具。如企业的签出期权不能作为套期工具,因为该期权使企业的潜在损失远远大于被套期项目的潜在利得,从而不能有效地对冲被套期项目的风险。购入期权的权利义务与签出期权正好相反,因此可以作为套期工具。

(2)非衍生金融资产或非衍生金融负债只有用于对外汇风险进行套期时,才能被指定为套期工具。比如,某种外币借款可以作为对同种外币结算的销售承诺的套期工具。

(3)无论是衍生工具还是某些非衍生金融资产或非衍生金融负债,其作为套期工具的基本条件是公允价值能够可靠计量。没有活跃市场报价的权益投资工具,以及与该权益工具挂钩并须通过该权益工具进行结算的衍生工具,由于其公允价值不能可靠计量,因此不能作为套期工具。企业自身权益工具不属于企业的金融资产或金融负债,不能作为套期工具。

(4)在运用套期会计方法时,只有涉及报告主体以外的主体的工具才能作为套期工具。这里的"报告主体"是指企业集团或企业集团内各企业,也指提供分部会计信息的各分部。因此,在分部或集团内各企业的财务报告中,只有涉及这些分部或企业以外主体的工具才能作为套期工具;而在集团合并报表中,如果这些套期工具及相关套期指定并不涉及集团以外的主体,则不能对其运用套期会计方法进行处理。

2.套期工具的指定

在确立套期关系时,企业应当将符合条件的金融工具整体指定为套期工具,但下列情形除外:

(1)对于期权,企业可以将期权的内在价值和时间价值分开,只将期权的内在价值变动指定为套期工具。

(2)对于远期合同,企业可以将远期合同的远期要素(forward element)和即期要素(spot element)分开,只将即期要素的价值变动指定为套期工具。

(3)对于金融工具,企业可以将金融工具的外汇基差(foreign currency basis spread,即外汇合约中固有的因买卖不同货币而发生的流动性补偿收费)单独分拆,只将排除外汇基差后的金融工具指定为套期工具。

(4)企业可以将套期工具的一定比例指定为套期工具,但不可以将套期工具剩余期限内某一时段的公允价值变动部分指定为套期工具。

企业可以将两项或两项以上金融工具(或其一定比例)的组合指定为套期工具(包括组合内的金融工具形成风险头寸相互抵销的情形)。对于一项由签出期权和购入期权组成的期权(如利率上下限期权),或对于两项或两项以上金融工具(或其一定比例)的组合,其在指定日实质上相当于一项净签出期权的,不能将其指定为套期工具。只有在对购入期权(包括嵌入在混合合同中的购入期权)进行套期时,净签出期权才可以作为套期工具。

(二)被套期项目及其指定

被套期项目(hedged items),是指使企业面临公允价值或现金流量变动风险,且被指定为被套期对象的、能够可靠计量的项目。企业可以将下列单个项目、项目组合或其组成部分指定为被套期项目：

(1)已确认资产或负债。

(2)尚未确认的确定承诺。确定承诺，是指在未来某特定日期或期间，以约定价格交换特定数量资源、具有法律约束力的协议。

(3)极可能发生的预期交易。预期交易是指尚未承诺但预期会发生的交易。

(4)境外经营净投资。如境外的子公司、合营安排、联营企业或分支机构就属境外经营。在境内的子公司、合营安排、联营企业或分支机构，采用不同于企业记账本位币的，也视同境外经营。企业既无计划也无可能在可预见的未来会计期间结算的长期外币货币性应收项目，应当视同实质构成境外经营净投资的组成部分。

企业确定被套期项目时，应当注意以下几点：

(1)作为被套期项目，应当会使企业面临公允价值或现金流量变动风险（即被套期风险），在本期或未来期间会影响企业的损益或其他综合收益。企业的一般经营风险（如固定资产毁损风险等）不能作为被套期风险，因为这些风险不能具体识别和单独计量。企业合并交易中，与购买另一个企业的确定承诺相关的风险（不包括外汇风险）也不能作为被套期风险。

(2)采用权益法核算的股权投资不能在公允价值套期中作为被套期项目，因为权益法下，投资方只是将其在联营企业或合营企业中的损益份额确认为当期损益，而不确认投资的公允价值变动。与之相类似，对纳入合并财务报表范围的子公司投资也不能作为被套期项目。

(3)在运用套期会计时，在合并财务报表层面，只有与企业集团之外的对手方之间交易形成的资产、负债、尚未确认的确定承诺或极可能发生的预期交易才能被指定为被套期项目。对于同一企业集团内的主体之间的交易，在企业个别财务报表层面可以运用套期会计，在企业集团合并财务报表层面不得运用套期会计。

(4)企业可以将单个项目整体或者项目组合指定为被套期项目，企业也可以将上述单个项目或者项目组合的一部分（项目组成部分）指定为被套期项目。上述项目组成部分是指小于项目整体公允价值或现金流量变动的部分。

【例题 8-1】 甲公司 2×17 年 1 月实现首笔 20 万美元的出口销售后，下一笔金额为 20 万美元的出口销售所产生的现金流量，可以作为指定的被套期项目（货币性交易量的一部分）。

【例题 8-2】 甲公司储藏在某地的 1 000 万立方米的底层天然气，可以作为指定的被套期项目（实物数量的一部分）；乙发电企业 20×3 年 6 月售出的前 100 兆瓦时的电力，均可以作为指定的被套期项目。

【例题 8-3】 甲公司向乙银行申请了一笔本金为 100 万元人民币、期限为 5 年的贷款，该贷款允许债务人提前偿还贷款本金中的 40 万元，而贷款本金中的 60 万元则不可提前偿还且具有 5 年的固定期限。由于该 60 万元属于固定期限债务，不可提前偿还，且其公允价值不包含提前还款选择权的影响（即该层组成部分不包含提前还款选择权），因此，甲公司可将此项金额的这一层组成部分指定为被套期项目。但是，与可提前还款的 40 万元相关的公允价值变动则包含提前还款选择权（其公允价值受利率变动风险的影响），因此，40 万元的这一层组成部分不能作为被套期项目。除非甲公司在确定被套期项目的公允价值变动时已包含相关提前还款选择权的影响。

(5)企业可以将符合被套期项目条件的风险敞口与衍生工具组合形成的汇总风险敞口指定为被套期项目。在指定此类被套期项目时,企业应当评估该汇总风险敞口是否是由风险敞口与衍生工具相结合的,是否产生了不同于该风险敞口的另一个风险敞口,并将其作为针对某项(或几项)特定风险的一个风险敞口进行管理。在这种情况下,企业可基于该汇总风险敞口指定被套期项目。

【例题 8-4】 甲公司的记账本位币为人民币,签订了合同期限为 10 个月的咖啡期货合同对在未来 10 个月后极可能发生的确定数量的咖啡采购进行套期,以管理其价格风险(基于美元的)。该极可能发生的咖啡采购和咖啡期货合同的组合可被视为一项 10 个月后固定金额的美元外汇风险敞口(汇总风险敞口)。

企业基于汇总风险敞口指定被套期项目时,应当在评估套期有效性和计量套期无效部分时考虑构成该汇总风险敞口的所有项目的综合影响。但是,构成该汇总风险敞口的项目仍须单独进行会计处理,具体要求如下:①作为汇总风险敞口组成部分的衍生工具应当单独确认为以公允价值计量的资产或负债;②如果在构成汇总风险敞口的各项目之间指定套期关系,则衍生工具作为汇总风险敞口组成部分的方式应当与该衍生工具在此汇总风险敞口层面上被指定为套期工具的方式保持一致。

三、套期关系的分类

套期工具与被套期项目,是一项套期关系的两个组成要素。只有企业特定的风险管理策略将这两个要素有机地连接起来,才构成一项套期关系。套期关系有以下三种。

(一)公允价值套期

公允价值套期(fair value hedges),是指对已确认资产或负债、尚未确认的确定承诺或上述项目组成部分的公允价值变动风险敞口进行的套期。该公允价值变动源于特定风险,且将影响企业的损益或其他综合收益。其中,影响其他综合收益的情形仅限于企业对指定为以公允价值计量且其变动计入其他综合收益的非交易性权益工具投资的公允价值变动风险敞口进行的套期。

【例题 8-5】 甲企业签订一项以固定利率换浮动利率的利率互换合同,对其承担的固定利率负债的利率风险引起的公允价值变动风险敞口进行套期。

【例题 8-6】 甲公司签订一项 9 个月后以固定价格购买钢材的合同(尚未确认的确定承诺),为规避钢材价格风险,该公司签订一项商品(钢材)期货合约,对该确定承诺的价格风险引起的公允价值变动风险敞口进行套期。

【例题 8-7】 航空公司签订了一项 3 个月后以固定外币金额购买飞机的合同(未确认的确定承诺),为规避外汇风险对该确定承诺的外汇风险进行套期。

(二)现金流量套期

现金流量套期(cash flow hedges)是指对现金流量变动风险敞口进行的套期。该现金流量变动源于与已确认资产或负债、极可能发生的预期交易或上述项目组成部分有关的特定风险,且将影响企业的损益。尚未确认的确定承诺中,只有外汇风险的可作为现金流量套期。

【例题 8-8】 甲企业签订一项以浮动利率换固定利率的利率互换合同,对其承担的浮动利率负债的利率风险引起的现金流量变动风险敞口进行套期。

【例题 8-9】 甲企业签订一项远期合同,对 6 个月后预期极可能买入的 1 万吨小麦的价格风险引起的现金流量变动风险敞口进行套期。

【例题 8-10】 甲企业签订一项远期外汇合同,对 6 个月后预期极可能以固定价格买入的 1 万吨原油的外汇风险引起的现金流量变动风险敞口进行套期。

公允价值套期与现金流量套期的区别主要体现在以下三个方面:

(1)两者所规避风险的经济性质不同。公允价值套期是对已确认的资产和负债、未确认的确定承诺等的公允价值变动风险进行的套期,即公允价值套期规避的是价格风险;而现金流量套期是对现金流动性风险的套期,即规避的是未来现金流量风险。

(2)两者的适用范围不同。公允价值套期主要适用于对现有资产和负债以及这些资产和负债中可辨认部分的公允价值变动风险进行套期;而现金流量套期主要适用于对预期交易的套期。

(3)两者的会计处理思路不同。公允价值套期改变了被套期项目的会计处理,而现金流量套期改变了套期工具的会计处理,以使套期工具和被套期项目的利得和损失在同一期间配比,反映出套期会计的实际抵销或对冲效果。

当被套期项目按成本与可变现净值孰低法、以摊余成本法等进行后续计量时,或虽以公允价值计量但归属于被套期风险的利得或损失未被确认或是在所有者权益中确认时,如果用传统会计方法,则套期工具和被套期项目的利得或损失就会未在同一期间匹配(会计错配),这样就不能反映出抵销结果。因此,公允价值套期就是将被套期项目因套期风险形成的利得或损失计入当期损益,使其与套期工具的公允价值变动相抵销,同时调整被套期项目的账面价值。

在现金流量套期中因作为被套期项目的资产或负债尚未发生,只能改变套期工具的会计处理,即将套期工具的利得或损失中有效的部分先计入其他综合收益——套期储备,待到被套期项目影响企业损益的相同期间时,再将其转出计入当期损益;如果是预期交易导致随后确认非金融资产或非金融负债,还要调整随后确认的资产或负债的账面价值。

尽管如此,公允价值套期与现金流量套期的界限并不是绝对的,两者有时可以转化。如对于确定承诺外汇风险,因其既影响被套期项目的现金流,也影响被套期项目的公允价值,对其进行套期,企业既可以作为现金流量套期,也可以作为公允价值套期。

(三)境外经营净投资套期

境外经营净投资套期(hedges of a net investment in a foreign operation)是指对境外经营净投资外汇风险敞口进行的套期。境外经营净投资是企业在境外经营净资产中的权益份额。

对确定承诺的外汇风险进行的套期,企业可以将其作为公允价值套期或现金流量套期处理。

四、运用套期保值会计方法的条件

公允价值套期、现金流量套期或境外经营净投资套期同时满足下列条件的,才能运用套期会计方法进行处理:

第一,套期关系仅由符合条件的套期工具和被套期项目组成。

第二,在套期开始时,企业正式指定了套期工具和被套期项目,并准备了关于套期关系和企业从事套期的风险管理策略和风险管理目标的书面文件。该文件至少载明了套期工具、被套期项目、被套期风险的性质以及套期有效性评估方法(包括套期无效部分产生的原因分析以及套期比率确定方法)等内容。

风险管理策略通常应当识别企业面临的各类风险并明确企业如何应对这些风险。风险管理策略一般适用于较长时期的风险管理活动,并且包含一定的灵活性以适应策略实施期间内环境的变化。而风险管理目标是指企业在某一特定套期关系层面上,确定如何指定套期工具和被套期项目,以及如何运用指定的套期工具对指定为被套期项目的特定风险敞口进行套期。

【例题8-11】 甲公司制定了管理债务融资利率风险敞口的策略,该策略规定甲公司将维持20%~40%的固定利率债务。甲公司根据市场利率水平决定如何执行该风险管理策略,即其固定利率债务风险敞口将锁定在20%~40%范围内的某一位置。在市场利率较低时,与利率较高时相比,甲公司将选择维持更大比例的固定利率债务。在这种情况下,甲公司风险管理策略本身保持不变,但是根据市场利率变化,风险管理策略的执行发生了改变,即风险管理目标发生了变化(被套期的利率敞口发生变化)。

第三,套期关系符合套期有效性要求。套期有效性,是指套期工具的公允价值或现金流量变动能够抵销被套期风险引起的被套期项目公允价值或现金流量变动的程度。套期工具的公允价值或现金流量变动大于或小于被套期项目的公允价值或现金流量变动的部分为套期无效部分。

套期同时满足下列条件的,企业应当认定套期关系符合套期有效性要求:

(1)被套期项目和套期工具之间存在经济关系。该经济关系使得套期工具和被套期项目的价值因面临相同的被套期风险而发生方向相反的变动。如果存在经济关系,则套期工具的价值与被套期项目的价值预期将产生系统性变动,以反映同一基础变量(例如布伦特原油和西德克萨斯中质原油等)产生的变动。

(2)被套期项目和套期工具经济关系产生的价值变动中,信用风险的影响不占主导地位。这是因为,如果信用风险占主导地位,即使套期工具与被套期项目之间存在经济关系,两者之间相互抵销的程度仍可能变得不规律。

(3)套期关系的套期比率,应当等于企业实际套期的被套期项目数量与对其进行套期的套期工具实际数量之比,但不应当反映被套期项目和套期工具相对权重的失衡,这种失衡会导致套期无效,并可能产生与套期会计目标不一致的会计结果。被套期项目和套期工具的数量可根据其性质采用多种方式进行计量。

【例题8-12】 企业使用标准咖啡期货合同对100吨咖啡采购进行套期,每份期货合同的标准数量为37 500磅(1磅=0.453 6千克)。企业如使用6份合同(相当于约102.1吨)对100吨的咖啡采购进行套期,则102.1∶100即是套期比率。

企业应当在套期开始日及以后期间持续地对套期关系是否符合套期有效性要求进行评估,尤其应当分析在套期剩余期限内预期将影响套期关系的套期无效部分产生的原因。企业至少应当在资产负债表日及相关情形发生重大变化将影响套期有效性要求时对套期关系进行评估。

套期关系由于套期比率的原因而不再符合套期有效性要求,但指定该套期关系的风险管理目标没有改变的,企业应当进行套期关系再平衡。所谓套期关系再平衡,是指对已经存在的套期关系中被套期项目或套期工具的数量进行调整,以使套期比率重新符合套期有效性要求。

五、套期关系的终止

如果套期关系不再满足套期风险管理目标或在再平衡之后不符合套期会计条件等相关准则规定情形,则企业必须终止套期关系。企业发生下列情形之一的,应当终止运用套期会计(包括部分终止运用套期会计和整体终止运用套期会计):

(1)因风险管理目标发生变化,导致套期关系不再满足风险管理目标。

(2)套期工具已到期、被出售、合同终止或已行使。在套期工具已到期、被出售、合同终止或已行使的情况下,套期关系或其一部分不再满足套期会计的条件,因此应当相应终止运用套期会计。

(3)被套期项目与套期工具之间不再存在经济关系,或者被套期项目和套期工具经济关系产生的价值变动中,信用风险的影响开始占主导地位。

(4)套期关系不再满足相关准则所规定的运用套期会计方法的其他条件,例如套期工具和被套期项目不再符合条件。在适用套期关系再平衡的情况下,企业应当首先考虑套期关系再平衡,然后评估套期关系是否满足相关准则所规定的运用套期会计方法的条件。

六、套期会计的科目设置及主要账务处理

根据我国《企业会计准则第24号——套期会计》应用指南,企业进行套期会计处理时,一般需要设置以下科目:

1."套期工具"科目

"套期工具"科目核算企业开展套期业务(包括公允价值套期、现金流量套期和境外经营净投资套期)的套期工具及其公允价值变动形成的资产或负债。本科目可按套期工具类别或套期关系进行明细核算。本科目的主要账务处理如下:

(1)企业将已确认的衍生工具、以公允价值计量且其变动计入当期损益的非衍生金融资产或非衍生金融负债等金融资产或金融负债指定为套期工具的,应当按照其账面价值,借记或贷记本科目,贷记或借记"衍生工具""交易性金融资产"等科目。

(2)资产负债表日,对于公允价值套期,应当按照套期工具产生的利得,借记本科目,贷记"套期损益""其他综合收益——套期损益"等科目,如套期工具产生损失做相反的会计分录;对于现金流量套期,应当按照套期工具产生的利得,借记本科目,按照套期有效部分的变动额,贷记"其他综合收益——套期储备"等科目,按照套期工具产生的利得和套期有效部分变动额的差额,贷记"套期损益"科目,如套期工具产生损失做相反的会计分录。

(3)金融资产或金融负债不再作为套期工具核算的,应当按照套期工具形成的资产或负债,借记或贷记有关科目,贷记或借记本科目。

本科目期末借方余额,反映企业套期工具形成资产的公允价值;本科目期末贷方余额,反映企业套期工具形成负债的公允价值。

2."被套期项目"科目

"被套期项目"科目核算企业开展套期业务的被套期项目及其公允价值变动形成的资产或负债。本科目可按被套期项目类别或套期关系进行明细核算。本科目的主要账务处理如下:

(1)企业将已确认的资产、负债或其组成部分指定为被套期项目的,应当按照其账面价值,借记或贷记本科目,贷记或借记"原材料""债权投资""长期借款"等科目。已计提跌价准备或减值准备的,还应当同时结转跌价准备或减值准备。

(2)资产负债表日,对于公允价值套期,应当按照被套期项目因被套期风险敞口形成的利得,借记本科目,贷记"套期损益""其他综合收益——套期损益"等科目;如被套期项目因被套期风险敞口形成损失,做相反的会计分录。

(3)资产或负债不再作为被套期项目核算的,应当按照被套期项目形成的资产或负债,借记或贷记有关科目,贷记或借记本科目。

本科目期末借方余额,反映企业被套期项目形成的资产;本科目期末贷方余额,反映企业被套期项目形成的负债。

3."套期损益"科目

"套期损益"科目核算套期工具和被套期项目价值变动形成的利得和损失。本科目可按套期关系进行明细核算。本科目的主要账务处理如下:

(1)资产负债表日,对于公允价值套期,应当按照套期工具产生的利得,借记"套期工具"科目,贷记本科目,如套期工具产生损失做相反的会计分录;对于现金流量套期,套期工具的利得中属于套期无效的部分,借记"套期工具"科目,贷记本科目,套期工具的损失中属于套期无效的部分做相反的会计分录。

(2)资产负债表日,对于公允价值套期,应当按照被套期项目因被套期风险敞口形成的利得,借记"被套期项目"科目,贷记本科目;如被套期项目因被套期风险敞口形成损失,做相反的会计分录。

期末,应当将本科目余额转入"本年利润"科目,结转后本科目无余额。

4."净敞口套期损益"科目

"净敞口套期损益"科目核算净敞口套期下被套期项目累计公允价值变动转入当期损益的金额或现金流量套期储备转入当期损益的金额。本科目可按套期关系进行明细核算。本科目的主要账务处理如下:

(1)对于净敞口公允价值套期,应当在被套期项目影响损益时,将被套期项目因被套期风险敞口形成的累计利得或损失转出贷记或借记"被套期项目"等科目,借记或贷记本科目。

(2)对于净敞口现金流量套期,应当在将相关现金流量套期储备转入当期损益时,借记或贷记"其他综合收益——套期储备",贷记或借记本科目;将相关现金流量套期储备转入资产或负债的,当资产和负债影响损益时,借记或贷记资产(或其备抵科目)、负债科目,贷记或借记本科目。

期末,应当将本科目余额转入"本年利润"科目,结转后本科目无余额。

5."其他综合收益"科目

(1)"套期储备"明细科目。本明细科目核算现金流量套期下套期工具累计公允价值变动中的套期有效部分。本明细科目可按套期关系进行明细核算。主要账务处理如下:

①资产负债表日,套期工具形成的利得或损失中属于套期有效部分的,借记或贷记"套期工具"科目,贷记或借记本明细科目;属于套期无效部分的,借记或贷记"套期工具"科目,贷记或借记"套期损益"科目。

②企业将套期储备转出时,借记或贷记本明细科目,贷记或借记有关科目。

(2)"套期损益"明细科目。本明细科目核算公允价值套期下对指定为以公允价值计量且其变动计入其他综合收益的非交易性权益工具投资或其组成部分进行套期时,套期工具和被套期项目公允价值变动形成的利得和损失。本明细科目可按套期关系进行明细核算。主要账务处理如下:

①资产负债表日,应当按照套期工具产生的利得,借记"套期工具"科目,贷记本明细科目;如套期工具产生损失,做相反的会计分录。

②资产负债表日,应当按照被套期项目因被套期风险敞口形成的利得,借记"被套期项目"科目,贷记本明细科目;如被套期项目因被套期风险敞口形成损失,做相反的会计分录。

当套期关系终止时,应当借记或贷记本明细科目,贷记或借记"利润分配——未分配利润"等科目。

(3)"套期成本"明细科目。本明细科目核算企业将期权的时间价值、远期合同的远期要素或金融工具的外汇基差排除在套期工具之外时期权的时间价值等产生的公允价值变动。本明细科目可按套期关系进行明细核算。主要账务处理如下:

①在资产负债表日,对于期权的时间价值等的公允价值变动中与被套期项目相关的部分,应当借记或贷记"衍生工具"等科目,贷记或借记本明细科目。

②企业在将相关金额从其他综合收益中转出时,借记或贷记本明细科目,贷记或借记有关科目。

第二节 公允价值套期

一、公允价值套期会计处理原则

公允价值套期满足运用套期会计方法条件的,应当按照下列规定处理:

(1)套期工具产生的利得或损失应当计入当期损益。如果套期工具是对选择以公允价值计量且其变动计入其他综合收益的非交易性权益工具投资(或其组成部分)进行套期的,套期工具产生的利得或损失应当计入其他综合收益。

(2)被套期项目因被套期风险敞口形成的利得或损失应当计入当期损益,同时调整未以公允价值计量的已确认被套期项目的账面价值。被套期项目为按照《企业会计准则第22号——金融工具确认和计量》第十八条分类为以公允价值计量且其变动计入其他综合收益的金融资产(或其组成部分)的,其因被套期风险敞口形成的利得或损失应当计入当期损益,其账面价值已经按公允价值计量,不需要调整;被套期项目为企业选择以公允价值计量且其变动计入其他综合收益的非交易性权益工具投资(或其组成部分)的,其因被套期风险敞口形成的利得或损失应当计入其他综合收益,其账面价值已经按公允价值计量,不需要调整。

需要说明的是,被套期项目为尚未确认的确定承诺(或其组成部分)的,其在套期关系指定后因被套期风险引起的公允价值累计变动额应当确认为一项资产或负债,相关的利得或损失应当计入各相关期间损益。当履行确定承诺而取得资产或承担负债时,应当调整该资产或负债的初始确认金额,以包括已确认的被套期项目的公允价值累计变动额。

在公允价值套期中,被套期项目为以摊余成本计量的金融工具(或其组成部分)的,企业对被套期项目账面价值所做的调整应当按照开始摊销日重新计算的实际利率进行摊销,并计入当期损益。该摊销可以自调整日开始,但不应当晚于对被套期项目终止进行套期利得和损失调整的时点。

被套期项目为按照《企业会计准则第22号——金融工具确认和计量》第十八条分类为以公允价值计量且其变动计入其他综合收益的金融资产(或其组成部分)的,企业应当按照相同的方式对累计已确认的套期利得或损失进行摊销,并计入当期损益,但不调整金融资产(或其组成部分)的账面价值。

二、公允价值套期会计举例

(一)被套期项目为实物资产的情形

【例题8-13】 20×3年1月1日,甲公司为规避所持有棉花存货公允价值变动风险,与某金融机构签订了一项棉花期货合同,并将其指定为对20×3年前两个月棉花存货的商品价格变化引起的公允价值变动风险的套期工具。棉花期货合同的标的资产与被套期项目棉花存货在数量、质次和产地方面相同。假设不考虑期货市场中每日无负债结算制度的影响。

20×3年1月1日,棉花期货合同的公允价值为0,被套期项目(棉花存货)的账面价值和成本均为1 500 000元,公允价值为1 600 000元。20×3年1月31日,棉花期货合同公允价值上涨了30 000元,棉花存货的公允价值下降了30 000元。20×3年2月28日,棉花期货合同公允价值下降了20 000元,棉花存货的公允价值上升了20 000元。当日,甲公司将棉花存货以1 590 000元的价格出售,并将棉花期货合同结算。

甲公司通过分析发现,棉花存货与棉花期货合同存在经济关系,且经济关系产生的价值变动中信用风险不占主导地位,套期比率也反映了套期的实际数量,符合套期有效性要求。假定不考虑商品销售相关的增值税及其他因素,甲公司的账务处理如表8-1所示。

表8-1 甲公司相关账务处理一览表

单位:元

日期	业务分录	套期工具分录
20×3年1月1日	(1)指定棉花存货为套期项目: 借:被套期项目　　　1 500 000.00 　　贷:库存商品——棉花　1 500 000.00	因套期工具公允价值为0,不做账务处理

续表

日期	业务分录	套期工具分录
20×3年 1月31日	(2)确认被套期项目公允价值变动： 借：套期损益　　　　　30 000.00 　　贷：被套期项目　　　　30 000.00	(3)确认套期工具公允价值变动： 借：套期工具——棉花期货 30 000.00 　　贷：套期损益　　　　　30 000.00
20×3年 2月28日	(4)确认被套期项目公允价值变动： 借：被套期项目　　　　20 000.00 　　贷：套期损益　　　　　20 000.00 (6)销售棉花存货： 借：银行存款　　　　1 590 000.00 　　贷：主营业务收入　1 590 000.00 借：主营业务成本　1 490 000.00 　　贷：被套期项目——库存商品 　　　　　　　　　1 490 000.00	(5)确认套期工具公允价值变动： 借：套期损益　　　　　20 000.00 　　贷：套期工具——棉花期货 20 000.00 (7)结算棉花期货： 借：银行存款　　　　　10 000.00 　　贷：套期工具——棉花期货 10 000.00

通过以上套期保值，棉花存货公允价值的变化并没有对企业毛利产生不利影响，企业仍然获得毛利100 000元。同时，甲公司将套期工具和被套期项目的公允价值变动损益计入相同的会计期间，消除了企业因风险管理活动可能导致的损益波动。

(二)被套期项目为尚未确认的确定承诺的情形

【例题8-14】 20×3年10月1日，甲公司签订了合同，从英国订购价值为1 200 000英镑的生产设备，约定于20×4年3月31日交货，付款。由中国银行作为不可撤销的付款担保。为规避英镑升值风险，甲公司于20×3年10月1日与银行签订了一个180天的购入等额的英镑远期外汇协议，汇率为1英镑＝9.12元人民币。汇率信息如表8-2所示。假定采用3%的折现率，每月按30天、每年按360天计算。

表8-2　英镑即期汇率和远期汇率变动表

项目	20×3年10月1日	20×3年12月31日	20×4年3月31日
即期汇率	1英镑＝9.00元人民币	1英镑＝9.20元人民币	1英镑＝9.50元人民币
远期汇率	1英镑＝9.12元人民币 (6个月期远期外汇协议)	1英镑＝9.33元人民币 (3个月期远期外汇协议)	1英镑＝9.50元人民币

甲公司的账务处理如表8-3所示。

表8-3　甲公司相关账务处理一览表

单位：元

日期	业务分录	套期工具分录
20×3年 10月1日	—	因套期工具公允价值为0，不做账务处理

续表

日期	业务分录	套期工具分录
20×3年12月31日	(1)确认被套期项目公允价值变动： 借：套期损益　　　240 000.00 　贷：被套期项目——确定承诺 　　　　　　　　　240 000.00 ((9.20−9.00)×1 200 000=240 000.00)	(2)确认套期工具公允价值变动： 借：套期工具——远期外汇协议 　　　　　　　　　250 124.07 　贷：套期损益　　　250 124.07 ((9.33−9.12)×1 200 000÷(1+3‰×90÷360)=250 124.07)
20×4年3月31日	(3)确认被套期项目公允价值变动： 借：套期损益　　　360 000.00 　贷：被套期项目——确定承诺 　　　　　　　　　360 000.00 ((9.50−9.20)×1 200 000=360 000)	(4)确认套期工具公允价值变动： 借：套期工具——远期外汇协议 　　　　　　　　　205 875.93 　贷：套期损益　　　205 875.93 ((9.50−9.12)×1 200 000−250 124.07=205 875.93)
	(5)购入固定资产： 借：固定资产　　　11 400 000.00 　贷：银行存款　　　11 400 000.00 (9.50×1 200 000=11 400 000) 借：被套期项目——确定承诺 　　　　　　　　　600 000.00 　贷：固定资产　　　600 000.00	(6)了结远期合同： 借：银行存款　　　456 000.00 　贷：套期工具——远期外汇协议 　　　　　　　　　456 000.00

(三)被套期项目为其他权益工具投资的情形

【例题8-15】 20×4年11月1日，甲公司买入了100 000股乙公司股票，每股市价为10元。甲公司选择将其指定为以公允价值计量且其变动计入其他综合收益的权益工具投资。为规避股票价格下跌风险，甲公司同日买入6个月后到期的看跌期权，标的物为100 000股乙公司股票，行权价格为每股10元，权利金为50 000元。甲公司通过分析发现，其购买的股票与期权存在经济关系，符合套期有效性要求。有关股票与期权的公允价值变动情况如表8-4所示。

表8-4　乙公司股票与期权公允价值变动情况表

单位：元

项目	20×4年11月1日	20×4年12月31日	20×5年4月30日
股价	10	8	6
股票市值	1 000 000	800 000	600 000
期权内在价值	0	200 000	400 000
期权时间价值	50 000	35 000	0
期权公允价值		235 000	400 000

甲公司的账务处理如表8-5所示。

表 8-5 甲公司相关账务处理一览表

单位:元

日期	业务分录	套期工具分录
20×4年 11月1日	借:其他权益投资　　　1 000 000.00 　　贷:银行存款　　　　　1 000 000.00 借:被套期项目　　　　1 000 000.00 　　贷:其他权益投资　　　1 000 000.00	借:套期工具——期权　50 000.00 　　贷:银行存款　　　　　50 000.00
20×4年 12月31日	借:其他综合收益——套期损益 　　　　　　　　　　200 000.00 　　贷:被套期项目　　　　200 000.00	借:套期工具——期权　185 000.00 　　贷:其他综合收益——套期损益 　　　　　　　　　　185 000.00
20×5年 4月30日	借:其他综合收益——套期损益 　　　　　　　　　　200 000.00 　　贷:被套期项目　　　　200 000.00 出售其他权益工具投资: 借:银行存款　　　　　600 000.00 　　贷:被套期项目　　　　600 000.00	借:套期工具——期权　175 000.00 　　贷:其他综合收益——套期损益 　　　　　　　　　　175 000.00 履行远期合同: 借:银行存款　　　　　400 000.00 　　贷:套期工具——期权　400 000.00
	终止套期关系时将其他综合收益中套期损益转出,计入留存收益: 借:利润分配——未分配利润　　　　　　　　　　　　　　　　36 000.00 　　盈余公积——法定盈余公积　　　　　　　　　　　　　　　4 000.00 　　贷:其他综合收益——套期损益　　　　　　　　　　　　　　40 000.00	

第三节　现金流量套期与境外经营净投资套期

一、现金流量套期会计处理原则

现金流量套期的目的是将套期工具产生的利得或损失递延至被套期的预期未来现金流量影响损益的同一期间或多个期间。

现金流量套期满足运用套期会计方法条件的,应按照下列规定处理:

(1)套期工具产生的利得或损失中属于有效套期的部分,作为现金流量套期储备,应当计入其他综合收益。现金流量套期储备的金额,应当按照下列两项的绝对额中较低者确定:①套期工具自套期开始的累计利得或损失;②被套期项目自套期开始的预计未来现金流量现值的累计变动额。每期计入其他综合收益的现金流量套期储备的金额应当为当期现金流量套期储备的变动额。

(2)套期工具产生的利得或损失中属于无效套期的部分(即扣除计入其他综合收益后的其他利得或损失),应当计入当期损益。

企业应当按照下列规定对现金流量套期储备进行后续处理:

(1)被套期项目为预期交易,且该预期交易使企业随后确认一项非金融资产或非金融负债,或者非金融资产或非金融负债的预期交易形成一项适用于公允价值套期会计的确定承诺时,企业应当将原在其他综合收益中确认的现金流量套期储备金额转出,计入该资产或负债的初始确认金额。

(2)对于不属于上述(1)涉及的现金流量套期,企业应当在被套期的预期现金流量影响损益的相同期间,将原在其他综合收益中确认的现金流量套期储备金额转出,计入当期损益。

(3)如果在其他综合收益中确认的现金流量套期储备金额是一项损失,且该损失全部或部分预计在未来会计期间不能弥补,企业应当将预计不能弥补的部分从其他综合收益中转出,计入当期损益。

当企业对现金流量套期终止运用套期会计时,在其他综合收益中确认的累计现金流量套期储备金额,应当按照下列规定进行处理:

(1)被套期的未来现金流量预期仍然会发生的,累计现金流量套期储备的金额应当予以保留,并按照前述现金流量套期储备的后续处理规定进行会计处理。

(2)被套期的未来现金流量预期不再发生的,累计现金流量套期储备的金额应当从其他综合收益中转出,计入当期损益。被套期的未来现金流量预期不再极可能发生但可能预期仍然会发生,在预期仍然会发生的情况下,累计现金流量套期储备的金额应当予以保留,并按照前述现金流量套期储备的后续处理规定进行会计处理。

二、现金流量套期会计处理举例

(一)预期交易:随后确认为非金融资产或非金融负债

【例题 8-16】 20×8 年 10 月 1 日,K 公司决定在次年 4 月从法国购进价值为 200 000 欧元的葡萄酒生产设备。该交易极可能在 20×9 年 3 月 31 日交货付款。为规避欧元升值风险,K 公司与银行签订了一个 180 天的购入同额欧元的远期外汇协议。业务期间汇率如表 8-6 所示。假定采用 3% 的折现率,计息天数按每月 30 天、每年 360 天计算。

表 8-6 欧元即期汇率和远期汇率变动表

项 目	20×8 年 10 月 1 日	20×8 年 12 月 31 日	20×9 年 3 月 31 日
即期汇率	1 欧元=6.938 1 元人民币	1 欧元=6.988 1 元人民币	1 欧元=7.100 0 元人民币
远期汇率	1 欧元=6.940 0 元人民币 (6 个月期远期外汇协议)	1 欧元=6.999 0 元人民币 (3 个月期远期外汇协议)	1 欧元=7.100 0 元人民币

K 公司的账务处理如表 8-7 所示。

表 8-7 K 公司相关账务处理一览表

单位:元

日期	业务分录	套期工具分录
20×8年10月1日	—	因套期工具公允价值为0,不做账务处理
20×8年12月31日	—	(1)确认套期工具公允价值变动: 借:套期工具——远期外汇协议　11 712.16 　　贷:套期损益　　　　　　　　　1 712.16 　　　其他综合收益——套期储备　10 000.00* ((6.999 0−6.940 0)×200 000÷(1+3%×90÷360)=11 712.16)
20×9年3月31日	—	(2)确认套期工具公允价值变动: 借:套期工具——远期外汇协议　20 287.84 　　套期损益　　　　　　　　　　1 712.16 　　贷:其他综合收益——套期储备　22 000.00 ((7.100 0−6.940 0)×200 000−11 712.16=20 287.84)
	(3)购入固定资产: 借:固定资产　　　　　1 388 000.00 　　其他综合收益——套期储备 　　　　　　　　　　　32 000.00 　　贷:银行存款　　　　1 420 000.00 (7.100 0×200 000=1 420 000)	(4)了结远期外汇协议: 借:银行存款　　　　　　　　　32 000.00 　　贷:套期工具——远期外汇协议　32 000.00

注:*根据会计准则的规定,计入现金流量储备的金额为自套期关系指定以来套期工具的累计利得或损失与套期项目预计未来现金流量现值的累计变动中较低者,无效的部分计入当期损益。

(二)预期交易:随后没有确认为非金融资产或非金融负债

【例题 8-17】　20×5 年 1 月 1 日,东方公司预期在 20×5 年 2 月 28 日销售一批商品,数量为 150 吨,成本为 1 200 000 元,预期售价为 1 500 000 元。为规避商品价格下跌风险,东方公司于 20×5 年 1 月 1 日与某金融机构签订了一项商品期货合同,且将其指定为对该预期商品销售的套期工具。商品期货合同的标的资产与被套期预期销售商品在数量、质次、价格变动和产地等方面相同,并且商品期货合同的结算日和预期商品销售日均为 20×5 年 2 月 28 日。20×5 年 1 月 1 日,商品期货合同的公允价值为 0。20×5 年 1 月 31 日,商品期货合同的公允价值上涨了 35 000 元,预期销售价格下降了 35 000 元。20×5 年 2 月 28 日,商品期货合同的公允价值上涨了 15 000 元,商品销售价格下降了 15 000 元。当日,东方公司将商品出售,并结算了商品期货合同。东方公司分析认为该套期符合套期有效性的条件。假定不考虑商品销售相关的增值税及其他因素,且不考虑期货市场每日无负债结算制度的影响。东方公司的账务处理如表 8-8 所示。

表 8-8　东方公司相关账务处理一览表

单位:元

日　　期	业 务 分 录	套期工具分录
20×5年 1月1日	—	因套期工具公允价值为0,不做账务处理
20×5年 1月31日	—	(1)确认套期工具公允价值变动: 　借:套期工具——期货　　35 000.00 　　贷:其他综合收益——套期储备 　　　　　　　　　　　　　35 000.00
20×5年 2月28日	(2)确认商品的销售收入: 　借:应收账款　　　1 450 000.00 　　贷:主营业务收入　1 450 000.00 (4)结转成本: 　借:主营业务成本　1 200 000.00 　　贷:库存商品　　　1 200 000.00	(3)确认套期工具公允价值变动: 　借:套期工具——期货　　15 000.00 　　贷:其他综合收益——套期储备 　　　　　　　　　　　　　15 000.00 (5)结算期货合同: 　借:银行存款　　　　　　50 000.00 　　贷:套期工具——期货　50 000.00 (6)结转套期损益: 　借:其他综合收益——套期储备 　　　　　　　　　　　　　50 000.00 　　贷:套期损益　　　　　　50 000.00

(三)被套期项目为确定承诺的外汇风险

【例题 8-18】　甲公司于20×6年11月1日与境外乙公司签订合同,约定于20×7年1月31日以每吨外币60 FC的价格购入100吨橄榄油。甲公司为规避外汇风险,于当日与某金融机构签订一项3个月到期的外汇远期合同,约定购买汇率为1 FC=44.89元人民币,合同金额为6 000 FC。20×7年1月31日,甲公司以净额方式结算该外汇远期合同,并购入橄榄油。假定该套期符合运用套期会计的条件,且不考虑增值税等相关税费和远期合同的远期要素。外国货币(FC)即期汇率和远期汇率变动如表8-9所示。假定采用3%的折现率,计息天数按每月30天、每年360天计算。

表 8-9　外国货币(FC)即期汇率和远期汇率变动

项　　目	20×6年11月1日	20×6年12月31日	20×7年1月31日
即期汇率	1 FC=44.85元人民币	1 FC=45.00元人民币	1 FC=45.10元人民币
远期汇率	1 FC=44.89元人民币 (3个月期远期外汇协议)	1 FC=45.04元人民币 (1个月期远期外汇协议)	1 FC=45.10元人民币

甲公司的账务处理如表8-10所示。

表 8-10　甲公司相关账务处理一览表

单位:元

日　期	公允价值套期	现金流量套期
20×6年11月1日	(1)签订远期协议,并指定为套期工具,因套期工具公允价值为0,不做账务处理	(1)签订远期协议,并指定为套期工具,因套期工具公允价值为0,不做账务处理
20×6年12月31日	(2)因公允价值变动,调整套期工具和被套期项目账面价值: 借:套期工具——外汇远期　　897.76* 　　贷:套期损益　　　　　　　　897.76 借:套期损益　　　　　　　　　897.76 　　贷:被套期项目——橄榄油　　897.76	(2)因公允价值变动调整套期工具账面价值: 借:套期工具——外汇远期　　897.76 　　贷:其他综合收益——套期储备 　　　　　　　　　　　　　　897.76
20×7年1月31日	(3)因公允价值变动,调整套期工具和被套期项目账面价值: 借:套期工具——外汇远期　　362.24** 　　贷:套期损益　　　　　　　　362.24 借:套期损益　　　　　　　　　362.24 　　贷:被套期项目——橄榄油　　362.24 (4)套期工具到期,结算套期工具: 借:银行存款　　　　　　　1 260.00 　　贷:套期工具——外汇远期　1 260.00 (5)购入橄榄油,结转被套期项目: 借:库存商品——橄榄油　269 340.00 　　被套期项目——橄榄油　1 260.00 　　贷:银行存款　　　　　　270 600.00	(3)因公允价值变动调整套期工具账面价值: 借:套期工具——外汇远期　　362.24 　　贷:其他综合收益——套期储备　362.24 (4)套期工具到期,结算套期工具: 借:银行存款　　　　　　　1 260.00 　　贷:套期工具——外汇远期　1 260.00 (5)购入橄榄油: 借:库存商品——橄榄油 　　　　　　　　　　　　270 600.00 　　贷:银行存款　　　　　　270 600.00 (6)结转其他综合收益: 借:其他综合收益——套期储备 　　　　　　　　　　　　1 260.00 　　贷:库存商品——橄榄油　1 260.00

注:* 897.76=(45.04−44.89)×6 000÷[1+3‰×(30÷360)];** 362.24=(45.10−44.89)×6 000−897.76。

三、境外经营净投资套期会计处理原则

对境外经营净投资的套期,包括对作为净投资的一部分进行会计处理的货币性项目的套期,应当按照类似于现金流量套期会计的规定处理:

(1)套期工具形成的利得或损失中属于套期有效的部分,应当计入其他综合收益。全部或部分处置境外经营时,上述计入其他综合收益的套期工具利得或损失应当相应转出,计入当期

损益。

(2)套期工具形成的利得或损失中属于套期无效部分,应当计入当期损益。

第四节 套期会计的一些特殊问题

一、再平衡

引入套期关系再平衡机制,是为了在一些情况下避免套期关系的终止。这更加符合企业风险管理活动的实际需要,简化了企业的会计处理。

企业对套期关系做出再平衡的,应当在调整套期关系之前确定套期关系的套期无效部分,并将相关利得或损失立即计入当期损益,同时,更新在套期剩余期限内预期将影响套期关系的套期无效部分产生原因的分析,并相应更新套期关系的书面文件。

套期关系再平衡可能会导致企业增加或减少指定套期关系中被套期项目或套期工具的数量。企业增加了指定的被套期项目或套期工具的,增加部分自指定增加之日起作为套期关系的一部分进行处理;企业减少了指定的被套期项目或套期工具的,减少部分自指定减少之日起不再作为套期关系的一部分,作为套期关系终止处理。

【例题8-19】 20×6年1月1日,M公司预计在未来12个月内采购100万桶西德克萨斯中质原油(WTI原油)。M公司采用现金流量套期,并购入105万桶布伦特原油(Brent原油)期货合同,以对极可能发生的100万桶WTI原油的预期采购进行套期(套期比率为1:1.05)。该期货合同在指定日的公允价值为0。20×6年6月30日,被套期项目WTI原油的预期采购自套期开始的预计未来现金流量现值的累计变动额为200万美元,套期工具的公允价值累计下降了229万美元。M公司通过分析发现,Brent原油相对WTI原油的经济关系与预期不同,因此考虑对套期关系进行再平衡。M公司通过分析决定将套期比率重新设定为1:0.98。为了在20×6年6月30日进行再平衡,M公司可以指定更大的被套期风险敞口或终止指定部分套期工具。假定M公司的上述两种选择都满足运用套期会计方法的所有条件,不考虑其他因素。假定美元兑人民币的汇率为1:6。

情况一:M公司终止指定7万桶Brent原油期货合同的套期工具。M公司的账务处理如下:

(1)20×6年1月1日,甲公司不做账务处理。

(2)20×6年6月30日:

借:其他综合收益——套期储备　　　　　　　　　　　12 000 000
　　套期损益　　　　　　　　　　　　　　　　　　　 1 740 000
　　贷:套期工具——期货合同　　　　　　　　　　　　　　　　13 740 000

在总计105万桶布伦特原油期货合同中,7万桶不再属于该套期关系。因此,甲公司需将7/105的套期工具重分类为衍生工具,有关套期文件的书面记录应当相应更新。甲公司进行再平衡时的会计处理如下:

借:套期工具——期货合同　　　　　　　　　　　　　　916 000

　　　　贷：衍生工具——期货合同　　　　　　　　　　　　　916 000

　　再平衡时，重分类的套期工具的公允价值为：13 740 000元人民币×7/105＝916 000元人民币。

　　情况二：M公司增加WTI原油作为被套期项目。

　　M公司在20×6年1月1日和20×6年6月30日的账务处理同情况一。

　　M公司增加105万桶/0.98－100万桶＝7.142 9万桶作为被套期项目，有关套期文件的书面记录应当相应更新。甲公司进行再平衡时无须进行会计处理。

二、期权时间价值的会计处理

　　《企业会计准则第24号——套期会计》(2017年)规定，企业将期权合同的内在价值和时间价值分开，只将期权的内在价值变动指定为套期工具时，应当区分被套期项目的性质是与交易相关还是与时间段相关，并进行不同的会计处理。

　　在评估期权是对与交易相关的被套期项目还是对与时间段相关的被套期项目进行套期时，关键在于被套期项目的性质，包括被套期项目影响损益的方式和时间。不论是公允价值套期还是现金流量套期，企业均应当基于被套期项目的性质来评估。

　　(1)被套期项目与交易相关的，对其进行套期的期权的时间价值具备该项交易成本的特征。如果该被套期项目导致确认一项初始计量包含交易成本的项目(如企业对预期交易或确定承诺涉及的商品价格风险进行套期，并将交易成本纳入存货的初始计量)，则期权的时间价值应纳入特定的被套期项目的初始计量。与此类似，对构成预期交易或确定承诺商品销售的商品价格风险进行套期的企业，应当将期权的时间价值作为销售成本的一部分，在被套期的销售确认收入的相同期间计入损益。具体而言，企业应当将期权时间价值的公允价值变动中与被套期项目相关的部分计入其他综合收益，并按照与现金流量套期储备相同的会计处理方法进行处理。

　　(2)被套期项目与时间段相关的，对其进行套期的期权时间价值具备为保护企业在特定时间段内规避风险所需支付成本的特征。例如，使用期限为6个月的期权对企业的存货在该6个月中的价格风险进行套期，期权的时间价值应在这6个月期间内采用系统、合理的方法进行摊销计入损益。又如，在使用外汇期权对境外经营净投资进行为期18个月的套期时，期权的时间价值将在这18个月期间内进行分摊。

　　对于与时间段相关的被套期项目，企业应当将期权时间价值的公允价值变动中与被套期项目相关的部分计入其他综合收益。同时，企业应当按照系统、合理的方法，将期权被指定为套期工具当日的时间价值中与被套期项目相关的部分，在套期关系影响损益或其他综合收益(仅限于企业对指定为以公允价值计量且其变动计入其他综合收益的非交易性权益工具投资的公允价值变动风险敞口进行的套期)的期间内摊销，摊销金额从其他综合收益中转出，计入当期损益。

　　由于期权的时间价值在期权到期时将归零，因此在期权存续期内的累计时间价值的公允价值变动等于指定套期时的时间价值。时间价值变动计入其他综合收益的金额应当根据变动的实际情况确定，但从其他综合收益转入当期损益(即摊销)的金额应当按照系统、合理的方法确定。转入和转出的金额最终是一致的，即指定套期时的时间价值。若企业终止运用套期会计，则其他综合收益中剩余的相关金额应当转出，计入当期损益。

第八章

衍生金融工具会计：套期保值业务

期权的主要条款(如名义金额、期限和标的)与被套期项目相一致的,期权的实际时间价值与被套期项目相关;期权的主要条款与被套期项目不完全一致的,企业应当通过对主要条款与被套期项目完全匹配的期权进行估值确定校准时间价值,并确认期权的实际时间价值中与被套期项目相关的部分。

(1)在套期关系开始时,期权的实际时间价值高于校准时间价值的,企业应当以校准时间价值为基础,将其累计公允价值变动计入其他综合收益,并将这两个时间价值的公允价值变动差额计入当期损益。

(2)在套期关系开始时,期权的实际时间价值低于校准时间价值的,企业应当将两个时间价值中累计公允价值变动的较低者计入其他综合收益,如果实际时间价值的累计公允价值变动扣减累计计入其他综合收益金额后尚有剩余,应当计入当期损益。

【例题8-20】 M公司发行了一项5年期浮动利率债券,并希望在前2年内使其免于因利率上升而导致利息费用增加所带来的风险。因此,M公司买进了一份为期2年的利率上限期权。在现金流量套期中,仅将利率上限期权的内在价值指定为套期工具。假定该期权被指定时的实际时间价值为220 000元,M公司将该金额按照系统、合理的方法在保护期(即前2年)内分摊至当期损益。为简化核算,本例中以直线法分摊至当期损益。现有以下两种情况:①期权的校准时间价值为200 000元;②期权的校准时间价值为250 000元。M公司账务处理分别如下:

(1)期权的校准时间价值为200 000元,低于实际时间价值时,相关价值变动分摊见表8-11。

表8-11 期权实际时间价值与校准时间价值变动分摊一览表

单位:元

项 目	行次	指定套期时	第1年年末	第2年年末	合计
期权的实际时间价值	①	220 000	120 000	0	
期权的校准时间价值	②	200 000	100 000	0	
期权的实际时间价值变动金额	③	—	100 000	120 000	220 000
期权的校准时间价值变动金额(计入其他综合收益)	④	—	100 000	100 000	200 000
期权的实际时间价值变动中不计入其他综合收益的部分	⑤=③-④	—	0	20 000	20 000
从其他综合收益中转出(分摊)的金额	⑥	—	100 000	100 000	200 000
影响当期损益的金额	⑦=⑤+⑥	—	100 000	120 000	220 000

第1年:
借:其他综合收益——套期成本　　　　　　　　　　100 000
　　贷:衍生工具——期权　　　　　　　　　　　　　　　　100 000
借:财务费用　　　　　　　　　　　　　　　　　　100 000
　　贷:其他综合收益——套期成本　　　　　　　　　　　　100 000

第 2 年：

借：其他综合收益——套期成本　　　　　　　　　　100 000
　　公允价值变动损益　　　　　　　　　　　　　　 20 000
　　　贷：衍生工具——期权　　　　　　　　　　　　　　　　120 000
借：财务费用　　　　　　　　　　　　　　　　　　 100 000
　　贷：其他综合收益——套期成本　　　　　　　　　　　　 100 000

(2) 期权的校准时间价值为 250 000 元，高于实际时间价值时，相关价值变动分摊见表 8-12。

表 8-12　期权实际时间价值与校准时间价值变动分摊一览表

单位：元

项　目	行次	指定套期时	第 1 年年末	第 2 年年末	合计
期权的实际时间价值	①	220 000	120 000	0	
期权的校准时间价值	②	250 000	140 000	0	
期权的实际时间价值变动金额	③	—	100 000	120 000	220 000
期权的校准时间价值变动金额	④	—	110 000	140 000	250 000
计入其他综合收益的部分	⑤	—	100 000	120 000	220 000
从其他综合收益中转出(分摊)金额	⑥	—	110 000	110 000	220 000
影响当期损益的金额	⑦=⑥	—	110 000	110 000	220 000

第 1 年：

借：其他综合收益——套期成本　　　　　　　　　　100 000
　　　贷：衍生工具——期权　　　　　　　　　　　　　　　　100 000
借：财务费用　　　　　　　　　　　　　　　　　　 110 000
　　贷：其他综合收益——套期成本　　　　　　　　　　　　 110 000

第 2 年：

借：其他综合收益——套期成本　　　　　　　　　　120 000
　　　贷：衍生工具——期权　　　　　　　　　　　　　　　　120 000
借：财务费用　　　　　　　　　　　　　　　　　　 110 000
　　贷：其他综合收益——套期成本　　　　　　　　　　　　 110 000

三、信用风险敞口的公允价值选择权

许多金融机构通过信用衍生工具管理借贷活动产生的信用风险敞口。例如，金融机构运用信用衍生工具(如信用违约互换合同(CDS))对信用风险敞口进行套期以将其贷款或贷款承诺的信用损失风险转移至第三方。但是根据相关规定，企业的信用衍生工具应当以公允价值计量且其变动计入当期损益，而贷款等并不一定以公允价值计量且其变动计入当期损益(如按摊余成本计量或尚未确认)。因此，在被套期风险敞口未按与信用衍生工具相同的基础进行计量的情况下，将会产生会计错配。

由于金融项目的信用风险通常无法单独识别，不属于符合条件的被套期项目，因此使用信

第八章

衍生金融工具会计:套期保值业务

用衍生工具对信用风险敞口进行套期的企业将无法运用套期会计。为解决这一问题,并允许企业在一定程度上反映其信用风险管理活动,相关准则规定,企业可以选择采用以公允价值计量且其变动计入当期损益的方式计量被套期风险敞口的方法替代套期会计。

(一)指定条件

企业使用以公允价值计量且其变动计入当期损益的信用衍生工具管理金融工具(或其组成部分)的信用风险敞口时,可以在该金融工具(或其组成部分)初始确认时、后续计量中或尚未确认时,将其指定为以公允价值计量且其变动计入当期损益的金融工具,并同时做出书面记录,但应当同时满足下列条件:①金融工具信用风险敞口的主体(如借款人或贷款承诺持有人)与信用衍生工具涉及的主体相一致;②金融工具的偿付级次与根据信用衍生工具条款须交付的工具的偿付级次相匹配。

(二)公允价值选择权的终止

在选择运用针对信用风险敞口(全部或部分)的公允价值选择权之后,同时满足下列条件的,企业应当对金融工具(或其一定比例)终止以公允价值计量且其变动计入当期损益:①指定条件不再适用,例如信用衍生工具或金融工具(或其一定比例)已到期、被出售、合同终止或已行使,或企业的风险管理目标发生变化,不再通过信用衍生工具进行风险管理;②金融工具(或其一定比例)按照《企业会计准则第 22 号——金融工具确认和计量》的规定,仍然不满足以公允价值计量且其变动计入当期损益的金融工具的条件。

复习思考题

1. 如何理解套期概念?
2. 套期工具包括哪些内容?如何理解套期工具?指定套期工具时应注意哪些情况?
3. 企业可以将哪些项目指定为被套期项目?企业确定被套期项目时,应当注意哪些情况?
4. 公允价值套期与现金流量套期的区别主要体现在哪些方面?
5. 运用套期保值会计方法的条件有哪些?
6. 同时满足哪些条件企业才可认定套期关系符合套期有效性要求?
7. 套期会计的科目设置情况是怎样的?
8. 公允价值套期会计处理原则是什么?
9. 现金流量套期会计处理原则是什么?
10. 什么是套期关系再平衡?为什么要引入套期关系再平衡机制?
11. 期权时间价值的会计处理有哪些要求?
12. 企业行使信用风险敞口的公允价值选择权的原因是什么?

练习一

一、目的:练习公允价值套期会计——实物资产情况下的账务处理。

二、资料:20×7 年 1 月 1 日,甲公司为规避所持有菜籽油存货公允价值变动风险,与某金融机构签订了一项菜籽油期货合同,并将其指定为对20×7年前两个月菜籽油存货的商品价格变化引起的公允价值变动风险的套期工具。20×7年1月1日,菜籽油期货合同的公允价值为0,被套期项目的账面价值和成本均为1 100 000元,公允价值为1 200 000元。20×7年1月31日,菜籽油期货合同公允价值上涨了26 000元,菜籽油存货的公允价值下降了26 000元。20×7年2月28日,菜籽油期货合同公允价值下降了16 000元,菜籽油存货的公允价值上升了16 000元。当日,甲公司将菜籽油存货以1 190 000元的价格出售,并将菜籽油期货合同结算。甲公司通过分析发现,菜籽油存货与菜籽油期货合同存在经济关系,符合套期有效性要求。

三、要求:为甲公司进行相应的会计处理。

练习二

一、目的:练习公允价值套期会计——确定承诺情况下的账务处理。

二、资料:

甲公司为境内商品生产企业,采用人民币作为记账本位币。20×6年4月3日,甲公司与某境外公司签订了一项设备购买合同(确定承诺),设备价格以外币(本例下称FC)计,为2 000 000 FC,交货日期及付款日为20×6年5月31日。20×6年4月3日,甲公司签订了一项购买外币2 000 000 FC的外汇远期合同。根据该远期合同,甲公司将于20×6年5月31日支付人民币3 300 000元购入2 000 000 FC。20×6年4月3日,外汇远期合同的公允价值为0。甲公司将该外汇远期合同指定为套期工具。20×6年5月31日,甲公司履行确定承诺并以净额结算该远期合同,20×6年5月31日的即期汇率为1 FC=1.8元人民币。与该套期有关的远期汇率以及外汇远期合同的资料如表8-13所示。

表8-13 有关的远期汇率以及外汇远期合同的资料

单位:元

日 期	20×6年4月30日远期汇率(FC/人民币)	本期外汇远期合同公允价值变动	本期末外汇远期合同公允价值变动
20×6年4月3日	1.65	—	—
20×6年4月30日	1.68	60 000	60 000
20×6年5月31日	—	240 000	300 000

三、要求:为甲公司进行相应的会计处理。

练习三

一、目的:练习公允价值套期会计——其他权益性工具投资情况下的账务处理。

二、资料:

20×6年1月1日,甲公司以每股50元的价格购入乙公司股票20 000股(占乙公司有表决权股份的3%),且选择将其指定为以公允价值计量且其变动计入其他综合收益的非交易性权益工具投资。为规避该股票价格下跌风险,甲公司于20×6年12月31日签订一份股票远期合同,约定将于20×8年12月31日以每股65元的价格出售其所持的乙公司股票20 000股,20×6年12月31日该股票远期合同的公允价值为0。20×8年12月31日,甲公司履行远期合同,出售乙公司股票。假设不考虑远期合同的远期要素。股票远期合同公允价值和乙公司股价如表8-14所示。

第八章

衍生金融工具会计：套期保值业务

表 8-14　乙公司股票和股票远期合同公允价值资料

单位：元

日期	20×6年12月31日	20×7年12月31日	20×8年12月31日
乙公司每股价格	65	60	57
远期合同公允价值	—	100 000	160 000

三、要求：为甲公司进行相应的会计处理。

练习四

一、目的：练习现金流量套期会计——预期交易情况下的账务处理。

二、资料：

20×5年1月1日，甲公司预期在20×5年2月28日销售一批商品，数量为130吨，预期售价为1 300 000元。为规避该预期销售中与商品价格有关的现金流量变动风险，甲公司于20×5年1月1日与某金融机构签订了一项商品期货合同，且将其指定为对该预期商品销售的套期工具。商品期货合同的结算日和预期商品销售日均为20×5年2月28日。

20×5年1月1日，商品期货合同的公允价值为0。20×5年1月31日，商品期货合同的公允价值上涨了30 000元，预期销售价格下降了30 000元。20×5年2月28日，商品期货合同的公允价值上涨了15 000元，商品销售价格下降了15 000元。当日，甲公司将商品出售，并结算了商品期货合同。甲公司分析认为该套期符合套期有效性的条件。假定不考虑商品销售相关的增值税及其他因素，且不考虑期货市场结算制度的影响。

三、要求：为甲公司进行相应的会计处理。

练习五

一、目的：练习现金流量套期会计——确定承诺的外汇风险情况下的账务处理。

二、资料：甲公司于20×5年11月1日与境外乙公司签订合同，约定于20×6年1月31日以每吨103 FC（外币）的价格购入100吨螺纹钢。甲公司为规避购入螺纹钢成本的外汇风险，于当日与某金融机构签订一项3个月到期的外汇远期合同，约定汇率为1 FC＝45元人民币，合同金额为103 000 FC。20×6年1月31日，甲公司以净额方式结算该外汇远期合同，并购入螺纹钢。假定：①20×5年12月31日，FC对人民币1个月远期汇率为1 FC＝44.8元人民币；②20×6年1月31日，FC对人民币即期汇率为1 FC＝44.6元人民币；③该套期符合运用套期会计的条件；④不考虑增值税等相关税费和远期合同的远期要素的影响。

三、要求：为甲公司进行相应的会计处理。

第九章
金融资产转移

GAOJI CAIWU KUAIJI

第九章

金融资产转移

【导读】

本章主要阐述了金融资产转移的含义及方式、金融资产终止确认的判断流程以及不同转移情况下的会计处理方法。学习本章知识要首先理解金融资产转移的含义,着重判断金融资产转移导致有关风险和报酬发生转移的程度,再根据判断结果采用不同的会计处理方法。在会计处理时,应熟悉继续涉入资产、继续涉入负债和相关损益的确认与计量方法。

【学习重点】

金融资产转移含义,金融资产终止确认的判断流程,终止确认、继续确认和继续涉入情况下的会计处理方法。

【学习难点】

金融资产终止确认的判断流程,继续涉入情况下的会计处理方法。

第一节 金融资产转移概述

一、金融资产转移的含义

《企业会计准则第23号——金融资产转移》(下文简称金融资产转移准则)将金融资产转移(transfer of financial assets)定义为企业(转出方)将金融资产(或其现金流量)让与或交付给该金融资产发行方之外的另一方(转入方)。金融资产转移包括下列两种情形:

(1)企业将收取金融资产现金流量的合同权利转移给其他方。

(2)企业保留了收取金融资产现金流量的合同权利,但承担了将收取的该现金流量支付给一个或多个最终收款方的合同义务(过手安排),且同时满足下列条件:

①企业只有在从该金融资产收到对等的现金流量时,才有义务将其支付给最终收款方(不垫付原则)。企业提供短期垫付款,但有权全额收回该垫付款并按照市场利率计收利息的,视同满足本条件。

②转让合同规定禁止企业出售或抵押该金融资产,但企业可以将其作为向最终收款方支付现金流量义务的保证(无自主处置原则)。

③企业有义务将代表最终收款方收取的所有现金流量及时划转给最终收款方,且无重大延误(无重大延迟原则)。

企业无权将该现金流量进行再投资,但在收款日和最终收款方要求的划转日之间的短暂结算期内(不超过三个月),将所收到的现金流量进行现金或现金等价物投资,并且按照合同约定将此类投资的收益支付给最终收款方的,视同满足本条件。

二、金融资产转移的常见方式

金融资产转移存在多种多样的操作方式。常见的有票据贴现、应收账款保理、福费廷、债券回购交易、融资融券、资产证券化等。

(1)票据贴现,指付款人开具并经承兑人承兑的未到期的商业承兑汇票或银行承兑汇票背书后转让给受让人(持票人),受让人(持票人)向银行等金融机构提出申请将票据变现,银行等金融机构按票面金额扣去自贴现日至汇票到期日的利息,将剩余金额支付给持票人(收款人)。

票据贴现可以分为三种,分别是贴现、转贴现和再贴现。

(2)应收账款保理。根据《商业银行保理业务管理暂行办法》(2014年),应收账款保理是以债权人转让其应收账款为前提,集应收账款催收、管理、坏账担保及融资于一体的综合性金融服务。债权人将其应收账款转让给商业银行,由商业银行向其提供下列服务中至少一项的,即为保理业务:

①应收账款催收。商业银行根据应收账款账期,主动或应债权人要求,采取电话、函件、上门等方式或运用法律手段等对债务人进行催收。

②应收账款管理。商业银行根据债权人的要求,定期或不定期向其提供关于应收账款的回收情况、逾期账款情况及对账单等财务和统计报表,协助其进行应收账款管理。

③坏账担保。商业银行与债权人签订保理协议后,为债务人核定信用额度,并在核准额度内,对债权人无商业纠纷的应收账款,提供约定的付款担保。

④保理融资。它是以应收账款合法、有效转让为前提的银行融资服务。

以应收账款为质押的贷款,不属于保理业务范围。

(3)福费廷。福费廷(Forfaiting),即未偿债务买卖,也称包买票据或票据买断,就是在延期付款的贸易中,出口商把经进口商承兑的,或经第三方担保的,期限在半年至五六年的远期汇票,无追索权地售予出口商所在地的银行或大金融公司,提前取得现款的一种资金融通形式,它是出口信贷的一种类型。福费廷业务可接受的债权形式包括信用证、汇票、本票、有付款保函/备用信用证担保的债权、投保出口信用险的债权、IFC(国际金融公司)等国际组织担保的债权及其他可接受的债权工具。

(4)债券回购交易。债券回购交易是指债券持有人(正回购方,即资金融入方)在卖出一笔债券、融入资金的同时,与买方(逆回购方,即资金融出方)协议约定于某一到期日再以事先约定的价格将该笔债券购回的交易方式。一笔回购交易涉及两个交易主体(资金融入方和资金融出方)、两次交易契约行为(初始交易和回购期满时的回购交易)和相应的两次清算。债券回购交易又分债券质押式回购交易和债券买断式回购交易。

(5)融资融券。根据《证券公司监督管理条例》(2014年修订),融资融券业务,是指在证券交易所或者国务院批准的其他证券交易场所进行的证券交易中,证券公司向客户出借资金供其买入证券或者出借证券供其卖出,并由客户交存相应担保物的经营活动,包括券商对投资者的融资、融券和金融机构对券商的融资、融券。从世界范围来看,融资融券制度是一项基本的信用交易制度。

(6)资产证券化。根据我国《证券公司及基金管理公司子公司资产证券化业务管理规定》(2014年),资产证券化业务是指以基础资产所产生的现金流为偿付支持,通过结构化等方式进行信用增级,在此基础上发行资产支持证券的业务活动。基础资产可以是企业应收款、租赁债权、信贷资产、信托受益权等财产权利,基础设施、商业物业等不动产财产或不动产收益权,以及其他财产或财产权利。广义的资产证券化,是指某一资产或资产组合采取证券资产这一价值形态的资产运营方式,包括实体资产证券化、信贷资产证券化、证券资产证券化和现金资产证券化四种形式。狭义的资产证券化是指信贷资产证券化。

三、金融资产转移应设置的会计科目

企业存在对已转移金融资产继续涉入情况的,应当设置相关会计科目核算继续涉入资产和继续涉入负债。

(一)"继续涉入资产"科目

"继续涉入资产"科目核算企业(转出方)由于对转出金融资产提供信用增级(如提供担保、持有次级权益)而继续涉入被转移金融资产时,企业所承担的最大可能损失金额(即企业继续涉入被转移金融资产程度)。企业可以按金融资产转移业务的类别、继续涉入的性质或者被转移金融资产的类别设置本科目的明细科目。

(二)"继续涉入负债"科目

"继续涉入负债"科目核算企业在金融资产转移中因继续涉入被转移资产而产生的义务。企业可以按金融资产转移业务的类别、被转移金融资产的类别或者交易对手设置本科目的明细科目。

第二节 金融资产终止确认的判断

金融资产转移中通常需要判断是否应终止确认所转移的金融资产。如果企业转移金融资产后不再保留任何与被转移金融资产相关的权利或义务,则应终止确认被转移金融资产;如果企业在转移金融资产后承担无条件以转让价格回购被转移金融资产的义务,且回购前需要支付利息,这时企业承担的被转移金融资产的风险与自身持有的相同金融资产的风险没有实质区别,此时则不能终止确认被转移金融资产。如果金融资产的转移介于上述两种极端情况之间,企业在转移金融资产后保留了与被转移金融资产相关的某些权利或义务,则企业需要严格按照金融资产终止确认的流程判断是否应终止确认所转移的金融资产,并根据判断结果采用不同的会计处理方法(终止确认、继续确认或按继续涉入程度继续确认)。

一、金融资产终止确认的含义

金融资产终止确认,是指企业将之前确认的金融资产从其资产负债表中予以转出。金融资产满足下列条件之一的,应当终止确认:①收取该金融资产现金流量的合同权利终止;②该金融资产已转移,且转移满足金融资产转移准则关于终止确认的规定。

在第①个条件下,企业收取金融资产现金流量的合同权利终止,如因合同到期而使合同权利终止,金融资产不能再为企业带来经济利益,应当终止确认该金融资产。在第②个条件下,企业收取一项金融资产现金流量的合同权利并未终止,但若企业转移了该项金融资产,同时该转移满足金融资产转移准则关于终止确认的规定,在这种情况下,企业也应当终止确认被转移的金融资产。

二、金融资产终止确认的判断流程

企业在判断金融资产是否应当终止确认以及在多大程度上终止确认时,应当遵循以下步骤。

(一)确定适用金融资产终止确认规定的报告主体层面

企业(转出方)对金融资产转入方具有控制权的,除在该企业个别财务报表基础上应用金融资产转移准则规定外,在编制合并财务报表时,还应当按照《企业会计准则第 33 号——合并财务报表》的规定合并所有纳入合并范围的子公司(含结构化主体),并在合并财务报表层面应用金融资产转移准则。

在资产证券化实务中,企业通常设立信托计划、专项支持计划等结构化主体作为结构化融资的载体,由结构化主体向第三方发行证券并向企业自身购买金融资产。在这种情况下,从法律角度看,企业可能已将金融资产转移到结构化主体,两者之间实现了风险隔离。但在进行金融资产终止确认判断时,企业应首先确定报告主体,即编制的是合并财务报表还是个别财务报表。如果是合并财务报表,企业应当首先按照《企业会计准则第 33 号——合并财务报表》及《企业会计准则解释第 8 号》等有关规定合并所有子公司(含结构化主体),然后将金融资产转移准则的规定应用于合并财务报表,即在合并财务报表层面进行金融资产转移及终止确认分析。

(二)确定金融资产是部分还是整体适用终止确认原则

金融资产既可能指一项金融资产或其部分,也可能指一组类似金融资产或其部分。一组类似金融资产是指一组金融资产的合同现金流量在金额和时间分布上相似并且具有相似的风险特征。金融资产的一部分满足下列条件之一的,企业应当将终止确认的规定用于该金融资产部分,否则,企业应当将终止确认的规定用于该金融资产整体:

(1)该金融资产部分仅包括金融资产所产生的特定可辨认现金流量。如企业就某债务工具与转入方签订一项利息剥离合同,合同规定转入方有权获得该债务工具利息现金流量,但无权获得该债务工具本金现金流量,终止确认的规定适用于该债务工具的利息现金流量。

(2)该金融资产部分仅包括与该金融资产所产生的全部现金流量完全成比例的现金流量部分。如企业就某债务工具与转入方签订转让合同,合同规定转入方拥有获得该债务工具全部现金流量一定比例的权利,终止确认的规定适用于该债务工具全部现金流量一定比例的部分。

(3)该金融资产部分仅包括与该金融资产所产生的特定可辨认现金流量完全成比例的现金流量部分。如企业就某债务工具与转入方签订转让合同,合同规定转入方拥有获得该债务工具利息现金流量一定比例的权利,终止确认的规定适用于该债务工具利息现金流量一定比例的部分。

企业发生满足上述第(2)个条件或第(3)个条件的金融资产转移,且存在一个以上转入方的,只要企业转移的份额与金融资产全部现金流量或特定可辨认现金流量完全成比例即可,不要求每个转入方均持有成比例的份额。

(三)确定收取金融资产现金流量的合同权利是否终止

企业在确定适用金融资产终止确认规定的报告主体层面(合并报表层面或个别报表层面)以及对象(金融资产整体或部分)后,即可开始判断是否对金融资产进行终止确认。对于收取金融资产现金流量的合同权利已经终止的,企业应当终止确认该金融资产。如一项应收账款的债务人在约定期限内支付了全部款项,或者在期权合同到期时,期权持有人未行使期权权利,导致收取金融资产现金流量的合同权利终止,企业应当终止确认金融资产。

若收取金融资产的现金流量的合同权利没有终止,企业应当判断是否转移了金融资产,并根据以下关于金融资产转移的相关判断标准确定是否应当终止确认被转移金融资产。

(四)判断企业是否转移金融资产

企业应根据金融资产转移准则规定的关于金融资产转移的两种情形来判断是否转移了金

融资产。

【例题 9-1】 K公司将其拥有的商业票据向甲银行贴现。这时,甲银行拥有了获取被转移金融资产所有未来现金流量的权利,K公司应进一步判断金融资产风险和报酬转移情况来确定是否应当终止确认被转移金融资产。

【例题 9-2】 某过手安排,合同条款允许企业将代最终收款方收到的现金流量投资于不满足现金和现金等价物定义的某些理财产品或货币市场基金等产品,则该过手安排不能按照金融资产转移进行后续判断和会计处理。

(五)分析所转移金融资产的风险和报酬转移情况

企业转让收取现金流量的合同权利或者通过符合条件的过手安排方式转移金融资产的,应根据规定进一步对被转移金融资产进行风险和报酬转移分析,以判断是否应终止确认被转移金融资产。

企业在判断金融资产转移是否导致金融资产终止确认时,应当评估其在多大程度上保留了金融资产所有权上的风险和报酬,即比较其转移前后所承担的、该金融资产未来净现金流量金额及其时间分布变动的风险,并分以下情况进行处理:

(1)企业转移了金融资产所有权上几乎所有风险和报酬的,应当终止确认该金融资产,并将转移中产生或保留的权利和义务单独确认为资产和负债。

金融资产转移后,企业承担的金融资产未来净现金流量现值变动的风险与转移前金融资产的未来现金流量现值变动的风险相比不再显著的,表明该企业已经转移了金融资产所有权上几乎所有风险和报酬。

需要注意的是,金融资产转移后企业承担的未来净现金流量现值变动的风险占转移前变动风险的比例,并不等同于企业保留的现金流量金额占全部现金流量的比例。

【例题 9-3】 在一项资产证券化交易中,次级资产支持证券的份额占全部资产支持证券的5%,转出方持有全部次级资产支持证券,这并不意味着转出方仅保留金融资产5%的风险和报酬。实际上,次级资产支持证券向优先级资产支持证券提供了信用增级,而使得基础资产未来现金流量在优先级和次级之间不再完全成比例分配。因此,转移后企业承担的次级资产支持证券对应的未来净现金流量现值变动的风险可能远大于转移前全部变动风险的5%。

上文所指的"几乎所有风险和报酬",企业应当根据金融资产的具体特征做出判断。需要考虑的风险类型通常包括利率风险、信用风险、外汇风险、逾期未付风险、提前偿付风险(或报酬)、权益价格风险等。一般情况下企业可以比较容易地确定是否转移或保留了金融资产所有权上几乎所有风险和报酬,而不需要通过计算确定。以下情形表明企业已将金融资产所有权上几乎所有风险和报酬转移给了转入方:①企业无条件出售金融资产;②企业出售金融资产,同时约定按回购日该金融资产的公允价值回购;③企业出售金融资产,同时与转入方签订看跌或看涨期权合同,且看跌或看涨期权合同为深度价外期权(即到期日之前不大可能行权的期权)。

【例题 9-4】 2×22年3月1日,M公司将其持有的面值为120万元的国债转让给N公司,并向N公司签发看跌期权,约定在出售后的6个月内,N公司可以70万元的价格将国债卖回

M公司。该国债信用等级高,预计未来6个月内市场利率将维持稳定,M公司分析认为该看跌期权属于深度价外期权。在此情况下,M公司应终止确认被转移的国债。

企业需要通过计算判断是否转移或保留了金融资产所有权上几乎所有风险和报酬的,在计算金融资产未来现金流量净现值时,应考虑合理、可能的现金流量变动,采用适当的市场利率作为折现率,并采用概率加权平均方法。

(2)企业保留了金融资产所有权上几乎所有风险和报酬的,应当继续确认该金融资产。

以下情况表明企业保留了金融资产所有权上几乎所有风险和报酬:

①企业出售金融资产并与转入方签订了回购协议,协议规定企业将按照固定回购价格或是按照原价加上合理的资金成本向转入方回购原被转移金融资产或者与售出的金融资产相同或实质上相同的金融资产。如采用买断式回购、质押式回购交易卖出债券等。

②企业融出证券或进行证券出借。如证券公司将自身持有的证券借给客户,合同约定借出期限和出借费率,到期客户需要归还相同数量的同种证券,并向证券公司支付出借费用。

③企业出售金融资产并附有将市场风险敞口转回给企业的总回报互换。如企业出售了一项金融资产,并与转入方达成一项总回报互换协议,约定转入方将该资产实际产生的现金流量支付给企业以换取固定付款额或浮动利率付款额,该项资产公允价值的所有增减变动由企业(转出方)承担,从而使企业保留了该金融资产所有权上的几乎所有的风险和报酬。

④企业出售短期应收款项或信贷资产,并且全额补偿转入方可能因被转移金融资产发生的信用损失。如企业通过持有次级权益或承诺对特定现金流量进行担保,实现对证券化资产的信用增级,如果这种信用增级使企业保留了被转移资产所有权上几乎所有的风险和报酬,那么企业就不应当终止确认该金融资产。

⑤企业出售金融资产,同时向转入方签订看跌或看涨期权合同,且该看跌或看涨期权合同为一项重大价内期权(即到期日之前很可能行权的期权)。由于企业保留了该项金融资产所有权上几乎所有风险和报酬,因此不应当终止确认该金融资产。

⑥采用附追索权方式出售金融资产。

(3)企业既没有转移也没有保留金融资产所有权上几乎所有风险和报酬的,应当判断其是否保留了对金融资产的控制,根据是否保留了控制分别进行处理。

(六)分析企业是否保留了控制

企业既没有转移也没有保留金融资产所有权上几乎所有风险和报酬的,如果企业没有保留对金融资产的控制,则应当终止确认金融资产,反之,则应当按照其继续涉入被转移金融资产的程度确认有关金融资产,并相应确认有关负债。

这里的"控制",主要是关注转入方出售被转移金融资产的实际能力。如果转入方有实际能力单方面决定将转入的金融资产整体出售给与其不相关的第三方,且没有额外条件对此项出售加以限制,则企业作为转出方未保留对被转移金融资产的控制;除此之外的其他情况,应视为企业保留了对金融资产的控制。

如果企业对金融资产的继续涉入仅限于金融资产的一部分,则企业应当按照转移日因继续涉入而继续确认部分和不再确认部分的相对公允价值,在两者之间分配金融资产的原账面价值,并按其继续涉入被转移金融资产的部分确认有关金融资产,并相应确认有关负债。

上述金融资产终止确认的判断流程如图9-1所示。

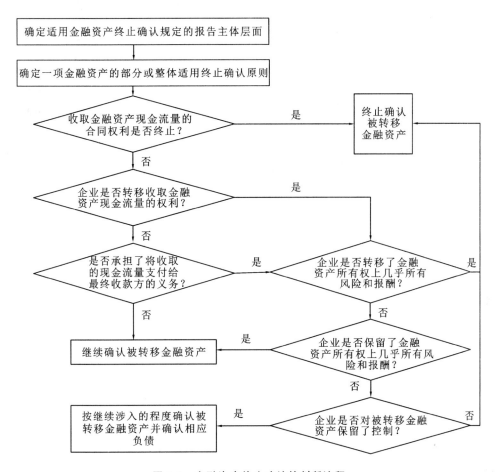

图 9-1 金融资产终止确认的判断流程

第三节 金融资产转移的会计处理

一、满足终止确认条件的金融资产转移的会计处理

(一)金融资产整体转移满足终止确认条件的会计处理

金融资产整体转移满足终止确认条件的,应当将以下两项金额的差额计入当期损益:
(1)被转移金融资产在终止确认日的账面价值;
(2)因转移金融资产而收到的对价,与原直接计入其他综合收益的公允价值变动累计额中对应终止确认部分的金额(涉及转移的金融资产为分类为以公允价值计量且其变动计入其他综合收益的金融资产的情形)之和。

具体计算公式如下:
①金融资产整体转移形成的损益＝因转移收到的对价－所转移金融资产账面价值±原直接计入其他综合收益的公允价值变动累计利得(损失)。

②因转移收到的对价＝因转移交易实际收到的价款＋新获得金融资产的公允价值＋因转移获得的服务资产的价值－新承担金融负债的公允价值－因转移承担金融负债的公允价值。

【例题9-5】 20×8年1月1日,M公司将持有乙公司的债券出售给N公司,经协商出售价格为361万元,20×7年12月31日该债券公允价值为358万元。20×7年1月1日M公司在取得该债券投资时,将其分类为以公允价值计量且其变动计入其他综合收益的金融资产,原取得成本为351万元。

【分析】 假设M公司和N公司在协议中约定,出售后该债券发生的所有损失均由N公司承担,则M公司此时可终止确认该金融资产。M公司出售该债券形成的收益为10万元(361万元－358万元＋7万元)。

M公司出售该债券时账务处理如下:

借:银行存款　　　　　　　　　　　　　　　　　3 610 000
　贷:其他债权投资　　　　　　　　　　　　　　　　　3 580 000
　　　投资收益　　　　　　　　　　　　　　　　　　　　30 000

同时,将原计入其他综合收益的公允价值变动转出:

借:其他综合收益——公允价值变动　　　　　　　70 000
　贷:投资收益　　　　　　　　　　　　　　　　　　　　70 000

【例题9-6】 20×8年7月7日,M公司将其作为其他权益工具投资核算的一只股票以800万元卖给N公司。该项投资的账面价值为700万元(其中,"其他权益工具投资——成本"账户借方余额为500万元;"其他权益工具投资——公允价值"账户借方余额为200万元)。

出售时M公司向N公司购入了一份欧式看涨期权,期权的公允价值(时间价值)为50万元,约定行权日为20×8年12月31日,行权价格为1 000万元。预计该股票在行权日的公允价值为900万元。

【分析】 假设M公司判断该期权为重大价外期权,则M公司终止确认该金融资产。M公司出售该债券时账务处理如下:

借:银行存款　　　　　　　　　　　　　　　　　8 000 000
　　衍生工具——看涨期权　　　　　　　　　　　　500 000
　贷:其他债权投资——成本　　　　　　　　　　　　　4 000 000
　　　其他债权投资——公允价值变动　　　　　　　　　3 000 000
　　　投资收益　　　　　　　　　　　　　　　　　　　1 500 000

同时,将原计入其他综合收益的公允价值变动转出:

借:其他综合收益——公允价值变动　　　　　　2 000 000
　贷:投资收益　　　　　　　　　　　　　　　　　　　2 000 000

(二)金融资产部分转移满足终止确认条件的会计处理

企业转移了金融资产的一部分,且该被转移部分整体满足终止确认条件的,应当将转移前金融资产整体的账面价值,在终止确认部分和继续确认部分(在此情况下,所保留的服务资产应当视同继续确认金融资产的一部分)之间,按照转移日各自的相对公允价值进行分摊,并将下列两项金额的差额计入当期损益:

(1)终止确认部分在终止确认日的账面价值;

(2)终止确认部分收到的对价,与原直接计入其他综合收益的公允价值变动累计额中对应终止确认部分的金额(涉及部分转移的金融资产为分类为以公允价值计量且其变动计入其他综合收益的金融资产的情形)之和。

对于继续确认部分的公允价值,企业应当遵循下列规定确认:

(1)企业出售过与继续确认部分类似的金融资产,或继续确认部分存在其他市场交易的,近期实际交易价格可作为其公允价值的最佳估计。

(2)继续确认部分没有报价或近期没有市场交易的,其公允价值的最佳估计为转移前金融资产整体的公允价值扣除终止确认部分的对价后的差额。

在计量终止确认部分和继续确认部分的公允价值时,除适用上述规定外,还适用《企业会计准则第39号——公允价值计量》相关规定。

【例题9-7】 甲公司将一笔贷款的70%的收益转让给乙公司。该笔贷款账面价值为200万元,公允价值为220万元,甲公司收到对价款160万元。甲公司继受贷款合同中的债权债务关系,没有追索权。假定不存在其他服务性资产或负债。

【分析】 由于合同的法律关系(即其中的风险和报酬)已经转移,因此,金融资产的部分转移符合终止确认的条件。对贷款的账面价值进行摊销,已转移部分的账面价值的70%应予注销。甲公司的账务处理如下:

借:存放中央银行款项　　　　　　　　　　　　　　1 600 000
　　贷:贷款　　　　　　　　　　　　　　　　　　　　　　　1 400 000
　　　　贷款处置损益　　　　　　　　　　　　　　　　　　　　200 000

二、继续确认被转移金融资产的会计处理

企业保留了被转移金融资产所有权上几乎所有的风险和报酬的,表明企业所转移金融资产不满足终止确认条件,不应当将其从企业的资产负债表中转出。此时,企业应当继续确认被转移金融资产整体,对因资产转移而收到的对价应当在收到时确认为一项负债。需要注意的是,该金融负债和被转移金融资产应当分别确认和计量,不得相互抵销。在后续会计期间,企业应当继续确认该金融资产产生的收入和利得以及该金融负债产生的费用或损失。

【例题9-8】 20×8年5月1日,甲公司将其持有的一笔国债出售给乙公司,售价为40万元人民币。同时,甲公司与乙公司签订了一项回购协议,3个月后由甲公司将该笔国债购回,回购价为40.25万元。20×8年8月1日,甲公司将该笔国债购回。不考虑其他因素,甲公司应做如下账务处理:

(1)判断应否终止确认。由于此项出售属于附回购协议的金融资产出售,到期后甲公司应按固定价格将该笔国债购回,因此可以判断,甲公司保留了该笔国债几乎所有的风险和报酬,不应终止确认,该笔国债应按转移前的计量方法继续进行后续计量。

(2)20×8年5月1日,甲公司出售该笔国债时:

借:银行存款　　　　　　　　　　　　　　　　　　400 000
　　贷:卖出回购金融资产款　　　　　　　　　　　　　　　　400 000

(3)20×8年7月31日,甲公司应按根据未来回购价款计算的该卖出回购金融资产款的实际利率计算并确认有关利息费用,计算得出该卖出回购金融资产的实际利率为2.5%。卖出回购国债的利息费用=400 000元×2.5%×3/12=2 500元。

借:利息支出　　　　　　　　　　　　　　　　　　　　　2 500
　　贷:卖出回购金融资产款　　　　　　　　　　　　　　　　　2 500

(4)20×8年8月1日,甲公司回购时:

借:卖出回购金融资产款　　　　　　　　　　　　　　　　402 500
　　贷:银行存款　　　　　　　　　　　　　　　　　　　　　402 500

该笔国债与该笔卖出回购金融资产款在资产负债表上不应抵销;该笔国债确认的收益,与该笔卖出回购金融资产款产生的利息支出在利润表中不应抵销。

三、继续涉入被转移金融资产的会计处理

企业既没有转移也没有保留金融资产所有权上几乎所有的风险和报酬,且保留了对金融资产控制的,应当按照其继续涉入被转移金融资产的程度继续确认被转移金融资产,并相应确认相关负债。企业所确认的被转移的金融资产和相关负债,应当反映企业所保留的权利和承担的义务。

企业应当对因继续涉入被转移金融资产形成的有关资产确认相关收益,对继续涉入形成的有关负债确认相关费用。按继续涉入程度继续确认的被转移金融资产应根据所转移金融资产的原性质及其分类,继续列报于资产负债表中的贷款、应收款项等。相关负债应当根据被转移的资产是公允价值计量还是摊余成本计量予以计量:

(1)被转移的金融资产以摊余成本计量的,被转移金融资产和相关负债的账面价值等于企业所保留的权利和义务的摊余成本;

(2)被转移的金融资产以公允价值计量的,被转移金融资产和相关负债的账面价值等于企业所保留的权利和义务按独立基础计量的公允价值。

如果所转移的金融资产以摊余成本计量,确认的相关负债不得指定为以公允价值计量且其变动计入当期损益。

(一)通过对被转移金融资产提供担保的方式继续涉入被转移金融资产

企业通过对被转移金融资产提供担保的方式继续涉入被转移金融资产的,应当在转移日按照金融资产的账面价值和担保金额两者之中的较低者,按继续涉入的程度继续确认被转移资产,同时按照担保金额和担保合同的公允价值之和确认相关负债。这里的担保金额,是指企业所收到的对价中,将可能被要求偿还的最高金额。担保合同的公允价值,通常是指提供担保而收取的费用。

【例题9-9】 甲银行与乙银行签订一笔贷款转让协议,由甲银行将其本金为1 200万元、年利率为10%、贷款期限为10年的组合贷款出售给乙银行,售价为1 100万元。双方约定,由甲银行为该笔贷款提供担保,担保金额为350万元,实际贷款损失超过担保金额的部分由乙银行承担。转移日,该笔贷款(包括担保)的公允价值为1 200万元,其中,担保的公允价值为200万元。甲银行没有保留对该笔贷款的管理服务权。假设该贷款没有市场,乙银行不具备出售该笔贷款的实际能力。

【分析】 由于甲银行既没有转移也没有保留该笔组合贷款所有权上几乎所有的风险和报酬,且保留了对该笔贷款的控制,所以甲银行应当按照继续涉入被转移金融资产的程度继续确认该被转移金融资产,并相应确认相关负债。

由于转移日该笔贷款的账面价值为1 100万元,提供的担保金额为350万元,甲银行应当按照350万元继续确认该笔贷款。由于担保合同的公允价值为200万元,所以甲银行确认相关负债金额为550万元(350万元+200万元)。因此,转移日甲银行应做以下账务处理:

借:存放中央银行款项　　　　　　　　　　　　　12 000 000
　　继续涉入资产　　　　　　　　　　　　　　　 3 500 000
　　贷款处理损益　　　　　　　　　　　　　　　 2 000 000
　贷:贷款　　　　　　　　　　　　　　　　　　　12 000 000
　　继续涉入负债　　　　　　　　　　　　　　　 5 500 000

(二)因持有看涨期权或签出看跌期权而继续涉入以摊余成本计量的被转移金融资产

企业因持有看涨期权或签出看跌期权而继续涉入以摊余成本计量的被转移金融资产的,应当按照其可能回购的被转移金融资产的金额继续确认被转移金融资产,在转移日按照收到的对价确认相关负债。后续期间,对被转移金融资产在期权到期日的摊余成本和相关负债初始确认金额之间的差额,应当采用实际利率法摊销,计入当期损益;同时,调整相关负债的账面价值。相关期权行权的,应当在行权时,将相关负债的账面价值与行权价格之间的差额计入当期损益。

【例题9-10】 M公司持有一笔账面价值(即摊余成本)为150万元的长期债券投资,该债券在公开市场不能交易且不易获得,M公司将其分类为以摊余成本计量的金融资产。20×7年1月1日,M公司以146万元的价格将该笔债券出售给N公司,同时与N公司签订持有一项看涨期权合同,行权日为20×7年12月31日,行权价为155万元。行权日该债券的摊余成本为156万元,公允价值为154万元。

【分析】 M公司收取债券未来现金流量(债券本金和利息)的权利没有终止,而将这项权利转移给了N公司。但是,出售债券所附的看涨期权既不是重大的价内期权也不是重大的价外期权,因此,M公司既没有转移也没有保留该债券所有权上几乎所有的风险和报酬。同时,因债券没有活跃的市场,N公司不拥有出售该债券的实际能力,所以M公司保留了对该债券的控制。因此,M公司应当按照继续涉入程度确认和计量被转移债券。有关计算和账务处理如下:

20×7年1月1日,乙公司应当确认继续涉入形成的负债:

借:银行存款　　　　　　　　　　　　　　　　　1 460 000
　贷:继续涉入负债　　　　　　　　　　　　　　　1 460 000

20×7年1月1日至20×7年12月31日期间,M公司将该负债与行权日债券的摊余成本之间的差额10万元(156万元-146万元)采用实际利率法分期摊销并计入损益,使继续涉入形成的负债在20×7年12月31日的账面价值达到1 560 000元。与此同时,M公司继续以摊余成本计量该债券投资,并且采用实际利率法分期摊销债券行权日的摊余成本与出售日账面价值之间的差额6万元(156万元-150万元),使该债券投资在20×7年12月31日的账面价值达到1 560 000元。

20×7年12月31日,如果N公司行权:

借:继续涉入负债　　　　　　　　　　　　　　　　1 560 000
　　贷:银行存款　　　　　　　　　　　　　　　　　　　1 550 000
　　　　投资收益　　　　　　　　　　　　　　　　　　　　10 000

如果N公司不行权:

借:继续涉入负债　　　　　　　　　　　　　　　　1 560 000
　　贷:债权投资　　　　　　　　　　　　　　　　　　　1 560 000

如果转出方向转入方签出一项看跌期权,其会计处理方法与本例类似。

(三)因持有看涨期权而继续涉入以公允价值计量的被转移金融资产

企业因持有看涨期权而继续涉入以公允价值计量的被转移金融资产的,应当继续按照公允价值计量被转移金融资产,同时按照下列规定计量相关负债:

(1)该期权是价内或平价期权的,应当按照期权的行权价格扣除期权的时间价值后的金额,计量相关负债。

(2)该期权是价外期权的,应当按照被转移金融资产的公允价值扣除期权的时间价值后的金额,计量相关负债。

【例题9-11】20×7年1月1日,M公司向N公司出售一项分类为以公允价值计量且其变动计入其他综合收益的债务工具投资,该金融资产初始入账价值为90万元,出售日的公允价值为115万元。双方签订了一项M公司可以于20×8年12月31日以117万元购回该资产的看涨期权合同。上述交易中,N公司向M公司支付对价110万元。假定N公司没有出售资产的实际能力,即M公司保留了对该资产的控制。具体账务处理如下:

(1)20×7年1月1日,M公司继续按照公允价值确认该金融资产。其在其他综合收益中累计确认的利得为25万元(115万元-90万元)。由于该看涨期权为价外期权(行权价117万元大于转移日资产的公允价值115万元),内在价值为零,M公司收到的对价低于该金融资产公允价值的差额5万元(115万元-110万元)即为期权的时间价值,因此,继续涉入负债的入账价值为110万元(115万元-5万元)。

借:银行存款　　　　　　　　　　　　　　　　　　1 100 000
　　贷:继续涉入负债　　　　　　　　　　　　　　　　　1 100 000
借:其他债权投资　　　　　　　　　　　　　　　　　　250 000
　　贷:其他综合收益　　　　　　　　　　　　　　　　　　250 000

(2)20×7年12月31日,假定资产的公允价值增加为119万元,此时,该期权为价内期权(行权价117万元<119万元),假定此时时间价值为2万元。因此,继续涉入负债变为115万元(117万元-2万元)。账务处理为:

借:其他债权投资　　　　　　　　　　　　　　　　　　40 000
　　其他综合收益　　　　　　　　　　　　　　　　　　10 000
　　贷:继续涉入负债　　　　　　　　　　　　　　　　　　50 000
借:其他债权投资　　　　　　　　　　　　　　　　　　40 000
　　贷:其他综合收益　　　　　　　　　　　　　　　　　　40 000

(3)20×8年12月31日,假定该金融资产的公允价值未发生变动,M公司将以价内行权。

借:继续涉入负债　　　　　　　　　　　　　　　　　1 150 000
　　其他综合收益　　　　　　　　　　　　　　　　　　 20 000
　贷:银行存款　　　　　　　　　　　　　　　　　　　1 170 000

假定资产的公允价值降为116万元,此时,M公司将不会行权,则M公司将终止确认该金融资产和继续涉入的负债,账务处理为:

借:其他综合收益　　　　　　　　　　　　　　　　　　 40 000
　贷:其他债权投资　　　　　　　　　　　　　　　　　　 40 000

(说明:没有行权,因此按转移日的公允价值115万元进行本次调整。)

借:继续涉入负债　　　　　　　　　　　　　　　　　1 150 000
　　其他综合收益　　　　　　　　　　　　　　　　　　240 000
　贷:其他债权投资　　　　　　　　　　　　　　　　　1 190 000
　　　投资收益　　　　　　　　　　　　　　　　　　　 200 000

(四)因签出看跌期权而继续涉入以公允价值计量的被转移金融资产

企业因签出看跌期权而继续涉入以公允价值计量的被转移金融资产的,应当按照该金融资产的公允价值和该期权行权价格两者的较低者,计量继续涉入形成的资产;同时,按照该期权的行权价格与时间价值之和,计量相关负债。也就是说,如果企业签出的一项看跌期权使其不能终止确认被转移金融资产,则企业仍应按继续涉入的程度继续确认该项资产。

由于企业对被转移金融资产公允价值高于期权行权价格的部分不拥有权利,因此,当该金融资产原按照公允价值进行计量时,继续确认该项资产的金额为其公允价值与期权行权价格之间的较低者。

(五)因同时持有看涨期权和签出看跌期权而继续涉入以公允价值计量的被转移金融资产

企业因同时持有看涨期权和签出看跌期权而继续涉入以公允价值计量的被转移金融资产的,应当继续按照公允价值计量被转移金融资产,同时按照下列规定计量相关负债:

(1)该看涨期权是价内或平价期权的,应当按照看涨期权的行权价格和看跌期权的公允价值之和,扣除看涨期权的时间价值后的金额,计量相关负债。

(2)该看涨期权是价外期权的,应当按照被转移金融资产的公允价值和看跌期权的公允价值之和,扣除看涨期权的时间价值后的金额,计量相关负债。

(六)对金融资产的继续涉入仅限于金融资产的一部分

企业对金融资产的继续涉入仅限于金融资产的一部分的,应当根据规定,按照转移日因继续涉入而继续确认部分和不再确认部分的相对公允价值,在两者之间分配金融资产的账面价值,并将下列两项金额的差额计入当期损益:

(1)分配至不再确认部分的账面金额(以转移日为准);

(2)不再确认部分所收到的对价。

如果涉及转移的金融资产为根据《企业会计准则第22号——金融工具确认和计量》第十八条分类为以公允价值计量且其变动计入其他综合收益的金融资产,不再确认部分的金额对应的原计入其他综合收益的公允价值变动累计额应当计入当期损益。

【例题9-12】甲银行持有一组住房抵押贷款,借款方可提前偿付。20×7年1月1日,该组贷款的本金和摊余成本均为10 000万元,票面利率和实际利率均为10%。经批准,甲银行拟将该组贷款转移给某信托机构(以下简称受让方)进行证券化。有关资料如下:

20×7年1月1日,甲银行与受让方签订协议,将该组贷款转移给受让方,并办理有关手续。甲银行收到款项9 115万元,同时保留以下权利:①收取本金1 000万元以及这部分本金按10%的利率所计算确定的利息的权利;②收取以9 000万元为本金、以0.5%为利率所计算确定的利息(超额利差账户)的权利。受让方取得收取该组贷款本金中的9 000万元以及这部分本金按9.5%的利率计算的利息的权利。根据双方签订的协议,如果该组贷款被提前偿付,则偿付金额按1∶9的比例在甲银行和受让方之间进行分配;但是,如果该组贷款发生违约,则违约金额从甲银行拥有的1 000万元贷款本金中扣除,直到扣完为止。

20×7年1月1日,该组贷款的公允价值为10 100万元,0.5%的超额利差账户的公允价值为40万元。

【分析】(1)甲银行转移了该组贷款所有权相关的部分重大风险和报酬(如重大提前偿付风险),但由于设立了次级权益(即内部信用增级),因而也保留了所有权相关的部分重大风险和报酬,并且能够对留存的该部分权益实施控制。根据金融资产转移准则,甲银行应采用继续涉入法对该金融资产转移交易进行会计处理。

(2)甲银行收到9 115万元对价,由两部分构成:一部分是转移的90%贷款及相关利息的对价,即9 090万元(10 100万元×90%)万元;另一部分是因为使保留的权利次级化所取得的对价25万元。此外,由于超额利差账户的公允价值为40万元,因此甲银行的该项金融资产转移交易的信用增级相关的对价为65万元。

假定甲银行无法取得所转移该组贷款的90%和10%部分各自的公允价值,则甲银行所转移该组贷款的90%部分形成的利得=9 090万元－9 000万元=90万元。

(3)甲银行仍保留的贷款部分的账面价值为1 000万元。

(4)甲银行因继续涉入而确认资产的金额,为按双方协议约定的、因信用增级甲银行不能收取的现金流入最大值1 000万元;另外,超额利差账户形成的资产40万元本质上也是继续涉入形成的资产。因继续涉入而确认负债的金额,按因信用增级甲银行不能收取的现金流入最大值1 000万元和信用增级的公允价值总额65万元,合计为1 065万元。

账务处理如下:

(1)90%部分(单位:万元):

借:存放中央银行　　　　　　　　　　　　　　　　9 090
　　贷:贷款　　　　　　　　　　　　　　　　　　　　　　9 000
　　　　其他业务收入　　　　　　　　　　　　　　　　　　90

(2)10%部分(单位:万元):

借:存放中央银行　　　　　　　　　　　　　　　　25
　　继续涉入资产——次级权益　　　　　　　　　　1 000
　　继续涉入资产——超额账户　　　　　　　　　　40
　　贷:继续涉入负债　　　　　　　　　　　　　　　　　　1 065

(3)金融资产转移后,甲银行应根据收入确认原则,采用实际利率法将信用增级取得的对价65万元分期予以确认。账务处理为:

借:继续涉入负债	650 000	
贷:其他业务收入		650 000

此外,还应在资产负债表日计提减值损失。假设2×18年12月31日,已转移贷款的信用损失为200万元,则甲银行应做如下账务处理:

借:信用减值损失	2 000 000	
贷:继续涉入资产——次级权益		2 000 000

赔付时:

借:继续涉入负债	2 000 000	
贷:存放中央银行款项		2 000 000

复习思考题

1. 如何理解金融资产转移？
2. 金融资产转移的常见方式有哪些？
3. 金融资产转移应设置的会计科目有哪些？
4. 金融资产终止确认的判断流程是怎样的？
5. 继续涉入被转移金融资产的会计处理有哪几种会计处理情形？

练习题

练习一

一、目的:练习金融资产整体转移满足终止确认条件的会计处理。

二、资料:

20×7年7月7日,甲公司将其3个月后到期的应收账款350 000元出售给商业银行,收到款项300 000元。该应收账款无法收回时,该商业银行不能向甲公司追偿。

甲公司根据以往经验估计,该应收账款将发生销售退回金额24 860元,其中不含增值税的价格为22 000元,增值税销项税额为2 860元。所涉及的货物成本为14 300元。实际发生的销售退回由甲公司承担。3个月后甲公司收到客户退回的商品,价款为24 860元。假定不考虑其他因素。

三、要求:为甲公司进行相应的会计处理。

练习二

一、目的:练习金融资产部分转移满足终止确认条件的会计处理。

二、资料:20×7年8月1日,甲银行将一笔贷款80%的收益转让给乙证券公司。该笔贷款账面价值为1 100 000元,公允价值为1 180 000元,甲银行收款900 000元。乙证券公司继受该贷款合同中的债权债务关系,没有追索权。假定不存在其他服务性资产或负债。

三、要求:为甲银行进行相应的会计处理。

练习三

一、目的:练习金融资产转移中保留了几乎所有风险和报酬情形的会计处理。

二、资料:甲证券公司将一笔年利率为3.5%的国债以成交价210 000元出售给乙证券公司,同时签订了6个月后以212 000元回购该批国债的合同。假定该国债的合同利率与实际利率相同。6个月甲证券公司回购该批国债。

三、要求:为甲证券公司进行相应的会计处理。

练习四

一、目的:练习既没有转移也没有保留金融资产所有权上几乎所有的风险和报酬情况的会计处理。

二、资料:20×7年3月1日,甲公司(转出方)签订保理协议,将一组半年后到期的账面价值为6 000 000元的应收账款转让给乙公司,转让价格为5 800 000元,甲公司保留最高30天的迟付风险,需要按照迟付天数支付年化率为5.5%的利息。该迟付风险担保的公允价值为19 000元。逾期30天的应收账款认定为违约,由甲公司向与乙公司无关的某保险公司索赔。该组应收账款没有相应的交易市场。

三、要求:为甲公司进行相应的会计处理。

第十章
外币业务

GAOJI CAIWU KUAIJI

【导读】

本章阐述了外币交易的会计处理和外币财务报表的折算方法。具体包括记账本位币确定、汇率的概念与分类、汇兑损益的形成与确认、外币交易的会计处理方法，以及外币财务报表的折算方法。

【学习重点】

记账本位币的选择、两笔业务观的外币交易会计处理方法、期末外币货币性项目和非货币性项目的调整处理、我国外币财务报表的折算方法。

【学习难点】

期末外币货币性项目和非货币性项目的折算方法、我国外币财务报表折算方法的运用。

第一节 外币业务概述

一、外币及外币交易

(一)外币的概念

外币(foreign currency)的概念有广义和狭义之分。狭义概念的外币是指除了本国货币以外的其他国家或地区的货币；广义概念的外币是指所有以外币表示的能够用于国际结算的支付手段。它常用于企业因贸易、投资等经济业务活动所引起的对外结算业务中。

外汇，是外币资金的总称。按照国际货币基金组织解释，外汇是货币行政管理当局以银行存款、国库券、长短期政府债券等形式保有的在国际收支逆差时可以使用的债权。我国外汇管理暂行条件规定，外汇是指以外币表示的用于国际结算的支付手段以及可用于国际支付的特殊债券和其他货币性资产。其具体包括：①外国货币，包括纸币、铸币；②外币支付凭证，包括票据、银行存款凭证、邮政储蓄凭证等；③外币有价证券，包括政府债券、公司债券、股票等；④特别提款权、欧洲货币单位；⑤其他外汇资产。

(二)外币交易

外币交易(foreign currency transactions)，也称外币业务，是指企业发生的用外币计价或者结算的交易。外币交易包括：①买入或卖出以外币计价的商品或劳务；②借入或借出外币资金；③其他以外币资金来计价或结算的交易；④外币折算业务，即将以某种外币表述的财务报表折算为以另一种货币表述的财务报表。在核算外币业务时，应当设置相应的外币账户，包括外币现金、外币银行存款、以外币结算的债权(如应收票据、应收账款、预付账款)和债务(如短期贷款、应付票据、应付账款、预收账款、应付工资、长期借款等)。外币账户应当与非外币的相同账户分别设置并分别核算。

二、记账本位币的概念及确定因素

(一)记账本位币的概念

记账本位币(functional currency)是指企业经营所处的主要经济环境中的货币。主要经济环境通常是指企业主要的赚取现金和支出现金的环境，使用该环境中的货币最能反映企业的主要交易的经济结果。例如,我国非外向型企业赚取现金和支出现金的环境在国内,因此,通常应选择人民币作为记账本位币。

《中华人民共和国会计法》规定,业务收支是以人民币以外的货币为主的单位,可以选定某一种外币作为记账本位币,但是,编报的财务报表应当折算为人民币。

(二)确定记账本位币应考虑的因素

企业在确定记账本位币时,应考虑以下几个因素:

(1)该货币主要影响商品或劳务的销售价格,通常以该货币进行商品和劳务的计价和结算。

(2)该货币主要影响商品或劳务的人工、材料和其他费用,通常以该货币进行上述费用的计价和结算。

(3)该货币为融资活动获得资金以及保存从经营活动中收取的款项时所使用的货币。

企业在确定记账本位币时,如果因多种因素混合在一起,导致记账本位币不明显,应当优先考虑第(1)项和第(2)项因素,然后再考虑第(3)项因素。

【例题10-1】 甲公司80%以上的营业收入来自对各国的商品出口,其商品销售价格主要受美元影响。所以,甲公司应选择美元作为记账本位币。

【例题10-2】 乙公司原材料采购以欧元结算,且融资获得的大部分运营资金也是以欧元计价的,那么,乙公司应选择欧元作为记账本位币。

(三)境外经营的概念及其记账本位币确定

1. 境外经营的概念

境外经营包括以下两种情况:①企业在境外的子公司、合营企业、联营企业、分支机构,属于境外经营;②企业在境内的子公司、合营企业、联营企业、分支机构,其选定的记账本位币不同于企业的记账本位币,也视为境外经营。

2. 境外经营记账本位币的确定因素

除了需考虑上述企业确定记账本位币应考虑的因素外,境外经营在确定记账本位币时,还应考虑以下四个因素:

(1)境外经营所从事的活动是否独立于企业、具有很强的自主性。如果境外经营所从事的活动可以视为企业经营活动的扩展延伸,构成企业经营活动的组成部分,则应选择与企业相同的记账本位币;如果其具有很强的自主性,则该境外经营可以根据自身所处的主要经济环境来确定其记账本位币。

(2)境外经营活动中与企业的交易是否占有较大比重。如果境外经营与企业的交易占境外经营活动比例过大,应选择与企业相同的记账本位币;否则,可以根据自身所处的主要经济环境来确定记账本位币。

(3)境外经营活动所产生的现金流量是否直接影响企业、是否可以随时汇回。如果境外经营产生的现金流量能够直接影响企业,并且可以随时汇回,则应该选择和企业相同的记账本位币;否则,可以根据自身所处的主要经济环境来确定记账本位币。

(4)境外经营活动产生的现金流量是否足以偿还现有债务和可预期的债务。在企业不提供资金支持的情况下,境外经营如果难以偿还现有债务和可预期的债务,则应该选择和企业相同的记账本位币;否则,可以根据自身所处的主要经济环境来确定记账本位币。

三、记账本位币的变更

企业的记账本位币一经确定,不得随意变更,除非企业经营所处的主要经济环境发生了重大变化,确需变更记账本位币。企业经营所处的主要经济环境发生重大变化,通常是指企业主要收入和支出现金的环境发生了重大变化,使用该环境中的货币最能反映企业主要交易业务的经济结果。

因经营所处的主要经济环境发生重大变化确需变更记账本位币时,企业应当按照变更日的即期汇率将所有项目折算为变更后的记账本位币,折算后的金额作为新的记账本位币的历史成本。由于采用了同一即期汇率进行折算,不会产生汇兑损益。

企业记账本位币发生变更的,其比较财务报表应当以可比当日的即期汇率折算所有资产负债表和利润表项目。

第二节 汇率和汇兑损益

一、汇率

汇率,即外汇牌价,是一国货币折算成另一国货币的比率或价格。外汇是一种特殊商品,它可以进行买卖,汇率就表现为外汇买卖的价格,因此,汇率有时也称为汇价。

(一)汇率的表示方法

汇率有以下两种表示方法。

1. 直接标价法

直接标价法(direct quoting method)又称应付标价法,是指每单位的外国货币可以兑换成多少本国货币金额的汇率标价方法。世界上大多数国家采用该标价方法。

在该方法下,外币数额是固定不变的,本币的数额变化反映出汇率的升降。汇率上升,一定单位的外币折算的本币会增多,此时外币币值上升,本币币值下降;汇率下降,则一定单位的外币折算的本币会减少,此时外币币值下降,本币币值上升。

中国人民银行的外汇牌价有买入价、中间价和卖出价。买入价指银行买入其他货币的价格,卖出价指银行出售其他货币的价格,中间价指银行买入价与卖出价的平均价。买入价与卖出价之间的差额,即为银行经营外汇业务的毛利。

2. 间接标价法

间接标价法(indirect quoting method)是以一定单位的本国货币可以兑换多少单位的外国货币作为计价标准的汇率标价方法。该法被部分国家采用,如美国、英国等。

在该方法下,本币数额是固定不变的,外币的数额变化反映出汇率的升降。汇率上升,一定单位的本币折算的外币会增多,此时本币币值上升,外币币值下降;汇率下降,则一定单位的本币折算的外币会减少,此时本币币值下降,外币币值上升。

(二)汇率的分类

1. 即期汇率

即期汇率(spot rate)是指立即交付所兑换的货币适用的汇率。即期汇率是相对于远期汇率而言的。为了方便核算,我国企业用于记账的即期汇率一般指当日中国人民银行公布的人民币汇率的中间价,即买入价和卖出价的平均价。但是,在企业发生单纯的货币兑换或涉及货币兑换的交易时,中间价无法反映出货币买卖的损益情况,应当使用交易实际采用的汇率来核算,即以买入价和卖出价来核算。

2. 即期汇率的近似汇率

即期汇率的近似汇率是指按照系统合理的方法确定的、与交易发生日即期汇率近似的汇率,通常是指当期平均汇率或加权平均汇率等。

企业在处理外币交易和对外币财务报表进行折算时,通常应当采用交易发生日的即期汇率将外币金额折算为记账本位币金额;汇率变动不大的,为了方便核算,也可以采用即期汇率的近似汇率进行核算。但是,前后各期不得随意变动。

3. 远期汇率

远期汇率(forward rate)是指在未来某一日交付时的结算价格。利率差别通常是决定远期汇率高低的重要因素。因为倘若存在利息收入差别,外汇交易者就会从事套利活动(即如果利率差别超过汇率差别,他们就会卖出一种货币而换成另一种货币,然后在后一种货币上进行投资),其结果是利率或汇率达到一个均衡点。

4. 现行汇率

现行汇率(current rate),又称期末汇率,是资产负债表日的即期汇率。

5. 历史汇率

历史汇率(historical rate),是具体事件和交易实际发生当天的即期汇率。

6. 平均汇率

平均汇率(average rate),是会计上为了处理简便,而将现行汇率和历史汇率进行了简单或加权平均后得到的汇率,一般用于利润表项目的折算。

二、汇兑损益

汇兑损益是指,发生的外币业务折算为记账本位币时,由于业务发生的时间不同,所采用的汇率不同而产生的记账本位币的差额;或者是不同货币兑换时,由于两种货币采用的汇率不同而产生的折算为记账本位币的差额。它给企业带来损失或收益,也是衡量企业外汇风险的一个指标。

(一)汇兑损益的分类

1. 按形成原因分类

(1)调整损益,是指在会计期末将所有债权、债务和外币货币资金账户,按规定的汇率进行调整时产生的汇兑损益。

(2)兑换损益,是指在发生外币与记账本位币,或一种外币与另一种外币进行兑换时产生的汇兑损益。

(3)交易损益,是指在发生以外币计价或结算的商品交易中,因收回或偿付债权、债务而产生的汇兑损益。

(4)折算损益,是指在会计期末,为了编制合并财务报表或为了重新表述会计记录和财务报表金额,而把按外币计量的金额转化为按记账本位币计量的金额的过程中产生的汇兑损益。

2.按是否在本期实现分类

(1)已实现的汇兑损益:产生汇兑损益的外币业务在报表编制日前已经完成结算,汇兑损益已经最终确认。

(2)未实现的汇兑损益:产生汇兑损益的外币业务在报表编制日前尚未完成结算,汇兑损益金额未能最终确定。

汇兑损益分类的关系见图10-1。

图10-1 汇兑损益分类的关系

(二)汇兑损益的确认

由于汇兑损益要作为财务费用计入期间费用,因而汇兑损益的确认问题直接影响企业损益的计算和纳税。对于汇兑损益的确认,存在两种不同的观点,对应以下两种方法。

1.当期确认法

当期确认法,即将"未实现的汇兑损益"计入当期损益。采用该种方法的理论认为:按照权责发生制原则,在持续经营条件下,企业必须分期确定损益。如果某笔外币交易发生日和结算日分别属于两个不同的会计期间,则在报表编制日和结算日的汇率变动对该外币交易形成的外币账户的影响将分别属于前后两个会计期间,因而,为了如实反映汇率变动对两个会计期间的影响,企业应该在每期期末按期末汇率将外币账户的外币金额调整为记账本位币金额,并在当期确认汇兑损益;在交易结算日,再确认由上一个期间末至结算日之间的汇率变动形成的汇兑损益。这样就反映了汇率变动分别影响两个会计期间的事实。

2.递延法

递延法,即将"未实现的汇兑损益"记入"递延汇兑损益"账户,递延到以后各期,待外币交易结算时,再将递延汇兑损益转入当期。主张采用递延汇兑损益的理由是:汇率有升有降,在上一期确认和计量的"未实现的汇兑损益",在本期并不一定会完全实现,因此在上一会计期间按期末汇率折算而产生的"未实现的汇兑损益"就不应计入当期损益,而应该递延至下一个会计期间的结算日再确认。

目前,在我国会计实务中,对于调整损益大多数企业采用的是当期确认法,而对于外币报表折算损益则先做递延处理,待处理境外经营时再计入当期损益。

(三)汇兑损益的处理

我国会计准则规定,在资产负债表日,企业应当分别以外币货币性项目和外币非货币性项目进行会计处理。

对于外币货币性项目,因结算或采用资产负债表日的即期汇率折算而产生的汇兑损益,计入当期损益,同时调增或调减外币货币性项目的记账本位币金额。

外币非货币性项目,是指货币性项目以外的项目,包括存货、长期股权投资、固定资产、无形资产等。

(1)以历史成本计量的外币非货币性项目,由于已在交易发生日按当日即期汇率折算,资产负债表日不应改变其原记账本位币金额,不产生汇兑损益。

(2)以公允价值计量的外币非货币性项目,如交易性金融资产(股票、基金等),采用公允价值确定日的即期汇率折算,折算后的记账本位币金额与原记账本位币金额的差额,作为公允价值变动(含汇率变动)处理,计入当期损益。

企业收到投资者以外币投入的资本,应当采用交易发生日即期汇率折算,不得采用合同约定汇率和即期汇率的近似汇率折算,外币投入资本与相应的货币性项目的记账本位币金额之间不产生外币资本折算差额。

实质上构成境外经营净投资的外币货币性项目、企业编制合并财务报表涉及境外经营的,如有实质上构成境外经营净投资的外币货币性项目,因汇率变动而产生的汇兑损益,应列入所有者权益"外币报表折算差额"项目;处置境外经营时,计入处置当期损益。

第三节　外币交易的会计处理

一、外币业务的记账方法

外币业务的记账方法有外币统账制和外币分账制两种,企业可以根据实际情况选择。

(一)外币统账制

外币统账制指企业在发生外币交易时,即折算为记账本位币入账。这种方法要求在记录折算成本位币的金额的同时也记录外币的实际金额,即用复币记账法记录外币业务。外币栏采用永续盘存制。外币统账制按折算的汇率不同又分当日汇率法和期初汇率法。

1. 当日汇率法

当日汇率法是指对每笔外币业务均按业务发生当天的市场汇率折算为记账本位币。除了外币兑换业务外,平时不确认汇兑损益,月末再将各外币账户的外币余额按月末汇率折算为记账本位币金额,并确认汇兑损益。这种方法一般适用于外币业务较少的企业。

2. 期初汇率法

期初汇率法是指对每笔业务均在发生时按当期期初(即当月1日)的市场汇率折算为记账本位币。除了外币兑换业务外,平时不确认汇兑损益,月末再将各外币账户的外币余额按月末汇率折算为记账本位币金额,并确认汇兑损益。这种方法一般适用于外币业务较多的企业。

(二)外币分账制

外币分账制指企业在日常核算时按照外币原价记账,月末再将所有原币的发生额按一定的市场汇率折算为记账本位币,并确认汇兑损益。采用这种方法,需要按币种分设账户,分币种核算损益。这种方法减少了日常会计核算的工作量。这种方法适用于外币业务较多的企业。

在我国,大多数企业使用的是外币统账制,只有外币交易频繁、涉及的外币币种较多的银行等金融企业采用外币分账制。

二、外币交易会计处理的两种观点

在外币商品购销交易中,如果货物的交易和款项结算没有同时进行,可能产生汇兑损益,对此类汇兑损益的会计处理方法,目前主要有两种观点,即一笔交易观和两笔交易观。

(一)一笔交易观

一笔交易观认为,以外币结算的购买和销售交易,必须在账款结算之日才算完成。商品和劳务的购买和销售只是交易的第一阶段,按交易日汇率折算并记录的销售收入和购买成本只是一个暂记数。交易发生日至结算日,由于汇率变动而出现的汇兑损益,应作为对已入账的营业收入或营业成本的调整。按照这种观点,结算所产生的汇兑损益应调整至原购销业务涉及的营业收入或营业成本等账户,而不应单独确认。

(二)两笔交易观

两笔交易观认为,以外币结算的购买和销售交易,交易的发生和结算应该视为两项独立的交易来处理,外币交易的购买成本和销售收入在转换为记账本位币时,应以交易发生日的汇率计算。发生日和结算日之间的汇率变动,属于财务风险,应反映为企业的财务损益,并与外币兑换交易所产生的损益合在一起,反映在"汇兑损益"账户中,而不应调整购买成本或销售收入。采用这种方法,则汇率波动的影响将以独立的项目反映在利润表中。如果外币交易发生日和结算日跨越两个不同的会计期间,则汇兑损益也将分别属于两个会计期间。

目前世界上绝大多数国家都主张采用两笔交易观。根据我国《企业会计准则第19号——外币折算》,我国外币交易的会计处理也采用两笔交易观。

三、外币交易的会计账务处理

(一)账户设置

在外币统账制下,不需要单独设置一级科目来核算外币交易,只需要在相应的一级科目下设置二级科目,例如在"银行存款""应收账款"等科目下设置二级科目"美元户"来反映这些一级科目中以美元计价的交易金额。因汇率变动对损益产生的影响,应在"财务费用"科目下设置二级科目"汇兑损益"予以反映。

(二)会计核算的基本程序

(1)在交易发生时,将外币金额按照交易日的即期汇率或即期汇率的近似汇率折算为记账本位币金额,按照折算后的记账本位币金额登记有关账户。在登记有关记账本位币账户的同时,按照外币金额登记相应的外币账户(复币记账法)。

(2)期末对外币项目的余额进行调整。

(三)常见外币交易的会计处理

1. 外币兑换业务

外币兑换业务,是指企业从银行买入外币或将外币卖给银行以及将一种外币兑换为另一种外币的经济业务。

(1)购汇业务。这时企业按交易当天的即期汇率或按系统合理方法确定的即期汇率的近似汇率折合人民币金额,借记"银行存款——外币户"科目;按实际付出的人民币金额贷记"银行存款——人民币"科目;按两者之差记入"财务费用——汇兑损益"科目。

【例题 10-3】 甲公司记账本位币为人民币,外币交易采用交易日即期汇率折算,20×5年5月5日,从银行购入10 000欧元,银行当日的卖出价为1欧元＝6.991 0元人民币,当日中国人民银行公布的外汇中间价为1欧元＝6.970 6元人民币。其会计分录如下:

借:银行存款——欧元　　(10 000×6.970 6)　　　　69 706
　　财务费用——汇兑损益　　　　　　　　　　　　　　204
　贷:银行存款——人民币　　(10 000×6.991 0)　　　　69 910

(2)结汇业务。这时企业按实际收到的人民币借记"银行存款——人民币"科目;按交易当天的即期汇率或按系统合理方法确定的即期汇率的近似汇率折合人民币金额,贷记"银行存款——外币户"科目;按两者之差记入"财务费用——汇兑损益"科目。

【例题 10-4】 甲公司记账本位币为人民币,外币交易采用交易日即期汇率折算,20×5年5月5日,将10 000欧元在银行兑换为人民币,银行当日的买入价为1欧元＝6.950 2元人民币,当日中国人民银行公布的外汇中间价为1欧元＝6.970 6元人民币。其会计分录如下:

借:银行存款——人民币　　(10 000×6.950 2)　　　　69 502
　　财务费用——汇兑损益　　　　　　　　　　　　　　204
　贷:银行存款——欧元　　(10 000×6.970 6)　　　　69 706

2. 外币借款业务

在外币借款业务情况下,企业应将借入的外币按当日即期汇率折算为记账本位币入账。

【例题 10-5】 江城公司记账本位币为人民币,外币交易采用交易日即期汇率折算。20×5年7月1日该公司从中国工商银行借12 000欧元,期限为1年,年利率为5%。借款当日的即期汇率为1欧元＝6.970 6元人民币,20×5年12月31日的即期汇率为1欧元＝6.960 6元人民币,20×6年7月1日还款时的即期汇率为1欧元＝6.965 6元人民币。其会计分录如下:

(1)借入款项时:
借:银行存款——欧元　　(12 000×6.970 6)　　　　83 647.20
　贷:短期借款——欧元　　　　　　　　　　　　　　83 647.20

(2)20×5年12月31日,计提半年利息:
应付利息＝(12 000×5%×6÷12×6.960 6)元＝2 088.18元。
借:财务费用——利息支出　　　　　　　　　　　　2 088.18
　贷:应付利息——欧元　　　　　　　　　　　　　　2 088.18

(3)20×5年12月31日,计算由于汇率变动所形成的汇兑损益,做会计分录:
借:短期借款——欧元　　((6.970 6－6.960 6)×12 000)　　120
　贷:财务费用——汇兑损益　　　　　　　　　　　　120

(4)20×6年7月1日,计算利息如下:
利息总额＝(12 000×5%×6.965 6)元＝4 179.36元。

20×6年上半年的应付利息=(12 000×5‰×6÷12×6.965 6)元=2 089.68元。

20×5年下半年应付利息由于汇率变动所形成的汇兑损益=[12 000×5‰×6÷12×(6.965 6−6.960 6)]元=1.5元。

　　借：应付利息——欧元　　　　　　　　　　　2 088.18
　　　　财务费用——利息支出　　　　　　　　　2 089.68
　　　　财务费用——汇兑损益　　　　　　　　　　　1.50
　　　贷：银行存款　　　　　　　　　　　　　　　　　　　4 179.36

(5) 20×6年7月1日,归还本金：

　　借：短期借款——欧元　(12 000×6.965 6)　83 587.20
　　　贷：银行存款——欧元　(12 000×6.965 6)　　　　83 587.20

(6) 以上"短期借款——欧元"账户的借贷人民币差额需要在期末予以调整：

　　借：财务费用——汇兑损益　　　　　　　　　　　60
　　　贷：短期借款——欧元　　　　　　　　　　　　　　60

3. 接受投资

企业收到投资者以外币投入的资本,应该采用交易发生日的即期汇率折算,不得采用合同约定汇率和即期汇率的近似汇率折算。此时,外币投入资本与相应的货币性项目的记账本位币金额相等,不会产生外币资本折算差额。

【例题 10-6】 甲公司以人民币为记账本位币,2×21年1月1日,欧洲的乙公司向甲公司出资5 000 000欧元,占了甲公司注册资本的25%。乙公司的出资款项分为两笔转入甲公司账户。合同约定汇率为1欧元=7.4元人民币,当日的即期汇率为1欧元=7.2元人民币。2×21年1月20日,甲公司收到乙公司第一笔汇款2 000 000欧元,当日的即期汇率为1欧元=7.3元人民币；2×21年2月1日,甲公司收到乙公司的第二笔汇款3 000 000欧元,当日即期汇率为1欧元=7.25元人民币。

甲公司收到出资时的账务处理如下：

(1) 收到第一笔汇款时：

　　借：银行存款——欧元户　(2 000 000×7.3)　14 600 000
　　　贷：实收资本——欧元户　　　　　　　　　　　　14 600 000

(2) 收到第二笔汇款时：

　　借：银行存款——欧元户　(3 000 000×7.25)　21 750 000
　　　贷：实收资本——欧元户　　　　　　　　　　　　21 750 000

4. 外币结算的购销业务

(1) 购入业务。

企业发生外币交易的,应在初始确认时采用交易发生日的即期汇率将外币金额折算为记账本位币金额；此外,也可以采用按照系统合理的方法确定的即期汇率的近似汇率进行折算。

【例题 10-7】 A公司以人民币为记账本位币,对外币交易采用交易日的即期汇率来进行折算。2×25年6月1日,A公司从境外B公司处购入不需安装的机器设备一台,设备价款为15 000美元,购入机器设备当日的即期汇率为1美元=6.50元人民币,适用的增值税税率为13%,设备账款尚未支付,增值税以银行存款支付。2×25年11月1日,该公司为偿付该货款向银行购入外汇,当天即期汇率为1美元=6.62元人民币,银行美元的卖出汇率为1美元=6.70元人民币。

(1)购入时,A公司应编制以下分录:

借:固定资产　　　　　　　　　　　　　　　　　　　　97 500
　　应交税费——应交增值税(进项税额)　　　　　　　　12 675
　　贷:应付账款——美元户　(15 000×6.50)　　　　　　　　97 500
　　　　银行存款　　　　　　　　　　　　　　　　　　　　12 675

(2)买入外汇付款时,A公司应编制以下分录:

借:应付账款——美元户　(15 000×6.62)　　　　　　　　99 300
　　财务费用——汇兑损益　　　　　　　　　　　　　　　1 200
　　贷:银行存款——人民币户　(15 000×6.70)　　　　　　100 500

(3)上述"应付账款——美元户"借贷差额需要进行期末调整:

借:财务费用——汇兑损益　　　　　　　　　　　　　　　1 800
　　贷:应付账款——美元户　　　　　　　　　　　　　　　1 800

(2)销售业务。

【例题10-8】 A公司以人民币为记账本位币,对外币交易采用交易日的即期汇率来进行折算。2×25年6月1日,A公司向境外B公司销售产品一批,价款为25 000美元,销售当日的即期汇率为1美元=6.50元人民币。2×25年7月1日,该公司收到外汇价款并结售给银行,当天即期汇率为1美元=6.62元人民币,银行美元的买入汇率为1美元=6.55元人民币。不考虑增值税。

(1)6月1日销售产品时,A公司应编制以下分录:

借:应收账款——美元户　(25 000×6.50)　　　　　　　162 500
　　贷:主营业务收入　　　　　　　　　　　　　　　　　162 500

(2)7月1日收到货款并结售给银行时,A公司应编制以下分录:

借:银行存款——美元户　(25 000×6.55)　　　　　　　163 750
　　财务费用——汇兑损益　　　　　　　　　　　　　　　1 750
　　贷:应收账款——美元户　(25 000×6.62)　　　　　　165 500

(3)上述"应收账款——美元户"借贷差额需要期末调整:

借:应收账款——美元户　　　　　　　　　　　　　　　3 000
　　贷:财务费用——汇兑损益　　　　　　　　　　　　　3 000

5.期末调整或结算

期末处理时,企业应当分外币货币性项目和外币非货币性项目进行处理。

1)货币性项目

外币货币性项目,是指企业持有的货币资金和将以固定或可确定的金额收取的资产或者偿付的负债。货币性项目分为货币性资产和货币性负债。货币性资产包括库存现金、银行存款、应收账款、其他应收款、长期应收款等;货币性负债包括短期借款、应付账款、其他应付款、长期借款、应付债券、长期应付款等。需注意,预收账款和预付账款不属于货币型项目。

期末时,要将外币货币性项目的外币金额以当日即期汇率折算为记账本位币,该项目因当日即期汇率不同于该项目初始入账时或前一期末即期汇率而产生的汇率差额记入"财务费用——汇兑损益"等科目。期末外币货币性项目的调整步骤如下:

① 计算外币货币性项目外币余额:

外币余额＝期初外币余额＋本期增加外币发生额－本期减少外币发生额

② 用外币余额乘以资产负债表日即期汇率计算该项目期末记账本位币应有余额:

期末记账本位币应有余额＝期末外币余额×资产负债表日即期汇率

③ 计算期末记账本位币应有余额与原账面记账本位币余额的差额,即该项目期末调整形成的汇兑损益:

汇兑损益＝期末记账本位币应有余额－原账面记账本位币余额

【例题 10-9】 A公司2×25年12月外币货币性账户余额增减变化如表10-1、表10-2所示。资产负债表日即期汇率为1美元＝6.52元人民币。请为该企业进行期末外币账户余额调整。

表 10-1 银行存款

日期	摘要	借方			贷方			余额		
		美元	汇率	人民币	美元	汇率	人民币	美元	汇率	人民币
12月1日	余额							1 000	6.50	6 500
12月10日		1 500	6.52	9 780				2 500		16 280
12月25日					900	6.53	5 877	1 600		10 403
12月31日	调整数									?
12月31日	余额							1 600	6.52	10 432

表 10-2 应收账款

日期	摘要	借方			贷方			余额		
		美元	汇率	人民币	美元	汇率	人民币	美元	汇率	人民币
12月1日	余额							1 200	6.50	7 800
12月5日		1 300	6.51	8 463				2 500		16 263
12月15日					2 500	6.53	16 325	0		−62
12月31日	调整数									?
12月31日	余额							0	6.52	0

银行存款应调整金额＝(1 600×6.52－10 403)元＝29元。

应收账款应调整金额＝0×6.52－(−62元)＝62元。

在12月31日,外币账户调整处理如下:

借:银行存款——美元户　　　　　　　　　　　　　　　29
　　应收账款——美元户　　　　　　　　　　　　　　　62
　贷:财务费用——汇兑损益　　　　　　　　　　　　　 91

需注意,结算符合资本化条件的外币"应付利息"科目产生的汇兑损益应记入"在建工程"等科目;企业为购建或生产符合资本化条件的资产而借入的专门借款为外币借款时,在借款费用资本化期间内,由于外币借款在取得日、使用日及结算日的汇率不同而产生的汇兑损益,应当予以资本化,计入在建工程、研发支出等。

2)非货币性项目

非货币性项目指的是货币性项目以外的项目,如预收账款、预付账款、合同负债、存货、长期股权投资、交易性金融资产(股票、基金)、固定资产、无形资产等。

(1)对于以历史成本计量的外币非货币性项目,已在交易发生日按当日即期汇率折算,资产负债表日不应改变其原记账本位币金额,不产生汇兑损益。

(2)以成本与可变现净值孰低进行期末计量的存货,如果其可变现净值以外币确定,则在确定存货的期末价值时,应先将存货的可变现净值折算为记账本位币,再与以记账本位币反映的存货成本进行比较。

【例题10-10】 P公司以人民币为记账本位币,20×3年4月1日,从澳大利亚购入商品45 000件,每件价格为4 000澳元,当日的即期汇率为1澳元=4.50元人民币。20×3年12月31日,尚存有1 000件商品未销售,该商品在国际市场的定价降至3 500澳元,当日的即期汇率为1澳元=4.00元人民币。假定不考虑相关税费的影响。

(1)20×3年4月1日,购入商品时:

借:库存商品　　(45 000×4 000×4.50)　　　　　　810 000 000
　　贷:银行存款　　　　　　　　　　　　　　　　　　　　　　810 000 000

(2)20×3年12月31日,计提存货跌价准备:

(1 000×4 000×4.50)元人民币－(1 000×3 500×4.00)元人民币=4 000 000元人民币

借:资产减值损失　　　　　　　　　　　　　　　　4 000 000
　　贷:存货跌价准备　　　　　　　　　　　　　　　　　　　　4 000 000

(3)对于以公允价值计量的股票、基金等非货币性项目,如果期末的公允价值以外币反映,则应当先将该外币按照公允价值确定当日的即期汇率折算为记账本位币金额,再与原记账本位币金额进行比较,其差额作为公允价值变动损益,计入当期损益。

【例题10-11】 Q公司以人民币为记账本位币,20×6年11月10日,Q公司以每股1.50美元的价格购入M公司B股20 000股作为交易性金融资产,当日的即期汇率为1美元=6.50元人民币,款项已支付。20×6年12月31日,M公司B股市价变为每股1.20美元,当日的即期汇率为1美元=6.30元人民币。20×7年2月1日,Q公司将持有的M公司B股以每股1.40美元的价格全部售出,当日的即期汇率为1美元=6.40元人民币。假定不考虑相关税费的影响。

(1)20×6年11月10日,购入股票时:

借:交易性金融资产——成本　　　　　　　　　　195 000
　　贷:银行存款——美元　　(1.50×20 000×6.50)　　　　195 000

(2)20×6年12月31日,M公司B股市价变动时:

此时,该项交易性金融资产金额为(1.20×20 000×6.30)元人民币=151 200元人民币与原账面价值的差额为(151 200－195 000)元人民币＝－43 800元人民币。

借:公允价值变动损益　　　　　　　　　　　　　43 800
　　贷:交易性金融资产——公允价值变动　　　　　　　　　43 800

(3)20×6年2月1日,售出股票时:

借:银行存款——美元　(1.40×20 000×6.40)　　179 200
　　交易性金融资产——公允价值变动　　　　　　　43 800
　　贷:交易性金融资产——成本　　　　　　　　　　　　195 000
　　　　投资收益　　　　　　　　　　　　　　　　　　　　28 000

同时:

借:投资收益　　　　　　　　　　　　　　　　　43 800
　　贷:公允价值变动损益　　　　　　　　　　　　　　　　43 800

(4)以公允价值计量且其变动计入其他综合收益的外币货币性金融资产形成的汇兑损益,应当计入当期损益;外币非货币性金融资产形成的汇兑损益,与其公允价值变动一并计入其他综合收益。但是采用实际利率法计算的金融资产的外币利息产生的汇兑损益应当计入当期损益;非交易性权益工具投资的外币现金股利产生的汇兑损益,应当计入当期损益。

【例题10-12】　N公司以人民币为记账本位币,20×5年1月1日以30 000美元购入M公司的股票10 000股,指定为以公允价值计量且变动计入其他综合收益的金融资产,当日的即期汇率为1美元＝6.35元人民币。20×5年12月31日,由于市价变动,M公司股票变为每股4美元,当日的即期汇率为1美元＝6.45元人民币。

(1)20×5年1月1日,购入股票时:

借:其他权益工具投资　　(30 000×6.35)　　　　190 500
　　贷:银行存款——美元　　　　　　　　　　　　　　　190 500

(2)20×5年12月31日,该投资价值变动为(10 000×4×6.45－30 000×6.35)元人民币＝67 500元人民币,该变动即包括公允价值变动,也包括汇率变动。

借:其他权益工具投资　　　　　　　　　　　　　67 500
　　贷:其他综合收益　　　　　　　　　　　　　　　　　67 500

根据我国《企业会计准则第22号——金融工具确认和计量》,对指定以公允价值计量且其变动计入其他综合收益的非交易性权益工具投资,除了获得的股利收入计入当期损益,其他相关利得和损失(包括汇兑损益)均计入其他综合收益,且后续不得转入损益。

第四节　外币财务报表折算

一、外币报表折算的理论与方法

在将企业的境外经营通过合并、权益法核算等纳入企业的财务报表中时,需要将企业境外经营的财务报表折算为以企业记账本位币反映的财务报表,这时会遇到两个重要问题:一是应当采用哪种汇率进行折算；二是对于报表折算差额，是否应计入当期损益。在回答上述两个问题的时候，先后出现了四种报表折算方法，即流动性和非流动性项目法、货币性与非货币性项目法、时态法和现时汇率法。

(一)流动性和非流动性项目法

流动性和非流动性项目法在20世纪30年代初在美国证券市场比较流行，1939年12月美国会计程序委员会(CAP)将此法界定为公认会计原则。但到1975年，美国财务会计准则委员会(FASB)取消了这一方法，规定时态法为唯一折算方法。

流动性和非流动性项目法的特点：①对于境外经营的资产负债表中流动资产和流动负债项目按资产负债表日的现行汇率折算，非流动资产和非流动负债及实收资本等项目按取得时的历史汇率折算，留存收益项目为依资产负债表的平衡原理轧差计算而得。②利润表上折旧与摊销费用按相应资产取得时的历史汇率折算，其他收入和费用项目按报告期内平均汇率折算，销货成本根据"期初存货＋本期购货－期末存货"的关系确定。③形成的折算损失计入报告企业的合并损益中；形成的折算收益，已实现部分予以确认，未实现部分予以递延，抵销以后期间形成的损失。

本方法的优点在于，能够反映境外经营的营运资金的报告货币等值，不改变境外经营的流动性。本方法的缺点：一是流动性和非流动性项目法的划分与汇率的变动无关；二是对折算结果的处理，掩盖了汇率变动对合并净收益的影响，平滑了各期收益，与实际情况不符。

(二)货币性与非货币性项目法

1956年，由美国密歇根大学Samuel R. Hepworth首先提出了货币性与非货币性项目法，1965年美国会计原则委员会(APB)采纳了这一方法。

货币性与非货币性项目法的特点是：①对于境外经营的资产负债表中货币性项目采用现行汇率折算，非货币性项目按取得时的历史汇率折算。所有者权益既不是货币性项目，也不是非货币性项目，其中的实收资本(股本)按历史汇率折算，留存收益项目为按平衡原理轧差计算而得。②利润表上折旧与摊销费用按相应资产取得时的历史汇率折算，其他收入和费用项目按报告期内平均汇率折算。③形成的折算差额，如果是折算损失，计入当期损益；如果是折算收益则递延处理。

本方法的优点：货币性与非货币性项目的分类恰当地考虑了汇率变动对资产和负债的影响，改正了流动性和非流动性项目法的缺点。本方法的缺点：货币性与非货币性项目的分类可能与所选汇率无关，如存货是非货币性项目，应采用历史汇率折算，但当存货采用成本与市价孰低者计量时，对以市价计量的存货用历史汇率折算显然不合适。

(三)时态法

1972年，美国注册会计师协会研究人员Leonard Lorensen发展了Samuel R. Hepworth的货币性与非货币性项目法，提出了时态法。1975年，美国财务会计准则委员会(FASB)发布的企业财务会计准则第8号要求将时态法作为唯一符合公认会计原则的财务报表折算方法。时态法的理论基础是，外币报表的折算只应改变计量单位，而不应改变其计量基础，因此应按各个报表项目的计量基础选择其所适用的折算汇率。

时态法的特点是：①资产负债表中的货币性项目、以现行成本和可变现净值计价的项目以及以未来现金流量现值计价的报表项目,采用现行汇率折算;以历史成本计价的报表项目,采用历史汇率折算。②利润表各项目的折算与流动性和非流动性项目法相同。③对于报表折算差额,则直接计入当期合并损益,不再对折算收益做递延处理。

该方法的优点是不仅考虑了会计基础,而且改变了货币性与非货币性项目法的缺点。但此方法是从报告企业角度考虑问题的,是一种母公司货币观,这实际上忽视了境外经营作为相对独立实体的情况。同时,这种方法产生的折算结果也不可能保持外币报表在折算前的原有比率关系。

(四)现时汇率法

现时汇率法又称单一汇率法,这种方法在英国和加拿大公共会计行业中较为流行。这种方法的特点是:①资产负债表中所有资产和负债采用资产负债表日的即期汇率折算。实收资本(股本)项目仍按历史汇率折算。②收入、费用、利得和损失采用发生时的即期汇率折算,如果业务量大,也可采用该会计期间加权平均的汇率进行折算。③折算差额,在资产负债表的股东权益中以单独项目如"外币折算差额"列示,不计入当期损益。

现时汇率法考虑了境外经营作为相对独立的实体的情况,是一种子公司货币观,着重于汇率变动对报告企业境外经营的投资净额的影响,折算结果使境外经营的会计报表中原有的财务关系不因折算而改变,从而改正了时态法的缺点。但对所有的资产和负债均以现时汇率折算不符合客观情况,因为不是所有项目均受相同的汇率波动的影响。

二、我国企业会计准则采用的外币报表的折算规定

(一)外币报表的折算方法

根据我国《企业会计准则第19号——外币折算》,在外币报表折算规则中基本采用了现时汇率法。

(1)资产负债表项目。资产负债表中的资产和负债项目,采用资产负债表日的即期汇率折算,所有者权益项目除"未分配利润"项目外,其他项目采用发生时的即期汇率折算。

(2)利润表项目。利润表中的收入和费用项目,采用交易发生日的即期汇率折算,也可以采用按照系统合理的方法确定的即期汇率的近似汇率折算。

(3)产生的外币财务报表折算差额,在编制合并财务报表时,应在合并资产负债表中所有者权益项目下的"其他综合收益"项目列示。

比较财务报表的折算比照上述规定处理。

【例题10-13】 S公司的记账本位币为人民币,U公司是其在境外的子公司,U公司的记账本位币为美元,S公司拥有U公司70%的股权。20×6年12月31日的汇率为1美元=6.63元人民币,20×6年平均汇率为1美元=6.59元人民币。股本、资本公积发生日的即期汇率为1美元=6.55元人民币。20×5年12月31日的股本为60 000万美元,折算成人民币为393 000万元,累计盈余公积为6 000万美元,折算为人民币39 420万元,累计未分配利润为1 800万美元,折算为人民币11 826万元。S公司和U公司均在年底提取盈余公积,U公司年底提取1 100万美元盈余公积。报表折算如表10-3、表10-4、表10-5所示。

表 10-3　利润表

编制单位:S公司　　　　　　　　　　20×6年

项　　目	期末数/万美元	折算汇率	折算为人民币金额/万元
一、营业收入	53 900	6.59	355 201.00
减:营业成本	38 500	6.59	253 715.00
税金及附加	1 430	6.59	9 423.70
管理费用	8 800	6.59	57 992.00
财务费用	605	6.59	3 986.95
加:投资收益	4 400	6.59	28 996.00
二、营业利润	8 965		59 079.35
加:营业外收入	55	6.59	362.45
减:营业外支出	44	6.59	289.96
三、利润总额	8 976		59 151.84
减:所得税费用	1 650	6.59	10 873.50
四、净利润	7 326		48 278.34
五、每股收益			
六、其他综合收益			
七、综合收益总额			

表 10-4　所有者权益变动表

编制单位:S公司　　　　　　　　　　20×6年　　　　　　　　　　单位:万元

项　　目	实收资本			盈余公积			未分配利润		其他综合收益	股东权益合计
	美元	汇率	人民币	美元	汇率	人民币	美元	人民币		人民币
一、本年年初余额	60 000	6.55	393 000	6 000		39 420	1 800	11 826		444 246
二、本年增减变动金额										
(一)净利润							7 326	48 278.34		48 278.34
(二)其他综合收益									5 561.04	5 561.04
其中:外币报表折算差额									5 561.04	5 561.04
(三)利润分配										

续表

项　　目	实收资本			盈余公积			未分配利润		其他综合收益	股东权益合计
	美元	汇率	人民币	美元	汇率	人民币	美元	人民币	人民币	人民币
1.提取盈余公积				1 100	6.63	7 293	−1 100	−7 293		0
2.对所有者（股东）分配										
三、本年年末余额	60 000	6.55	393 000	7 100		46 713	8 026	52 811.34	5 561.04	498 085.38

表10-5　资产负债表

编制单位：S公司　　　　　　　　20×6年12月31日

资产	期末数/万美元	汇率	人民币金额/万元	负债和所有者权益	期末数/万美元	汇率	人民币金额/万元
流动资产：				流动负债：			
货币资金	990	6.63	6 563.70	短期借款	7 000	6.63	46 410.00
应收账款	3 850	6.63	25 525.50	应付账款	13 000	6.63	86 190.00
存货	6 050	6.63	40 111.50	其他流动负债	16 819	6.63	111 509.97
其他流动资产	4 950	6.63	32 818.50	流动负债合计	36 819		244 109.97
流动资产合计	15 840	6.63	105 019.20	非流动负债：			
非流动资产：				长期借款	20 000	6.63	132 600.00
长期应收款	1 100	6.63	7 293.00	应付债券			
固定资产	104 500	6.63	692 835.00	其他非流动负债			
在建工程	6 050	6.63	40 111.50	非流动负债合计	20 000		132 600.00
无形资产	3 850	6.63	25 525.50	负债合计	56 819		376 709.97
其他非流动资产	605	6.63	4 011.15	股东权益：			
非流动资产合计	116 105	6.63	769 776.15	股本	60 000	6.55	393 000.00
				盈余公积	7 100		46 713.00
				未分配利润	8 026		52 811.34

续表

资产	期末数/万美元	汇率	人民币金额/万元	负债和所有者权益	期末数/万美元	汇率	人民币金额/万元
				外币报表折算差额			5 561.04
				股东权益合计	75 126		498 085.38
资产总计	131 945		874 795.35	负债和所有者权益（或股东权益）总计	131 945		874 795.35

(二)特殊项目的处理

1. 少数股东应分担的外币报表折算差额

在企业境外经营为其子公司的情况下，企业在编制合并财务报表时，应按少数股东在境外经营所有者权益中所享有的份额计算少数股东应分担的外币报表折算差额，并入少数股东权益列示于合并资产负债表中。

2. 实质上构成对境外经营的子公司净投资的外币货币性项目产生的汇兑损益的处理

母公司含有实质上构成对子公司净投资的外币货币性项目的情况下，在编制合并财务报表时，应分为以下两种情况来编制抵销分录：

(1)实质上构成对境外净投资的外币货币性项目以母公司或子公司的记账本位币反映，则在抵销长期应付款和长期应收款的同时，将产生的汇兑损益转入"其他综合收益"项目，即借记或贷记"财务费用——汇兑损益"科目，贷记或借记"其他综合收益"科目。

(2)实质上构成对子公司净投资的外币货币性项目以母、子公司的记账本位币以外的货币反映，则应将母、子公司此项外币货币性项目产生的汇兑损益相互抵销，差额转入"其他综合收益"项目。

此外，如果合并财务报表中，各子公司之间也存在实质上构成对另一家境外经营子公司净投资的外币货币性项目，在编制合并财务报表时，也应编制相应的抵销分录。

(三)境外经营的处置

企业可能通过出售、清算、返还股本或放弃全部或部分权益等方式处置其在境外经营中的利益。

企业在处置境外经营时，应当按照合并财务报表处置子公司的原则进行相应的处理。将资产负债表中所有者权益项目下列示的、与该境外经营相关的其他综合收益，自所有者权益项目转入处置当期损益；如果是部分处置境外经营，应当按照处置的比例计算处置部分的外币报表折算差额，转入处置当期损益；处置的境外经营为子公司的，将已列入其他综合收益的外币报表折算差额中归属于少数股东的部分视全部处置或部分处置分别予以终止确认或转入少数股东权益。

复习思考题

1. 什么是记账本位币？企业选定记账本位币时，应考虑哪些因素？
2. 什么是境外经营？境外经营记账本位币的确定原则有哪些？
3. 什么是汇兑损益？汇兑损益有哪些类型？
4. 外币交易的记账方法有哪两种？它们有哪些异同点？
5. 什么是外币报表折算？其折算方法有哪些？

练习题

练习一

一、目的：练习记账本位币的确定因素。

二、资料：

(1) 甲公司超过80%的营业收入来自对美国的出口，其商品销售价格主要受到美元的影响，以美元计价。

(2) 乙公司25%的人工成本在国内以人民币采购或支付，但其生产所需原材料、机器设备及75%的人工成本以日元从日本采购或支付。

(3) 丙公司90%以上的人工成本、原材料和相应的厂房设施、机器设备等在国内采购或支付，以人民币计价。其取得的欧元营业收入在汇回国内时直接兑换成人民币存款，且丙公司对欧元汇率波动产生的外币风险进行了套期保值。

三、要求：思考以上三家公司各应确定哪个币种为记账本位币。

练习二

一、目的：练习兑换业务的汇兑损益会计处理。

二、资料：A公司以人民币为记账本位币，对外币交易采用交易日的即期汇率进行折算。20×5年6月1日，A公司将50 000美元到银行兑换为人民币，银行当日的美元买入价为1美元=6.50元人民币，中间价为1美元=6.55元人民币，卖出价为1美元=6.60元人民币。

三、要求：为A公司进行相关业务的会计处理。

练习三

一、目的：练习外币购买交易的账务处理。

二、资料：N公司以人民币为记账本位币，对于外币交易采用交易日的即期汇率进行折算。20×5年6月10日，N公司从国外进口一台不需要安装的机器设备，设备价款为50 000美元，当日的即期汇率为1美元=6.45元人民币，设备价款尚未支付。适用的增值税税率为13%，已以银行存款支付。

三、要求：为N公司进行相关业务的会计处理。

练习四

一、目的：练习外币货币性项目期末调整的账务处理。

二、资料：沿用练习三其他资料，如20×5年12月31日，设备款项尚未支付，当日的即期汇率为1美元=6.65元人民币。

三、要求:为N公司进行相关业务的会计处理。

练习五

一、目的:练习外币非货币性项目期末调整的账务处理。

二、资料:甲公司以人民币为记账本位币,其外币交易采用交易日的即期汇率折算。20×7年6月10日,甲公司以每股3美元的价格购入乙公司B股10 000股,作为交易性金融资产核算,当日的即期汇率为1美元=6.80元人民币,款项已支付。20×7年6月30日,乙公司B股市价为每股2.5美元,当日的即期汇率为1美元=6.85元人民币。20×7年8月1日,甲公司以每股3.5美元的价格出售持有的乙公司股票,当日的即期汇率为1美元=6.82元人民币。假定不考虑相关税费的影响。

三、要求:为甲公司进行相关业务的会计处理。

练习六

一、目的:练习外币报表折算的账务处理。

二、资料:

20×5年1月1日中国A公司以4 000万欧元在德国设立了一家全资S公司,S公司以欧元为记账本位币,A公司以人民币为记账本位币。20×5年12月31日,S公司的资产负债表以及该年度的利润与利润分配表如表10-6、表10-7所示。

表10-6　资产负债表

20×5年12月31日　　　　　　　　　　　　　　　　　　　　　　　　　　单位:万欧元

资产	期末数	负债和所有者权益	期末数
银行存款	5 000	应收账款	3 000
应收账款	2 000	预收账款	1 000
固定资产	59 000	长期应付款	40 000
		股本	4 000
		资本公积	16 000
		留存收益	2 000
资产合计	66 000	负债和所有者权益合计	66 000

表10-7　S公司20×5年度利润与利润分配表

单位:万欧元

项　目	期末数
营业收入	20 000
减:营业成本与费用	17 000
净利润	3 000
加:期初留存收益	
减:股利	1 000
留存收益(20×5年12月31日)	2 000

假设 20×5 年度各相关汇率如下：①发行普通股时的即期汇率为 1 欧元＝6.92 元人民币；②20×5 年度加权平均汇率为 1 欧元＝6.95 元人民币；③宣告发放现金股利及预收账款日的汇率为 1 欧元＝6.93 元人民币；④20×5 年 12 月 31 日的汇率为 1 欧元＝6.97 元人民币。

三、要求：根据上述资料，编制 S 公司折算后的资产负债表和利润表。

第十一章
中期财务报告和分部报告

GAOJI CAIWU KUAIJI

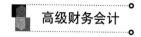

【导读】

在中期财务报告部分,本章阐述了我国中期财务报告的定义、构成与编制的基本原则,中期财务报告的确认与计量,以及中期财务报告编制的要求。在学习时应注意中期财务报告是以年初至中期末为计量基础编制的,应注意比较财务报表的构成及编制时的若干特殊要求。

在分部报告部分,本章阐述了我国分部报告中经营分部的确认与报告分部的认定标准,以及有关分部信息披露问题。对于经营分部的确认应注意只有具有相同或相似经济特征的经营分部,在同时满足一定条件时才可以合并为一个经营分部。但不是所有经营分部都是报告分部,只有满足重要性判断标准和其他特殊条件时才可将经营分部作为报告分部对外披露相关财务信息。

【学习重点】

中期财务报告的确认与计量、比较财务报表的编制要求,经营分部确定标准、报告分部的认定标准及每一报告分部应披露的财务信息内容。

【学习难点】

中期会计政策变更的确认与计量,"分部收入占所有分部收入合计的10%或者以上"标准,以及"分部利润(亏损)的绝对额,占所有盈利分部利润合计额或者所有亏损分部亏损合计额的绝对额两者中较大者的10%或者以上"标准。

第一节 中期财务报告

一、中期财务报告概述

(一)中期财务报告的定义

中期财务报告,是指以中期为基础编制的财务报告。"中期",是指短于一个完整的会计年度(自公历1月1日起至12月31日止)的报告期间,它可以是一个月、一个季度或者半年,也可以是其他短于一个会计年度的期间,如1月1日至9月30日的期间等。因此,中期财务报告包括月度财务报告、季度财务报告、半年度财务报告,也包括年初至本中期末的财务报告。

(二)中期财务报告的构成

中期财务报告至少应当包括资产负债表、利润表、现金流量表和附注。

(1)资产负债表、利润表、现金流量表和附注是中期财务报告至少应当编制的法定内容,对其他财务报表或者相关信息,如所有者权益(或股东权益)变动表等,企业可以根据需要自行决定。

(2)中期资产负债表、利润表和现金流量表的格式和内容,应当与上年度财务报表相一致。但如果当年新施行的会计准则对财务报表格式和内容做了修改,中期财务报告应当按照修改后的报表格式和内容编制,与此同时,在中期财务报告中提供的上年度比较财务报表的格式和内容也应当做相应的调整。

(3)中期财务报告中的附注相对于年度财务报告中的附注而言,是适当简化的。中期财务报告附注的编制应当遵循重要性原则。如果某项信息没有在中期财务报告附注中披露,会影响到投资者等信息使用者对企业财务状况、经营成果和现金流量判断的正确性,那么这项信息就被认为是重要的。但企业至少应当在中期财务报告附注中披露中期财务报告准则规定的信息。

(三)中期财务报告的编制原则

1. 与年度财务报告相一致的会计政策

企业在编制中期财务报告时,应当将中期视同为一个独立的会计期间,所采用的会计政策应当与年度财务报表所采用的会计政策相一致,包括会计要素确认和计量原则相一致。企业在编制中期财务报告时不得随意变更会计政策。

2. 重要性原则

重要性原则是企业编制中期财务报告的一项十分重要的原则,具体应注意以下几点:

(1)重要性程度的判断应当以中期财务数据为基础,而不得以预计的年度财务数据为基础。这里所指的"中期财务数据",既包括本中期的财务数据,也包括年初至本中期末的财务数据。

【例题 11-1】 Q 公司是一家水果生产和销售企业,需要对外提供季度财务报告。公司的水果收获和销售主要集中在每年的第三季度。该公司在 20×5 年 1 月 1 日至 9 月 30 日,累计实现净利润 500 万元,其中第一季度发生亏损 1 200 万元,第二季度发生亏损 1 600 万元,第三季度实现净利润 3 300 万元。第三季度末的存货为 200 万元,公司考虑到该批存货已经过了销售旺季,可变现净值远低于账面价值,故确认存货跌价损失 130 万元。

【分析】 尽管该项损失仅占 Q 公司第三季度净利润总额的 3.9%(130 万元÷3 300 万元×100%),可能并不重要,但该损失占公司 1—9 月累计利润的 26%,这对于理解 Q 公司 1—9 月经营成果来讲,却属于重要事项。所以该公司应当在第三季度财务报告的财务报表附注中披露该事项。当然,在实务中还要综合考虑资产规模、经营特征等因素,以对重要性做出较为合理的判断。

(2)重要性原则的运用应当保证中期财务报告包括与理解企业中期末财务状况和中期经营成果及其现金流量相关的信息。企业在运用重要性原则时,应当避免在中期财务报告中由于不确认、不披露或者忽略某些信息而对信息使用者的决策产生误导。

(3)重要性程度的判断需要根据具体情况做具体分析和职业判断。通常,在判断某一项目的重要性程度时,应当将项目的金额和性质结合在一起予以考虑,而且在判断项目金额的重要性时,应当以资产、负债、净资产、营业收入、净利润等直接相关项目数字作为比较基础,并综合考虑其他相关因素。在一些特殊情况下,单独依据项目的金额或者性质就可以判断其重要性。例如,企业发生会计政策变更,该变更事项对当期期末财务状况或者当期损益的影响可能比较小,但对以后期间财务状况或者损益的影响却比较大,因此会计政策变更从性质上属于重要事项,应当在财务报告中予以披露。

3. 及时性原则

为了体现企业编制中期财务报告的及时性原则,中期财务报告计量相对于年度财务数据的计量而言,在很大程度上依赖于估计。例如,企业通常在会计年度末对存货进行全面、详细的实地盘点,因此,对年末存货可以达到较为精确的计价;但是在中期末,由于时间上的限制和成本方面的考虑,有时不大可能对存货进行全面、详细的实地盘点,在这种情况下,对于中期末存货的计价就可能在更大程度上依赖于会计估计。但是,企业应当确保所提供的中期财务报告包括了相关的重要信息。

二、中期财务报告的确认与计量

(一)中期财务报告确认与计量的基本原则

(1)中期财务报告中各会计要素的确认和计量原则应当与年度财务报表所采用的原则相一致。也就是说,企业在中期根据所发生交易或者事项,对资产、负债、所有者权益(股东权益)、收入、费用和利润等各会计要素进行确认和计量时,应当符合相应会计要素定义和确认、计量标准,不能因为财务报告期间的缩短(相对于会计年度而言)而改变。

【例题11-2】 甲公司是一家具生产企业,其日常销售收到订单和购货款与发送家具往往分属于不同的中期。请问该甲公司如何确认其中期财务报告收入?

【分析】 如果该公司编制中期财务报告,则在其收到订单和购货款的中期不能确认家具销售收入,因为在此中期,与该家具有关的控制权尚未转移到客户,且甲公司也尚未履行合同中的履约义务,不符合收入确认的条件。甲公司只有在将家具发送给客户的那个中期才能确认收入,此时,与家具有关的控制权转移到客户。综上可见,甲公司中期收入的确认标准与年度确认标准应该保持一致。

(2)在编制中期财务报告时,中期会计计量应当以年初至本中期末为基础,财务报告的频率不应当影响年度结果的计量。也就是说,无论企业中期财务报告的频率是月度、季度还是半年度,企业中期会计计量的结果最终应当与年度财务报表中的会计计量结果相一致。为此,企业中期财务报告的计量应当以年初至本中期末为基础,即企业在中期应当以年初至本中期末作为中期会计计量的期间基础,而不应当以本中期作为会计计量的期间基础。

【例题11-3】 甲公司于20×5年10月1日利用专门借款资金开工兴建一项固定资产。20×6年2月15日,该固定资产建造工程由于资金周转发生困难而停工,公司预计在2个月内即可获得补充专门借款,事实上,甲公司直到6月1日才解决资金周转问题,工程才得以重新开工。甲公司应如何在中期财务报告中计量与专门借款有关的利息费用?

【分析】 甲公司在编制第一季度财务报表时,由于得知所购建的固定资产的非正常中断时间将短于3个月,所以第一季度中的2月和3月借款费用可以资本化,计入固定资产的建造成本中。但在编制20×5年第二季度的中期财务报告时,如果仅以第二季度发生的交易或事项作为会计计量的基础,那么,公司在第二季度发生工程非正常中断的时间不足3个月,则借款费用依然应资本化。但根据中期财务报告应以年初至本中期末为基础的计量原则,由于固定资产非正常中断的时间已经连续超过了3个月,因此第二季度的借款费用不应资本化了,而应当费用化。不仅如此,第一季度已资本化的借款费用也应当费用化,调减在建工程成本,调增财务费用。只有这样,才能保证按中期会计计量的最终结果与年度会计计量结果相一致。

(3)企业在中期不得随意变更会计政策,应当采用与年度财务报表相一致的会计政策。如果上年度资产负债表日之后按规定变更了会计政策,且该变更后的会计政策将在本年度财务报表中采用,中期财务报告应当采用该变更后的会计政策。

【例题11-4】 昌盛公司需要编制季度财务报告,该公司在20×9年第一季度没有发生任何

会计政策变更的情况,则该公司在编制20×9年第一季度财务报告时,应当在财务报表附注中做如下说明:

"会计政策的说明:

本季度财务报表的编制,采用了与上年度末编制20×8年年度财务报表时相一致的会计政策。"

对于会计估计变更,在同一会计年度内,以前中期财务报告项目在以后中期发生了会计估计变更的,以后中期财务报告应当反映该会计估计变更后的金额,但对以前中期财务报告项目金额不做调整。

(二)季节性、周期性或者偶然性取得的收入的确认与计量

企业取得季节性、周期性或者偶然性收入,应当在发生时予以确认和计量,不应当为了平衡各中期的收益而将这些收入在会计年度的各个中期之间进行分摊;也不应当在中期财务报告中预计或者递延,但会计年度末允许预计或者递延的除外。

(三)会计年度中不均匀发生的费用的确认与计量

企业在会计年度中不均匀发生的费用,应当在发生时予以确认和计量,不应在中期财务报告中预提或者待摊,但会计年度末允许预提或者待摊的除外。通常情况下,与企业生产经营和管理活动有关的费用往往是在一个会计年度的各个中期内均匀发生的,各中期之间发生的费用不会有较大差异。但是,有一些费用,如员工培训费等,往往集中在会计年度的个别中期内。对于这些会计年度中不均匀发生的费用,企业应当在发生时予以确认和计量,不应当在中期财务报告中予以预提或者待摊。也就是说,企业不应当为了使各中期之间收益平滑而将这些费用在会计年度的各个中期之间进行分摊。如果会计年度内不均匀发生的费用在会计年度末允许预提或者待摊,则在中期末也允许预提或者待摊。

【例题11-5】 甲公司根据年度培训计划,在20×8年6月对员工进行了专业技能和管理知识方面的集中培训,共发生培训费用26万元,则甲公司应如何在中期财务报告中确认这笔培训费?

【分析】 对于该笔培训费用,甲公司应当直接计入6月份的损益,不能在6月份之前预提,也不能在6月份之后分摊。

(四)中期会计政策变更的确认与计量

企业在中期发生了会计政策变更的,应当按照《企业会计准则第28号——会计政策、会计估计变更和差错更正》规定处理,并在财务报表附注中做相应披露。会计政策变更的累积影响数能够合理确定,且涉及本会计年度以前中期财务报告相关项目数字的,应当予以追溯调整,视同该会计政策在整个会计年度一贯采用;同时,上年度可比财务报表也应当做相应调整。除非国家规定了相关的会计处理方法,一般情况下,中期会计政策变更时,企业应当根据中期财务报告准则的要求,对以前年度比较财务报表最早期间的期初留存收益和比较财务报告其他相关项目的数字进行追溯调整;同时,涉及本会计年度内会计政策变更以前各中期财务报表相关项目数字的,也应当予以追溯调整,视同该会计政策在整个会计年度和可比财务报表期间一贯采用。反之,会计政策变更的累积影响数不能合理确定,以及不涉及本会计年度以前中期财务报告相

关项目数字的,应当采用未来适用法。同时,在财务报表附注中说明会计政策变更的性质、内容、原因及其影响数,如果累积影响数不能合理确定,也应当说明理由。

1. 会计政策变更发生在会计年度内第一季度的处理

企业的会计政策变更发生在会计年度的第一季度,则企业除了计算会计政策变更的累积影响数并做相应的账务处理之外,在财务报表的列报方面,只需要根据变更后的会计政策编制第一季度和当年度以后季度财务报表,并对根据中期财务报告准则要求提供的以前年度比较财务报表最早期间的期初留存收益和比较财务报表的其他相关项目数字做相应调整。在财务报表附注的披露方面,应当披露会计政策变更对以前年度的累积影响数(包括对比较财务报表最早期间期初留存收益的影响数和以前年度可比中期损益的影响数)和对第一季度损益的影响数,在当年度第一季度之后的其他季度财务报表附注中,则应当披露第一季度发生的会计政策变更对当季度损益的影响数和年初至本季度末损益的影响数。

【例题 11-6】甲公司是一家需要编制季度财务报表的企业。公司适用的所得税税率为25%。公司有一台管理用设备于2×18年1月1日起开始计提折旧,设备原价为800万元,预计使用年限为10年,预计净残值为20万元,按照年限平均法计提折旧。2×22年1月1日,公司考虑到设备损耗大,技术更新快,对原估计的使用年限和净残值进行了修正,修正后该设备的使用年限调整为6年,净残值调整为18万元。该公司在编制2×22年第一季度、第二季度、第三季度财务报告时,对于该项会计估计变更应做会计处理如下。

在第一季度时:

(1)不调整以前各期已提折旧,也不计算累积影响数。

(2)会计估计变更日以后改按新估计使用年限和新估计净残值提取折旧。

按照原来的会计估计,公司每年计提的折旧额为78万元[(800−20)万元÷10],每季度的计提折旧额为19.5万元。截至2×22年1月1日已累计提取折旧4年,累计折旧额为312万元,固定资产的净值为488万元。自2×22年1月1日起改按新的估计使用年限和净残值计提折旧,则自2×22年起每年应计提的折旧额为117.50万元[(488−18)万元÷(10−6)],每季度应计提的折旧额为29.375万元,比会计估计变更前多计提折旧9.875万元(29.375万元−19.5万元)。公司据此编制2×22年第一季度会计分录如下:

借:管理费用　　　　　　　　　　　　　　　　　　293 750
　　贷:累计折旧　　　　　　　　　　　　　　　　　　　　293 750

(3)在第一季度财务报告的财务报表附注中做会计估计变更的说明:

"本公司一台管理用设备,原始价值为8 000 000元,原预计使用年限为10年,预计净残值为200 000元,按年限平均法计提折旧。由于该设备损耗较大,技术更新较快,本公司于2×22年年初变更该设备预计使用年限为6年,预计净残值为180 000元,以如实反映该项设备的真实可使用年限和净残值。此项会计估计变更使本季度净利润减少了74 062.50元((29.375−19.5)万元×(1−25%))。"

在第二季度、第三季度要进行与第一季度一样的会计处理,并在财务报表附注说明中说明会计变更对各季度损益的影响以及对当年度年初至各季度末累计损益的影响。

2. 会计政策变更发生在会计年度内第一季度之外的其他季度的处理

企业的会计政策变更发生在会计年度内第一季度之外的其他季度,如第二季度、第三季度等,其会计处理相对于会计政策变更发生在第一季度而言要复杂一些。企业除了应当计算会计政策变更的累积影响数并做相应的账务处理之外,在财务报表的列报方面,还需要调整以前年度比较财务报表最早期间的期初留存收益和比较财务报表其他相关项目的数字,以及在会计政策变更季度财务报告中或者变更以后季度财务报告中所涉及的本会计年度内发生会计政策变更之前季度财务报表相关项目的数字。

在附注披露方面,企业需要披露会计政策变更对以前年度的累积影响数,主要有:①对比较财务报表最早期间期初留存收益的影响数;②以前年度可比中期损益的影响数,包括可比季度损益的影响数和可比年初至季度末损益的影响数;③对当年度变更季度、年初至变更季度末损益的影响数;④当年度会计政策变更前各季度损益的影响数。此外,在发生会计政策变更以后季度财务报表附注中也需要做相应披露。

三、中期财务报告的编制要求

(一)中期合并财务报表和母公司财务报表编报的要求

企业上年度编制合并财务报表的,中期期末应当编制合并财务报表。上年度财务报告除了合并财务报表外,还包括母公司财务报表的,中期财务报告也应当包括母公司财务报表。

(1)上年度编报合并财务报表的企业,其中期财务报告也应当编制合并财务报表,而且合并财务报表的合并范围、合并原则、编制方法和合并财务报表的格式与内容等也应当与上年度合并财务报表相一致。但当年新企业会计准则有新规定的除外。

(2)上年度财务报告包括了合并财务报表,但报告中期内处置了所有应纳入合并范围的子公司的,中期财务报告应包括当年子公司处置前的相关财务信息。

(3)企业在报告中期内新增子公司的,在中期末就应当将该子公司财务报表纳入合并财务报表的合并范围。

(4)应当编制合并财务报表的企业,如果在上年度财务报告中除了提供合并财务报表之外,还提供了母公司财务报表,那么在其中期财务报告中除了应当提供合并财务报表之外,也应当提供母公司财务报表。

(二)比较财务报表编制要求

为了提高财务报表信息的可比性、相关性和有用性,企业在中期末除了编制中期末资产负债表、中期利润表和现金流量表之外,还应当提供前期比较财务报表。中期财务报告应当按照规定提供下列比较财务报表:

(1)本中期末的资产负债表和上年度末的资产负债表。

(2)本中期的利润表、年初至本中期末的利润表以及上年度可比期间的利润表。其中,上年度可比期间的利润表包括上年度可比中期的利润表和上年度年初至上年可比中期末的利润表。

(3)年初至本中期末的现金流量表和上年度年初至上年可比中期末的现金流量表。

【例题11-7】 甲公司按集团财务制度的规定编制季度财务报告,则甲公司20×8年每个季度应该编制哪些中期财务报告?

【分析】 根据中期财务报告准则的规定,甲公司在截至20×8年3月31日、6月30日和9月30日应当编制的第一季度、第二季度和第三季度中期财务报告中,分别应包括如表11-1、表11-2、表11-3所示的内容。

表 11-1　甲公司 20×8 年第一季度报表

报表类别	本年度中期财务报告时间(或期间)	上年度比较财务报表时间(或期间)
资产负债表	20×8 年 3 月 31 日	20×7 年 12 月 31 日
利润表	20×8 年 1 月 1 日至 3 月 31 日	20×7 年 1 月 1 日至 3 月 31 日
现金流量表	20×8 年 1 月 1 日至 3 月 31 日	20×7 年 1 月 1 日至 3 月 31 日

表 11-2　甲公司 20×8 年第二季度报表

报表类别	本年度中期财务报告时间(或期间)	上年度比较财务报表时间(或期间)
资产负债表	20×8 年 3 月 31 日	20×7 年 12 月 31 日
利润表（本中期）	20×8 年 4 月 1 日至 6 月 30 日	20×7 年 4 月 1 日至 6 月 30 日
利润表（年初至本中期末）	20×8 年 1 月 1 日至 6 月 30 日	20×7 年 1 月 1 日至 6 月 30 日
现金流量表	20×8 年 1 月 1 日至 6 月 30 日	20×7 年 1 月 1 日至 6 月 30 日

表 11-3　甲公司 20×8 年第三季度报表

报表类别	本年度中期财务报告时间(或期间)	上年度比较财务报表时间(或期间)
资产负债表	20×8 年 9 月 30 日	20×7 年 12 月 31 日
利润表（本中期）	20×8 年 7 月 1 日至 9 月 30 日	20×7 年 7 月 1 日至 9 月 30 日
利润表（年初至本中期末）	20×8 年 1 月 1 日至 9 月 30 日	20×7 年 1 月 1 日至 9 月 30 日
现金流量表	20×8 年 1 月 1 日至 9 月 30 日	20×7 年 1 月 1 日至 9 月 30 日

需要说明的是，企业在中期财务报告中提供比较财务报表时，应当注意以下几个方面：

(1)企业在中期内按新准则规定，对财务报表项目进行了调整，则上年度比较财务报表项目及其金额应当按照本年度中期财务报告的要求进行重新分类，以确保其与本年度中期财务报告的相应信息相互可比。同时，企业还应当在附注中说明财务报表项目重新分类的原因及内容。如果企业因原始数据收集、整理或者记录等方面的原因，无法对比较财务报表中的有关项目及其金额进行重新分类，应当在附注中说明不能进行重新分类的原因。

(2)企业在中期内发生了会计政策变更，其累积影响数能够合理确定，且涉及本会计年度以前中期财务报告净损益和其他相关项目数字的，应当予以追溯调整，视同该会计政策在整个会计年度一贯采用；对于比较财务报表可比期间以前的会计政策变更的累积影响数，应当根据规定调整比较财务报表最早期间的期初留存收益，财务报表其他相关项目的数字也应当一并调整。同时，在附注中说明会计政策变更的性质、内容、原因及其影响数；无法追溯调整的，应当说明原因。

(3)对于在本年度中期内发生的调整以前年度损益事项，企业应当调整本年度财务报表相关项目的年初数,同时,中期财务报告中相应的比较财务报表也应当为已经调整以前年度损益后的报表。

(三)中期财务报告附注的编制要求

1. 中期财务报告附注编制的基本要求

(1)中期财务报告附注应当以年初至本中期末为基础披露。编制中期财务报告的目的是向报告使用者提供自上年度资产负债表日之后所发生的重要交易或者事项,因此,中期财务报告中的附注应当以"年初至本中期末"为基础进行编制,而不应当仅仅披露本中期所发生的重要交易或者事项。

【例题11-8】 甲公司通常按季度提供财务报告。20×3年3月10日,甲公司对外投资,设立了一家子公司,该事项对于甲公司是一个重大事项。甲公司在季度财务报告附注中应如何披露该事项?

【分析】 根据中期财务报告中的附注应当以"年初至本中期末"为基础进行披露的原则,尽管该事项发生在第一季度,不仅第一季度要披露该事项,以后每个季度的财务报告附注中都要披露该投资事项。

(2)中期财务报告附注应当对自上年度资产负债表日之后发生的重要的交易或者事项进行披露。中期财务报告中的附注应当以年初至本中期末为基础编制,披露自上年度资产负债表日之后发生的,有助于理解企业财务状况、经营成果和现金流量变化情况的重要交易或者事项,此外,对于理解本中期财务状况、经营成果和现金流量有关的重要交易或者事项,也应当在附注中做相应披露。

【例题11-9】 乙公司在20×3年1月1日至6月30日累计实现净利润3 600万元,其中,第二季度实现净利润100万元,公司在第二季度转回前期计提的坏账准备126万元,第二季度末应收账款余额为1 000万元。乙公司在季度报告附注中应如何披露该事项?

【分析】 尽管第二季度转回的坏账准备仅占该公司1—6月总净利润总额的3.5%(126万元÷3 600万元),可能并不重要,但该项转回金额占第二季度净利润的126%(126万元÷100万元),占第二季度末应收账款余额的12.6%,这对于理解第二季度经营成果和财务状况而言,是重要事项,所以乙公司应当在第二季度财务报告附注中披露该事项。

2. 中期财务报告附注至少应当包括的内容

(1)中期财务报告所采用的会计政策与上年度财务报表相一致的声明。企业在中期会计政策发生变更的,应当说明会计政策变更的性质、内容、原因及其影响数;无法进行追溯调整的,应当说明原因。

(2)会计估计变更的内容、原因及其影响数;影响数不能确定的,应当说明原因。

(3)前期差错的性质及其更正金额;无法进行追溯重述的,应当说明原因。

(4)企业经营的季节性或者周期性特征。

【例题11-10】 某冷饮企业是一家需要编制季度财务报告的企业,生产和销售主要集中在夏季,属于高度季节性企业,该企业在其20×3年第二季度财务报告的会计报表附注中做如下披露:

"企业经营季节性特征说明：

本企业经营活动受季节性因素影响明显，生产和销售旺季集中在6、7、8月3个月份，其他月份基本上处于半停产状态。企业在1—6月共实现销售收入20 000万元，其中，6月份实现销售收入17 000万元，净利润为6 000万元，6月份的销售收入和净利润分别占20×3年1—6月销售收入和净利润总额的85%和95%。"

(5) 存在控制关系的关联方发生变化的情况；关联方之间发生交易的，应当披露关联方关系的性质、交易类型和交易要素。

(6) 合并财务报表的合并范围发生变化的情况。

(7) 对性质特别或者金额异常的财务报表项目的说明。

(8) 证券发行、回购和偿还情况。

【例题11-11】 甲公司是一家需要编制季度财务报告的企业。公司在20×3年5月1—15日，以面值向社会公众发行了总额为6 000万元、年利率为5.5%、期限为5年的公司债券，扣除债券发行手续费、佣金等支出，实际筹资5 800万元，对于这一事项，公司在编制第二季度财务报表附注时应当做如下披露：

"债务性证券和权益性证券的发行、回购和偿还情况的说明：

发行公司债券的情况：在20×3年5月1—15日，本公司经有关部门批准，以面值向社会公众公开发行了5年期、年利率为5.5%、总额为6 000万元的公司债券，扣除债券发行手续费、佣金等支出，实际筹资5 800万元。"

(9) 向所有者分配利润的情况，包括在中期内实施的利润分配和已提出或者已批准但尚未实施的利润分配情况。

【例题11-12】 M公司是一家需要编制季度财务报告的企业。公司在20×3年5月15日向股东实施了上年度财务报告提出的"每10股送3股并派发现金股利0.50元"的利润分配方案，该利润分配方案的实施以上年年末总股20 000万股为基数。对此事项，公司在编制第二季度财务报表附注时应当做如下披露：

"利润分配情况的说明：

公司以20×2年年末20 000万股总股本为基数，于20×3年5月15日向全体股东实施了20×2年度财务报告提出的'每10股送3股并派发现金股利0.50元'的利润分配方案，共计送股6 000万股，派发现金1 000万元，其中每股派发现金股利为0.05元（含税）。"

(10) 根据《企业会计准则第35号——分部报告》规定披露分部报告信息的，应当披露经营分部的分部收入与分部利润（亏损）。

(11) 中期资产负债表日至中期财务报告批准报出日之间发生的非调整事项。

(12) 上年度资产负债表日以后所发生的或有负债和或有资产的变化情况。

(13) 企业结构变化情况，如企业合并，对被投资单位具有重大影响、共同控制或者控制的长期股权投资的购买或者处置，终止经营等。

【例题11-13】 ABC公司是一家制造企业，需要编制季度财务报告。公司在20×3年第一季度耗资50 000万元收购了MN高科技公司的90%的股权，成为该公司的控股股东。MN公司是一家专门研制生物、基因工程及其相关产品的公司,其研究成果在国内乃至世界处于领先地位。ABC公司收购MN公司意图在于实现企业产业转型和产品结构调整。本项收购的全部款项均已支付,合并生效日期为20×3年2月1日。对于此项交易,公司采用购买法进行核算。MN公司在收购时的净资产账面价值为45 000万元。对此事项,ABC公司在编制第一季度财务报表附注时应当做如下披露:

"企业结构变化情况的说明:

本公司于本季度耗资50 000万元收购了MN高科技公司的90%的股权,成为该公司的控股股东。MN公司是一家专门研制生物、基因工程及其相关产品的公司,收购MN公司,将有助于本公司的产业转型和产品结构调整,促进本公司向高科技产业,尤其是向生物、基因工程业进军。本项收购的全部款项均已支付,合并生效日期为20×3年2月1日。对于此项交易,公司采用购买法进行核算。被收购企业在收购时的净资产账面价值为45 000万元。"

(14)其他重大交易或者事项,包括重大的长期资产转让及其出售情况、重大的固定资产和无形资产取得情况、重大的研究和开发支出、重大的资产减值损失等。企业在提供上述第(5)项和第(10)项有关关联方交易、分部收入与分部利润(亏损)信息时,应当同时提供本中期(或者本中期末)和本年度年初至本中期末的数据,以及上年度可比中期(或者可比期末)和上年度年初至上年可比中期末的比较数据。

第二节 分部报告

根据《企业会计准则解释第3号》(财会〔2009〕8号)第八条的规定,企业应当以内部组织结构、管理要求、内部报告制度为依据确定经营分部,以经营分部为基础确定报告分部,并按有关规定披露分部信息。原有关确定地区分部和业务分部以及按照主要报告形式、次要报告形式披露分部信息的规定不再执行。我国分部划分方法的实质是管理法,不再是风险和报酬法。

一、经营分部的确定

(一)经营分部的概念

经营分部(operating segment),是指企业内同时满足下列条件的组成部分:①该组成部分能够在日常活动中产生收入、发生费用;②企业管理层能够定期评价该组成部分的经营成果,以决定向其配置资源、评价其业绩;③企业能够取得该组成部分的财务状况、经营成果和现金流量等有关会计信息。

根据上述定义,企业的某些组成部分有可能不被视为经营分部。例如企业的管理总部可能并不直接获取经营收入,或者其所获取的收入并非经常性收入,那么,这样的部门便不被视为经营分部或经营分部的组成部分。

(二)经营分部的确定方法

每一个经营分部一般应具有独立的经济特征,比如生产的产品或提供的劳务的性质、生产过程的性质、销售产品或提供劳务的方式、客户群等。在实务中,企业存在经济特征不相似的经营分部,应当分别确定为不同的经营分部,但经济特征相似的两个或两个以上经营分部,例如表现出相似的长期平均毛利率、资金回报率、未来现金流量等,则将它们合并披露更为适当。具有相同或相似经济特征的经营分部,在同时满足下列条件时可以合并为一个经营分部:

(1)各单项产品或劳务的性质相同或相似,包括产品或劳务的规格、型号、最终用途等。通常情况下,产品或劳务的性质相同或相似的,其风险、报酬率及其成长率可能较为接近,一般可以将其划分到同一经营分部中。对于性质完全不同的产品或劳务,不应当将其划分到同一经营分部。

(2)生产过程的性质相同或相似,包括采用劳动密集或资本密集方式组织生产、使用相同或者相似设备和原材料、采用委托生产或加工方式等。对于其生产过程的性质相同或相似的,可以将其划分为一个经营分部,如按资本密集型和劳动密集型划分经营分部。对于资本密集型的部分而言,其占用的设备较为先进,占用的固定资产较多,相应所负担的折旧费也较多,其经营成本受资产折旧费用影响较大,受技术进步因素的影响也较大;而对于劳动密集型部分而言,其使用的劳动力较多,相对而言,劳动力的成本即人工费用影响较大,其经营成果受人工成本的高低影响较大。

(3)产品或劳务的客户类型相同或相似,包括大宗客户、零散客户等。对于购买产品或接受劳务的同一类型的客户,如果其销售条件基本相同(例如相同或相似的销售价格、销售折扣,相同或相似的售后服务),因而具有相同或相似的风险和报酬,而不同的客户,其销售条件不尽相同,由此可能导致其具有不同的风险和报酬。

(4)销售产品或提供劳务的方式相同或相似,包括批发、零售、自产自销、委托销售、承包等。企业销售产品或提供劳务的方式不同,其承受的风险和报酬也不相同。比如,在赊销方式下,可以扩大销售规模,但发生的收账费用较大,并且发生的应收账款坏账的风险也很大;而在现销方式下,则不存在应收账款的坏账问题,但销售规模有限。

(5)生产产品或提供劳务受法律、行政法规的影响相同或相似,包括经营范围或交易价格定价机制等。企业生产产品或提供劳务总是处于一定的经济法律环境之下的,其所处的环境必然对其经营活动产生影响。对在不同法律环境下生产的产品或提供的劳务进行分类,进而向会计信息使用者提供不同法律环境下产品生产或劳务提供的信息,有利于会计信息使用者对企业未来的发展走向做出判断和预测;对相同或相似法律环境下的产品生产或劳务提供进行归类,以提供其经营活动所生成的信息,同样有利于明晰地反映该类产品生产和劳务提供的会计信息。比如商业银行、保险公司等金融企业易受特别的、严格的政策监管,在考虑该类企业确定某组成部分的产品和劳务是否相关时,应当考虑所受监管政策的影响。

【例题11-14】 东方集团股份有限公司专营女式服饰,产品有正装套装(包括标准款、修身款和偏胖款)、女士衬衫、毛呢大衣、毛衣针织、皮靴、配饰等。该公司各业务部门在20×6年12月31日的有关资料如表11-4所示。该公司管理层定期评价各业务部门的经营成果。正装的三个系列的生产过程、客户类型、销售方式等具有相似性。公司管理层预测这三个系列的正装今后5年的平均销售毛利率与本年度差异不大。

第十一章 中期财务报告和分部报告

表11-4 东方集团股份有限公司的分部信息

单位:千元

项目	正装套装 标准	正装套装 修身	正装套装 偏胖	女士衬衫	毛呢大衣	毛衣针织	皮靴	配饰	合计
营业收入	756 262	726 126	420 220	341 266	302 110	120 222	60 230	50 123	2 776 559
其中:对外交易收入	642 823	617 207	357 187	290 076	256 794	84 155	42 161	35 086	2 325 489
分部间交易收入	113 439	108 919	63 033	51 190	45 316	36 067	18 069	15 037	451 070
营业成本	581 740	554 295	298 356	273 013	237 882	98 543	48 967	37 128	2 129 924
其中:对外交易费用	407 218	388 007	208 849	191 109	166 517	68 980	34 277	25 990	1 490 947
分部间交易费用	174 522	166 288	89 507	81 904	71 365	29 563	14 690	11 138	638 977
利润总额	174 522	171 831	121 864	68 253	64 228	21 679	11 263	12 995	646 635
销售毛利率	0.30	0.31	0.29	0.25	0.27	0.22	0.23	0.35	
资产总额	2 252 000	2 153 000	1 355 000	1 320 000	660 000	652 000	130 400	110 200	8 632 600
负债总额	829 889	1 011 910	636 850	620 400	310 200	306 440	61 288	51 794	3 828 771

【分析】 东方集团股份有限公司的各个组成部分能够在日常活动中产生收入、发生费用,公司管理层能够定期评价该组成部分的经营成果,取得该组成部分的财务状况、经营成果和现金流量等有关信息,因此,上述各组成部分满足经营分部的定义,可以分别确定为不同的经营分部。另外生产正装的三个部分的销售毛利率接近,其生产过程、客户类型、销售方式等具有相似性,因此,东方集团股份有限公司可以将生产正装的三个部门合并,作为一个经营分部。

二、报告分部的确定

企业应当以经营分部为基础确定报告分部(reportable segments),从而披露分部信息。换言之,报告分部是指按规定予以披露的经营分部。

(一)重要性标准的判断

经营分部满足下列条件之一的,应当确定为报告分部:
(1)该分部的分部收入占所有分部收入合计的10%或者以上。
分部收入,是指可归属于分部的对外交易收入和对其他分部交易收入。分部收入主要由可归属于分部的对外交易收入构成,通常为营业收入。可以归属于分部的收入来源于两个渠道:一是可以直接归属于分部的收入,即直接由分部的业务交易而产生;二是可以间接归属于分部的收入,即将企业交易产生的收入在相关分部之间进行分配,按属于某分部的收入金额确认为分部收入。

分部收入通常不包括下列项目:①利息收入(包括因预付或借给其他分部款项而确认的利息收入)和股利收入(采用成本法核算的长期股权投资取得的股利收入),但分部的日常活动是金融性质的除外。②资产处置净收益,如处置固定资产、无形资产等产生的净收益。③营业外收入,如捐赠利得等。④处置投资产生的净收益,但分部的日常活动是金融性质的除外。⑤采用权益法核算的长期股权投资确认的投资收益,但分部的日常活动是金融性质的除外。

运用此条件时,应注意以下两点:第一,区分对外和对其他交易分部收入,主要目的是以对外交易收入占有分部收入大部分为先决条件,一旦满足此条件,执行10%标准时使用的是分部全部收入(包括其他分部的收入);第二,在执行10%标准时,使用的分母是所有分部的收入,而不是企业的总收入(即企业的对外交易收入)。

(2)该分部的分部利润(亏损)的绝对额,占所有盈利分部利润合计额或者所有亏损分部亏损合计额的绝对额两者中较大者的10%或者以上。

分部利润(亏损),是指分部收入减去分部费用后的余额。不属于分部收入和分部费用的项目,在计算分部利润(亏损)时不得作为考虑的因素。

分部费用,是指可归属于分部的对外交易费用和对其他分部交易费用。分部费用主要由可归属于分部的对外交易费用构成,通常包括营业成本、税金及附加、销售费用等。与分部收入的确认相同,归属于分部的费用也来源于两个渠道:一是可以直接归属于分部的费用,即直接由分部的业务交易而发生;二是可以间接归属于分部的费用,即将企业交易发生的费用在相关分部之间进行分配,按属于某分部的费用金额确认为分部费用。

分部费用通常不包括下列项目:①利息费用(包括因预付或借给其他分部款项而确认的利息费用),如发生债券等,但分部的日常活动是金融性质的除外。②资产处置净损失,如处置固定资产、无形资产等产生的净损失。③营业外收入,如捐赠支出、非常损失、盘亏损失等。④处置投资产生的净损失,但分部的日常活动是金融性质的除外。⑤采用权益法核算的长期股权投资确认的投资损失,但分部的日常活动是金融性质的除外。⑥与企业整体相关的管理费用和其他费用。

(3)该分部的分部资产占所有分部资产合计额的10%或者以上。

分部资产,是指分部经营活动使用的可归属于该分部的资产,不包括递延所得税资产。如果与两个或多个经营分部共用资产,相关的收入和费用也分配给这些经营分部,该共用资产应分配给这些经营分部。共用资产的折旧费或摊销在计量分部经营成果时被扣减的,该资产应包括在分部资产中。企业在计量分部资产时,应当按照分部资产的账面价值进行计量,即按照扣除相关累计折旧或摊销额以及累计减值准备后的金额计量。

通常情况下,分部资产与分部利润(亏损)、分部费用等之间存在一定的对应关系,即:如果分部利润(亏损)包括利息或股利收入,分部资产中就应当包括相应的应收账款、贷款、投资或其他金融资产;如果分部费用包括某项固定资产的折旧费用,分部资产中就应当包括该项固定资产;如果分部费用包括某项无形资产或商誉的摊销额或减值额,分部资产中就应当包括该项无形资产或商誉。

第十一章
中期财务报告和分部报告

【例题 11-15】 沿用例题 11-14 资料,东方集团股份有限公司各部门的营业收入、利润总额和资产总额所占的比例如表 11-5 所示。

表 11-5 东方集团股份有限公司的分部信息

单位:千元

项目	正装套装			女士衬衫	毛呢大衣	毛衣针织	皮靴	配饰	合计
	标准	修身	偏胖						
营业收入	756 262	726 126	420 220	341 266	302 110	120 222	60 230	50 123	2 776 559
各部分所占比例	27.24%	26.15%	15.13%	12.29%	10.88%	4.33%	2.17%	1.81%	100%
利润总额	174 522	171 831	121 864	68 253	64 228	21 679	11 263	12 995	646 635
各部分所占比例	26.99%	26.57%	18.85%	10.56%	9.93%	3.35%	1.74%	2.01%	100%
资产总额	2 252 000	2 153 000	1 355 000	1 320 000	660 000	652 000	130 400	110 200	8 632 600
各部分所占比例	26.09%	24.94%	15.70%	15.29%	7.65%	7.55%	1.51%	1.28%	100%

【分析】 可见三个正装套装部门和女士衬衫分部均满足 10% 的重要性标准。毛呢大衣的营业收入满足 10% 的重要性标准,因此正装套装、女士衬衫、毛呢大衣应当作为报告分部进行报告。而毛衣针织、皮靴、配饰均不满足 10% 的重要性标准,但是企业仍然可能将其认为重要的部分确定为报告分部,或将某些分部合并后作为报告分部。未列入报告分部的,一律在分部报告中列为"其他项目"。

(二)低于 10% 重要性标准的选择

分部未满足上述 10% 重要性标准的,可以按照下列规定确定报告分部:

(1)企业管理层认为披露该分部信息对会计信息使用者有用的,可以将其确定为报告分部。在这种情况下,无论该分部是否满足 10% 的重要性标准,企业都可以直接将其指定为报告分部。

(2)将该分部与一个或一个以上的具有相似经济特征、满足分部合并条件的其他分部合并,作为一个报告分部。对分部的 10% 重要性测试可能会导致企业存在大量未满足 10% 数量临界线的分部,在这种情况下,如果企业没有直接将这些分部指定为报告分部,可以将一个或一个以上具有相似经济特征、满足分部合并条件的分部合并成一个报告分部。

(3)不将该分部直接指定为报告分部,也不将该分部与其他未作为报告分部的分部合并为一个报告分部的,企业在披露分部信息时,应当将该分部的信息与其他组成部分的信息合并,作为其他项目单独披露。

(三)报告分部 75% 的标准

企业的分部达到规定的 10% 重要性标准、被认定为报告分部后,确定为报告分部的分部对外交易收入合计额占合并总收入或企业总收入的比重应当达到 75% 的比例。如果未达到 75% 的标准,企业应增加报告分部的数量,将其他未作为报告分部的经营分部纳入报告分部的范围,直到该比重达到75%。此时,其他未作为报告分部的分部很可能未满足前述规定的10%重要性标准,但为了使报告分部的对外交易收入合计额占合并总收入或企业总收入的总体比重能够达到75%的比例要求,也应当将其确定为报告分部。

【例题 11-16】 沿用例题 11-15 资料,东方集团股份有限公司的正装套装的三个系列(标准、修身、偏胖)、女士衬衫、毛呢大衣的对外交易收入合计占企业总收入的比例分别为 23.15%、22.23%、12.86%、10.45%、9.25%,合计为 77.94%,超过了 75%。因此该公司只需要设置正装套装(已将标准、修身、偏胖三个正装套装部门合并为一个经营分部)、女士衬衫、毛呢大衣三个报告分部即可,不需要再增加报告分部数量。

(四)报告分部的数量

根据前述的确定报告分部的原则,企业确定的报告分部数量可能超过10个,此时,企业提供的分部信息可能变得非常烦琐,不利于会计信息使用者理解和使用。因此,报告分部的数量通常不应当超过10个。如果报告分部的数量超过10个,企业应当考虑将具有相似经济特征、满足经营分部合并条件的报告分部进行合并,以使合并后的报告分部数量不超过10个。

(五)为提供可比信息确定报告分部

企业在确定报告分部时,除应当遵循相应的确定标准以外,还应当考虑不同会计期间分部信息的可比性和一致性。对于某一经营分部,在上期可能满足报告分部的确定条件从而被确定为报告分部,但本期可能并不满足报告分部的确定条件。此时,如果企业认为该分部仍然重要,单独披露该分部的信息能够更有助于会计信息使用者了解企业的整体情况,则不需考虑该分部确定为报告分部的条件,仍应当将该分部确定为本期的报告分部。

对于某一经营分部,在本期可能满足报告分部的确定条件从而被确定为报告分部,但上期可能并不满足报告分部的确定条件从而未被确定为报告分部。此时,出于比较目的提供的以前会计期间的分部信息应当重述,以将该分部反映为一个报告分部,即使其不满足确定为报告分部的条件。如果重述所需要的信息无法获得,或者不符合成本效益原则,则不需要重述以前会计期间的分部信息。不论是否对以前期间相应的报告分部信息进行重述,企业均应当在报表附注中披露这一信息。

三、分部信息的披露

企业披露的分部信息,应当有助于会计信息使用者评价企业所从事经营活动的性质和财务影响以及经营所处的经济环境。企业应当以对外提供的财务报表为基础披露分部信息;对外提供合并财务报表的企业,应当以合并财务报表为基础披露分部信息。企业应当在附注中披露报告分部的下列信息。

(一)描述性信息

(1)确定报告分部考虑的因素,通常包括企业管理层是否按照产品和服务、地理区域、监管环境差异或综合各种因素进行组织管理。

(2)报告分部的产品和劳务的类型。

【例题 11-17】 沿用例题 11-15 资料。试问东方集团股份有限公司应如何披露有关产品和业务类型的信息?

【分析】 东方集团股份有限公司财务报表附注中披露的产品和业务的类型如下:

本公司有三个报告分部,分别为正装套装分部、女士衬衫分部和毛呢大衣分部。正装套装分部负责生产标准型、修身型和偏胖型女士正装,女士衬衫分部负责生产女士衬衫,毛呢大衣分部负责生产女士毛呢大衣。

(二)每一报告分部的利润(亏损)总额相关信息

每一报告分部的利润(亏损)总额相关信息包括利润(亏损)总额组成项目及计量的相关会计政策信息。企业管理层在计量报告分部利润(亏损)时运用了下列数据,或者未运用下列数据但定期提供给企业管理层的,应当在附注中披露每一报告分部的下列信息:①对外交易收入和分部间交易收入。②利息收入和利息费用。但是,报告分部的日常活动是金融性质的除外。报告分部的日常活动是金融性质的,可以仅披露利息收入减去利息费用后的净额,同时披露这一处理方法。③折旧费用和摊销费用,以及其他重大的非现金项目。④采用权益法核算的长期股权投资确认的投资收益。⑤所得税费用或所得税收益。⑥其他重大的收益或费用项目。

企业应当在附注中披露计量每一报告分部利润(亏损)的下列会计政策:①分部间转移价格的确定基础;②相关收入和费用分配给报告分部的基础;③确定报告分部利润(亏损)使用的计量方法发生变化的性质,以及这些变化产生的影响。

(三)每一报告分部的资产总额、负债总额相关信息

每一报告分部的资产总额、负债总额相关信息包括资产总额组成项目的信息,以及有关资产、负债计量相关的会计政策。企业管理层在计量报告分部资产时运用了下列数据,或者未运用下列数据但定期提供给企业管理层的,应当在附注中披露每一报告分部的下列信息:①采用权益法核算的长期股权投资金额;②非流动资产(不包括金融资产、独立账户资产、递延所得税资产)金额。报告分部的负债金额定期提供给企业管理层的,企业应当在附注中披露每一报告分部的负债金额。

企业应当在附注中披露将相关资产或负债分配给报告分部的基础。

【例题 11-18】 报告分部财务信息披露。沿用例题 11-14 资料,假设总部资产总额为 30 000 万元,总部负债为 18 000 万元,其他资料见表 11-4。要求根据有关资料,编制与该公司报告分部有关的财务信息。

【分析】 根据表 11-4,编制东方集团股份有限公司报告分部的利润(亏损)、资产及负债信息,见表 11-6。

表 11-6 东方集团股份有限公司报告分部利润(亏损)、资产及负债信息

单位:千元

项 目	正装套装分部	女士衬衫分部	毛呢大衣分部	其他	分部间抵销	合计
一、对外交易收入	1 617 217	290 076	256 794	161 402		2 325 489
二、分部间交易收入	285 391	51 190	45 316	69 173	(451 070)	

续表

项　　目	正装套装分部	女士衬衫分部	毛呢大衣分部	其他	分部间抵销	合计
三、对联营和合营企业的投资收益						
四、资产减值损失						
五、折旧费和摊销费*	31 200	21 500	13 520	22 950		89 170
六、利润总额（亏损总额）	468 217	68 253	64 228	45 937		646 635
七、所得税费用	117 054	17 063	16 057	11 484		161 658
八、净利润（净亏损）	351 163	51 190	48 171	34 453		484 977
九、资产总额	5 760 000	1 320 000	660 000	892 600		8 632 600
十、负债总额	2 478 649	620 400	310 200	419 522		3 828 771
十一、其他重要的非现金项目						
折旧费和摊销费以外的其他非现金费用*	92 200	32 000	6 500	800		131 500
对联营企业和合营企业的长期股权投资						
长期股权投资以外的其他非流动资产增加额						

注：* 为便于说明问题，本行数据是假设的。准确计算需要更多相关数据支持。

（四）其他信息

（1）每一产品和劳务或每一类似产品和劳务的对外交易收入。但是，披露相关信息不切实可行的除外。企业披露相关信息不切实可行的，应当披露这一事实。

（2）企业取得的来自本国的对外交易收入总额，以及企业从其他国家取得的对外交易收入总额。但是，披露相关信息不切实可行的除外。企业披露相关信息不切实可行的，应当披露这一事实。

（3）企业取得的位于本国的非流动资产（不包括金融资产、独立账户资产、递延所得税资产）总额，以及企业位于其他国家的非流动资产（不包括金融资产、独立账户资产、递延所得税资产）总额。但是，披露相关信息不切实可行的除外。企业披露相关信息不切实可行的，应当披露这一事实。

（4）企业对主要客户的依赖程度。企业与某一外部客户交易收入占合并总收入或企业总收入的10%或以上，应当披露这一事实，以及来自该外部客户的总收入和相关报告分部的特征。

（5）报告分部信息总额与企业信息总额的衔接。报告分部收入总额应当与企业收入总额相衔接；报告分部利润（亏损）总额应当与企业利润（亏损）总额相衔接；报告分部资产总额应当与企业资产总额相衔接；报告分部负债总额应当与企业负债总额相衔接。

（6）比较信息。企业在披露分部信息时，为可比起见，应当提供前期的比较数据。对于某一经营分部，如果其本期满足报告分部的确定条件而被确定为报告分部，即使前期没有满足报告分部的确定条件、未被确定为报告分部，也应当提供前期的比较数据。但是，重述信息不切实可行的除外。

企业内部组织结构改变导致报告分部组成发生变化的，应当提供前期比较数据。但是，提供比较数据不切实可行的除外。企业未提供前期比较数据的，应当在报告分部组成发生变化的当年，同时披露以新的报告分部和旧的报告分部为基础编制的分部信息。不论企业是否提供前期比较数据，均应披露这一事实。

复习思考题

1. 编制中期财务报告需要遵循哪些原则？
2. 编制中期财务报告需要提供哪些前期比较财务报表？需要注意哪些方面？
3. 中期财务报告附注至少应当包括哪些内容？
4. 中期财务报告确认与计量有哪些基本原则？
5. 会计年度中不均匀发生的费用应当怎样确认计量？
6. 中期会计政策变更应当怎样确认计量？
7. 企业经营分部的确定方法是怎样的？
8. 企业经营分部确定为报告分部时，有哪些重要性判断标准？
9. 未满足10%重要性标准的分部，在什么情况下可确定为报告分部？
10. 什么是报告分部的75%标准？
11. 企业应当在附注中披露的报告分部的利润（亏损）总额的相关信息包含哪些？
12. 企业应当在附注中披露的报告分部的资产、负债总额的相关信息包含哪些？

练习题

练习一

一、目的：练习报告分部的确定。

二、资料：

某汽车集团公司经营三个经营分部：轿车、货车和零配件。各经营分部的资料如表11-7所示。

表11-7 某汽车集团公司经营分部的有关资料

单位：百万元

项 目	轿车	货车	零配件
分部资料：			
销售收入——对外交易	11 600 000	900 000	200 000
销售收入——对其他分部交易	150 000	400 000	100 000
营业利润	600 000	(60 000)	20 000

续表

项　　目	轿车	货车	零配件
可辨认资产	118 000 000	1 600 000	400 000
折旧与折耗	1 300 000	150 000	100 000

其他经营资料如表11-8所示。

表11-8　其他经营资料

单位：百万元

项　　目	金　　额
营业利润总额	560 000
减：总公司费用	10 000
利息费用	40 000
少数股东利润	5 000
所得税	250 000
净利润	255 000

三、要求：试按资产、收入、利润的10%标准，判断哪些经营分部是报告分部（列出算式）。

练习二

一、目的：练习报告分部的确定。

二、资料：远洋石化公司主要包括三个子公司：海洋石油勘探及开采、炼油、化工。三个子公司都独立进行管理，分别承担了不同的风险和报酬。2×25年勘探及开采子公司所采的原油80%卖给炼油子公司，20%对外销售，合计销售额为15亿元（假设内外销售价格相同）；炼油子公司的产品60%卖给化工子公司，40%对外销售，合计销售额为26亿元（假设内外销售价格相同）；化工子公司的产品全部对外出售，合计销售额为36亿元。因此，当年远洋石化公司合计对外销售额为49.4亿元。

三、要求：按分部报告准则，远洋石化公司2×25年是否应当提供分部报告？如应提供，如何划分报告分部？

练习三

一、目的：练习中期财务报告的编制原则和附注的披露。

二、资料：M公司是一家渔业生产和销售企业，需要对外提供季度财务报告。该公司的水产品销售主要集中在每年的第三季度。20×6年1月1日至9月30日间M公司累计实现净利润500万元，其中第一季度和第二季度共亏损2 000万元，第三季度盈利2 500万元。第三季度末，该公司尚有存货180万元，由于已错过销售旺季，故计提存货跌价损失150万元。

三、要求：根据上述资料，判断M公司是否应在20×6年第三季度财务报告中披露该项存货跌价准备？为什么？

练习四

一、目的：练习中期财务报告重大事项的披露方法。

二、资料：甲公司是一家软件开发商，根据企业财务制度，按季度编制财务报告。20×6年1月1日甲公司将其K产品投入市场。3月10日，甲公司收到乙公司来函，声明K产品侵权，要求停止侵权行为,并赔偿损失2 000万元。甲公司不服,继续销售K产品。乙公司遂于3月15日将甲公司告上法庭,要求其停止侵权行为,并赔偿该公司损失2 000万元。法院受理了此案,做了数次调查取证后,初步认定甲公司侵犯了乙公司的专利权,根据有关规定,甲公司预计要赔偿1 700万~2 000万元的损失。为此甲公司在5月1日提出庭外和解,乙公司同意。但双方经过数次调解,没有达成和解协议。5月30日法院再判甲公司立即停止对乙公司的侵权行为,赔偿乙公司损失1 900万元。甲公司不服,继续上诉,7月1日二审判决,维持原判。20×6年7月15日,根据最终判决,甲公司被强制执行,向乙公司支付侵权赔偿款1 900万元。

三、要求:根据上述资料,甲公司应如何在中期财务报告中做相关披露?

第十二章
企业债务重组与破产清算

GAOJI CAIWU KUAIJI

第十二章 企业债务重组与破产清算

【导读】

本章阐述了企业出现财务困境甚至破产清算情况的会计业务处理。对于企业债务重组,不仅应注意债权人和债务人会计处理的确认与计量方法的不同,还要注意,对于不同债务重组方式,其会计确认与计量也存在较大差异。本章阐述的企业破产清算会计,是指在企业法人的财产不能清偿全部债务而由法院介入的情况下的企业破产清算会计。对于这部分内容的学习,要了解或熟悉企业破产清算程序、企业破产清算的会计事项及账务处理内容、会计处理特点和会计科目设置。

【学习重点】

1. 债务重组部分:债务重组方式、债权人和债务人在不同重组方式下的账务处理方法。
2. 破产清算部分:企业破产清算的会计事项、会计处理特点、会计科目设置及主要账务处理内容。

【学习难点】

1. 以修改其他条款、以多种资产或组合方式进行债务重组的账务处理;
2. 按清算顺序对债务清偿的账务处理;清算报表的编制。

第一节 债 务 重 组

2019年我国对《企业会计准则第12号——债务重组》进行了修订,新准则主要变化有:重新界定了债务重组,明确了新债务重组准则的适用范围,债权人初始确认改为"购买交易模式",债务人的债务重组损益不再涉及公允价值计量,明确了债务重组利得或损失不再计入营业外收支等。

一、债务重组的定义

债务重组,是指在不改变交易对手方的情况下,经债权人和债务人协定或法院裁定,就清偿债务的时间、金额或方式等重新达成协议的交易。理解债务重组的定义,注意以下三个方面的问题:

(1)债务重组是在不改变交易对手方的情况下进行的交易。实务中经常出现第三方参与相关交易的情况,例如某公司以不同于原合同条款的方式代债务人向债权人偿债;又如新组建的公司承接原债务人的债务,与债权人进行债务重组;再如资产管理公司从债权人处购得债权,再与债务人进行债务重组。在以上情况下,企业应当首先考虑债权和债务是否发生终止确认,并采用相应准则进行处理,再就债务重组交易采用《企业会计准则第12号——债务重组》(以下简称《债务重组》)。

(2)债务重组不强调债务人发生财务困难的背景,也不强调债权人是否做出让步。无论何种原因导致债务人未按原定条件偿还债务,也无论双方是否同意债务人以低于债务的金额偿还债务,只要债权人和债务人就条款重新达成了协议,就符合债务重组的定义。

(3)关于债权和债务的范围。债务重组涉及的债权和债务,是指《企业会计准则第22号——金融工具确认和计量》(以下简称《金融工具确认和计量》)规范的权利和债务,不包括应交税费、预收及预付款项、合同资产、合同负债和预计负债等非金融项目的变更,但包括租赁应收款和租赁应付款。

关于债务重组的范围,有如下规定:

(1)债务重组所涉及的债权、债务工具终止确认时的会计处理适用《债务重组》规范,而债务重组所涉及债权、债务工具的确认、计量和列报,适用金融工具相关准则。

(2)通过债务重组形成企业合并的,适用《企业会计准则第20号——企业合并》(以下简称《企业合并》)。债务人以股权投资清偿债务或将债务转为权益工具,可能对应导致债权人取得被投资单位或债务人控制权,在合并财务报表层面,债权人取得资产和负债的确认与计量适用《企业合并》的有关规定。债务重组准则所规范的债务工具转为权益工具,仅包括将债务工具转为联营或合营企业权益性投资的交易。

(3)债务重组构成权益性交易的,适用权益性交易的有关会计处理规定,债权人和债务人不确认构成权益性交易的债务重组相关损益。所谓权益性交易是企业与所有者之间的交易,不是与正常商业关系的企业之间的交易,相关利得或损失应直接计入所有者权益,不计入利润表。债务重组构成权益性交易的情形包括:①债权人直接或间接对债务人持股,或者债务人直接或间接对债权人持股,且持股方以股东身份进行债务重组;②债权人与债务人在债务重组前后均受同一方或相同的多方最终控制,且债务重组的交易实质是债权人或债务人进行了权益性分配或接受了权益性投入。

二、债务重组的方式

债务重组的主要方式包括:①债务人以资产清偿债务;②债务人将债务转为权益工具;③除上述两种方式外,采用调整债务本金、改变债务利息、变更还款期限等方式修改债权和债务的其他条款,形成重组债权和重组债务。这些债务重组方式都是通过债权人和债务人重新协定或者法院裁定达成的,与原来约定的偿债方式不同。

债务人以资产清偿债务的,其用于偿债的资产通常是已经在资产负债表中确认的资产,如现金、应收账款、存货、长期股权投资、投资性房地产、固定资产、在建工程、生物资产、无形资产等。在受让上述资产后,债权人核算相关受让资产的类别可能与债务人不同。如债务人以部分长期股权投资清偿债务,债权人可能将受让的投资作为金融资产核算。

债务人将债务转为权益工具的,这里的权益工具是根据《企业会计准则第37号——金融工具列报》分类为"权益工具"的金融工具,会计处理上体现为股本、实收资本、资本公积等科目。

三、债务重组中债权和债务的终止确认

债务重组中涉及债权和债务的终止确认,应当遵循《企业会计准则第22号——金融工具确认和计量》和《企业会计准则第23号——金融资产转移》有关金融资产和金融负债终止确认的规定。

对于以资产清偿债务或将债务转为权益工具方式进行债务重组的,由于债权人在拥有或控制相关资产时,通常其收取债权现金流量的合同权利也同时终止,债权人可以终止确认该债权。同样,由于债务人通过交付资产或权益工具解除了其清偿债务的现时义务,债务人一般可以终止确认该债务。

对于以调整债务本金、改变债务利息、变更还款期限等修改合同条款方式进行债务重组的,通常情况下应当整体考虑是否对全部债权的合同条款做出了实质性修改。如果做出实质性修

改,或债权人以获取实质上不同的新金融资产的方式替换债权,债务人承担"实质上不同"的重组债务方式替换债务,则债权人应当终止确认原债权,债务人应当终止确认原债务。其中,如果重组债务未来现金流量(包括支付和收取的某些费用)现值与原债务的剩余期间现金流量现值之间的差异超过10%,则意味着新的合同条款进行了"实质性修改"或者重组债务是"实质上不同"的。有关现值的计算均采用原债务的实际利率。

四、债权人的会计处理

(一)以资产清偿债务或将债务转为权益工具

采用以资产清偿债务或者将债务转为权益工具的方式进行债务重组的,债权人应当在相关资产符合其定义和确认条件时予以确认。

1. 受让金融资产

债权人受让金融资产的,金融资产初始确认时应当以其公允价值计量;金融资产确认金额与债权终止确认日账面价值之间的差额,记入"投资收益"科目。但是收取的金融资产的公允价值与交易价格存在差异的,若金融资产公允价值是依据相同资产或负债在活跃市场上的报价或者以仅使用可观察市场数据的估值技术确定的,企业应当将该公允价值与交易价格之间的差额确认为一项利得或损失。如果以其他方式确定公允价值,企业应当将该公允价值与交易价格之间的差额递延,并在相应会计期间确认为利得和损失。

2. 受让非金融资产

债权人初始确认受让的金融资产以外的资产时,应当按照下列原则以成本计量:①存货的成本,包括放弃债权的公允价值和使该资产达到当前位置和状态所发生的可直接归属于该资产的税金、运输费、装卸费、保险费等其他成本。②对联营企业或合营企业投资的成本,包括放弃债权的公允价值和可直接归属于该资产的税金等其他成本(包括以将债务转为权益工具方式进行债务重组时取得的对联营企业或合营企业的权益性投资)。③投资性房地产的成本,包括放弃债权的公允价值和可直接归属于该资产的税金等其他成本。④固定资产的成本,包括放弃债权的公允价值和使该资产达到预定可使用状态前所发生的可直接归属于该资产的税金、运输费、装卸费、安装费、专业人员服务费等其他成本。⑤生物资产的成本,包括放弃债权的公允价值和可直接归属于该资产的税金、运输费、保险费等其他成本。⑥无形资产的成本,包括放弃债权的公允价值和可直接归属于使该资产达到预定用途所发生的税金等其他成本。放弃债权的公允价值与账面价值之间的差额,应当记入"投资收益"科目。

3. 受让多项资产

以多项资产清偿债务或者以组合方式进行债务重组的,债权人应当首先按照《金融工具确认和计量》的规定确认和计量受让的金融资产和重组债权,然后按照受让的金融资产以外的各项资产的公允价值比例,对放弃债权的公允价值扣除受让金融资产和重组债权确认金额后的净额进行分配,并以此为基础分配确定各项资产的成本。放弃债权的公允价值与账面价值之间的差额,应当记入"投资收益"科目。

4. 受让处置组

债务人以处置组清偿债务的,债权人应当分别按照《金融工具确认和计量》和其他相关准则的规定,对处置组中的金融资产和负债进行初始计量,然后按照金融资产以外的各项资产在债务重组合同生效日的公允价值比例,对放弃债权在合同生效日的公允价值以及承担的处置组中负债的确认金额之和扣除受让金融资产当日公允价值后的净额进行分配,并以此为基础分别确定各项资产的成本。放弃债权的公允价值与账面价值之间有差额,记入"投资收益"科目。

5.将受让的资产或处置组划分为持有待售类别

债权人以资产或处置组清偿债务,且债权人在取得日未将受让的相关资产或处置组作为非流动资产和非流动负债核算,而是将其划分为持有待售类别的,债权人应当在初始计量时,比较假定其不划分为持有待售类别的初始计量金额和公允价值减去出售费用后的净额,以两者孰低计量。

(二)修改其他条款

采用修改其他条款方式进行债务重组的,如果修改其他条款导致全部债权终止确认,债权人应当按照修改后的条款以公允价值初始计量新的金融资产,新金融资产的确认金额与债权终止确认日账面价值之间的差额,记入"投资收益"科目。

如果修改其他条款未导致债权终止确认,债权人应当根据其分类,继续以摊余成本、公允价值计量且其变动计入其他综合收益或者以公允价值计量且其变动计入当期损益进行后续计量。对于以摊余成本计量的债权,债权人应当根据重新议定的合同的现金流量变化情况按债权原实际利率折现,重新计算该重组债权的账面余额,并将相关利得或损失记入"投资收益"科目。对于修改或重新议定合同所产生的成本或费用,债权人应当调整修改后的重组债权的账面价值,并在修改后重组债权的剩余期限内摊销。

(三)组合方式

债务重组采用组合方式进行的,一般可以认为对全部债权的合同条款做出了实质性修改,债权人应当按照修改后的条款,以公允价值初始计量新的金融资产和受让的新金融资产,按照受让的金融资产以外的各项资产在债务重组合同生效日的公允价值比例,对放弃债权在合同生效日的公允价值扣除受让金融资产和重组债权当日公允价值后的净额进行分配,并以此为基础分别确定各项资产成本。放弃债权的公允价值与账面价值之间的差额,记入"投资收益"科目。

五、债务人的会计处理

(一)债务人以资产清偿债务

采用以资产清偿债务方式进行债务重组的,债务人应当在相关资产和所清偿债务符合终止确认条件时予以终止确认,所清偿债务账面价值与转让资产账面价值之间的差额计入当期损益。

1.债务人以金融资产清偿债务的

债务人以单项或多项金融资产清偿债务的,债务的账面价值与偿债金融资产账面价值的差额,记入"投资收益"科目。对于以分类为以公允价值计量且其变动计入其他综合收益的债务工具投资清偿债务的,之前计入其他综合收益的累计利得或损失应当从其他综合收益中转出,记入"投资收益"科目。对于以分类为以公允价值计量且其变动计入其他综合收益的非交易性权益工具投资清偿债务的,之前计入其他综合收益的累计利得或损失应当从其他综合收益中转出,记入"盈余公积""利润分配——未分配利润"等科目。

2. 债务人以非金融资产清偿债务的

债务人以单项或多项金融资产清偿债务,或者以包括金融资产和非金融资产在内的多项资产清偿债务的,不需要区分资产处置损益和债务重组损益,也不需要区分不同资产的处置损益,而应将所清偿债务账面价值与所转让资产账面价值之间的差额,记入"其他收益——债务重组收益"科目。偿债资产已计提减值准备的,应结转已计提减值准备。

债务人以包含非金融资产的处置组清偿债务的,应当将所清偿债务和处置组中负债的账面价值之和与处置组中资产的账面价值之和的差额,记入"其他收益——债务重组收益"科目。处置组中资产组或资产组组合分摊了企业合并中取得的商誉的,该处置组应当包含分摊至处置组的商誉。处置组中的资产已计提减值准备的,应结转已计提减值准备。

债务人以日常活动产出的商品或服务清偿债务的,应当将所清偿债务账面价值与存货等相关资产价值之间的差额,记入"其他收益——债务重组收益"科目。

(二)债务人将债务转为权益工具

债务重组采用将债务转为权益工具方式进行的,债务人初始确认权益工具时,应当按照权益工具的公允价值计量,权益工具不能可靠计量的,应当按照所清偿债务的公允价值计量。所清偿债务账面价值与权益工具确认金额之间的差额,记入"投资收益"科目。债务因发行权益工具而支出的相关税费等,应当依次冲减资本溢价、盈余公积、未分配利润等。

(三)修改其他条款

1. 导致债务终止确认的

采用修改其他条款方式进行债务重组的,如果修改其他条款导致债务终止确认,债务人应当按照公允价值计量重组债务,终止确认的债务账面价值与重组债务确认金额之间的差额,记入"投资收益"科目。

2. 未导致债务终止确认的

如果修改其他条款未导致债务终止确认,或者仅导致部分债务终止确认,对于未终止确认的部分债务,债务人应当根据其分类,继续采用以摊余成本、公允价值计量且其变动计入当期损益的方法或其他方法进行后续计量。对于以摊余成本计量的债务,债务人应当根据重新议定合同的现金流量变化情况按债权原实际利率折现,重新计算该重组债务的账面余额,并将相关利得或损失记入"投资收益"科目。对于修改或重新议定合同所产生的成本或费用,债务人应当调整修改后的重组债务的账面价值,并在修改后重组债务的剩余期限内摊销。

(四)组合方式

债务重组采用以资产清偿债务、将债务转为权益工具、修改其他条款等方式的组合进行的,对于权益工具,债务人应当在初始确认时按照权益工具的公允价值计量,权益工具的公允价值不能可靠计量的,按所清偿债务的公允价值计量。对于修改其他条款形成的重组债务,债务人应当按照前述"修改其他条款"分部内容,确认和计量重组债务,所清偿债务的账面价值与转让资产的账面价值以及权益工具和重组债务的确认金额之和的差额,记入"其他收益——债务重组收益"或"投资收益"(仅涉及金融工具时)科目。

六、举例

1. 以非金融资产清偿债务

【例题 12-1】 20×5 年 1 月 1 日丙公司销售一批材料给丁公司,含税价为 113 000 元。20×5 年 7 月 1 日,丁公司发生财务困难,无法按合同规定偿还债务,双方达成协议,丙公司同意丁公司用产品抵偿该应付账款。该产品市价为 85 000 元,增值税税率为 13%,产品成本为 75 000 元。丁公司为转让的产品计提了存货跌价准备 700 元,丙公司为债权计提了坏账准备 600 元。假定不考虑其他税费。相关会计处理如表 12-1 所示。

表 12-1 相关会计处理

单位:元

债 权 人		债 务 人	
借:存货	85 000	借:应付账款	113 000
应交税费——应交增值税(进项)	11 050	存货跌价准备	700
投资收益	16 350	贷:存货	75 000
坏账准备	600	应交税费——应交增值税(销项)	11 050
贷:应收账款	113 000	其他收益——债务重组收益	27 650

2. 将债务转为权益工具

【例题 12-2】 甲公司对乙公司应收账款的账面余额为 280 000 元,由于乙公司无法偿付,经双方协商同意,乙公司以 100 000 股普通股抵偿该债务(不考虑相关税费),普通股每股面值 1 元。甲公司对应收账款提取坏账准备 18 000 元。乙公司进行债务重组时股票公允价值为 2.2 元/股。转股后甲公司持有的抵债股权占乙公司总股本的 22%,对乙公司有重大影响。相关会计处理如表 12-2 所示。

表 12-2 相关会计处理

单位:元

债 权 人		债 务 人	
借:长期股权投资——乙	220 000	借:应付账款	280 000
坏账准备	18 000	贷:股本	100 000
投资收益——债务重组收益	42 000	资本公积——股本溢价	120 000
贷:应收账款——乙	280 000	投资收益	60 000

3. 以修改其他债务条件清偿债务

【例题 12-3】 20×2 年 12 月 31 日甲公司对乙公司的应收账款到期,其账面余额为 85 000 元,其中,5 000 元为累计未付利息。票面年利率为 5%,甲公司已计提坏账准备 6 000 元。20×3 年 1 月 8 日,经双方协商,甲、乙两公司进行债务重组,甲公司同意将债务本金减至 60 000 元;免去债务人所欠全部利息;将利率从 5% 降低到 4%(等于原债务的实际利率),将债务到期日延至 20×4 年 12 月 31 日,利息于每年末支付。该项债务重组协议从签订日起开始实施。重组后甲公司继续将应收账款分类为以摊余成本计量的金融资产,乙公司将应付账款分类为以摊余成本计量的金融负债。

【分析】 重组债务未来现金流量现值=60 000元×(P/F,4%,2)+2 400元×(P/A,4%,2)=60 000元,原债务在剩余期间未来现金流量现值仍是85 000元。现金流量的变化率=(85 000−60 000)元/85 000元=29.41%>10%。因此本次修改债务条款清偿债务属于实质性修改合同条款,债权人、债务人应终止确认原债权债务,并确认新的债权债务。相关账务处理如表12-3所示。

表12-3 相关账务处理

单位:元

债 权 人		债 务 人	
借:长期应收款——债务重组	60 000	借:应付账款——甲	85 000
坏账准备	6 000	贷:长期借款——重组债务	60 000
投资收益——债务重组收益	19 000	投资收益——债务重组收益	25 000
贷:应收账款——乙	85 000		

4. 以组合方式清偿债务

【例题12-4】 2×20年11月10日,M公司向Q公司赊购一批材料,含税价为351万元。2×21年10月15日,M公司因发生财务困难,无法按合同约定偿还债务,双方协商进行债务重组。Q公司同意M公司用其生产的商品、作为固定资产管理的机器设备和一项债券投资抵偿欠款。当日,该债权的公允价值为320万元,M公司用于抵债的商品市价(不含增值税)为120万元,抵债设备的公允价值为115万元,用于抵债的债券投资市价为54万元。

抵债资产于2×21年11月25日转让完毕,M公司发生设备运输费用1万元,Q公司发生设备安装费用1.8万元。

Q公司以摊余成本计量该项债权。2×21年11月25日,Q公司对该债权已计提坏账准备26万元,债券投资市价为52万元。Q公司将受让的商品、设备和债券投资分别作为低值易耗品、固定资产和以公允价值计量且其变动计入当期损益的金融资产核算。

M公司以摊余成本计量该项债务。2×21年11月25日,M公司用于抵债的商品成本为85万元;抵债设备的账面原价为160万元,累计折旧为60万元,已计提减值准备20万元;M公司以摊余成本计量用于抵债的债券投资,债券票面价值总额为45万元,票面利率与实际利率一致,按年付息。当日,该项债务的账面价值仍为351万元。

M、Q公司均为增值税一般纳税人,适用增值税税率为13%,经税务机关核定,该项交易中商品和设备的计税价格分别为120万元和115万元。不考虑其他相关税费。债权人的相关计算如下:

低值易耗品可抵扣增值税=120万元×13%=15.6万元。

设备可抵扣增值税=115万元×13%=14.95万元。

低值易耗品和固定资产的成本应当以按其公允价值比例(120:115)对放弃债权公允价值扣除受让金融资产公允价值后的净额进行分配后的金额为基础确定。

低值易耗品的成本=[120/(120+115)×(320−54−15.6−14.95)]万元=120.23万元。

固定资产的成本=[115/(120+115)×(320-54-15.6-14.95)]万元=115.22万元。

2×21年11月25日,M、Q公司的相关账务处理如表12-4所示。

表12-4 相关账务处理

单位:元

债权人(Q)		债务人(M)	
①结转债务重组相关损益:			
借:低值易耗品	1 200 000	借:固定资产清理	800 000
在建工程——在安装设备	1 150 000	累计折旧	600 000
应交税费——应交增值税(进项)		固定资产减值准备	200 000
	305 500	贷:固定资产	1 600 000
交易性金融资产	540 000	借:固定资产清理	10 000
坏账准备	200 000	贷:银行存款	10 000
投资收益	114 500	借:应付账款	3 510 000
贷:应收账款——M公司	3 510 000	贷:固定资产清理	810 000
②支付安装成本:		库存商品	850 000
借:在建工程——在安装设备	18 000	应交税费——应交增值税(销项) 305 500	
贷:银行存款	18 000	债权投资——成本	450 000
③安装完毕达到可使用状态:		其他收益——债务重组收益 1 094 500	
借:固定资产——××设备	1 168 000		
贷:在建工程——在安装设备	1 168 000		

第二节　企业破产清算会计

由于企业会计准则的基本假设之一是持续经营假设,因此企业会计准则不适用于破产企业,但又由于在市场竞争中实施破产的企业越来越多,为规范破产企业的会计处理,我国于2016年12月20日制订了正式的《企业破产清算有关会计处理规定》(财会〔2016〕23号)。对于企业自愿解散的非破产清算的会计处理,目前没有相关正式规定,但可参照上述规定进行处理。本节着重介绍破产清算会计。

一、企业破产清算概述

(一)企业破产清算的含义

根据《中华人民共和国企业破产法》(以下简称《破产法》)第二条规定,企业法人不能清偿到期债务,并且资产不足以清偿全部债务或者明显缺乏清偿能力的,依照破产法规定清理债务。第七条规定,债务人不能清偿到期债务的,债权人可以向人民法院提出对债务人进行重整或破产清算的申请;企业法人已解散但未清算或者未清算完毕,资产不足以清偿债务的,依法负有清算责任的人应当向人民法院申请破产清算。由此可知,企业破产清算具有以下含义:

(1)企业破产清算是以企业法人的财产不能清偿全部债务为条件的,是指资不抵债、缺乏现金流的企业丧失清偿能力,只有通过破产清算、借助司法强制力才能使债权人公平受偿。

(2)企业破产清算依据的主要是《破产法》《中华人民共和国民事诉讼法》《最高人民法院〈关于审理企业破产案件若干问题的规定〉》等法律、司法解释。

(3)企业破产清算有法院介入。破产清算是法院受理破产申请、经审查裁定宣告破产后进行的清算,当清算完毕,法院裁定终结破产程序。破产清算若由债务人向法院提出,则为自愿性申请破产清算;若是债权人提出申请的,则是非自愿性申请破产清算。企业破产清算也不同于企业自愿解散时进行的解散清算。

(4)破产免责。企业破产清算将使破产财产公平地分配给债权人,破产程序终结后,债务人对未能清偿的债务不再清偿。

(二)破产清算的程序

(1)债务人或债权人向人民法院提出破产申请,提交破产申请书和有关证据。债务人提出申请的,应当向人民法院提交财产状况说明、债务清册、债权清册、有关财务会计报告、职工安置预案以及职工工资的支付和社会保险费用的缴纳情况。

(2)人民法院裁定受理申请,同时指定管理人。管理人可以由有关部门、机构的人员组成的清算组或者依法设立的律师事务所、会计师事务所、破产清算事务所等社会中介机构担任。管理人辞去职务应当经人民法院许可。

(3)确定债务人财产。破产申请受理时属于债务人的全部财产,以及破产申请受理后至破产程序终结前债务人取得的财产,为债务人财产。人民法院受理破产申请前一年内,涉及债务人财产的下列行为,管理人有权请求人民法院予以撤销:①无偿转让财产的;②以明显不合理的价格进行交易的;③对没有财产担保的债务提供财产担保的;④对未到期的债务提前进行清偿的;⑤放弃债权的。

(4)拨付破产费用。破产费用是指在破产程序中为维护破产债权人的共同利益而从破产财产中支付的费用。主要包括以下内容:①破产案件的诉讼费用;②管理、变价和分配债务人财产的费用;③管理人执行职务的费用、报酬和聘用工作人员的费用。

(5)债权人申报债权。债权人应当在人民法院确定的债权申报期内向管理人申报债权。债务人所欠职工的工资和医疗、伤残补助、抚恤费用,所欠的应当划入职工个人账户的基本养老保险、基本医疗保险费用,以及法律、行政法规规定应当支付给职工的补偿金,不必申报,由管理人调查后列出清单并予以公示。

(6)成立债权人会议。债权人会议行使下列职权:①核查债权;②申请人民法院更换管理人,审查管理人的费用和报酬;③监督管理人;④选任和更换债权人委员会成员;⑤决定继续或者停止债务人的营业;⑥通过重整计划;⑦通过和解协议;⑧通过债务人财产的管理方案;⑨通过破产财产的变价方案;⑩通过破产财产的分配方案;⑪人民法院认为应当由债权人会议行使的其他职权。

(7)破产宣告。企业重整、和解无望的,人民法院将依照《破产法》的规定宣告债务人破产,并应当自裁定做出之日起五日内将相关文件送达债务人和管理人,自裁定做出之日起十日内通知已知债权人,并予以公告。债务人被宣告破产后,债务人称为破产人,债务人财产称为破产财产,人民法院受理破产申请时对债务人享有的债权称为破产债权。

(8)变价和分配。管理人应当及时拟订破产财产变价方案,提交债权人会议讨论。变价出

售破产财产应当通过拍卖进行,但是债权人会议另有决议的除外。破产财产在优先清偿破产费用和共益债务后,依照下列顺序清偿:

①破产人所欠职工的工资和医疗、伤残补助、抚恤费用,所欠的应当划入职工个人账户的基本养老保险、基本医疗保险费用,以及法律、行政法规规定应当支付给职工的补偿金。

②破产人欠缴的除前项规定以外的社会保险费用和破产人所欠税款。

③普通破产债权。破产财产不足以清偿同一顺序的清偿要求的,按照比例分配。

破产企业的董事、监事和高级管理人员的工资按照该企业职工的平均工资计算。破产财产的分配应当以货币分配方式进行。但债权人会议另有决议的除外。

(9)破产程序终结。破产人无财产可供分配的,管理人应当请求人民法院裁定终结破产程序。管理人在最后分配完结后,应当及时向人民法院提交破产财产分配报告,并提请人民法院裁定终结破产程序。

(三)企业破产清算的会计事项

企业破产清算的会计事项主要包括:

(1)破产财产清查。破产管理人应对破产公司的债权、债务、实有财产(固定资产和无形资产)等情况进行全面的审核和清理。

(2)编制破产清算日的有关报表。破产管理人应首先封存破产公司的原有账册,另行设立专用账册,其次编制破产清算日的公司目录及资产负债表。

(3)变卖破产财产。破产管理人应对破产公司的财产进行估价,估价后,需要把财产进行变现。

(4)收取各种债权。对于公司应清收的各项债权,作为财产收入来处理。

(5)单独核算破产清算净损益。破产清算净损益也是清算收益与清算费用和清算损失相比较的结果。破产清算费用主要包括清算工作人员的费用、诉讼费用、咨询费用、利息净支出等;破产清算损失主要包括财产盘亏损失、财产变现损失、财产估价损失、坏账损失等;破产清算收益主要包括财产盘盈收益、财产变现收益、财产估价收益、不用归还的债务、转让土地使用权净收益、其他收益等。

(6)破产财产对公司债权人进行分配。若破产财产的余额不能清偿全部债权人,应按各债权人所持有的债务比例进行分配。

(7)编报破产财务报表。通过编报破产财务报表反映破产企业清算后的财务状况。

(四)破产清算会计的特点

企业破产清算会计是专门对破产清算企业在清算期间的财务信息进行记录、核算和报告的会计管理活动。由于破产清算会计服务于企业的终止阶段,所以它有别于常规财务会计,具有其自身的特点:

(1)破产清算会计的目标不同于常规财务目标。其会计目标是向法院、债权人会议等报表使用者反映企业在清算过程中的财务状况、清算损益、现金流量变动和债务偿付状况。

(2)计量基础和核算原则有所变化。破产清算会计服务于企业终止阶段,因此其计量基础不再采用历史成本计量基础,而是必须以清算价值(或变现价值)为计量基础,具体是:破产企业在破产清算期间的资产,应当按照破产资产清算净值进行后续计量,负债按照破产债务清偿价值进行后续计量。常规的历史成本计价、配比和权责发生制等会计原则已不再适用,取而代之的是清算价格、收付实现制等原则。

(3)破产清算会计循环变为单周期核算活动。在企业进入清算状态后,持续经营会计前提消失,破产清算会计循环不再以年为单位,而是以清算业务实际消耗的时间为准。

(4)破产清算会计的报表体系比较独特。清算企业的报表包括清算资产负债表、清算损益表、清算现金流量表、债务清偿表及相关附注。

二、企业破产清算会计科目设置

(一)会计科目设置

破产企业的会计档案等财务资料经法院裁定由破产管理人接管的,在企业被法院宣告破产后,应当比照原有资产、负债类会计科目,根据实际情况设置相关科目,并增设相关负债类、清算净值类和清算损益类等会计科目。破产企业还可以根据实际需要,在一级科目下自行设置明细科目。

(二)负债类科目设置

(1)"应付破产费用"科目。本科目核算破产企业在破产清算期间发生的破产法规定的各类破产费用。

(2)"应付共益债务"科目。本科目核算破产企业在破产清算期间发生的破产法规定的各类共益债务。

在人民法院受理破产申请后发生的下列债务,为共益债务:①因管理人或者债务人请求对方当事人履行双方均未履行完毕的合同所产生的债务;②债务人财产受无因管理所产生的债务;③因债务人不当得利所产生的债务;④为债务人继续营业而应支付的劳动报酬和社会保险费用以及由此产生的其他债务;⑤管理人或者相关人员执行职务致人损害所产生的债务;⑥债务人财产致人损害所产生的债务。

(三)清算净值类科目设置

清算净值类科目包括"清算净值"科目,本科目核算破产企业在破产报表日结转的清算净损益科目余额。破产企业资产与负债的差额,也在本科目核算。

(四)清算损益类科目设置

(1)"资产处置净损益"科目。本科目核算破产企业在破产清算期间处置破产资产产生的、扣除相关处置费用后的净损益。

(2)"债务清偿净损益"科目。本科目核算破产企业在破产清算期间清偿债务产生的净损益。

(3)"破产资产和负债净值变动净损益"科目。本科目核算破产企业在破产清算期间按照破产资产清算净值调整资产账面价值以及按照破产债务清偿价值调整负债账面价值产生的净损益。

(4)"其他收益"科目。本科目核算除资产处置、债务清偿以外,在破产清算期间发生的其他收益。

(5)"破产费用"科目。本科目核算破产企业破产清算期间发生的破产法规定的各项破产费用,主要包括破产案件的诉讼费用,管理、变价和分配债务人资产的费用,管理人执行职务的费用、报酬和聘用工作人员的费用。本科目应按发生的费用项目设置明细账。

(6)"共益债务支出"科目。本科目核算破产企业破产清算期间发生的破产法规定的共益债务相关的各项支出。

(7)"其他费用"科目。本科目核算破产企业破产清算期间发生的除破产费用和共益债务支出之外的各项其他费用。

(8)"所得税费用"科目。本科目核算破产企业破产清算期间发生的企业所得税费用。

(9)"清算净损益"科目。本科目核算破产企业破产清算期间结转的上述各类清算损益科目余额。破产企业可根据具体情况增设、减少或合并某些会计科目。

三、企业破产清算账务处理内容

(一)破产宣告日余额结转

法院宣告企业破产时,应当根据破产企业移交的科目余额表,将部分会计科目的相关余额转入以下新科目,并编制新的科目余额表。

(1)原"应付账款""其他应付款"等科目中属于破产法所规定的破产费用的余额,转入"应付破产费用"科目。

(2)原"应付账款""其他应付款"等科目中属于破产法所规定的共益债务的余额,转入"应付共益债务"科目。

(3)原"商誉""长期待摊费用""递延所得税资产""递延所得税负债""递延收益""股本""资本公积""盈余公积""其他综合收益""未分配利润"等科目的余额,转入"清算净值"科目。

(二)破产宣告日余额调整

(1)关于各类资产。破产企业应当对拥有的各类资产(包括原账面价值为零的已提足折旧的固定资产、已摊销完毕的无形资产等)登记造册,估计其破产资产清算净值,按照其破产资产清算净值对各资产科目余额进行调整,并相应调整"清算净值"科目。

(2)关于各类负债。破产企业应当对各类负债进行核查,按照破产清算价值对各负债科目余额进行调整,并相应调整"清算净值"科目。

(三)处置破产资产

(1)破产企业收回应收票据、应收款项类债权、应收款项类投资,按照收回的款项,借记"现金""银行存款"等科目,按照应收款项类债权或应收款项类投资的账面价值,贷记相关资产科目,按其差额,借记或贷记"资产处置净损益"科目。

(2)破产企业出售各类投资,按照收到的款项,借记"现金""银行存款"等科目,按照相关投资的账面价值,贷记相关资产科目,按其差额,借记或贷记"资产处置净损益"科目。

(3)破产企业出售存货、投资性房地产、固定资产及在建工程等实物资产,按照收到的款项,借记"现金""银行存款"等科目,按照实物资产的账面价值,贷记相关资产科目,按应当缴纳的税费贷记"应交税费"科目,按上述各科目发生额的差额,借记或贷记"资产处置净损益"科目。

(4)破产企业出售无形资产,按照收到的款项,借记"现金""银行存款"等科目,按照无形资产的账面价值,贷记"无形资产"科目,按应当缴纳的税费贷记"应交税费"科目,按上述各科目发生额的差额,借记或贷记"资产处置净损益"科目。

(5)破产企业的划拨土地使用权被国家收回,国家给予一定补偿的,按照收到的补偿金额,借记"现金""银行存款"等科目,贷记"其他收益"科目。

(6)破产企业处置破产资产发生的各类评估、变价、拍卖等费用,按照发生的金额,借记"破产费用"科目,贷记"现金""银行存款""应付破产费用"等科目。

(四)清偿债务

(1)破产企业清偿破产费用和共益债务,按相关已确认负债的账面价值,借记"应付破产费用""应付共益债务"等科目,按实际支付的金额,贷记"现金""银行存款"等科目,按其差额借记或贷记"破产费用""共益债务支出"科目。

(2)破产企业按照经批准的职工安置方案,支付的所欠职工的工资和医疗、伤残补助、抚恤费用,应当划入职工个人账户的基本养老保险、基本医疗保险费用和其他社会保险费用,以及法律、行政法规规定应当支付给职工的补偿金,按照相关账面价值借记"应付职工薪酬"等科目,按照实际支付的金额,贷记"现金""银行存款"等科目,按其差额,借记或贷记"债务清偿净损益"科目。

(3)破产企业支付所欠税款,按照相关账面价值,借记"应交税费"等科目,按照实际支付的金额,贷记"现金""银行存款"等科目,按其差额,借记或贷记"债务清偿净损益"科目。

(4)破产企业清偿破产债务,按照实际支付的金额,借记相关债务科目,贷记"现金""银行存款"等科目。破产企业以非货币性资产清偿债务的,按照清偿的价值借记相关负债科目,按照非货币性资产的账面价值,贷记相关资产科目,按其差额,借记或贷记"债务清偿净损益"科目。债权人依法行使抵销权的,按照经法院确认的抵销金额,借记相关负债科目,贷记相关资产科目,按其差额,借记或贷记"债务清偿净损益"科目。

(五)其他账务处理

(1)在破产清算期间通过清查、盘点等方式取得的未入账资产,应当按照取得日的破产资产清算净值,借记相关资产科目,贷记"其他收益"科目。

(2)在破产清算期间通过债权人申报发现的未入账债务,应当按照破产债务清偿价值确定计量金额,借记"其他费用"科目,贷记相关负债科目。

(3)在编制破产清算期间的财务报表时,应当对所有资产项目按其于破产报表日的破产资产清算净值重新计量,借记或贷记相关资产科目,贷记或借记"破产资产和负债净值变动净损益"科目;应当对所有负债项目按照破产债务清偿价值重新计量,借记或贷记相关负债科目,贷记或借记"破产资产和负债净值变动净损益"科目。

(4)破产企业在破产清算期间,作为买入方继续履行尚未履行完毕的合同的,按照收到的资产的破产资产清算净值,借记相关资产科目,按照相应的增值税进项税额,借记"应交税费"科目,按照应支付或已支付的款项,贷记"现金"、"银行存款"、"应付共益债务"或"预付款项"等科目,按照上述各科目的差额,借记"其他费用"科目或贷记"其他收益"科目。

企业作为卖出方继续履行尚未履行完毕的合同的,按照应收或已收的金额,借记"现金""银行存款""应收账款"等科目,按照转让的资产账面价值,贷记相关资产科目,按照应缴纳的相关税费,贷记"应交税费"科目,按照上述各科目的差额,借记"其他费用"科目或贷记"其他收益"科目。

(5)破产企业发生《破产法》第四章相关事实,破产管理人依法追回相关破产资产的,按照追回资产的破产资产清算净值,借记相关资产科目,贷记"其他收益"科目。

(6)破产企业收到的利息、股利、租金等孳息,借记"现金""银行存款"等科目,贷记"其他收益"科目。

(7)破产企业在破产清算终结日,剩余破产债务不再清偿的,按照其账面价值,借记相关负债科目,贷记"其他收益"科目。

(8)在编制破产清算期间的财务报表时,有已实现的应纳税所得额的,考虑可以抵扣的金额后,应当据此提存应交所得税,借记"所得税费用"科目,贷记"应交税费"科目。

(9)在编制破产清算期间的财务报表时,应当将"资产处置净损益""债务清偿净损益""破产资产和负债净值变动净损益""其他收益""破产费用""共益债务支出""其他费用""所得税费用"科目结转至"清算净损益"科目,并将"清算净损益"科目余额转入"清算净值"科目。

(六)账务处理举例

【例题12-5】 丁公司由于经营管理不善,连年发生亏损,现有资产不能清偿全部债务,经全体股东大会讨论决定申请破产,经人民法院裁定,自20×5年4月1日起按破产程序进行清算。该公司清算前的资产负债表见表12-5。

表12-5 资产负债表(清算前)

编制单位:丁公司　　　　　　　　20×5年3月31日　　　　　　　　单位:元

资产	金额	负债和股东权益	金额
流动资产:		短期借款	95 000
货币资金	14 000	应付票据	16 300
应收票据	15 600	应付账款	53 000
应收账款	55 000	应付职工薪酬	22 000
减:坏账准备	(15 000)	流动负债合计	186 300
存货	90 000		
流动资产合计	159 600	长期借款——抵押借款	100 500
长期资产:		负债合计	286 800
固定资产	153 500	股本	6 000
		资本公积	81 635
长期资产合计	153 500	未分配利润	(61 335)
资产总计	313 100	负债和所有者权益合计	313 100

该公司财务报表注释及资产的破产清算价值的有关资料如下:

(1)应收票据的本金与利息合计15 600元,其估计的破产清算价值为15 600元,并且,该项应收票据已经作为应付票据的抵押。

(2)房屋及土地的账面价值为100 500元,已作为长期借款的抵押物,扣除相关税费后的变现价值为90 500元,其中土地价值为50 000元。

(3)设备账面价值为53 000元,其已作为应付账款53 000元的抵押物;设备扣除相关税费后的变现价值为43 000元。

(4)存货扣除相关税费后的变现价值为75 000元。

另外,清算期间发生清算费用40 520元。主要是清算人员酬金10 520元、公告费用10 000元及诉讼费用20 000元。

破产清算账务处理如下:

(1)破产宣告日余额结转:

借:股本　　　　　　　　　　　　　　　　　　　　　　　　　　　6 000
　　资本公积　　　　　　　　　　　　　　　　　　　　　　　　　81 635
　　贷:未分配利润　　　　　　　　　　　　　　　　　　　　　　　　　　　61 335
　　　　清算净值　　　　　　　　　　　　　　　　　　　　　　　　　　　26 300

(2)破产宣告日余额调整:

借:清算净值　　　　　　　　　　　　　　　　　　　　　　　　　35 000
　　坏账准备　　　　　　　　　　　　　　　　　　　　　　　　　15 000
　　贷:应收账款　　　　　　　　　　　　　　　　　　　　　　　　　　　15 000
　　　　固定资产　　　　　　　　　　　　　　　　　　　　　　　　　　　20 000
　　　　存货　　　　　　　　　　　　　　　　　　　　　　　　　　　　　15 000

(3)编制破产报表日清算资产负债表,见表12-6。

表12-6　清算资产负债表

编制单位:丁公司　　　　　　　　　20×5年4月1日　　　　　　　　　　　单位:元

资产	金额	负债和股东权益	金额
资产:		债务:	
货币资金	14 000	已确认债权:	
应收票据	15 600	借款	195 500
应收账款	40 000	应付票据	16 300
其他应收款		应付账款	53 000
预付款项		预收款项	
存货	75 000	其他应付款	
金融资产投资		应付债券	
长期股权投资		应付破产费用	
投资性房地产		应付共益债务	
固定资产	133 500	应付职工薪酬	22 000
在建工程		应交税费	
无形资产		负债合计	286 800
		清算净值:	
		清算净值	−8 700
资产总计	278 100	债务及清算净值总计	278 100

(4)处置破产财产。

①应收票据和应收账款均如数收回。

借:银行存款　　　　　　　　　　　　　　　　　　　　　　　　　55 600

         贷:应收票据   15 600
            应收账款   40 000
②变卖存货,比原先的估价还要低 5 000 元,变卖收入为 70 000 元。
   借:银行存款   70 000
      资产处置净损益   5 000
         贷:存货   75 000
③将固定资产按照预计可变现净值拍卖。
   借:银行存款   133 500
         贷:固定资产   133 500
至此,货币资金余额=(14 000+55 600+70 000+133 500)元=273 100 元。
(5)清偿债务。
①支付破产清算费用:
   借:破产费用   40 520
         贷:银行存款   40 520
②支付有优先求偿权的应付职工工资:
   借:应付职工薪酬   22 000
         贷:银行存款   22 000
③支付有抵押的债务:
   借:应付票据   15 600
      借款   90 500
      应付账款   43 000
         贷:银行存款   149 100
④偿还普通负债:

偿还率=可清偿余额/未清偿的普通债务金额=(273 100−40 520−22 000−149 100)元/[(16 300−15 600)+(95 000+100 500−90 500)+(53 000−43 000)]元=53.14%。

   借:短期借款   (95 000×53.14%)   50 480
      应付票据   [(16 300−15 600)×53.14%]   372
      长期借款   [(100 500−90 500)×53.14%]   5 314
      应付账款   [(53 000−43 000)×53.14%]   5 314
         贷:银行存款   61 480
⑤破产清算结束日注销未清偿债务:
   借:短期借款   (95 000×46.86%)   44 520
      应付票据   [(16 300−15 600)×46.86%]   328
      长期借款   [(100 500−90 500)×46.86%]   4 686
      应付账款   [(53 000−43 000)×46.86%]   4 686
         贷:其他收益   54 220
⑥结转清算损益类科目:
   借:其他收益   54 220
         贷:资产处置净损益   5 000

破产费用　　　　　　　　　　　　　　　　　　　40 520
清算净损益　　　　　　　　　　　　　　　　　　　8 700

同时：
借：清算净损益　　　　　　　　　　　　　　　　8 700
　　贷：清算净值　　　　　　　　　　　　　　　　　8 700

至此，清算组的账户已经全部结平。根据规定还需要编制清算损益表、清算现金流量表和债务清偿表。假设4月底清算工作完成，则清算损益表格式及内容见表12-7，清算现金流量表见表12-8，债务清偿表及内容见表12-9。

表12-7　清算损益表

会清02表

编制单位：丁公司　　　　　20×5年4月1日至20×5年4月30日　　　　　　　　单位：元

项　目	行次	本期数	累计数
一、清算收益（清算损失以"－"号表示）			
（一）资产处置净收益（净损失以"－"号表示）		－5 000	
（二）债务清偿净收益（净损失以"－"号表示）			
（三）破产资产和负债净值变动净收益（净损失以"－"号表示）			
（四）其他收益		54 220	
小计		49 220	
二、清算费用			
（一）破产费用（以"－"号表示）		－40 520	
（二）共益债务支出（以"－"号表示）			
（三）其他费用（以"－"号表示）			
（四）所得税费用（以"－"号表示）			
小计		－40 520	
三、清算净收益（清算净损失以"－"号表示）		8 700	

表12-8　清算现金流量表

会清03表

编制单位：丁公司　　　　　20×5年4月1日至20×5年4月30日　　　　　　　　单位：元

项　目	行次	本期数	累计数
一、期初货币资金余额		14 000	
二、清算现金流入			
（一）处置资产收到的现金净额		259 100	
（二）收到的其他现金			
清算现金流入小计		273 100	
三、清算现金流出			
（一）清偿债务支付的现金		232 580	

续表

项　目	行次	本期数	累计数
(二)支付破产费用的现金		40 520	
(三)支付共益债务的现金			
(四)支付所得税费用的现金			
(五)支付的其他现金			
清算现金流出小计		273 100	
四、期末货币资金余额		0	

表 12-9　债务清偿表

编制单位:丁公司　　　　　　　　20×5年4月30日　　　　　　　　会清04表
　　　　　　　　　　　　　　　　　　　　　　　　　　　　　　　　单位:元

债　务　项　目	行次	期末数	经法院确认债务的金额	清偿比例	实际需要清偿金额	尚未清偿金额
有担保的债务						
应付票据		16 300	16 300	95.71%	15 600	0
应付账款		53 000	53 000	81.13%	43 000	0
长期借款		100 500	100 500	90.05%	90 500	0
小计		169 800	169 800	—	149 100	0
普通债务						
第一顺序:劳动债务		22 000	22 000	100%	22 000	0
其中:应付职工薪酬		22 000	22 000	100%	22 000	0
第二顺序:国家税款债权						
其中:应交税费						
第三顺序:普通债权						
其中:借款		105 000	105 000	53.14%	55 794	0
应付票据		700	700	53.14%	372	0
应付账款		10 000	10 000	53.14%	5 314	0
小计		137 700	137 700	—	83 480	0
合计		307 500	307 500	—	232 580	0

复习思考题

1. 什么是债务重组?
2. 债务重组的方式有哪些?
3. 债务重组中债权和债务的终止确认条件是什么?
4. 债权人受让非金融资产时如何进行账务处理?

5. 债务人通过修改其他条款的方式进行债务重组时如何进行账务处理?

6. 债务人通过将债务转为权益工具进行债务重组时如何进行账务处理?

7. 企业破产清算的含义是什么?

8. 企业破产清算的程序是怎样的?

9. 企业破产清算的会计事项有哪些?

10. 企业破产清算会计的特点有哪些?

11. 企业破产清算会计科目是怎样设置的?

12. 企业破产清算账务处理的内容主要有哪些?

练习一

一、目的:练习采用以非金融资产偿还债务的方式进行债务重组的账务处理。

二、资料:丙公司因购货原因于20×2年6月30日产生应付乙公司账款100万元,货款偿还期限为3个月。20×2年9月30日丙公司发生财务困难,无法偿还到期债务,经乙、丙公司协商进行债务重组。双方同意:以丙公司的A设备抵偿债务。A设备原值100万元,已提折旧21万元,公允价值为56万元。假设不考虑其他相关税费。

三、要求:根据以上资料为债务人和债权人进行相关的债务重组账务处理。

练习二

一、目的:练习以混合重组方式进行债务重组的账务处理。

二、资料:20×3年5月15日丙公司销售一批库存商品给乙公司,货款共计750 000元,尚未收到。20×3年9月15日丙公司与乙公司协商进行债务重组,协议如下:乙公司支付现金20 000元,其余的款项,部分以一台机器偿还,另一部分转为资本。机器的账面价值为550 000元,已提折旧380 000元,公允价值为200 000元。丙公司获得乙公司6%的股权,对应注册资本为350 000元,公允价值为560 000元。假设丙公司没有对该项应收账款计提坏账准备,债务重组过程中没有发生相关税费。

三、要求:根据以上资料为债务人和债权人进行相关的债务重组账务处理。

练习三

一、目的:练习以将债务转为权益工具的方式进行债务重组的账务处理。

二、资料:东方公司于20×5年5月1日向西方电器公司销售一批产品,含税价为600 000元,按合同约定西方电器公司应于20×5年9月1日支付款项。由于西方电器公司发生财务困难无法偿付,经双方协商同意,西方电器公司以普通股偿还债务。假设西方电器公司普通股面值为1元/股,以200 000股抵偿该债务(不考虑相关税费),抵偿时股价为2.5元/股。东方公司对应收账款提取坏账准备20 000元。转股后东方公司持有的抵债股权占西方电器公司总股本的20%,对西方电器公司有重大影响。

三、要求:根据以上资料为债务人和债权人进行相关的债务重组账务处理。

练习四

一、目的:练习破产清算会计处理。

二、资料:

丙公司成立于2009年,2019年经营开始滑坡,2020年遭受严重亏损,2021年6月初公司提出的重整方案被债权人否决,人民法院调停无效,宣告企业破产。2021年6月30日的资产负债表如表12-10所示。

表12-10 资产负债表(清算前)

编制单位:丙公司　　　　　　　　2021年6月30日　　　　　　　　　　　单位:元

资产	金额	负债和所有者权益	金额
流动资产:		短期借款——银行	225 000
货币资金	24 000	应付票据——客户	190 000
交易性金融资产	56 000	应付账款	580 000
应收票据	55 000	应付职工薪酬	170 000
应收账款净额	220 000	长期借款——抵押	1 020 000
存货	450 000	负债合计	2 185 000
长期资产:		股本	200 000
固定资产——房屋	540 000	资本公积	720 000
固定资产——设备	260 000	未分配利润	(850 000)
无形资产——土地使用权	650 000	所有者权益合计	70 000
资产总计	2 255 000	负债和所有者权益合计	2 255 000

假设破产清算工作在1个月内结束,其他有关资料如下:

(1)房屋和土地使用权是长期借款的抵押物,设备是短期借款的抵押物。

(2)2021年6月初,各项资产的预计可变现价值合计为2 230 000元,具体情况为:交易性金融资产为55 000元,应收票据为55 000元,应收账款净额为210 000元,存货(扣除销售费用后净额)为420 000元;固定资产中房屋为560 000元,设备为250 000元,无形资产中土地使用权价值680 000元。

(3)假设6月发生以下清算业务:

出售交易性金融资产得款54 000元,收回应收票据款55 000元,收回应收账款200 000元;销售全部存货得款410 000元,其中包括增值税销项税额47 000元;处置固定资产中房屋和土地使用权得款分别为570 000元和670 000元,需要缴纳税金29 900元;处置设备得款230 000元。

按照负债偿还顺序偿还各项负债;发生清理费用39 000元,具体为支付审计费、诉讼费、管理人员保管费、设备维护费等产生的费用。

三、要求:

(1)为管理人员编制清算过程以及清算终结时的会计分录;

(2)为管理人员编制必要的清算资产负债表、清算损益表和债务清偿表。